孟子文獻集成

孟子文獻集成編纂委員會　編纂

山東人民出版社

圖書在版編目（CIP）數據

孟子文獻集成. 第一八五卷 / 《孟子文獻集成》編纂委員會編. --濟南：山東人民出版社, 2020.1
ISBN 978-7-209-12462-1

Ⅰ. ①孟… Ⅱ. ①孟… Ⅲ. ①儒家 ②《孟子》-研究資料-匯編 Ⅳ. ①B222.55

中國版本圖書館CIP數據核字(2019)第241558號

項目統籌: 胡長青
責任編輯: 李　濤
裝幀設計: 武　斌
項目完成: 文化藝術編輯室

孟子文獻集成（第一八五卷）
《孟子文獻集成》編纂委員會 編

主管單位　山東出版傳媒股份有限公司
出版發行　山東人民出版社
社　　址　濟南市英雄山路165號
郵　　編　250002
電　　話　總編室（0531）82098914
　　　　　市場部（0531）82098027
網　　址　http://www.sd-book.com.cn
印　　裝　山東新華印務有限責任公司
經　　銷　新華書店

規　　格　16開（210mm×285mm）
印　　張　67.5
字　　數　540千字
版　　次　2020年1月第1版
印　　次　2020年1月第1次
印　　數　1-200
ISBN 978-7-209-12462-1
定　　價　900.00圓

《孟子文獻集成》編纂委員會

學術顧問 杜維明　張豈之　李學勤　牟鍾鑒

學術委員會

主　　任 陳　來

副 主 任 郭齊勇　李存山

委　　員 王　傑　王中江　王志民　王其俊　王鈞林　王漢東　孔德立　杜澤遜　李存山
李景林　吴　婧　袁汝旭　徐洪興　高兆波　郭齊勇　陳　來　孫明霞　梁　樞
梁　濤　董洪利　曾振宇　楊海文　楊朝明　趙　勇　鄭傑文　劉瑾輝　顔世安
顔炳罡　龔鵬程

（按姓氏筆畫排序）

編纂委員會

主　　編 王志民

副 主 編 杜澤遜　梁　濤　胡長青　李梅訓

委　　員 王　路　王恒柱　李西寧　李振聚　李國慶　黄顯功　張　勇　張志清　趙永和
趙紅彦　劉　晨

（按姓氏筆畫排序）

編　　務　劉　晨　楊雲雲　孫　姣　李　濤　劉嬌嬌　張艷艷
趙　菲　呂士遠

組織實施

中國孟子研究院
山東人民出版社

序

《孟子文獻集成》是在孟子故里鄒城市委市政府鼎力支持下，由中國孟子研究院、山東人民出版社協同合作，共同致力完成的一項大型儒家文獻的搜集、整理、出版學術工程。

一

孟子是中國歷史上偉大的思想家、政治家、教育家，是僅次於孔子的儒家學派重要代表人物。戰國時期，戰争頻仍，『角戰英雄，六經泥蟠，百家飆駭』（《文心雕龍·時序》），孔學既黜，儒道中衰。孟子遵夫子之道，批邪説，正人心，發揚光大孔子學説，復興儒學，成爲孔子之後最重要的儒家傳人和先秦原始儒學理論體系的主要奠基人。韓愈論儒家道統由堯、舜、禹、湯、文、武、周公代代相傳，言及『文、武、周公傳之孔子，孔子傳之孟軻。軻之死，不得其傳焉』（《原道》），又説『自孔子没，群弟子莫不有書，獨孟軻氏之傳得其宗』（《送王塤秀才序》）。可見，後世尊孟子爲『亞聖』，稱儒學爲『孔孟之道』，實爲孟子歷史地位使然！

《孟子》一書，是孟子及其弟子編著的全面反映孟子思想的儒家經典著作。漢文帝時，即曾設立《孟子》學博士，全國推闡。六朝時期，玄學、佛學興盛，儒學式微，《孟子》亦受冷落，但唐宋以後，隨着孟子地位的大幅提昇，《孟子》一書越來越受到統治者和學者文人的廣泛重視。唐代大儒韓愈倡論中國文化道統，其《原道》之説，影響甚大，已掀『孟子熱』；北宋時期，《孟子》與《論語》俱列入『十三經』之數；南宋朱熹作《四書章句集注》，将《孟子》列『四書』之中。南宋統治者更將其正式列入官方之學，設爲科舉考試科目，欽定爲必讀經典，學孟子、讀《孟子》，蔚然而成社會風氣。此後，孟子地位進一步提昇：元文宗封孟子爲『亞聖公』，尊其爲『百世之師』；明清兩朝更大推『四書』，地位儼然超越『五經』。《孟子》與《論語》並行，上自帝王，下至百姓，家有之，户誦之，『所研究者惟「四書」，所辨訂者亦惟「四書」』（《四庫全書總目·四書大全提要》語）。孟子思想，深入人心；《孟子》之學，遍佈各地；《孟子》

文獻，汗牛充棟。

根據我們的初步調查，歷代《孟子》文獻有兩千種之多。這些文獻，依孟子學史的發展，大致形成了以下幾点較鮮明的時代特徵：宋元文獻多義理闡發，以朱熹《孟子章句集注》爲代表；明代以王夫之《讀四書大全説》爲代表，多從心性之學挖掘孟子豐富的思想内涵；清代孟子學最盛，不僅産生了以乾嘉學者戴震《孟子字義疏證》、崔述《孟子事實録》爲代表的大量考據、辨僞著作，還出現了集前人研究成果之大成的焦循《孟子正義》。大致可以説，以東漢趙岐《孟子章句》爲發端，歷代學者多所闡釋研究。尤其宋元以來，孟學實爲千年『顯學』。《孟子》文獻内容所涉注釋訓詁、義理闡發、思想挖掘、考證辨僞等所有方面，其對孟子及《孟子》文本的研究廣度、深度可謂前無古人，後難爲繼。尤爲重要的是，歷代學者秉持儒家人生理念，一生所繫，立德立言，以『爲往聖繼絶學』爲生命追求之本，往往傾一生之力終注一經。孟子文獻不僅真實地展示了孟學及儒學發展的歷史，也留下了代代學者治學的心路，實在是應該认真进行挖掘整理的傳統文化瑰寶。

然而，毋庸諱言，孟子文獻的收集整理向未受到應有的重視。這固然與二十世紀以來，儒學命運多舛有關：批孔之時，孟子亦受其累；近數十年來，『孔子熱』不斷升温，孟子受冷落的現象却未有大的改觀，歷代孟子文獻迄未收集整理即是一例。據我們不完全統計，包括臺灣在内的中國圖書館，現存宋元至清代的刻本與鈔本計有一千二百餘種之多。由於各種原因，百分之九十餘未曾整理出版，而百分之七十以上仍處於人所罕见的塵封狀態。歷史的責任，現實的需要，未來的期盼，都在呼唤能有一套《孟子文獻集成》的編纂出版。

二

二〇一三年四月底，孟子研究院在孟子故里山東省鄒城市正式成立。時值一年一度的『孟母文化節』，同時進行的還有由鄒城市、《光明日報》國學版、山東師範大學山東省齊魯文化研究院共同策劃主辦的『孟子公開課』開講儀式。來自國内各著名高校的部分主講學者和與會專家對孟子研究院成立後的學術規劃提出了許多建設性意見，多位專家提出了編纂《孟子文獻集成》的建議。

同年十月二十九日至三十日，孟子研究院學術委員會第二次會議在主任陳來先生主持下於鄒城召開。會議就《集成》的立項和編纂事宜進行了認真深入地討論，參閲審查了初選孟子文獻書目，形成了以下四點共識：一是孟子文獻的搜集、整理向稱薄弱，絶大多數迄未面世，影響了孟學研究的深度和廣度。編纂《集成》，填補空白，意義重大。二是要在廣泛搜集、精心選編的基礎上，力求將《集成》做成收羅全、質量高、權威性强的精品學術工程。三是应制定具体工作規劃，選編文獻时代可由遠及近；文獻收集範圍，宜先國内後國外，分段完成，穩步推進，確保質量。四是在孟子研究院學術委員會基礎上，应增加部分孟子研究專家，充實到《集成》學術委員會；選聘孟學研究、版本目録、館藏出版等方面專家，組建高層次、有效率的編纂部和工作班子，扎實有效開展工作。

在經過編纂部四次召開籌備會議和系列籌備工作基礎上，二〇一四年五月，在濟南召開了特邀專家選目審查論證會。來自北京大學、中國人民大學、山東大學等全國各地的十餘位孟子和孟學史專家就編纂部提供的《集成》選編總目（國内）進行了認真研析、讨论審查。這次會議的召開更堅定了大家对編纂《集成》的信心和認識，許多專家從長期孟學研究的切身感受中充分肯定編纂《集成》的重大意義，一致認爲：這是一項立足當前又澤被後世的重大學術工程；目前国内編成的經典文獻集成中唯獨没有孟子文獻集成，这不僅是文化建設的一种缺憾，也从多个方面影響了孟子研究的深入和拓展，从这个意義上説，該項目的实施确是一項填補空白、意義深遠的學術工程。專家們特别指出，這項重大學術工程，由山東，特别是孟子故里鄒城市支持，由孟子研究院、山東省齊魯文化研究院牵頭承擔，正是歷史責任與當前文化建設的最佳選擇。相信《集成》的出版，對於提昇孟學研究、促進孟子研究院發展、推动山東文化强省建設，贡献巨大，意義深遠。會議還就選目原則形成以下共識：一是《集成》應當是一套研究孟子文獻的集大成之作，所收以獨立成書的研究《孟子》專書爲主，兼顧其他，儘量收全。對孟子文獻的含義可以放得寬一些，對書名没有『孟子』的，例如以『四書』『諸子』爲書名的，也要注意在考察辨析基礎上做好，要高標準、高質量。二是《集成》應兼顧古籍的重要性與稀見性，做到常見書精選善本，重要文獻不遺漏。三是海外孟子文獻應作爲一個工作目標，與海外學者合作，广匯博收，規劃編纂。四是時代大致截止到清末，現代部分可作爲『附編』或單獨列編收集出版，部分難以收入文獻應附列存目。這次專家會議的意見，得到二〇一四年六月五日召開的孟子研究院第二次學術委員會的重視和確認。

在籌備、啓動《集成》的整個過程中，得到鄒城市主要領導及社會各界鼎力支持。山東人民出版社主動、積極地參與了各項工作。二〇一四年八月二十八日，在山東省第五届文博會上，省有關領導和衆多媒體記者見證了孟子研究院與山東人民出版社共同簽訂《〈孟子文獻集成〉編纂出版協議書》的过程。

經過編纂委員會及有關方面的共同努力和各相關圖書館的大力支持，宋元時期傳世文獻已基本全部收録，共四十八種，分裝十四册，已於二〇一六年初首批出版發行。其中，收録宋元刻本十四種，海外善本四種，第一次影印的即有十六種，屬於披沙揀金的珍本，將爲孟子文獻及思想研究提供寶貴資料。

第二輯精選明代孟子文獻八十一種，分裝爲三十二册影印，已經於二〇一七年三月出版。

第三輯爲明代文獻的第二批，共收入著作四十五種，分裝爲二十册影印，其中五種來自日本，三種來自美國；其他部分也多爲稀見的珍本和善本，已經於二〇一八年三月出版。

第四輯，共收録著作六十二種。其中，明代著作四十八種，分裝爲二十四册；清代著作十四種，分裝爲十册。共出版三十四册。底本皆爲精選珍本善本，其中，明代刻本四十種，清代刻本二十二種。又有二十三種來自日本，多爲國内未見，彌足珍貴。

本次出版爲《孟子文獻集成》第五輯，清代文獻之第二部分，也是《集成》編纂以來，收録文獻最多的一輯。共收入著作三百六十八種，分裝爲一百册；至此，自康熙朝至清末絶大部分與《孟子》相關文獻已基本囊括。其中：來自日本的珍稀文獻八種；稿抄本二十六種；孤本二十二種，國内未出版者達三分之二以上。

編纂出版《孟子文獻集成》，既有利於深入挖掘孟子思想精髓，洞見《孟子》世代傳承的歷史場景，又有利於珍貴文獻的保護、傳承和共享、共用，是惠及當代、澤被後世的文化善舉。值此共出版二百册之際，我們對國内外各有關圖書館和學界同仁的鼎力支持與真誠合作表達崇高的敬意和誠摯的感謝！

讓我們黽勉同心，共同努力，以期這一重大學術工程的圓滿完成。

王志民

二〇一五年四月十二日第一稿
二〇一八年三月八日修改第二稿
二〇一八年十二月十二日修改第三稿
二〇一九年十月六日修改第四稿

凡例

一、《孟子文獻集成》匯聚歷代關於《孟子》之著述，要其旨歸，不外經學之考證、義理之推闡、文章之批點，故舉凡注釋、析義、批點等書皆酌加收録，大致以著者時代先後爲次，俾經學之大，義理之善與夫文章之美，庶幾由此而知。

二、《孟子文獻集成》選用底本多未經整理，或孤傳海外，或秘庋深閣，學者既不能徧歷中外而窺其概貌，又不能盡探二酉而知其大略，不能無憾焉。今集爲一編，則學者循覽而知《孟子》一經之本末，歷代著述之昇沉。

三、各書或得自日本、美國，或攝自國家圖書館、天津圖書館、上海圖書館、浙江圖書館、山東大學圖書館等。底本皆經選擇，其存世孤秘，列爲首選，而後出佳槧，流佈稀少，亦資採摭。

四、諸書著録書名、卷數、著者時代、姓名、撰著方式及版本，覽者便焉。

五、著者真僞，學者所重，凡有歧異，均於著者前加『題』字，略示區別。

六、諸家解《孟》之作，或爲獨立成書者，或爲總集内别裁而出者，或以『四書』著述總題者，今所匯集，以能獨立析出者爲斷。其單篇零什，概所不收。

七、裁出之書，凡原有題名者，概依原題，而於版本項注其從來；凡無獨立題名者，則仍用大題，而括注『孟子』二字；其不能析離者，則全書收録。

八、是編博訪廣蒐，固難周徧，續有所得，拟輯《補編》，庶免遺珠之憾。伏望博雅君子，匡其不逮，補其未備，是所幸焉。

目録

三訂四書辨疑（孟子）五卷補一卷

清　張江撰

清光緒十三年上海大文書局排印本

三訂四書辨疑卷之十八

孟子上

五十　七十　百畝

校　序　庠

學

鄉學國學總論

九一　什一

圭田五十畝

餘夫二十五畝

井田

倉廩

冠

爻命之

質

耕助　蠶繅

粢盛

媒妁

三訂四書辨疑卷之十八

張　江曉樓氏輯

五十　七十　百畝

顧亭林云古來田賦之制實始於禹水土既平咸則三壤後之王者不過因其成蹟而已故詩曰信彼南山維禹甸之畇畇原隰曾孫甸之我疆我理南東其畝然則周之疆理猶禹之遺法也周禮小司徒注昔夏少康在虞思有田一成有衆一旅一旅之衆而田一成則井牧之法先古然矣孔氏信南山正義引此則曰丘甸之法禹之所爲孟子乃曰夏后氏五十而貢殷人七十而助周人百畝而徹夫井田之制一井之地畫爲九區故蘇洵謂萬夫之地蓋三十二里有半而其間爲川爲路者一爲澮爲道者九爲洫爲涂者百爲溝爲畛者千爲遂爲徑者萬使夏必五十殷必七十周必百則是一王之興必將改畛涂變溝洫移道路以就之爲此煩擾而無益於民之事也豈其然乎周官遂人凡治野夫間有遂遂上有徑十夫爲溝溝上有畛百夫有洫洫上有涂千夫有澮澮上有道萬夫有川川上有路以達於畿夫子言禹盡力乎溝洫而禹之自言亦曰濬畎澮距川知其制不始於周矣蓋三代取民之異在乎貢助徹而不在乎五十七十百畝其五十七

十百畝特丈尺之不同而田未嘗易也故曰其實皆什一也古之王者必改正朔易服色異度數故史記秦始皇本紀於改年十月朔上黑之下即曰數以六爲紀符法冠皆六寸而輿六尺六尺爲步乘六馬三代之王其更制改物亦大抵如此故王制曰古者以周尺八尺爲步今以周尺六尺四寸爲步而當日因時制宜之法亦有可言夏時土曠人稀故其畝特大殷周土易人多故其畝漸小以夏之一畝爲二畝其名殊而實一矣國佐之對魯人曰先王疆理天下物土之宜而布其利豈有三代之王而爲是紛紛無益於民之事哉

周章成云金仁山謂夏時洪水方平可耕之地少又去古未遠士大夫皆躬親稼穡受田之人多故每夫五十畝至殷而田漸闢故每夫七十畝至周而田盡闢又在官之人食祿受田者惟農故每夫百畝按此亦是一說然疆界不同之故終未有以解之也知疆界本無不同則知推移絕無難事而受田直不必辨矣

又云夏時亦行邱甸法但其田不分公私鄭玄及傅寅皆有此說或又疑三代

田界既同更無贏縮則殷周之世人浮於田何以給之曰此其故傳氏嘗解之
矣夏時田未盡闢一成之中田萊各半殷則田居其七萊居其三周則悉井其
田而與人未始不相當也周禮遂人以爲周亦田萊各半未可深信或者荒僻
之地偶有此等耳

校庠序

地官鄉大夫之職各掌其鄉之政教禁令

註鄭司農云萬二千五百家爲鄉

正月之吉受教灋於司徒退而頒之於其鄉吏使各以教其所治以攷其德行察其道藝孟下反

註其鄉吏州長以下

潛溪鄧氏曰德與行並言欲內外兼舉道與藝並言欲精麤一貫也攷察之爲賓與本鄉先教化故先之

姜氏曰此言教也

以歲時登其夫家之衆寡辨其可任者國中自七尺以及六十野自六尺以及六十有五皆征之其舍者國中貴者賢者能者服公事者老者疾者皆舍以歲時入其書

註登成也定也國中城郭中也晩賦稅而早免之以其所居復音福下同多役少

野早賦稅而晚免之以其復少役多鄭司農云征之者給公上事也舍者謂有復除舍不收役事也貴者謂若今宗室及關內侯皆復也服公事者謂若今吏有復除也免者謂若今八十九十復羨卒也疾者謂若今癃不可事者復之玄謂入其書者言於大司徒

姜氏曰卿大夫掌鄉而兼及野者因言之耳緣貴賢能勞之屬國中為多故又表以國中也〇此言政也

三年則大比攷其德行道藝而興賢者能者鄉老及鄉大夫帥其吏與其衆寡以禮禮賓之

註賢者有德行者能者有道藝者衆寡謂鄉人之善者無多少也鄭司農云興賢者謂若今舉孝廉興能者謂若今舉茂才賓敬也敬所舉賢者能者玄謂變舉言興者謂合衆而尊寵之以鄉飲酒之禮禮而賓之

疏案鄉飲酒堂上堂下皆有衆賓不言其數此經衆寡兩言無問多少皆來觀禮故云無多少也

厥明鄉老及鄉大夫羣吏獻賢能之書于王王再拜受之登于天府內府貳之

註厥其也其賓之明日也獻猶進也王拜受之重得賢者王上其書於天府天府掌宗廟之寶藏才浪反者內史副寫其書者當詔王爵祿之時

疏案內史職有策命諸羣臣之事故使內史貳之

退而以鄉射之禮五物詢衆庶一曰和二曰容三曰主皮四曰和容五曰興舞

按此節鄭註載第五卷主皮條邢氏所引

此謂使民興賢出使長之使民興能入使治之

註言是乃所謂使民自舉賢者因出之而使之長民教以德行道藝於外也使民自舉能者因入之而使之治民之貢賦田役之事於內也言爲政以順民爲本也

姜氏曰此謂以下總承上文德足長民使升爲朝官才足治事使居爲鄉吏也

按上四節姜氏以爲此又申言教也

按鄉設爲校通考謂凡鄉皆立虞庠非是

以上校

州長各掌其州之教治政令之灋

註鄭司農云二千五百家爲州論語曰雖州里行乎哉春秋傳曰鄉取一人焉以歸謂之夏州見宣公十一年傳

正月之吉各屬音燭其州之民而讀灋以攷其德行道藝而勸之以糾其過惡而戒之

註屬猶合也聚也因聚衆而勸戒之者欲其善

姜氏曰戒以威罰勸以賓興

若以歲時祭祀州社則屬其民而讀灋亦如之春秋以禮會民而射於州序

註序州黨之學也會民而射所以正其志也射義曰射之爲言繹也繹者各繹己之志

疏釋曰知序州黨學者案下黨正亦云飲酒於序故知州黨皆名爲序若

鄉則上庠故禮記鄉飲酒義云主人迎賓於庠門之外彼鄉大夫行賓賢能非州長黨正所行故知庠則鄉學也○言以禮者亦謂先行鄉飲酒之禮乃射故云以禮也按此說未確鄉射禮疏云射於序鄉飲酒在庠以其序無室庠有室

按上二節姜氏以爲此皆言教也

三年大比則大攷州里以贊鄉大夫廢興

註廢興所廢退所興進也鄭司農云贊助也

何氏曰不曰誅賞者鄉大夫之教民與賢能廢愚不肖而已至於誅賞則大司徒與王之事也

姜氏曰此兼言政與教也

按州設爲序通考謂凡州皆立夏序與孟子殷曰序之說不同○爾雅釋宮云東西牆謂之序陳祥道云序之名蓋本於此

以上序

黨正各掌其黨之政令教治

註鄭司農云五百家爲黨

及四時之孟月吉日則屬民而讀邦灋以糾戒之

按此節鄭註載第十卷吉月條

春秋祭禜（音詠）亦如之

註禜謂雩禜水旱之神蓋亦爲壇位如祭社稷云

國索（音色）鬼神而祭祀則以禮屬民而飲酒於序以正齒位壹命齒於鄉里再命齒於父族三命而不齒

註國索鬼神而祭祀謂歲十二月大蜡之時建亥之月也正齒位者鄉飲酒義所謂六十者坐五十者立侍六十者三豆七十者四豆八十者五豆九十者六豆是也必正之者爲民三時務農將闕於禮至此農隙而教之尊長養老見孝悌之道也黨正飲酒禮亡以此事屬於鄉飲酒之義微少失矣凡射飲酒 此鄉民雖爲卿大夫必來觀禮鄉飲酒鄉射記大夫樂作不入士旣旅不入 是也齒於鄉里者以年與衆賓相次也齒於父族者父族有爲賓者以

年與之相次異姓雖有老者居於其上不齒者席於尊東所謂僎

按上三節姜氏以爲此言教也

凡其黨之祭祀喪紀昏冠古亂反飲酒教其禮事掌其禁戒

註其黨之民

疏民者冥也非教不可

凡作民而師田行役則以其灋治其政事

註亦於軍因爲旅師

姜氏曰法謂什伍聯比之法政事猶州長戒令賞罰之意蓋州長統帥之而黨正先閱治之也○此以下皆兼言教與政也按姜本合上節爲一節

正歲灟民讀灋而書其德行道藝

註書記之

按黨設爲庠周之時黨徧有庠而陳祥道則云虞庠在國之西郊蓋舉一處而言之也

以上庠

總論　葉氏時曰周人雖曰重農而實以士待農而不以農待農也六鄉六遂之民皆受田之農也鄉大夫三年大比之賓興遂大夫三歲大比之興甿皆於鄉遂中得之耕則爲井邑之農學則遊州黨之序居則聯夫家之數出則預閭族之書故教之以稼穡者所以勸農也教之以游藝者所以教士也向也民數穀數之登必拜而受之藏於天府所以重農也今也賢書能書之登亦拜而受之藏於天府所以重士也詩云十月穫稻爲此春酒曰殺羔羊躋彼公堂又曰或耘或耔黍稷薿薿攸介攸止烝我髦士夫公堂之躋即前日穫稻之夫髦士之烝即平日耘耔之子以此見井田之行不唯兵農不分而士農亦不分也此其所以爲良法歟

按庠序校之司教者自有致仕之士大夫在州長黨正時助佐其間又養教射三者雖各分取學中條例然其人介農士之間無容以唆造深求且鄉國禮文大小繁簡亦正不一概也

學

地官師氏以三德教國子一曰至德以爲道本二曰敏德以爲行本三曰孝德以知逆惡教三行一曰孝行以親父母二曰友行以尊賢長三曰順行以事師長

註德行內外之稱在心爲德施之爲行至德中和之德覆幬持載含容者也○國子公卿大夫之子弟師氏教之而世子亦齒焉學君臣父子長幼之道

疏案禮記王制云春秋教以禮樂冬夏教以詩書下文云王太子王子羣后之太子其大夫元士之適子皆造焉故知國子之中有卿大夫之子也鄭不言王太子及元士之適子者略言之其實皆有也

姜氏曰此言其造國子也

掌國中（鄭丁仲反 杜音得）失之事以教國子弟

註教之者使識舊事也中中禮者也失失禮者也故書中爲得杜子春云當爲得記君得失若春秋是也

凡國之貴遊子弟學焉

註貴遊子弟王公之子弟遊無官司者杜子春云遊當爲猶言雖貴猶學

按上二節姜氏以爲此又廣言教國子之備也

保氏掌養國子以道乃教之六藝一曰五禮二曰六樂三曰五射四曰五馭音御五曰六書六曰九數乃教之六儀一曰祭祀之容二曰賓客之容三曰朝廷之容四曰喪紀之容五曰軍旅之容六曰車馬之容

註養國子以道者以師氏之德行審諭之而後教之以藝儀也五禮吉凶軍賓嘉也六樂雲門大咸大韶大夏大濩大武也鄭司農云五射白矢參連剡羊甚反注襄音讓尺井儀也五馭鳴和鸞逐水曲過君表舞交衢逐禽左六書象形會意轉注處事假借諧聲也九數方田粟米差初佳反又初宜反分少廣商功均輸方程贏不足旁要今有重直龍反差夕音的桀句股也○玄謂祭祀之容齊齊望望賓客之容穆穆皇皇朝廷之容濟濟翔翔見少儀喪紀之容纍纍顛顛音田軍旅之容暨暨詻詻五格反見玉藻○車馬之容匪匪翼翼見少儀

按養國子以道姜氏以爲此總言其造國子也教之六藝姜氏以爲此道之所寓也教之六儀姜氏以爲此道之所發也又曰此詳言其造國士也

南遷柯氏云王制曰小學在公宮南之左大學在郊尚書大傳曰王子八歲而出就外舍束髮而入大學公卿之庶子大夫元士之適子十有三始入小學十八入大學師氏德行大學之教也保氏藝儀小學之教也由是觀之則公宮之左必有大小二學可知矣王子八歲入小學十八入大學者入學之期也國子必十三入小學十八入大學者蓋國子與王子共學必　長乃知貴賤之禮上下之分且使王子有輔仁之益故其期不同如此然則在郊之大學王子不入乎曰周制大學在郊者省朝會之勞專學業也天子曰辟雍諸侯曰泮宮辟雍四門四橋東曰東序西曰瞽宗南曰成均北曰上庠東序即東膠也上庠即虞庠也其師即大司樂也鄉遂都鄙賓興之俊士天子侯國歲貢天子之造士國子及倅諸子教成材者皆學於此焉但王子之學則在公宮之左涖大學有時而與國子齒此記所以有將君我而與我齒讓者欲其知父子君臣長幼之義

也夫國人之與王子國子其教之也詳其責之也深其養之也至王子之教其適將以宗廟社稷爲之爲天下得人也其庶將以有國有家付之爲神明之主也可不慎歟國子之教以其席父兄之勢豢宮闈之安不有師道之尊嚴則何以保自然之和禁未萌之欲又有以變化其氣質涵養其德性也哉此師保之法所以爲天下之大法

按陳祥道云諸侯之學小學在內大學在外故王制言小學在公宮南之左大學在郊以其選士由內以升於外然後達於京故也天子之學小學居外大學居內故文王世子言凡語於郊者於成均取爵以上尊以其選士由外以升於內然後達於朝故也

鄉學國學總論

任釣臺云學記曰家有塾黨有庠術（遂通）有序國有學愚按六鄉之地五家爲比五比爲閭四閭爲族五族爲黨五黨爲州五州爲鄉六遂之地五家爲鄰五鄰爲里四里爲酇五酇爲鄙五鄙爲縣五縣爲遂閭里之門設塾以教五家之子弟所謂家有塾也三年則拔其尤者由塾升之黨鄙之庠又三年又拔其庠之尤者升之鄉遂之序皆鄉學也又三年又拔其尤者升之國學則與君卿大夫元士之適子齒矣但學記有塾無校豈校卽塾歟○三考而稍有才智得升於庠則用爲比長鄰長之類得升於序則用爲閭胥里長之類極其升遷至鄉遂之吏而止所謂民材也若由國學而選則自大夫始而終至卿相所謂官材也

九一　什一

任鈞臺云請野節緊承上節言分田制祿所以治野人使養君子不重井田形體井田形體於方里節見之按此條與約旨所載同○按周禮匠人九夫爲井遂人十夫有溝鄭氏謂九夫爲助十夫爲貢此說誠然因是謂鄉遂用貢都鄙用助則非矣蓋治地必因地之宜地可井則井之而以九起數井之區無不九也不可井則但計畝授之而以十起數數之全必以十也安得王圻五百里內無可井五百里外悉可井乎且鄭一言鄉遂用貢都鄙用助又言王圻用貢邦國用助一言國中郊門之內鄉遂之地又言六遂之地在郊以外中有公邑家邑大都小都遂之地且未審其所在又烏知其爲貢爲助乎夫天子之地方千里以近二百里爲國宅國中三百里爲近郊遠郊四百里爲公邑家邑五百里爲小都大都周禮六遂之官皆降六鄉一等是六鄉在內爲天子所食之邑六遂在外爲公卿大夫食邑之地則鄭郊外之說得之而以郊內爲鄉可也烏有統鄉遂而概屬之國中者乎且周禮於六鄉明言九夫爲井下文明言鄉田同井安見國

中六鄉用貢法耶遂人之文明言治野夫閒有遂十夫有溝安見野之不可什夫耶按約旨云九一以田之形言什一以歲入之數言或謂什一輕於九一謬也助法以外八區授民貢法隨計百畝授民所以分田助法中一區貢法卽於百畝中取其十分之一所以制祿○又云滕地褊小不足容甸稍縣鄙之規其土平夷亦無數澤山林之異故其野皆可行助惟國中有城郭市廛田無可井不得不參用貢法耳○又云註國中郊門之內鄉遂之地野郊外都鄙之地二語本之鄭氏其實不然周禮百里爲近郊二百里爲遠郊遠郊以內爲六鄉遠郊以外爲六遂是言鄉遂而千里之地該之矣今以鄉遂爲國中將野又在何地乎自遠郊以達於畿中有公邑家邑大小都爲公卿大夫封邑之地是都鄙在六遂中也豈遂之外又有都鄙乎鄭條以六遂屬郊內條以六遂屬郊外遂且在六遂之外又有爲貢爲助耶且如其說二百里外必無城郭宮室二百里內盡屬陵麓山林有是理乎況周禮本文於遂人曰九夫爲井孟子本文明言鄉田同井今反謂鄉遂用貢法周禮卽不足憑孟子亦不足據耶其謬明矣

按疆以周索疆以戎索可見各國原不盡同周禮於鄉言九夫遂言十夫原屬互文以見例不可判然分畫園廛二十而一漆林二十而五原不必都是九一什一左氏異義山林九夫爲度九度而當一井藪澤九夫爲鳩八鳩而當一井原不定是一夫百畝按約旨云古人立法必度土之宜因地之利如左傳疆以周索疆以戎索此其疆里之大不同也如左氏異義或九鳩當一井或九度當一井如今折平相似是人不必皆百畝周禮園廛二十而一漆林二十而五如今蕩塘松山竹地科則不同是賦不必皆什一也百畝什一亦舉平土以見例耳考工記言兩山之間必有川大川之上必有涂原不定是百畝

有洫洫上有涂萬夫有川川上有路按約旨云遂人夫間有遂十夫有溝百夫有洫千夫有澮萬夫有川此是人爲者考工記兩山之間必有川此是天生者要之人所爲亦必因天生自然之勢豈五夫六夫之地必不可有溝百夫千夫之地必不可近川哉此孟子就

滕論滕原不曾定是周家徹法按約旨云言請者孟子就滕言滕言爲滕計者如此耳非周原有是定法也註周所謂徹法蓋如此是朱子約略計度之詞原非正意

按任說最明晰而慶源輔氏乃云都鄙用助法則收公田所入以爲君子之祿鄉遂用貢法則使什自賦一以充國家之用非又於祿外添出國用尤非

圭田五十畝

趙註古者卿以下至於士皆受圭田五十畝所以供祭祀也圭潔也士田故謂之圭田所謂惟士無田則亦不祭言絀士無潔田也井田之民養公田受百畝圭田半之故五十畝

孫疏夫圭田無征者鄭氏云夫猶治也征視也治圭田者不稅所以厚賢也此則周禮之士田以任近郊之地者也

或問小註問卿大夫之圭田必有耕之者豈亦有耕屬可耕乎曰恐圭田亦只是給公田之在民者大抵古者田祿皆是助法之公田充而八家因爲之屬如有田一成有衆一旅是也圭田恐亦如此故王制云夫圭田無征據此意看來亦是井地中事

禮書言卿大夫德行潔白乃與之田此商禮也商政寛緩厚重賢人故不稅之周則兼通故周禮士田以任近郊之地

任釣臺云卿有采色自足以奉祭故圭田自卿以下始大夫士俱在其中禮所

謂官師一廟中下士也
按圭田五十畝是由百畝而中分之野則分以同井所助之半國中則分以同溝所賦之半與九之一什之一其數適相合而祿外之祿無不得其平

餘夫二十五畝

趙註餘夫者一家一人受田其餘老少尚有餘力者受二十五畝半於圭田謂之餘夫也受田者田萊多少有上中下周禮曰餘夫亦如之亦如上中下之制也王制曰夫圭田無征謂餘夫圭田皆不當征賦也

孫疏正義曰鄭司農云戶計一夫一婦而賦之田其一戶有數口者餘夫亦受此田也

或問小註一夫之外有未成丁之餘夫尚未受田者是又以濟分田之所不及

陳祥道禮書周禮遂人以彊予任甿（謂彊予者民有餘力復予之田若餘夫然）上地夫一廛田百畮萊五十畮餘夫亦如之中地夫一廛田百畮萊百畮餘夫亦如之下地夫一廛田百畮萊二百畮餘夫亦如之載芟詩曰侯彊侯以（箋彊有餘力者周禮曰以彊予任甿）孟子曰餘夫二十五畝班固曰歲耕種者爲不易上田休一歲者爲一易中田休二歲者爲再易下田農民戶一人已受田其家衆男爲餘夫衆亦以口受田如此賈公彥以先儒之說與孟子不同謂此餘夫是年二十九以下未有妻受口田故

二十五畝若三十有妻則受夫田百畝故鄭註內則云三十受田給征役卿大夫註亦云有夫有婦乃成家何休亦云一夫一婦受井田百畝先王之於民也受地雖均百畝然其子弟之衆或食不足而力有餘則又以餘夫任之此詩所謂侯彊遂人所謂以彊予任甿者也然餘夫之田不過二十五畝以其家既受田百畝而又以百畝予之則彼力有所不逮矣故其田四分農夫之一而已禮言上地田百畝萊半之則餘夫上地田二十五畝萊亦半之中地二十五畝萊亦二十五畝下地二十五畝萊五十畝則所謂如之者如田萊之多寡而已非謂餘夫亦受百畝之田如正農夫也班固謂其家衆男亦以口受田如此鄭司農謂戶計一夫一婦而賦之餘夫亦受此田其說與孟子不合賈公彥之徒遂謂餘夫三十有妻者受百畝二十九已下未有妻者受田二十五畝是附會之論也按此條甚分明孫疏引司農說尚沿舊解

按餘夫二十五畝是由百畝而四分之四分其一區之田則各助耕君田二畝之半四分其一夫之田則各自賦己田二畝之半與野之九國之什其數亦適

相合而田中之田無不得其均

附論　按萊無税而田有税於百五十畝之中税其百畝大司馬云凡令賦上地食者三之二於二百畝之中税其百畝故云中地食者半於三百畝之中税其百畝故云下地食者三之一田百畝爲治而萊則總在所治之外謂孟子所云受田不合周官者殆未嘗深攷耳

井田

通典黄帝始經土設井田以塞爭端立步制畝以防不足使八家爲井開爲四道此井田之原也其法肇於黄帝成於大禹備於周壞於秦也

丹鉛總錄劉貺云井牧始於黄帝則左傳所謂井衍沃牧臯隰也韋昭三五歷云黄帝八家爲井井開四道而分八宅則井田始於黄帝矣井卽助法牧卽貢法夏殷田制黄帝之世已然矣

井田圖

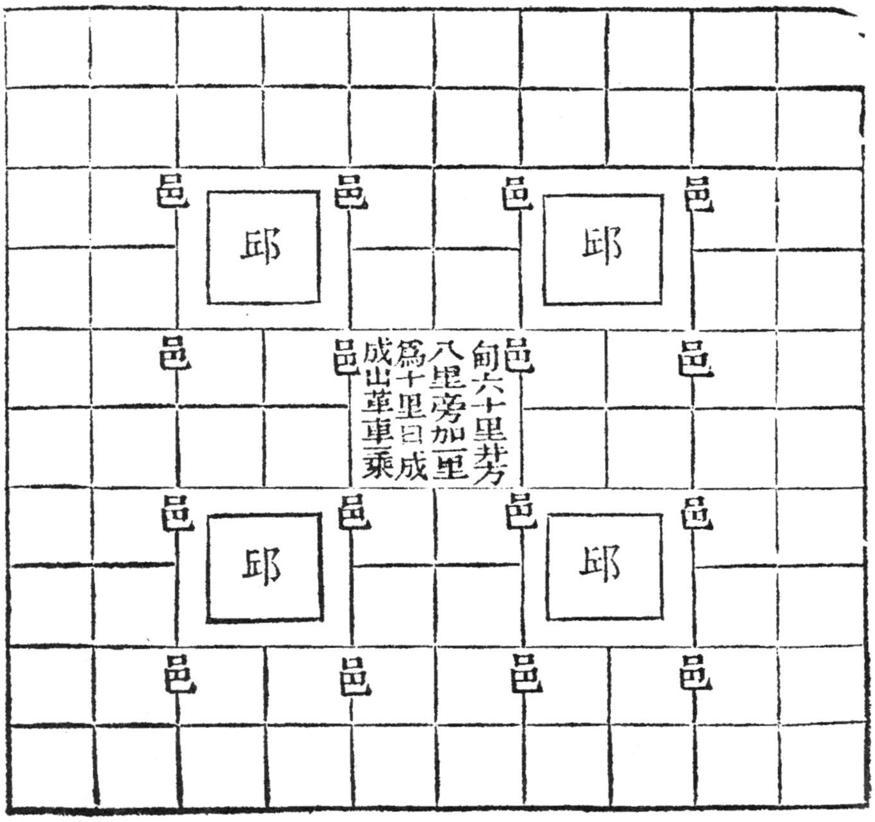

三禮圖小司徒佐大司徒掌都鄙三等之采地而爲井田故經云九夫爲井四井爲邑四邑爲邱四邱爲甸四甸爲縣四縣爲都以任役萬民使營地事而貢軍賦出車役又采地之中每一井之田出一夫之稅以入於官但此都鄙是畿内之地小司徒並營其境界故孟子曰夫仁政必是經界始經界不正井地不均穀祿不平是故暴君汙吏必慢其經界經界既正分田制祿可坐而定也此圖一甸之田則縣都之法亦可見矣

三詁四書新[illegible]

倉廩

地官倉人掌粟入之藏

註九穀盡藏焉以粟爲主

辨九穀之物以待邦用若穀不足則止餘灋用有餘則藏之以待凶而用之

註止猶殺也殺餘灋用謂道路之委積所以豐優賓客之屬

疏案遺人註委積者廩人倉人計九穀之數足國以其餘共之是豐優賓客者則彼委積是灋用以此餘者爲之所謂餘灋用也今倉人穀不足故止彼餘灋用故鄭據遺人而言焉○遺人註云職內邦之移用亦如此也今穀不足亦止之故云之屬

仲輿郝氏曰止餘法用謂支用外常法當有羡餘歲儉僅取足用不貴羡餘也歲豐用餘則藏以待凶年

凡國之大事共道路之穀積食飲之具

註大事謂喪戎

廩人掌九穀之數以待國之匪（音分亦如字）頒賙賜稍食（音嗣）

註匪讀爲分分頒謂委人之職諸委積也賙賜謂王所賜予給好用之式也稍食祿廩

以歲之上下數邦用以知足否以詔穀用以治年之凶豐

註數猶計也

王氏曰凶豐者天時有以治之則有餘不至於狼戾不足不至於饑餒

凡萬民之食食者人四鬴上也人三鬴中也人二鬴下也

註此皆謂一月食米也六斗四升曰鬴

若食不能人二鬴則令邦移民就穀詔王殺（所界反）邦用

註就穀就都鄙之有者殺猶減也

姜氏曰民荒民也穀穀地也此言民用也殺減也如膳夫不舉司服素服之類此言邦用也

凡邦有會同師役之事則治其糧與其食

註行道曰糧謂糒（音備）也止居曰食謂米也

大祭祀則共其接（音扱）盛

註接讀爲一扱再祭之扱扱以授舂人舂之大祭祀之穀藉田之收藏於神倉者也不以給小用

按不以給小用王氏所謂其他祭祀共於舂人者也

管子　篇不務地利倉不盈

韓詩外傳楚莊王賑廩同食

按孫疏引釋名曰倉藏也藏穀物也倉有屋曰廩非是又地官序官廩人註云藏穀曰倉藏米曰廩月令季春發倉廩疏云蔡氏云穀藏曰倉米藏曰廩亦太泥

又按詩公劉篇云乃積乃倉楚茨篇云我倉既盈甫田篇云乃求千斯倉又月令（仲秋）云修囷（丘倫反）倉（季秋）云藏帝籍之收於神倉註云藏祭祀之穀爲神倉疏云神倉者貯祀鬼神之倉也言天子於此月命冢宰藏此帝籍所收禾穀於此神

倉之中此言倉也詩豐年篇云亦有高廩萬億及秭又釋名云廩矜也寶物可惜者投之其中也（按此說亦泥）此言廩也又月令季春云命有司發倉廩此兼言倉廩也

冠

按冠者禮之始也冠先筮日士冠禮云筮于廟古廟字門又云若不吉則筮遠日是也或謂古者冠以仲春吉日則非也次戒賓士冠禮云主人戒賓是也次筮賓宿賓士冠禮云前期三日筮賓又云乃宿賓是也至期具冠服器物蒲筵二在南見士冠禮一爲冠子見疏筵于東序少北西面註云東序主人位也適子冠於阼少北辟主人一爲醴子見疏筵于戶西南面疏云醮于客位在戶西醮醴同處將冠者俟於房中士冠禮云將冠者采衣紒音界註云采衣未冠者所服玉藻曰童子之飾也緇布衣錦緣以絹反錦紳并紐女九反錦束髮皆朱錦也紒結髮主人迎賓入將冠者出房賓揖之就筵爲之加冠士冠禮云主人迎又云將冠者出房南面註云南面立於房外之西待賓命又云賓揖將冠者將冠者即筵坐又云賓筵前坐正纚山綺反興降西階一等註云正纚者將加冠宜親之是也始加緇布冠士冠禮註云冠緇布冠也疏云知冠是緇布冠者以下文有皮弁爵弁故知此是緇布冠也士冠禮云賓揖之適房服玄端爵韠出房南面註云復出房南面者一加禮成觀衆以容體疏云著此

玄端成人之服使衆觀知再加皮弁士冠禮云降二等受皮弁疏云此當第二加皮弁之節又士冠禮云賓揖之適房服素積素韠容出房南面註云容者再加彌成其儀益繁三加爵弁士冠禮云賓降三等受爵弁加之服纁裳韎爲妹韐音閤其他如皮弁之儀註云降三等下至地贊者酌醴賓揖冠者就筵以醴禮之乃見母賓字之士冠禮云北面見于母又云賓字之冠者對註云對應也其辭未聞是也乃見兄弟姑姊士冠禮云冠者見於兄弟又云入見姑姊如見母註云入入寢門也不見妹妹卑是也見畢乃易服士冠禮云服玄冠玄端爵韠奠摯見於君遂以摯見於鄉大夫鄉先生註云易服不朝服者非朝事也是也於是醴賓士冠禮云乃醴賓以壹獻之禮註云壹獻者主人獻賓而已是也此冠禮之大略也

父命之

按冠有戒賓宿賓之辭士之適子冠於阼有祝辭醴辭醮辭字辭若不醴則醮用酒鄭氏謂國有舊俗可行聖人用焉不改者也又鄭氏云凡醮者不祝賈氏

云言凡謂庶子也考士冠禮戒賓曰某有子某將加布於其首願吾子之教之也賓對曰某不敏恐不能共（音恭）事以病吾子敢辭主人曰某猶願吾子之終教之也賓對曰吾子重（直用反）有命某敢不從此戒賓之辭也宿曰某將加布於某之首吾子將莅（音利）之敢宿賓對曰某敢不夙興此宿賓之辭也始加祝曰令月吉日始加元服（註云元首也）棄爾幼志順爾成德壽考惟祺（音其）介爾景福（叶筆勒反）再加曰吉月令辰（註云辰子丑也）乃申爾服敬爾威儀淑慎爾德眉壽萬年永受胡（註云猶遐也遠也）福（叶同上）三加曰以歲之正以月之令咸加爾服兄弟具在以成厥德黃耇（註云凍梨也疏云以其面似凍梨之色故也）無疆受天之慶（叶音羌）此祝辭也醴辭曰甘醴惟厚嘉薦（註云嘉善也善薦謂脯醢芳香也）令芳拜受祭之以定爾祥承天之休壽考不忘此醴辭也醮辭曰旨酒既清嘉薦亶（丁但反○註云誠也）時始加元服兄弟具來孝友時格永乃保之再醮曰旨酒既湑（思呂反○註云清也）嘉薦伊（註云惟也）脯乃申爾服禮儀有序祭此嘉爵承天之祜（音戶與序並上聲○註云祜福也）三醮曰旨酒令芳籩豆有楚（註云陳列之貌）咸加爾服肴升折俎承天之慶（叶音羌）受福無疆此醮辭也字辭曰禮儀既備（叶筆力反）令月吉日昭告

爾字叶音茲爰字孔嘉叶居之反○疏云此辭賓直西序東面與子爲字時言之也髦士攸宜宜之于假古雅音古反叶大也宜之○註是爲大矣承受保之曰伯甫註云甫是大夫之美稱某仲叔季唯其所當此字辭也禮無父命子之辭而孟子言父命之者蓋辭雖出於賓亦父請於賓以教之也況凡冠者見鄉大夫鄉先生皆有戒勉之辭如晉語所載趙文子冠見欒武子武子曰美哉註云美成人也昔吾逮事莊主註云莊莊子趙朔之論大夫稱主華則榮註云榮者有色貌矣實之不知請務實乎見范文子文子曰而今可以戒矣夫賢者寵至而益戒不足者爲寵驕註云智不足者得寵而驕故興王賞諫臣逸王罰之先王疾是驕也見韓獻子獻子曰戒之此謂成人成人在始與善始與善善進善不善蔑由至矣始與不善不善進不善善亦蔑由至矣如草木之產也各以其物註云類也人之有冠猶宮室之有牆屋也糞除註云喻自脩潔而已又何加焉見智武子武子曰吾子勉之成子之文宣子之忠其可忘乎吾子勉之有宣子之忠而納之以成子之文事君必濟彼鄉大夫之教戒者如此豈有爲父而不命其子者乎

贄

春官大宗伯以禽作六摯以等諸臣

註摯之言至所執以自致

孤執皮帛卿執羔大夫執鴈士執雉庶人執鶩（音木）工商執雞

註皮帛者束帛而表以皮爲之飾皮虎豹皮帛如令璧色繒也（羔鴈雉鶩俱見下曲禮疏）

鷄取其守時而動

曲禮飾羔鴈者以繢

註繢畫也諸侯大夫以布天子大夫以畫

疏飾羔鴈者以繢者飾覆也羔羊也繢畫也畫布爲雲氣以覆羔鴈爲飾以相見也士相見禮云下大夫以鴈上大夫以羔飾之以布並不言繢者鄭云彼是諸侯之卿大夫卑但用布而此天子之卿大夫尊故畫之也

凡摯（音至徐之二反本又作贄同）天子鬯諸侯圭卿羔大夫鴈士雉庶人之摯匹（依注作鶩音木）童子委摯而退

註摯之言至也天子無客禮以鬯爲摯者所以唯用告神爲至也童子委摯而退不與成人爲禮也說者以匹爲鶩

疏鄭註宗伯云羔小羊取其羣而不失類也白虎通云羔取其羣而不黨卿職在盡忠率下不黨也○鄭註宗伯云鴈取其候時而行也白虎通云鴈取飛有行列也大夫職在奉命適四方動則當以正道事君也○雉取性耿介唯敵是赴士始升朝宜爲赴敵故用雉也羔鴈生執雉則死持亦表見危致命書云二生一死是也故鄭註宗伯云雉取其守介而死不失其節也然白虎通云雉取其不可誘之以食撓之以威死不可畜也士行威介守節死義不當移士摯冬雉夏腒是也○匹鶩也野鴨曰鳧家鴨曰鶩鶩不能飛騰如庶人但守耕稼而已故鄭註宗伯云鶩取其不飛遷爾雅釋鳥云舒鳧鶩郭景純云鶩音木舍人及李巡云鳧野鴨名鶩家鴨名某氏云在野舒飛遠者爲鳧○童子見先生或尋朋友既未成人不敢與主人相授受拜伉之儀但奠委其摯於地而自退辟之然童子之摯悉用束脩也

野外軍中無摯以纓拾矢可也

註非爲禮之處用時物相禮而已纓馬繁（本又作樊步丹反）纓也拾謂射韝（徐音溝）

婦人之摯椇（俱羽反）榛脯脩棗栗

註婦人無外事見以羞物也椇榛木名椇枳也有實今邳（被悲反）郯（音談）之東食之榛實似栗而小

白虎通臣見君所以有贄何贄者質也質已之誠致已之悃愊也王者緣臣子心以爲之制差其尊卑以副其意〇卿大夫贄古以麑鹿今以羔鴈何以爲古者質取其內謂得美草鳴相呼今文取其外謂羔跪乳鴈有行列也禮相見經曰上大夫相見以羔左顧右贄執麑明古以麑鹿今以羔也卿大夫贄變君與士贄不變何人君至尊極美之物以爲贄士賤伏節死義一介之道也故不變私相見亦有贄何所以相尊敬長和睦也禮士相見經曰上大夫相見以鴈士冬以雉夏以腒也臣之事君以義合也得親供養故質已之誠副已之意故有贄也

禮書禮云無辭不相見也無禮不相見也欲民之無相瀆也故貴至于邦君賤至于庶人以至婦人童子相見不依贄不足以爲禮贄而不稱德不足以爲義此玉帛禽鳥榛栗棗脩之用所以不一也儀禮士於士無辭贄有還贄大夫於士無還贄終辭贄君於其臣則受之於外臣則使擯還之大夫於嘗爲臣者亦然士贄授受於庭貴者授受於堂大夫士於君壻於舅則奠贄士嘗臣於大夫亦奠贄童子於所奠則委贄此禮之殺也

按以卑見尊禮宜用質古人相見之質或新受職晉語云委贄爲臣是也或新職面士相見禮云不依于贄不敢見是也或新冠士冠禮云奠贄見于君遂以贄見于鄉大夫鄉先生是也或弟子新見先生論語云自行束脩以上曲禮疏云童子之贄悉用束脩是也或人臣見他國之君定公八年傳云公會晉師于瓦范獻子執羔趙簡子中行文子執鴈是也或敵體相見亦有之莊公二十年傳云男贄大者玉帛小者禽鳥以章物也是也至於尊者見卑則無此法檀弓云哀公執贄請見周豐彼因尊賢特自卑耳又用牲爲贄主人皆食之秋官司

士云堂擯士者膳其摯註云鄭司農云王食其所執羔鴈之摯玄謂膳者入於王之膳人是也

耕助　蠶繅

祭統是故天子親耕於南郊以共齊（音咨）盛王后蠶於北郊以共純（側其反）服諸侯耕於東郊以共齊盛夫人蠶於北郊以共冕服天子諸侯非莫耕也王后夫人非莫蠶也身致其誠信誠信之謂盡盡之謂敬敬盡然後可以事神明此祭之道也

註純服亦冕服也互言之爾純以見繒色冕以著祭服東郊少陽諸侯象也夫人不蠶於西郊婦人禮少變也齊或作粢

疏天子太陽故南也諸侯少陽故東也然藉田並在東南故王言南諸侯言東○后太陰故北夫人少陰故合西郊然亦北者婦人質少變故與后同也○莫無也王后豈貧無穀帛而夫婦自耕蠶乎其有以也○正義曰天子云純諸侯言冕冕是祭服故知純亦是祭服天子言衣色諸侯亦有衣色是其互也鄭氏之意凡言純者其義有二一是絲旁才是古之緇字二是絲旁屯是純字但書文相亂雖是緇字並皆作純

按以上總

月令孟春乃擇元辰天子親載耒耜措（七故反）之于參保介之御間帥三公九卿諸侯大夫躬耕帝籍天子三推（出崔反又吐回反）三公五推諸侯九推

註元辰蓋郊後吉辰也耒耜之上曲也保介車右也置耒於車右與御者之間明己勸農非農者也人君之車必使勇士衣甲居右而參乘備非常也保猶衣也介甲也帝籍爲天神借民力所治之田也

反執爵于大寢三公九卿諸侯大夫皆御命曰勞（力報反）酒

註既耕而宴飲以勞羣臣也大寢路寢御侍也

祭義是故昔者天子爲藉千畝冕而朱紘躬秉耒諸侯爲藉百畝冕而青紘躬秉耒以事天地山川社稷先古以爲醴酪齊盛於是乎取之敬之至也

註藉藉田也先古先祖

周語古者大（音泰）史順時覛（音脈）土陽癉憤盈土氣震發農祥晨正日月底（音旨）於天廟土乃脈發

註覛視也癉厚也憤積也盈滿也震動也發起也農祥房星也晨正謂立春之日晨中于午也農事之候故曰農祥底至也天廟營室也孟春之月日月皆在營室脈理也農書曰春上冒撅陳根可拔耕者急發

先時九日

註先先立春日也

太史告稷曰自今至於初吉陽氣俱烝土膏其動弗震弗渝脈其滿眚穀乃不殖

註初吉二月朔日也烝升也膏土潤也其動潤澤欲行渝變也眚災也言陽氣俱升土膏欲動當即發動變寫其氣不然則脈滿氣結更爲災病穀乃不殖

稷以告

註以大史之言告王

王曰史帥陽官以命我司事

註史大史陽官春官司事主農事官也

曰距今九日土其俱動王其祗祓音拂監農不易

註距去也不易不易物土之宜

王乃使司徒咸戒公卿百官庶民司空除壇於籍命農大夫咸戒農用

註百官百吏也庶民甸師氏所掌之民主耕耨王之籍田者司空掌地也農大夫田畯也農用田器也

先時五日

註先耕時也

瞽告有協風至

註瞽樂太師知風聲者協和也風氣秋時候至者也立春日融風

王即齊宮百官御事各即其齊三日

註御治也

王乃淳濯饗醴

註淳次也濯洗也饗飲也謂王沐浴飲醴酒

及期鬱人薦鬯犧人薦醴三祼鬯饗醴乃行

註犧人司尊也

百吏庶民畢從及籍后稷監之

註監察也

膳夫農正陳籍禮

註膳夫上士也農正田大夫主敷陳籍禮而祭其神爲農祈也

大史贊王

註贊導也

王敬從之王耕一墢音鉢又音發

註一墢一耜之墢也王無耦以一耜耕

周章成云按字書墢音伐起土也傳意蓋謂王舉一耜作一墢其下以次各

加三倍與月令三推五推自是兩說韋註只言以一耜耕而不言墢之數遂

覺下面三墢九墢等語俱不相蒙

班三之

註班次也三於下各其三士也王一墢公三卿九大夫二十七

庶人終於千畝

註終盡耕也

其后稷省功大史監之司徒省民大史監之畢宰夫陳饗膳夫監之

註宰夫下大夫也

膳宰贊王王歆大音泰牢

註歆饗也

班嘗之

註公卿大夫也

庶人終食

註終畢也

是日也瞽帥音官以省風土

註音官樂官也風土以音律省土風風氣和則土氣養

廩於藉東南鍾而藏之

盛

註廩御廩一名神倉東南生長之處鍾聚也謂爲廩以藏王所藉田以奉齍

按祭義云天子爲藉千畝諸侯爲藉百畝是田之數不同也祭疏云天子耕于南郊諸侯耕于北郊是藉之地不同也月令云天子三推三公五推卿諸侯九推是貴賤有等或三或五或九不同也

以上耕助

月令（季春）是月也命野虞毋伐桑柘（之夜反）

注愛蠶食也野虞謂主田及山林之官

鳴鳩拂其羽戴勝降于桑

注蠶將生之候也鳴鳩飛且翼相擊趨農急也戴勝織紝（女今反）之鳥是時恒

在桑言降者若時始自天來重之也

具曲植直吏反籧居呂反亦作莒筐丘狂反

注時所以養蠶器也曲薄也植槌直追反也

疏正義曰案方言云宋魏陳江淮之間謂之曲或謂之麴自關而西謂之薄故云曲薄方言注槌縣蠶薄柱也宋魏陳楚江淮之間謂之植自關而西謂之槌齊謂之栚

后妃齊戒親東鄉許亮反躬桑禁婦女毋觀古喚反省婦使以勸蠶事

注后妃親採桑示帥先天下也東鄉者鄉時氣也是明其不常留養蠶也留養者所卜夫人與世婦婦謂世婦及諸臣之妻也內宰職曰仲春詔后帥外內命婦始蠶于北郊女外內子女也夏小正曰妾子始蠶執養宮事毋觀去起呂反容飾也婦使縫線組音祖紃音旬之事

蠶事既登分繭稱絲效功以共音恭郊廟之服毋有敢惰

注登成也敕往蠶者蠶畢將課功以勸戒之

孟夏蠶事畢后妃獻繭乃收繭稅以桑爲均貴賤長幼如一以給郊廟之服

注后妃獻繭者內命婦獻繭於后妃收繭稅者收於外命婦外命婦雖就公桑蠶室而蠶其大亦當有祭服以助祭收以近郊之稅耳貴賤長幼如一國服同

疏貴者桑多賤者桑少爲皆計繭爲稅十一之稅

季夏是月也命婦官染采黼黻文章必以法故無或差貸音二又他得反

註婦官染人也采五色

黑黃蒼赤莫不質良毋敢詐僞

註質正也良善也所用染者當得眞采正善也

以給郊廟祭祀之服

祭義古者天子諸侯必有公桑蠶室近川而爲之築宮仞有三尺棘牆而外閉之及大昕許斤反之朝君皮弁素積卜三宮之夫人世婦之吉者使入蠶于蠶室奉芳勇反種章勇反浴于川桑于公桑風戾力計反以食音嗣之

註大昕季春朔日之朝也諸侯夫人三宮半王后也風戾之者及早涼脆七歲反采之風戾之使露氣燥乃以食蠶蠶性惡烏路反濕

疏近川而爲之者取其浴蠶使也○築宮謂築養蠶宮牆七尺曰仞言牆之七尺又有三尺高一丈也傳云雉有三尺雉字者誤也棘牆者謂牆上置棘外閉謂扇在戶外閉也○戾乾也淩早采桑必帶露而濕蠶性惡濕故乾而食之

歲既單音丹矣世婦卒蠶奉繭以示于君遂獻繭于夫人夫人曰此所以爲君服與遂副褘音暉而受之因少牢而禮之

註歲單謂三月月盡之後也言歲者蠶歲之大功事畢於此也副褘王后之服而云夫人記者容二王之後與禮之禮奉繭之世婦

疏單盡也三月之末四月之初

古之獻繭者其率用此與率音類又音律又所律反

註問者之辭

疏律法也

及良日夫人繅悉刀反三盆手遂布于三宮夫人世婦之吉者使繅遂朱綠之玄黃之以爲黼黻文章服旣成君服以祀先王先公敬之至也

註三盆手者三淹也凡繅每淹大總而手振之以出緒也

按祭統云王后蠶于北郊以共純服夫人蠶于北郊以共冕服是蠶之地不同也

粢盛

陳祥道禮書黍稷曰粢在器曰盛周禮或言齍或言齍盛大宗伯奉玉齍註玉禮神之玉〇疏齍謂黍稷小宗伯辨六齍註讀爲粢六粢謂六穀黍稷稻粱麥苽逆齍疏卽大宗伯涖玉齍者是也大祝齍號之類此言齍而不及盛也閭師不耕者無盛廩人共接盛饎人共盛之類此言盛而不及齍也甸師共齍盛舂人共齍盛之米小宗伯表粢盛此兼言粢盛也其言各有所當非苟異耳粢盛共之以甸師舂之以舂人饎饎同之以饎人實之以舍人奉之以大宗伯逆之以小宗伯然後立之以表而六宮之人共奉之

媒妁

地官媒氏掌萬民之判

註判合也得耦爲合主合其半成夫婦也喪服傳曰夫妻判合鄭司農云主萬民之判合

何氏曰判別也男女之合必行媒者以有別也

凡男女自成名以上皆書年月日名焉

註鄭司農云成名謂子生三月父名之見內則

令男三十而娶女二十而嫁

註二三者天地相承覆之數也易曰參天兩地而奇於豈反本或作倚數焉

凡娶判妻入子者皆書之

註書之者以別彼列反未成昏禮者鄭司農云入子者謂嫁女者也玄謂言入子者容媵姪娣不聘之者

按娶判妻或曰娶人所出之妻入子或曰再嫁而攜其子入夫家者妻氏亦

謂萬民不合有姪娣後說近是

中（丁仲反）春之月令會男女

註中春陰陽交以成昏禮備天時也

於斯時也奔者不禁

註重天時權許之也

按鄭氏謂奔者爲妾姜氏謂奔者禮不備而昏姜說近是

若無故而不用令者罰之

註無故謂無喪禍之變也有喪禍者娶得用非仲春之月雜記曰己雖小功

旣卒哭可以冠子娶妻

疏言令者中春之月令會男女

司男女之無夫家者而會之

註司猶察也無夫家謂男女之鰥寡者

凡嫁子娶妻入幣純（側其反）帛無過五兩（去聲）

註純實緇字也古緇以才爲聲納幣用緇婦人陰也凡於娶禮必用其類五兩十端也必言兩者欲得其配合之名十者象五行十日相成也士大夫乃以玄纁束帛天子加以穀圭諸侯加以大璋雜記曰納幣一束五兩兩五尋然則每端二丈

葉氏曰古者納幣不過於此則是婚姻之禮雖詳而其儀實略略其儀而詳其禮此婚姻所以及時而男女所以得正歟

風俗通周禮媒氏因三十之男二十之女冰泮鳴鴈於是乎合

按說文云媒謀也謀合二姓也詩衛風云匪我愆期子無良媒曲禮云男女非有行媒不相知名而周官又設媒氏以主判合之禮可不謂重與

以上媒

說文妁媒也○妁酌也斟酌二氏以合配偶也

以上妁

三訂四書辨疑卷之十九

孟子下

交食附

張　江曉樓氏輯

六律　五音

孫疏案呂不韋春秋言黃鐘之宮律之本也註云黃鐘十一月律下生林鐘註云六月律林鐘上生太蔟註云正月律太蔟下生南呂註云八月律南呂上生姑洗註云三月律姑洗下生應鐘註云十月律應鐘上生蕤賓註云五月律蕤賓下生大呂註云十二月律大呂下生夷則註云七月律夷則上生夾鐘註云二月律夾鐘下生無射註云九月律無射上生中呂註云四月律淮南王安延致儒生博士亦爲律呂云黃鐘之律九寸而宮音調因而九之九九八十一故黃鐘之數立位在子太蔟其數七十二姑洗之數六五十四蕤賓之數五十七夷則之數五十一無射之數四十五以黃鐘太蔟爲商姑洗爲角角生應鐘不比五音故爲和應鐘生蕤賓不比正音故爲繆日冬至音比林鐘浸以濁日夏至音比黃鐘浸以清以十二律應二十四時之變甲子大呂之徵也丙子夾鐘之羽也戊子黃鐘之宮也庚子無射之商也壬子夷則之角也其爲音一

律而生五音十二律爲六十音因而六之六六三十六故三百六十五日以當一歲之日故律之數天地之道也凡此則以律正五音之謂也

按以上總

漢書律歷志黃帝使伶綸師古曰伶音零綸音倫自大夏之西昆侖之陰取竹之解谷生其竅厚均者斷兩節閒而吹之以爲黃鐘之宮制十二筩以聽鳳之鳴其雄鳴爲六雌鳴亦六比師古曰比音頻寐反黃鐘之宮而皆可以生之是爲律本

註應劭曰大夏西戎之國也○孟康曰解脫也谷竹溝也取竹至脫無溝節者也一說昆侖之北谷名也晉灼曰谷名是也○應劭曰生者治也竅孔也孟康曰竹孔與肉薄厚等也晉灼曰取谷中之竹生而孔外肉厚薄自然均者截以爲筩不復加削刮也○師古曰黃鐘之宮律之最長者○師古比合也可以生之謂上下相生也故謂之律本

按以上六律六呂之所由昉也

周語伶州鳩曰律所以立均出度也古之神瞽考中聲而量之以制度律均鐘

百官軌儀紀之以三平之以六成于十二天之道也夫六中之色也故名之曰黃鐘所以宣養六氣九德也

註十一月曰黃鐘乾初九也○宣徧也六氣陰陽風雨晦明也九德九功之德水火金木土穀正德利用厚生也十一月陽伏于下物始萌于五聲爲宮含元處中所以徧養六氣九德之本

由是第之二曰太蔟所以金奏贊陽出滯也

註正月曰太蔟乾九二也○贊佐也賈唐云大蔟正聲爲商故曰金奏所以佐陽發出滯伏也

三曰姑洗所以脩潔百物考神納賓也

註三月曰姑洗乾九三也○姑潔也洗濯也考合也言陽氣養生洗濯枯穢改柯易葉也于正聲爲角是月百物修潔故用之宗廟合致神人用之享宴可以納賓也

四曰蕤賓所以安靖神人獻酬交錯也

註五月曰蕤賓乾九四也○蕤委蕤柔貌也言陰氣爲主委蕤于下陽氣盛長于上有似于賓主故可用之宗廟賓客以安靜神人行酬酢也酬勸酢報也

五曰夷則所以詠歌九則平民無貳也

註七月曰夷則乾九五也○夷平也則法也言萬物既成可法則也故可以詠歌九功之則成民之志使無疑貳也

六曰無射所以宣布哲人之令德示民軌儀也

註九月曰無射乾上九也○宣徧也軌道也儀法也九月陽氣上升陰氣收藏萬物無射見者故可以徧布前哲之令德示民道法也

爲之六閒以揚沈伏而黜散越也

註六閒六呂在陽律之閒沈滯也黜去也越揚也呂陰律所以侶閒陽律成其功發揚滯伏之氣而去散越者也伏則不宣散則不和陰陽序次風雨時至所以生物也

元間大呂助宣物也

註十二月曰大呂坤六四也〇陰繫于陽以黄鐘爲主故曰元間以陽爲首不名其初臣歸功于上之義也大呂助陽宣散物也天氣始于黄鐘萌而赤地受之于大呂牙而白成黄鐘之功也

二間夾鐘出四隙之細也

註二月曰夾鐘坤六五也〇隙間也夾鐘助陽鐘聚也細也四隙四時之間氣微細者春爲陽中萬物始生四時之微氣皆始于春春發而出之三時奉而成之故夾鐘出四時之微氣也

三間中呂宣中氣也

註四月曰中呂坤上六也〇陽氣起于中至四月宣散于外純乾用事陰閉藏于内所以助陽成功也故曰正月正陽之月也

四間林鐘和展百事俾莫不任肅純恪也

註六月曰林鐘坤初六也〇林衆也言萬物衆盛也鐘聚也于正聲爲徵展

審也俾使也肅速也純大也恪敬也言時務和審百事無有僞詐使莫不任其職事速其功大敬其職也

五問南呂贊陽秀也

註八月曰南呂坤六二也○榮而不實曰秀南任也陰任陽事助成萬物贊佐也

六問應鐘均利器用俾應復也

註十月曰應鐘坤六三也○言陰應陽用事萬物鐘聚百嘉具備時務均利百官器用程度庶品使皆應其禮復其常也

律呂不易無姦物也

註律呂不變易其常各順其時則神無姦行物無害生

律歷志黃鐘黃者中之色君之服也鐘者種也天之中數五（韋昭曰一三在上七九在下）五爲聲聲上宮五聲莫大焉地之中數六（韋昭曰二四在上八十在下）六爲律律有形有色色上黃五色莫盛焉故陽氣施種於黃泉孳萌萬物爲六氣元也以黃色名元氣

律者著宮聲也宮以九唱六變動不居周流六虛始於子在十一月大呂呂旅也言陰大旅助黃鐘宣氣而牙物也位於丑在十二月太蔟蔟奏也言陽氣大奏地而達物也位於寅在正月夾鐘言陰夾助太蔟宣四方之氣而出種物也位於卯在二月姑洗洗潔也言陽氣洗物辜絜之也位於辰在三月中呂言微陰始起未成著於其中旅助姑洗宣氣齊物也位於巳在四月蕤賓蕤繼也賓導也言陽始導陰氣使繼養物也位於午在五月林鐘林君也言陰氣受任助蕤賓君主種物使長大楙盛也位於未在六月夷則則法也言陽氣正法度而使陰氣夷當傷之物也位於申在七月南呂南任也言陰氣旅助夷則任成萬物也位於酉在八月亡射射厭也言陽氣究物而使陰氣畢剝落之終而復始亡厭已也位於戌在九月應鐘言陰氣應亡射該臧萬物而雜陽閡種也位於亥在十月

註師古曰孳讀與滋同滋益也萌始生也○孟康曰黃鐘陽九林鐘陰六言陽唱陰和○師古曰奏進也○孟康曰辜必也必使之絜也○師古曰種物

種生之物楙古茂字也種音之勇反○師古曰夷亦傷○孟康曰閡藏塞也陰雜陽氣藏塞爲萬物作種也晉灼曰外閉曰閡師古曰閡音胡待反下言該閡於亥音訓並同

按以上明六律六呂之義

黄鐘　管長九寸徑三分圍九分律長九寸因而九之九九八十一故黄鐘之數立焉爲宫法云九寸之六按朱子云當是去其三分之一得林鐘初六見周語註下同

太蔟　管長八寸法云九分之八

姑洗　管長七寸一分律長七寸九分寸之一

蕤賓　管長六寸三分律長六寸八十一分寸之二十七

夷則　管長五寸六分律長五寸七百二十九分寸之四百三十七

無射　管長四寸九分律長四寸六千五百六十一分寸之六千五百二十四

大呂　管長八寸八分法云三分之二四寸二百四十三分寸之五十四倍之爲八寸分寸之一百八下生律元一也

夾鐘　管長七寸四分律長三寸二千一百八十三分寸之一千五百二十一
倍之爲七寸分之二百七十五
中呂　管長六尺六分律長三寸萬九千六百八十三分寸之六千五百六十
一倍之爲六寸分寸之萬三千一百二十五
林鐘　管長六寸律長六寸
南呂　管長五寸三分律長五寸三分寸之一
應鐘　管長四寸七分律長四寸二十七分寸之十九
按以上明十二律管長短之數
子　黃鐘　其長九寸三分損一隔八下生林鐘○按淮南子云黃鐘之數八
十一下生林鐘之五十四
丑　大呂　倍律蕤賓所生其長八寸三分七釐六毫三分損一隔八下生夷則○
淮南子云大呂下生夷則之五十一
寅　太族　林鐘所生其長八寸三分損一隔八下生南呂○淮南子云太族

下生南呂之四十八

卯 夾鐘 倍律 夷則所生其長七寸四分三釐七毫三絲三分損一隔八下生無射〇淮南子云夾鐘下生無射之四十五

辰 姑洗 南呂所生其長七寸一分三分損一隔八下生應鐘〇淮南子云姑洗下生應鐘之四十二

巳 仲呂 倍律 無射所生其長六寸五分八釐三毫四絲六忽十二律已徧再生黃鐘之變律〇淮南子云極不生

午 蕤賓 應鐘所生其長六寸二分八釐三分益一隔八上生大呂〇淮南子云蕤賓上生大呂之七十六

未 林鐘 黃鐘所生其長六寸三分益一隔八上生太簇〇淮南子云林鐘上生太簇之七十二

申 夷則 大呂所生其長五寸五分五釐一毫三分益一隔八上生夾鐘〇淮南子云夷則上生夾鐘之六十八

酉　南呂　太蔟所生其長五寸三分三分益一隔八上生姑洗○淮南子云南呂上生姑洗之六十四

戌　無射　夾鍾所生其長四寸八分八釐四毫八絲三分益一隔八上生仲呂○淮南子云無射上生仲呂之六十

亥　應鍾　姑洗所生其長四寸六分六釐三分益一隔八上生蕤賓之五十七

三分損一　按三分損一者蔡元定云三分本律而損其一也如黃鍾之實九寸損三分之一得六寸凡下生者倣此

三分益一　按三分益一者蔡元定云三分本律而增其一也知林鍾之實六寸益三分之一得八寸凡上生者倣此

隔八　按子爲黃鍾之宮歷丑寅卯辰巳午至未爲林鍾之徵餘可以此類推

上生下生　周章成云凡陰陽相生陽生陰爲下生陰生陽爲上生而自蕤賓以下陽反上生陰反下生何也蓋大呂夾鍾仲呂三者當用倍律生大呂

者爲蕤賓生夾鐘者爲夷則生仲呂者爲無射以短生長安得不謂之上生若大呂夾鐘仲呂以長生短安得不謂之下生此陽之所以反上生陰之所以反下生也

按以上明律呂相生之法

	正	半	變	變半
黄鐘	九寸	無	八寸七分八釐一毫六絲二忽	四寸三分八釐五毫三絲一忽
大呂	八寸三分七釐六毫	四寸一分八釐三毫	不用	
太簇	八寸	四寸	七寸八分〇〇二毫四絲四忽	三寸八分四釐五毫六絲六忽

七初不用　八初
七寸四　三寸六
夾鐘分三釐　分六釐
七毫三絲　三毫六絲
七寸一　三寸五　七寸〇〇一釐　三寸四分五釐
姑洗分　分　二毫二絲〇〇　一毫一絲〇〇
二初二秒不用　一初一秒
六寸五　三寸二
中呂分八釐　分八釐
三毫四　六毫二
絲六忽　絲三忽
六寸二　三寸一
蕤賓分四釐　分八釐

六寸　三寸不用　五寸八分二釐　二寸八分五釐
林鐘　四毫一絲一忽　六毫五絲〇〇
三初　六初
五寸五　二寸七
夷則分五釐　分二釐
一毫　五毫
五寸三　二寸六　五寸二分三釐　二寸五分六釐
南呂分　分不用　一毫六絲〇〇　〇〇七絲四忽
一初六秒　五初三秒
四寸八　二寸四
無射分八釐　分四釐
四毫八絲　二毫四絲
四寸六　二寸三[illegible]　四寸六分〇〇[illegible]　二寸三分〇〇

應鐘　分六釐　分三釐　不用　七毫四絲三忽　一初四秒三分秒之一　三毫六絲六忽　六秒三分秒之二　不用

朱子曰十二正律各有一定之聲而旋相爲宮則五聲初無定位當高者或下當下者或高則宮商失序而聲不諧和故取其半律以子聲當上生而所生者短則下取此聲以爲用然以三分損益之法計之則亦適合下生之數而自此律又以其正律下生則復得其本法而于半律又合上生之數此唯杜氏言之而宅書不及也黄鐘當以四寸半爲半律而圖以爲無者以九分之寸析至初秒終無可紀之數也林南應不用者相生之不及也此又杜氏所未言故詳著之　又曰蕤賓以下仲吕上生之所不及故無變律而唯黄太姑林南應有之計正變通十八律各有半聲爲三十六聲其間又有八聲雖有而無所用實計二十八聲而已杜氏又言變律上下相生以至仲吕則是又當增十二聲而合爲四十八聲似太過而無所用也今雅樂俗樂皆有四清聲其原蓋出於此既欠八聲且無變律則其法又太疎略而用有不周

矣覽者詳之

按以上明十二律正變倍半之法

律歷志商之爲言章也物成孰可章度（師古曰度音大各反）也角觸也物觸地而出戴芒角也宮中也居中央暢四方倡始施生爲四聲綱也徵祉也物盛大而緐祉也羽宇也物聚藏宇覆之也夫聲者中於宮觸於角祉於徵章於商宇於羽故四聲爲宮紀也協之五行則角爲木五帝爲仁五事爲貌商爲金爲義爲言徵爲火爲禮爲視羽爲水爲智爲聽宮爲土爲信爲思以君臣民事物言之則宮爲君商爲臣角爲民徵爲事羽爲物唱和有象故言君臣位事之體也五聲之本生於黃鍾之律九寸爲宮或損或益以定商角徵羽九六相生陰陽之應也

管子　篇凡聽徵如負猪豕覺而駭凡聽羽如鳴馬（按朱子云疑當作鳥）在樹凡聽宮如牛鳴窌（居效反）中凡聽商如離羣羊凡聽角如雉登木以鳴音疾以清（按朱子云以鳴下六字疑衍）

李氏光地曰牛鳴窌中言其洪大而深厚也離羣羊言其激揚而淒切也雉

登木言其清和而遠暢也豬豕覺而駭言其疾速而喧鳴鳥在樹言其嘈雜而細樂記以屬君臣民事物者以此

按以上明五聲之義

宮爲君見樂記下同　最下最濁

商爲臣　次下次濁

角爲民　高下清濁之閒

徵爲事　次高次清

羽爲物　最高最清

按以上明五聲清濁高下之次

宮	八十一	下生徵
徵	五十四	上生商
商	七十二	下生羽
羽	四十八	上生角

角　六十四　下生變宮

按以上明五聲相生損益先後之次

應鐘爲變宮見周註下同　律呂新書羽宮之間近宮收一羽後宮前

四十分餘九分分之六　聲少高於宮故謂之變宮

蕤賓爲變徵　律呂新書角徵之間近徵收一角後徵前

五十六餘九分分之八　聲比徵少下故謂之變徵

上生變徵

朱子曰五聲相生至於角位則其數六十有四隔八下生當得宮前一位以爲變宮然其數三分損一每分各得二十有一尙餘一分不可損益故五聲之正至此而窮若欲生之則須更以所餘一分析而爲九損其三分之一分乃得四十分餘九分分之六而後得成變宮之數又自變宮隔八上生當得徵前一位其數五十有六餘九分分之八以爲變徵正合相生之法自此又當下生則又餘二分不可損益而其數又窮故立均之法至於是而終焉然

而二變但爲和繆已不得爲正聲矣

按五聲加二變謂之七律本周語伶州鳩之說

按以上明二變相生之法

黄鐘爲第一宮下生林鐘爲徵上生太蔟爲商下生南呂爲羽上生姑洗爲角見禮運疏下同

林鐘爲第二宮上生太蔟爲徵下生南呂爲商上生姑洗爲羽下生應鐘爲角

太蔟爲第三宮下生南呂爲徵上生姑洗爲商下生應鐘爲羽上生蕤賓爲角

南呂爲第四宮上生姑洗爲徵下生應鐘爲商上生蕤賓爲羽下生大呂爲角

姑洗爲第五宮下生應鐘爲徵上生蕤賓爲商上生大呂爲羽下生夷則爲角

應鐘爲第六宮上生蕤賓爲徵下生大呂爲商下生夷則爲羽上生夾鐘爲角

蕤賓爲第七宮上生大呂爲徵下生夷則爲商上生夾鐘爲羽下生無射爲角

大呂爲第八宮下生夷則爲徵上生夾鐘爲商下生無射爲羽上生仲呂爲角

夷則爲第九宮上生夾鐘爲徵下生無射爲商上生仲呂爲羽上生黄鐘爲角

夾鍾爲第十宮下生無射爲徵上生仲呂爲商上生黃鍾爲羽下生林鍾爲角

無射爲第十一宮上生仲呂爲徵上生黃鍾爲商下生林鍾爲羽上生太蔟爲角

仲呂爲第十二宮上生黃鍾爲徵下生林鍾爲商上生太蔟爲羽下生南呂爲角

李安溪云宮者五音之長也宮生徵徵生商商生羽羽生角每一律自爲宮則以三分損益上下相生而爲之商角徵羽故曰還相爲宮也還宮之義施之于用有聲有調聲則一字爲宮一字爲商者是也調則通一曲而名之爲宮名之爲商者是也如黃鍾宮調則是黃鍾爲宮其調中之字皆叶以黃鍾所生之五聲而以黃鍾起調畢曲也如無射商調夷則角調仲呂徵調夾鍾羽調則以黃鍾乃無射之商夷則之角仲呂之徵夾鍾之羽其調中之字則各叶以無射夷則仲呂夾鍾所生之五聲而仍以黃鍾起調黃鍾畢曲也餘十一律悉可例推起調畢曲者曲中每段首尾聲也

按以上明五聲六律十二管還相爲宮之義

爲宮爲商爲角爲徵爲羽 朱子云十二管自本律之外爲它律之四聲者合其律爲調

黃於本律於無於夷於中於夾 朱子云以上黃宮五調各用本均七聲而以黃鍾起調黃鍾畢曲餘律倣此

大 本律 應 南 蕤 姑

太 本律 黃 無 林 中

夾 本律 大 應 夷 蕤

姑 本律 太 黃 南 林

中 本律 夾 大 無 夷

蕤 本律 姑 太 應 南

林 本律 中 夾 黃 無

夷 本律 蕤 姑 太 應

南 本律 林 中 太 黃

無 本律 夷 蕤 夾 大

應　本律　南　林　姑　太

朱子曰其二變二十四聲非五聲之正不可爲調故止于六十也

按以上明六十調之圖

	宮下生	徵上生	商下生	羽上生	角下生	變宮上生	變徵
第一宮	黃正	林正	太正	南正	姑正	應正	蕤正
第二宮	林正	太正半	南正	姑正半	應正	蕤正半	大正半
第三宮	太正	南正	姑正	應正	蕤正	大正半	夷正
第四宮	南正	姑正半	應正	蕤正半	大正半	夷正半	夾正半
第五宮	姑正	應正	蕤正	大正半	夷正半	夾正半	無正
第六宮	應正	蕤正半	大正半	夷正	夾正半	無正半	中正半
第七宮	蕤正	大正	夷正	夾正半	無正	中正半	黃變半
第八宮	大正	夷正	夾正	無正	中正	黃變半	林變
第九宮	夷正	夾正半	無正	中正半	黃變半	林變半	太變半

第十宮夾正無正中正黃變半林變太變半南變

第十一宮無正中正半黃變半林變半太變半南變半姑變半

第十二宮中正黃變半林變太變半南變姑變半應變

通典以子聲比正聲則正聲爲倍以正聲比子聲則子聲爲半如黃鍾之管正聲九寸子聲則四寸半也

周禮疏云古者但有五聲至周武王加變宮變徵是爲七聲十二律各當一辰以五聲配十二律三分損益隔八相生於是乎有旋相爲宮之法如黃鍾爲宮則林鍾爲徵太蔟爲商南呂爲羽姑洗爲角其餘諸律各以類從各具五聲合十二管凡六十聲加變宮變徵則爲八十四聲此十二調旋相爲宮之法也以十二調配十二曲每五調而爲一曲其配之之法六陰倒衡如黃鍾爲宮則仲呂爲徵無射爲商夾鍾爲羽夷則爲角五調各具七聲合十二曲凡六十調共四百二十聲此六十調旋相爲宮之法也五聲之中臣不得過君民不得過臣事不得過民物不得過事但十二律長短不同當其交互

相配有不合于損益之序者則君臣民事物將至於奪倫故爲十二子律以通之十二調中黃鐘林鐘太簇南呂姑洗應鐘所取五聲二變其節皆和至蕤賓大呂夷則夾鐘無射仲呂取前六律之聲少下不和故爲六變律反變半律以濟之

按禮運云五聲六律十二管還相爲宮也疏云正義曰十二辰各自爲宮一宮各有五聲十二管相生之次至中呂而帀凡六十聲朱子云今按孔氏以本文但云五聲十二管故不及二變而止爲六十聲今增入二變二十四聲合爲八十四聲自唐以來皆如此云

按以上旋宮八十四聲之圖○按圖內之正字正聲也半字半聲也

按不以八十一數之黃鐘不能正夫音之宮不以五十四數之林鐘不能正夫音之徵不以七十二數之太蔟不能正夫音之商不以四十八數之南呂不能正夫音之羽不以六十四數之姑洗不能正夫音之角而五音俱不得其正矣

規矩準繩

漢書律歷志權與物鈞而生衡衡運生規規圜生矩矩方生繩繩直生準準正則平衡而鈞權矣是爲五則規者所以規圜器械令得其類也矩者所以矩方器械令不失其形也規矩相須陰陽位序圜方乃成準者所以揆平取正也繩者上下端直經緯四通也準繩連體衡權合德百工繇焉以定法式

註孟康曰謂錘與物鈞所稱適停則衡平也○韋昭曰立準以望繩以水爲之

卦德取義　按易文言云至靜而德方則坤取義於矩也說卦云乾爲天爲圜則乾取義於規也又云巽爲木爲繩直則巽取義於繩也

用之輪人　按考工記云輪人爲輪規之以眡其圜也萬（矩同）之以眡其匡也縣之以取其輻之直也水之以眡其平沈之均也

用之輿人　按輿人云圜者中規方者中矩立者中縣衡者中（丁仲反上同）水

用之匠人　按匠人云注水于地以取其平樹臬縣繩以察東西爲規以度（大各

反南北

配以四時　按漢書魏相明堂月令奏云東方之神大（音泰）昊乘震執規司春（張晏曰木爲仁仁者生生者圜故爲規）南方之神炎帝乘離執衡司夏（火爲禮禮者齊齊者平故爲衡）西方之神少昊乘兌執矩司秋（金爲義義者成成者方故爲矩）北方之神顓頊乘坎執權司冬（水爲智智者謀謀者重故爲權）中央之神黃帝乘坤艮執繩司下土（土爲信信者誠誠者直直故爲繩）茲五帝所司各有時也

按仲尼燕居云目巧之室則有奧阼謂不用規矩準繩但憑目力之巧爲之也而經解則云繩墨誠陳不可欺以曲直規矩誠設不可欺以方圓其法具在後人可憑虛而造哉

符節

趙註節玉節也周禮有六節

孫疏案周禮云守邦國者用玉節守都鄙者用角節

按此是夏官掌節第二節文○註云謂諸侯於其國中公卿大夫王子弟於其采邑有命者亦是有節以輔之玉節之制如王爲之以命數爲小大角用犀角其制未聞

地官掌節掌守邦節而辨其用以輔王命按此是第一節文疏未引故補之

註邦節者珍圭牙璋穀圭琬圭琰圭也王有命則別其節之用以授使者輔王命者執以行爲信

按上二節姜氏以爲此言王及內外臣之守節也

凡邦國之使節山國用虎節土國用人節澤國用龍節皆金也以英蕩如字又吐黨反輔之按此引第三節文鄭註云使節使卿大夫聘於天子諸侯行道所執之信也土平地也山多虎平地多人澤多龍按以上八句疏未引從地官註補以金爲節鑄象焉必自以其

國所多者於以相別爲信明也今漢有銅虎符杜子春云簜當爲帑吐黨反謂以函器盛音成此節或曰英簜畫函

疏云山多虎者若晉國之類也云平地多人者若衛國之類也云澤多龍者若鄭國之類也

姜氏曰此言王遣使於邦國之節也

門關用符節貨賄用璽節道路用旌節皆有期以反節按此引第四節文末句從地官補註云門關司門司關也貨賄者主通貨賄之官謂司市也道路者主治五涂之官謂鄉遂大夫也凡民遠出至於邦國邦國之民若來入由門者司門爲之節由關者司關爲之節其商則司市爲之節其以徵令及家徙則鄉遂大夫爲之節唯時事而行不出關不用節也變司市言貨賄者璽節主以通貨賄貨賄非必由市或資於民家焉變鄉遂言道路者容公邑及小都大都之吏皆主治五涂亦有民也按門關司門司關也至此二十五句亦從地官註補符節者如今宮中諸官詔符也璽節者今之印章也旌節今使者所擁節是也將送者執此節以送行皆以道里日時課如

今鄭行有程矣以防容姦擅有所通也凡節有法式藏於掌節按疏此引符節者至送行者七句餘俱從地官註補凡此是周禮有六節之別爾

姜氏曰此又緊言凡節也

凡通達於天下者必有節以傳去聲輔之第五節從地官補

註必有節言遠行無有不得節而出者也輔之以傳者節爲信耳傳說所齎操及所適

無節者有幾則不達

註圜土內之

疏釋曰知圜土內之者見比長云無節無授圜土內之故也

禮書節之爲物或以玉或以角或以金或以竹或用以守或用以使或用以民

周官掌節之所掌者八玉節也角節也虎節也人節也龍節也符節也璽節也旌節也小行人之所達者六虎節也人節也龍節也旌節也符節也管節也掌節守邦國者用玉節守都鄙者用角節此用以守者也山國用虎節土國用人

節澤國用龍節皆金爲之此用以使者也門關用符節貨賄用璽節道路用旌節皆有期以反節此用以使於民者也行人凡其使也必以旌節此使者所執也比長若徙于他則爲之旌節以達之此民所執也　析竹爲符節全竹爲管節小行人有管節而掌節無之者掌節所掌謂之邦節以輔王命則所謂邦國之使節使邦國者所執也鄭氏謂使卿大夫聘於天子諸侯者謂也小行人所達謂之天下之節則所謂龍節人節虎節管節邦國都鄙使者所執非王官所掌也掌節無都鄙之使節以使都鄙者無節特以旌節行之也小行人無璽節以其所掌者使節而貨賄之事不預也

朱子曰古人符節多用玉爲之周禮有玉節竹節又有竹符凡符節右留君所左以與其人有故則君以其右合其左以爲信

符　按文心雕龍云符者孚之義也證召防僞事資中孚又器物叢談云符契也代古之珪璋剖而相合長短有度用以證召兼防欺詐者也古者以竹爲之故字從竹

節　按器物叢談云節出使操持之物所以爲行道之信亦以竹爲之或以金

玉爲之其長也亦有度有使則給之入則歸之

日至

趙氏德曰以建子爲正故以夜半爲朔其至與朔同日故云夜半朔旦冬至若建寅爲正者則以平旦爲朔

周章成云歷法之立所以欽天道授人時事莫重焉自黄帝迎日推策使羲和占日常儀占月東區占星氣伶倫造律呂大撓作甲子隸首作算數容成綜斯六術而調歷作　歷法實始於此少昊之代鳳鳥氏爲歷正分至啓閉各有其官顓頊使南正重司天北正黎司地建孟春以爲元號爲歷宗帝嚳能序星辰以著衆堯命羲和舜齊七政此數聖人者蓋皆以治歷爲首務也然而日月星辰之運變動無方歷法雖精久則未有不差者由後可以推前由前每不能測後理之自然也杜預曰歷當順天以求合不當爲合以驗天蔡季通曰天運自是不齊假使我之法能運乎天而不爲天之所運方可無差而豈有是理哉

按一歲之中二分二至昭公七年傳云玄鳥氏司分者也伯趙氏司至者也春分秋分爲分夏至冬至爲至冬夏致日春秋致月治歷者不取分而取至主日

不主月也垢則夏至一陰生復則冬至一陽生治歷者不從夏而從冬陰統於
陽也、

曆元註

宋中興天文志曆元準於北極北極位在艮丑作曆者逆推而上之必得日月合璧五星連珠于牽牛之次然後用爲曆元蓋艮丑者萬物成終成始之地故北極則居其方爲天之樞而七政則會其分去聲爲曆之元也

周章成云曰古造曆必先立元如黃帝用辛卯顓頊用乙卯虞用戊午夏用丙寅殷用甲寅周用丁巳凡若此類蓋一曆自有一元也乃更有上古之元孟子謂千歲之日至可坐而致而朱子以上古曆元爲言其說見於兩漢志據西漢志十九年爲章二十七章爲會三會爲統三統爲元計一元凡四千六百一十七年此一說也據東漢志十九年爲章四章爲蔀二十蔀爲紀三紀爲元計一元凡四千五百六十年此又一說也所謂年月日時皆會甲子者此也西漢志比東漢志多五十七年者包災歲言之也西漢志云一元之中經歲四千五百六十年災歲五十七年初入元百有六年謂之百六之會四百八十年謂之陽九之會凡陽九陽七陽五陽三陰九陰七陰五陰三皆

災歲也除五十七年爲災歲其經歲四千五百六十年與東漢同

置閏附

周章成云歷法莫詳於置閏置閏之法以氣盈朔虛而致蓋日之二氣三十日多四十餘刻積二十四氣凡三百六十五日有奇是爲氣盈月之合朔三十日少四十餘刻積十二月凡三百五十四日有奇是爲朔虛以氣之盈併朔之虛每年所餘約十一日三年所餘約三十三日因此置閏三年一閏尚不足以盡餘分五年再閏則又太過至十九年七閏而後氣朔分齊無贏縮之差所謂一章是也然此法也不獨歷數之一定亦天象之自然凡斗柄所指每月各指一辰值閏月則斗指兩辰之間乃古今所常驗尚書正義云無閏則三年必差一月以正月爲二月矣八年必差二月以春爲夏矣十七年必差六月四時全相反矣故置閏最急也

按文公元年傳云閏三月非禮也先王之正時也履端于始杜註云以十一月甲子朔夜半冬至爲歷元也舉正于中杜註云舉中氣以正每月之候也歸餘于終左氏意蓋謂朔虛氣盈之閏

以其所餘歸之歲終積而置閏然經傳凡言閏月多在歲終汪氏指爲當時歷法之謬謂周衰歷法不修置閏者不惟不合其序更有當閏而不閏者觀昭公二十年之二月冬至哀公十二年之十二月螽可見矣故造歷以置閏爲急

閏月定四時成歲之圖 附

一歲　餘一萬二百二十七分

二歲　餘二萬四百五十四分

三歲　餘三萬六百八十一分

三歲一閏復餘二十九日二十二分

四歲　餘四萬九千零八分

五歲　餘五萬一千一百三十五分

六歲　餘六萬一千五百六十二分

六歲再閏餘五千八百四十四分

七歲　餘七萬一千五百八十九分
八歲　餘八萬一千八百八十六分
九歲　餘九萬二千四十三分
　九歲三閏餘八千七百六十六分
十歲　餘十萬二百七十八分
十一歲　餘十萬二千四百九十七分
十二歲　餘十萬二千七百二十四分
　十一歲四閏餘一千四百六十一分
十三歲　餘十三萬二千九百五十一分
十四歲　餘十四萬三千一百七十分
　十四歲五閏餘四千三百八十三分
十五歲　餘十五萬二千四百五分
十六歲　餘十六萬三千六百三十二分

十七歲　餘十七萬三千八百五十九分
十七歲六閏餘七千三百五分
十八歲　餘十八萬四千八十六分
十九歲　餘十九萬四千三百十三分
十九歲七閏七閏之外無餘分

歲差附

周章成云歲差之法起於日躔宿度之不齊而其歸根則在九重天所謂會重天者最上一層之天也日之比於列宿一歲退一周至期必復與原星九但列宿比九重天每歲亦微有所退日雖會於原星而準以九重天之原點則星實徐徐退去以日躔之所遷驗列宿之退數而歲差出焉卽如堯典中星與月令不同月令中星與後世又不同蓋就日所躔之星觀之而歲差可見也古歷簡易未立差法至東晉虞喜始立差法以差法上追往古每一差進一度以差法下推將來每一差退一度然其法以五十年爲準則失之太

過宋何承天倍其數以百年差一度又失之不及隋劉焯皇極歷取二家之中以七十五年差一度唐一行大衍歷以八十三年差一度宋紀元歷以七十八年差一度元郭守敬授時歷以六十七年差一度諸說紛紛迄無定論所以然者因諸宿度數歷家增減不同而又有黃赤道之分故莫能歸一今西洋新法詳算列宿每年東行五十一秒積七十有奇而差一度二千一百十七年有奇而差一宮二萬五千四百一十年有奇而東旋一周矣定歲之法以列宿之退數加於每歲之中而成一歲總以太陽之行與九重天原點相合爲主若與列宿天之原宿度固歲歲稍差也

按虞書冬至日躔在虛月令冬至日躔在斗推前所至之度卽可以驗後所差之度此歲差法之所以立也

又按虞書之日至昏中于昴月令之日至昏中于辟必亦反驗前所至之度卽可以酌後所退之度此退一度之法所以立也

里差附

周章成云古無里差之名而其端則見於經堯命羲和分宅四方寅日餞日考驗時候周禮大司徒以土圭之法測土深正日景以求地中此皆里差之所見端也古謂日景在地千里而差一寸測景之法中央與四方相去各千地各立八尺之表夏至午正用土圭度表景若其地偏南則景短偏北則景長偏東則景東偏西則景西惟景在表北尺有五寸適與土圭合是爲地之中其地表景以冬至測之則丈有三尺春秋二分則七尺三寸此法可以辨地中卽可以求節氣故歷家從來用之○里差之法在今爲分省節氣西法云舊時立表測景以求時刻難爲依據卽所測冬夏二至猶未盡善今用八線表法庶稱密近又不但用表時用別法以相濟

儀器

周章成云造歷必造觀天之器自古觀天者三家一曰周髀二曰宣夜三曰渾天宣夜之術出於漢人絕無師承周髀之術本於黃帝之蓋天周公得之漏於故曰周髀然考驗天狀多所違失按此蔡邕已言之惟渾天最得其精渾天本

平顓頊唐堯即位羲和立渾儀虞舜在璿璣玉衡以齊七政即其法也

刻漏

周章成云刻漏始於軒轅宣於夏商之代周禮挈壺氏掌之孔壺謂之商浮箭謂之刻蓋一歲二十四氣晝夜長短參差不齊先王於是刻箭沃漏以揆之箭用四十八每箭百刻皆分晝夜之數其大略則晝有朝有禺有中有晡有夕夜有甲有乙有丙丁有戊凡七日半有奇而易一箭孔穎達謂浮箭壺內以出刻爲準賈公彥謂漏水壺內以沒箭爲度蓋各述其所聞雖浮沒不同其實則一耳用此法則足以節時分定晨昏考中星揆晷景追天度驗葭灰故古人以爲刻漏者測天地正儀象之本也天地之寒暑日月之晦明渾淪磅礴於太虛之表而不能逃三尺之箭五斗之缾也

按夏官挈壺氏云分以晝夜註云異晝夜漏也漏之箭晝夜共百刻冬夏之間有長短焉又云及冬則以火爨鼎水而沸之而沃之註云鄭司農云冬水凍漏不下故以火炊水沸以沃之謂沃漏也古先王重其事特設官以掌之

至後不復能掌其職詩故刺不能晨夜不夙則莫焉

候氣

周章成云古法曰天地一元運行不息但天之節氣難尋地之中氣可按故古人候氣必於中氣候之候氣之法爲室三重扃閉其戶塗釁周密室中以木爲案依十二辰之位埋之於地律管隨案埋之口與地平以葭莩之灰納於管端覆以緹素每月中氣至灰必飛而衝素冬至則黃鐘應之大寒則大呂應之餘各依次相應此即推歷生律之說也

交食

周章成云日月之行於天也有度有道由南北而縱分之謂之度由東西而橫截之謂之道日行高而月行卑若合朔之時日與月同度同道則日爲月所掩而日食月本無光借日之光以爲光若對望之時月與日對度對道則光爲地所隔而月食（月無光借日之光以爲光故也）凡交食分數總由同道對道之多寡也

〇日食之說歷家又有內外道之辨若月行內道在黃道之北食每驗若月

行外道在黄道之南雖遇正交食每不驗月之食從來有兩說一謂對度對道則月爲日所衝陽極反亢故食一謂日光在外其中實暗對度對道月正當其暗處故食所謂暗虛是也

三訂四書辨疑卷之二十

孟子下

癰疽

金聲　玉振

天子　公　侯　伯　子男

君　卿　大夫　上士　中士　下士

千里　百里　七十里　五十里　附庸

視侯　視伯　視子男

大國節

卿祿四大夫

士之無田註

四大夫　三大夫　二大夫

糞

庶人在官者其祿以是爲差

三訂四書辨疑卷之二十

張　江曉樓氏輯

癰疽

天官瘍醫掌腫瘍潰瘍金瘍折瘍之祝（之樹反）藥劀（音刮，徐工滑反）殺之齊（才細反）

註腫瘍癰而上生創（初良反）者潰瘍癰而含膿血者金瘍刃創也折瘍踠（于阮反）跌（待結反）者祝當爲注讀如注病之注聲之誤也注謂附著（音豬略反）藥劀刮去膿血殺謂以藥食其惡肉

姜氏曰此序瘍醫下士八人之職而總舉之也

凡療瘍以五毒攻之

註止病曰療攻治也五毒五藥之有毒者今醫方有五毒之藥作之合黃堥（劉音武）置石膽丹砂雄黃礜（音豫）石慈石其中燒之三日三夜其烟上著（直略反）以雞羽掃取之以注創惡肉破骨則盡出

以五氣養之以五藥療之以五味節之

註既刮殺而攻盡其宿肉乃養之也五氣當爲五穀字之誤也節節成其藥之力

按上三節姜氏以爲此總言治瘍也

凡藥以酸養骨以辛養筋以鹹養脈以苦養氣以甘養肉以滑養竅

註以類相養也酸木味木根立地中似骨辛金味金之纏合異物似筋鹹水味水之流行地中似脈苦火味火出入無形似氣甘土味土之含載四者似肉滑滑石也凡諸滑物通利往來似竅

姜氏曰此申言療藥也

凡有瘍者受其藥焉

疏釋曰藥即上五藥是也凡國中有瘍不須身來者並于瘍醫取藥焉

閻百詩云周禮瘍醫掌腫瘍潰瘍之祝藥腫瘍氣聚而不散者潰瘍血溢而將破者雖癰淺于疽而二瘍皆有之戰國策衛靈公時癰疽彌子瑕專君之勢以蔽左右蓋亦下士之職云

按天官序官云瘍醫下士八人此設于王朝者也侯國之制蓋不可考矣

三訂四書辨疑

金聲　玉振

朱子文集金聲或洪或殺清濁萬殊玉聲清越和平首尾如一故樂之作也八音克諧雖若無所先後然奏之以金節之以玉其序亦有不可紊者焉蓋其奏之也所以極其變也其節之也所以成其章也變者雖殊而所以成者未嘗不一成者雖一而所歷之變洪纖清濁亦無所不具于至一之中聖人之智精粗大小無所不周聖人之德精粗大小無所不備其始卒相成蓋如此此金聲而玉振之所以譬夫孔子之集大成而非三子所得與也然卽其全而論其偏則纖而不能洪清而不能濁者是其金聲之不備也不能備乎金聲而遽以玉振之雖其振之未嘗有異然其所以振之者一全一闕則其玉之爲聲亦有所不能同矣

任釣臺云樂必先金聲者古人作樂必先定律依律鑄鐘天子備律必十二鐘其用之各有所取如圜丘以圜鐘方澤以函鐘宗廟以黃鐘此爲宫以一鐘起而爲徵商羽角四鐘應之郊廟去商者不用其應者三諸侯不備律如周初賜

衛以大呂晉以姑洗則爲宮者只二律耳大夫無樂賜則有鐘磬如季氏作林鐘必是僭樂故鑄此鐘而此一律之鐘又有大有小大曰鐘小曰鎛儀禮大射阼階東笙磬西面其南笙鐘其南鎛西階西頌磬東面其南鐘其南鎛國語言大鈞以鎛鳴其細細鈞以鐘昭其大想金奏之樂則先擊鎛鐘笙奏之樂則先擊笙鐘以爲之始而于其中樂聲尙宮商之大則鐘及用聲之小者以平之樂聲尙角羽之細則鐘及用聲之大者以平之也八音惟石無餘音故用以節樂其終則擊特磬戛然而止若其中則編鐘編磬未嘗不與各音參雜其中也又金聲玉振惟大成之始終則然若中間節奏則常用柷敔舞之將始則先擊敔所謂合止柷敔先敔以警戒也○之字指衆音已有條理意而字見振由于聲已具聖由于智意但未明言下中之耳

天子 公 侯 伯 子男

趙註公謂上公九命及二王後也自天子以下列尊卑之位凡五等

孫疏云天子一位至凡五等也者蓋父天母地而爲之子者天子也

白虎通爵所以稱天子者何王者父天母地爲天之子也故援神契曰天覆地載謂之天子上法斗樞

任釣臺云公侯以下之爵自天班之天子之爵誰班之自天班之也即此一句根本已正漢儒作王制不以王與君幷列爵中即此屬後世人主自尊好大之私心而本領已失矣

爵位盛大以無私爲德者公也○正義曰周禮典命職云上公九命爲伯鄭氏云上公謂王之三公有德者加命爲二伯二王之後亦爲上公是也

白虎通所以名之爲公何公者通公正無私之意也

按典命云上公九命爲伯其國家宮室車旗衣服禮儀皆以九爲節疏云按大行人云上公之禮執桓圭九寸繅藉九寸冕服九章建常九斿樊纓九就

貳車九乘介九人禮九牢其朝位賓主之間九十步自公而下降殺以兩

又按春官司服云公之服自袞冕而下如王之服註云此明朝聘天子及助祭之服諸侯自相朝聘皆皮弁服下侯伯子男倣此又按覲禮註云上公袞無升龍疏云天子升降俱有諸侯惟有降而已公之降于天子而冠于侯者如此按典命云王之三公八命復加一命則服龍袞王制云若有加則賜也不過九命是也

斥候于外以君人爲德者侯也

白虎通所以名之爲侯者何侯者候也候逆順也

孝經援神契侯候也所以守藩也

按旹之請隧僖公二十八年晉文公時齊之稱帝皆目無天子不侯者也

體仁足以長人者伯也

白虎通伯者百也

按王制云千里之外設方伯又云八州八伯又云分天下以爲左右二伯鄭

註云周禮曰九命作伯（見大宗伯）春秋傳曰自陝以東周公主之自陝以西召公主之（見隱公五年公羊傳）此非外籓之伯所得並他若單伯凡伯申伯或在畿內或在畿外皆伯也

按繻葛之戰鄭伯射天王中肩（見桓公五年傳）此無王之始

侯伯總　按典命云侯伯七命其國家宮室車旗衣服禮儀皆以七爲節○按司服云侯伯之服自鷩冕而下如公之服

子字也字養也而其德足以養人者故曰子也

白虎通子者孳也孳孳無已也

男任也任安也而其德足以安人者故曰男也

白虎通男者任也

子男總　按典命云子男五命其國家宮室車旗衣服禮儀皆以五爲節○按司服云子男之服自毳冕而下如侯伯之服○按子男五命五章而周平王三十七年楚子稱王僭矣春秋子爵甚多僭竊者亦不少男則不過許男

宿男而已（莊公十一年傳云宋人遷宿）

自天子至于子男皆有君道故尊卑之位凡有五等然公侯伯子男皆臣乎天子而爵位之列自天子始所以與天子同其班

存疑五等通于天下此專自爲君者言上自天子下至子男皆是爲君者

按分言之則曰公侯伯子男總言之則曰諸侯王制云天子之縣內諸侯祿也註云進賢置之于位其國之祿如諸侯不得世（按此即下視侯視伯視子男）又云外諸侯嗣也註云冠禮記曰繼世以立諸侯象賢也

君　卿　大夫　上士　中士　下士

趙註諸侯法天子臣名亦有此五等從君下至于士

孫疏君一位卿一位至凡六等者蓋出命足以正衆者君也知進退而其道上達者卿也

白虎通云卿之爲言章善明理也

任鈞臺云天子有三公三孤不言位六卿兼之大國一孤亦卿兼之也○圻內諸侯二卿見王制註

按周官天官掌邦治地官掌邦教春官掌邦禮夏官掌邦政秋官掌邦刑冬官掌邦事此天子之卿也○爲治莫先于教化故冢宰之後司空次之教化莫先于禮樂故宗伯次之教之化之而猶有不率則大者加以甲兵小者加以刑罰故司馬司寇次之暴亂去而後民得安居故以司空居其終○六卿之制夏時已然甘誓云乃召六卿是也唐虞時司徒專掌教而農事則后稷掌之周則司徒掌教而兼掌農○唐虞之時詳于禮樂而略于兵刑故伯夷

典禮后夔典樂而兵刑皆掌于臯陶至周則禮樂統于一官而兵刑分爲二按崔氏云立司徒兼冢宰之事立司馬兼宗伯之事立司空兼司寇之事故春秋左傳云季孫爲司徒叔孫爲司馬孟孫爲司空（見王制疏）此諸侯之卿也○大國三卿皆命于天子次國三卿二卿命于天子一卿命于其君小國二卿皆命于其君（見王制）公侯伯之卿三命子男之卿再命（見典命）○侯國官制但有司徒司馬司空子產入陳命司徒致民司馬致節司空致地（襄公二十五年）是也無太宰宗伯司寇文公二年傳云夏父弗忌爲宗伯周語單子過陳篇云司寇請姦此東周諸侯之所添設也○宋爲王者之後得有太宰而吳楚亦有是官僭矣隱公十一年傳云羽父求太宰疏謂欲魯特設此官而公不從故魯卒無太宰且考周制太宰居六卿之首而楚之太宰在司馬下宋之太宰在六卿下非古制矣○桓公六年傳云晉以僖侯（名司徒）廢司徒（改爲中軍）宋以武公（名司空）廢司空（改爲城）是官名可更也

智足以帥人者大夫也

白虎通大夫之爲言大扶進人者也故傳曰進賢達能謂之大夫也

任釣臺云周禮天子止有中下大夫無上大夫蓋卿即上大夫也王制諸侯上大夫卿下大夫五人蓋上大夫即卿而又無中大夫也天子之卿之下有小宰小司徒小宗伯小司馬小司寇小司空各二人諸侯司徒下有小宰小司徒各一人司馬之下一人無事爲小宗伯行軍爲小司馬司空之下有小司寇小司空各一人所謂下大夫五人也此五人中又分小宰小司徒爲上餘三人爲下又分之則小宗伯爲中小司寇小司空爲下（按約旨無此二句）故王制云小國之中卿當大國之上大夫下當其下大夫也

按天子大夫二十七人（王制註云此夏制也）但有中大夫下大夫而無上大夫諸侯上大夫即卿無中大夫而有下大夫五人（見王制）天子之大夫四命公之大夫再命侯伯之大夫如之子男之大夫一命此春官典瑞之說也次國之下卿當上國之上大夫小國之中下卿當大國之上下大夫此王制之說也天子之大夫監于方伯之國非尊大夫尊天子也諸侯之大夫入天子之國自稱曰

倍臣非抑大夫爲天子屈也春秋之世會邢邱（公年）盟溴梁（襄十六年）滅項（公年）救徐（僖十四年）之類皆出自大夫不能安其位矣

才足以事人者士也

白虎通士者事也任事之稱也故傳曰通古今辨然否謂之士

上士　按王之上士三命（見大宗伯註下倣此）地官序官云族師每族上士一人（此在六卿者下倣此）又云鄙師每鄙上士二人（此在六遂者六遂降六卿一等侯國與六遂同下倣此）

中士　按王之中士再命地官序官云閭胥每閭中士一人又云酇（作管反）長每酇中士一人

下士　按王之下士一命地官序官云比（毗志反）長五家下士一人又云里宰每里下士一人

上中下總　任鈞臺云君宜尊故男從子二爵共一位臣宜卑故詳于下士一爵分三位○按天子之士八十一人（見王制○註云此夏制也）諸侯之士二十七人（同上○疏云此亦夏禮）○按王制云其有中士下士者數各居其上之三分註云謂其爲

介若特行而竝會也居猶當也此據大國而言大國之士爲上次國之士爲中小國之士爲下士之數國皆二十七人各三分之上九中九下九以位相當則次國之上士當大國之中中當其下小國之上士當大國之下凡非命士亦無出會之事疏云即祭法庶士是也　春秋傳謂士爲微見隱公元年公羊傳又公侯伯之士一命子男之士不命見典命　○按王制所記選士俊士造士進士與本節不同本節言備位于朝之士彼則指始升者也

自君以下至于士皆有臣道焉故尊卑之位凡六等然卿大夫士皆臣乎國君而爵位之列自國君始所以與國君同其班凡此者是皆孟子所謂班君臣之爵也

存疑六等施于國中此合君臣而言自天子之國下至附庸皆有君卿大夫上中下也

按君兼天子國君卿以下兼王朝侯國註疏專指侯國義似未備

千里　百里　七十里　五十里　附庸

趙註凡此四等土地之等差也天子封畿千里諸侯方百里象雷震也小者不能特達于天子因大國以名通曰附庸也

孫疏此孟子言土地之等差也故天子尊于公侯故制地方廣千里蓋不方千里則無以待天下之諸侯故也公侯卑于天子故地廣百里蓋不廣百里則無以守宗廟之典籍故也

按地官司徒云諸公之地封疆方五百里其食者半諸侯之地封疆方四百里葉氏時云公侯封疆雖五百里四百里而受田食祿則百里如今之郡縣大小不齊而俸秩自有常也章氏本清云孟子方里而井謂四面方一里爲一井地方千里地方百里則四面各皆千里百里之謂非四面總計也按七十里五十里亦當作如此解

伯又卑于公侯子男又卑于伯故其地之廣狹亦莫不有七十里五十里之差凡是四等

按司徒云諸伯之地封疆方三百里諸子之地封疆方二百里諸男之地封疆方百里

如其德不足以合瑞于天子而其地又不足以敵廣于公侯其勢又難以特達于天子者故因大國以名通則謂之附庸

任釣臺云古者述職皆以民功爲重如詩所云歲事來辟稼穡匪懈是也鄭謂公無附庸恐其國大僭逼侯附庸九同伯七同子五同男三同如其說則公之封域反小于侯伯必無是理若謂宋以商後爲公恐其地大更屬私心愚謂附庸初無定數慶地削地大半就附庸上推移其間有先屬此後屬彼者有自附庸升爲子男如郳小邾有自成國降爲附庸如紀季入齊鄫巫屬魯自大夫采地升爲附庸如采之蕭叔雖春秋變制然古必原有此法但出于王命與强侯自擅異耳又鄭謂附庸四等字者方三十里（如邾儀父）名者方二十里者（如郳黎來）人氏者方十里（如介八年八）此則成然但孟子已不詳鄭又何據耶王已山云書傳民功曰庸既通姓名于天子則亦未有不考其功罪爲黜陟

者本註雖以庸爲通然自可兼訓功字之義

王制云天子之田方千里公侯田方百里伯七十里子男五十里不能五十里者不合于天子附于諸侯曰附庸鄭氏云象日月之大亦取略同也天子方千里此謂縣內以祿公卿大夫元士自公侯百里至子男五十里鄭氏註云星辰之大小也附庸者小城曰附庸附庸者以國事附于大國未能以其名通也○正義曰王制云公侯田方百里伯七十里子男五十里不能五十里者不合于天子附于諸侯曰附庸而孟子不言田而言地者蓋祿以田爲主王制主于分田以制祿孟子主于制地以分國而國以地爲主此所以有田地之異也

覵侯　覵伯　覵子男

趙註覵比也天子之卿大夫士所受采地之制

孫疏此言天子之卿大夫士所受采地之制也周禮上公九命侯伯七命子男五命王之三公八命其卿六命其大夫四命鄭玄云王之上士三命則元士者上士也蓋以六命之卿其所受之地則覵七命之諸侯

按王之卿六命六命賜官見大宗伯使得自置其臣治家邑見大宗伯註王之卿出封加一等七命爲諸侯賈公彥以爲六命陰爵七命陽爵○按卿與侯其德同其功同故其受地亦同坊刻引鄭武公莊公相繼爲卿士以爲證不知鄭伯爵非侯爵也

以四命之大夫其所受之地則覵士命之伯

按大夫四命四命受器見大宗伯據賈氏出封加一等當覵子男大宗伯云五命賜則註云出爲子男今云覵伯者蓋天子之大夫監于諸侯之國其爵覵次國之君見王制此受地之所以覵伯也

以三命之元士其所受之地則視五命之子男故也

白虎通天子之士獨稱元士何士賤不得體君之尊故加元以別諸侯之士

也

按上士三命加一等不過四命何以受地視子男然考周官司服周制冕服

但有九章五章三章而無八章六章四章此其受地所以視子男與

說統言受地云者視其所食之祿以地爲準非受之以國也

總論　任釣臺云王制言內諸侯祿外諸侯嗣朱子據此謂據士傳世殆周禮之末失愚謂如周召畢原皆周初定封豈是後來僭據劉單溫樊皆傳世日久孟子明言仕者世祿豈嘗奪其采地又別與人蓋開國時卿大夫采地亦分授一定但其子孫賢則亦居卿大夫之位如左傳劉文公單襄公之類不賢則世食其邑之祿而不任卿大夫之職有事則亦便之如武氏之子仍叔之子之類所謂祿卽世食其邑其不若外諸侯之嗣者其甲兵必屬于司馬其政令必聽于司徒也若後王之子弟則不得封成康以下惟封一鄭乃以桓武之功特封

耳周初亦有以外諸侯入相王室者則加一湯沐之邑其祿仍取諸其國中若歸其國則湯沐仍歸諸士其非世族亦不過爲鄉遂之吏而已或晉秩至大夫亦但如其祿入與之初無采邑若卿兼公孤亦止食卿之祿公孤之爵不爲位故亦無祿

公孤附　周章成云周制公孤常缺以六卿兼之故孟子言班祿之略但言天子之卿而不言公孤○按公八命出封加一等當視九命之上公但周制惟宋稱公公侯皆方百里外之公從侯則內之公從卿可例推也見集解

中下士附　趙氏云食采邑于畿內祿之多少以外諸侯爲差不言中下士視附庸也

大國節

趙註公侯之國爲大國卿祿居于君祿十分之一也大夫祿居于卿祿四分之一也上士之祿居大夫祿二分之一也中士下士轉相倍庶人在官者未命爲士者也其祿比上農夫士不得耕以祿代耕也

卿祿四大夫

永嘉徐氏曰先王制祿諸侯十倍于卿卿則視國之大小遞爲降殺春秋以來多踰古制齊桓時伯氏有駢邑三百宋之盟公與左師邑六十（襄公二十七年）秦后子仕晉韓宣子問祿于叔向叔向曰大國之卿田一旅上大夫田一卒衛免餘言于衛侯曰惟卿備百邑（襄公二十七年）視古時卿祿四大夫之制大相遼絶矣

周章成云四井爲邑每邑除去私田出祿四百畝卿祿四大夫當受田八邑六十邑則浮數倍百邑則更浮矣一旅謂五百頃一卒謂百頃也

按四井爲邑四邑爲邱二邱爲八邑（三十二井）卿之祿也二邑爲八井大夫之祿也故云卿祿四大夫

士之無田註

王已山云士之無田上士中士皆然而集註却主下士說明其所以與庶人在官者同受祿于官如田之入也但下士自爲一等班行當以百畝食九人爲率方合中士倍下士之數徐註連下至五人三字則預照末節而言蓋末節以是爲差自單主庶人在官者未嘗兼爲下士設也

四大夫　三大夫　二大夫

趙氏云由卿而上三等之國異由大夫而下三等之國同蓋卿以上其祿寖厚苟不爲之殺則地之所出不足以供大夫而下其祿寖薄苟爲之殺則臣之所養不能自給也

按王制疏云大夫以下位卑祿少故大小國不殊卿與君祿重位尊故祿隨國之大小爲節趙氏之說蓋本此與

糞

地官草人掌土化之灋以物地相（息亮反）其宜而爲之種

註土化之法化之使美若氾（音泛）勝之術也以物地占其形色爲之種黃白宜以種禾之屬

姜氏曰此約言土化也爲之種此因言地利也

凡糞種騂剛用牛赤緹（音低）用羊墳壤用麋渴（其列反音竭）澤用鹿鹹潟（音昔）用貆（音萱）勃壤用狐埴（音職）壚用豕彊（其兩反）𪊨（音檻）用蕡輕爂（音剽）用犬

註凡所以糞種者皆謂煮取汁也赤埴縓色也渴澤故水處（疏云故時停水今乃渴）潟鹵也貆貒（他官反）也勃粉壤解者埴壚黏疏者彊𪊨強堅者輕爂輕脆者杜子春謂騂謂地色赤而土剛彊也鄭司農云用牛以牛骨汁漬其種也謂之糞種墳壤多蚠（符粉反）鼠也壤白色蕡麻也玄謂墳壤潤解

王氏曰九者之土化之之法用牛羊麋鹿貆狐豕犬之骨焚爲灰以漬其種蕡則以麻子擣之以漬種也（或曰以汁糞其地也）

姜氏曰此詳言土化而地宜亦在其中矣

秋官薙（或作雉同它計反徐庭計反）氏掌殺草春始生而萌之夏日至而夷之秋繩而芟之冬日至而耜之

註故書萌作甍（音萌）杜子春云甍當爲萌謂耕反其萌牙書亦或爲萌玄謂萌之者以茲其（音基）研其生者夷之以鉤鐮（音兼）迫地芟之也若今取茭（音交）矣含實曰繩（音孕以證反）芟其繩則實不成孰耜之耜測凍土剗（刼産反劉則展反）之

姜氏曰芟者滅其種耜者去其根也

若欲其化也則以水火變之

註謂以火燒其所芟萌之草已而水之則其土亦和美矣（下引月令見下故節之）

掌凡殺草之政令

明齋王氏曰掌殺草者主公家之草薙氏自爲之掌凡殺草之政令者主場圃田疇之草教民爲之也

月令（季夏）是月也土潤溽暑大雨時行燒薙行水利以殺草如以熱湯

註潤溽謂塗濕也○薙謂迫也芟草也此謂欲稼菜地先薙其草草乾燒之至此月大雨流水潦蓄于其中則草死不復生而地美可稼也

按草木取以糞田骨汁取以糞種

又按柞氏云若欲其化也則春秋變其水火註云謂時以種穀也變其水火者乃所火則水之所水則火之則其土和美此化木以糞田也

庶人在官者其祿以是爲差

天官宰夫五曰府掌官契以治藏

註治藏藏文書及器物

姜氏曰自旣成而言故曰契

六曰史掌官書以贊治

註贊治若今起文書草也

姜氏曰自當成而言故曰書

七曰胥掌官敘以治敘

註治敘次敘官中如令傳曹伍伯傳吏朝也

疏胥旣有才智爲什長當次敘官中須人驅役之處則科次其徒故云次敘官中也漢時五人爲伍伯長也是五人之長言傳吏朝者傳在朝羣吏諸官事務於朝也胥爲什長亦然故舉漢法況之

八曰徒掌官令以徵令

註徵令趨是給召呼

姜氏曰此以上言辨吏職也○按宰夫云一曰正掌官屬以治要二曰師掌官成以治凡三曰司掌官灋以治目四曰旅掌官常以治數姜氏以爲此以上言辨官職也上只引府史胥徒以證註而宰夫辨其八職故附錄之

賈公彥云府食八人史食七人如耕者之上次與中差之令胥食六人徒食五人如耕者之中次與下差之令

按府掌官契典守是職若史掌文書之草創次之胥掌官敘才智稍疎若徒掌官令以趨走次之此可知祿之差也此句經傳本無明文賈氏據王制下士視

上農夫句及宰夫府史胥徒先後之次推出數目甚確○止以代耕屬下士賈疏雖無明文而王制孔疏則云經云下士視上農夫祿足以代其耕也則庶人在官者雖食八人以下不得代耕故載師有官田謂庶人在官之田而朱子語錄乃云府史胥徒各自有祿以代耕不知何所據

三訂四書辨疑卷之三十一

孟子下

載書　歃血

無易樹子

無以妾爲妻

尊賢育才以彰有德

敬老慈幼

無忘賓旅

士無世官

官事無攝

取士必得

無專殺大夫

無曲防

無過糴

無有封而不告

初命至五命總論 附

張　江曉樓氏輯

載書　歃血

天官玉府若合諸侯則共(音恭)珠盤玉敦(音對)

註敦盤類珠玉以爲飾

王氏昭禹曰珠槃以盛牛耳玉敦以盛血

地官封人大盟則飾其牛牲

註大盟會同之盟

春官詛祝作盟詛之載辭以敘國之信用以質邦國之劑信

註載辭爲辭而載之於策坎用牲加書於其上也國謂王之國邦國諸侯國也質正也成也○鄭司農云載辭以春秋傳曰使祝爲載書

姜氏曰此亦聖人神道設教之意也

夏官戎右盟則以玉敦辟盟遂役之

註鄭司農云玉敦器名也辟法也玄謂將歃血者先執其器爲衆陳其載辭使心皆開辟也役之者傳歃血授當歃者

贊牛耳桃茢音烈

註鄭司農云贊牛耳春秋傳所謂執牛耳者見哀公十七年傳故書茢爲滅杜子春云滅當爲厲玄謂尸盟者割牛耳取血助爲之及血在敦中以桃茢拂之又助之也耳者盛以珠盤尸盟者執之桃鬼所畏也茢苕音之受條帚反所以埽不祥

秋官司盟掌盟載之灋

註載盟辭也盟者書其辭於策殺牲取血坎其牲加書於上而埋之謂之載書春秋傳曰宋寺人惠牆伊戾坎用牲加書爲世子痤與楚客盟見襄公二十六年傳

凡邦國有疑會同則掌其盟約之載及其禮儀北面詔明神既盟則貳之

註有疑不協也明神神之明察者謂日月山川也覲禮加方明于壇上所以依之也詔之者讀其詔書以告之也貳之者寫副當以授六官

疏王制曰王巡守至于岱宗柴是王巡守之盟其神主日也春秋傳曰晉文公爲踐土之盟而傳云山川之神是諸侯之盟其神主山川也月者太陰之精上爲天使臣道莫貴焉是王官之伯會諸侯而盟其神主月與○大司寇職凡邦之大盟約涖其盟書而登之于天府大史內史司會及六官皆受其貳而藏之者是也

姜氏曰此言邦國之盟約也

載書　按趙註云束縛其牲但加載書不復歃血蓋以載書二字爲實字司盟註亦云然又左傳云晉士莊子爲載書杜註云載書盟書也（見襄公九年）

歃血　按凡盟先割牛耳盛於珠盤以玉敦盛血戎右執此敦血爲陳其盟約之辭使心開辟乃歃之（見戎右疏）是歃血盟之禮也而桓公不歃血者集解謂威信服人無事歃血也

總論　按大約劑書于宗彝（小約劑書于丹圖見秋官司約）盟之政出於天子也春秋時諸侯始有私盟君子屢盟亂是用長（見詩小雅巧言篇）口血未乾而渝盟者有矣（見隱

公八年胡傳惟葵邱之會束牲載書而不歃血故聖人猶取焉

無易樹子

趙註樹立也已立世子不得擅易也

孫疏云無易其世子者如晉獻公立奚齊以易申生是易世子者也

白虎通君在立太子者所以防簒殺壓臣子之亂也君薨適夫人無子有遺腹必待其生而立之何尊適重正也立子以貴不以長者塞愛憎也

按古者立嫡以長不以賢立子以貴不以長易樹子則不必然桓之衰也既與管仲屬孝公於宋迨易牙薦羞有寵為長衛姬請立武孟公許其請則無易樹子之謂何按屬衛姬事見僖公十七年傳

無以妾為妻

趙註不得立愛妾為嫡妻也

孫疏云無立愛妾為嫡妻者正妃曰嫡也如晉獻公於驪姬是以愛妾為嫡也

按桓公十一年傳云並后杜註云妾如后匹嫡杜註云庶如嫡亂之本也然如左氏言齊侯之

夫人三王姬徐嬴蔡姬皆無子齊侯好內多內寵內嬖如夫人者六人長衛姬生武孟少衛姬生惠公鄭姬生孝公葛嬴生昭公密姬生懿公宋華子生公子雍見僖公十七年傳夫以姜爲妻之禁桓公申之而桓公自蹈之蓋亦徒託之空言歟

尊賢育才以彰有德

趙註尊賢養才所以彰明有德之人

孫疏言賢者當尊之於朝以崇其才德者當養之於學以成其德〇云尊賢育才者如南有嘉魚之詩云樂與賢也按上四字疏未引從小序補太平之君子樂與賢者共之也菁菁者莪之詩云樂育才也君子能長育人材則天下嘉樂之矣按上二句亦從小序文補凡此是尊賢養才之意也

敬老慈幼

趙註敬老愛小恤矜孤寡

孫疏云敬老愛小恤矜孤寡如周禮大司徒之職云以保息六養萬民一曰慈幼三曰養老孟子曰文王發政施仁必先鰥寡孤獨是其旨也

地官注慈幼如産子三人與之母二人與之餼之類○養老如七十者賜粟八十以上者賜帛之類平仲王氏曰按産子三人與母二人與餼註借以釋慈幼之意非先王之政也月令季春安萌芽養幼少存諸孤王政之可見此類是矣

無忘賓旅

趙註賓客羈旅不忘忽也

孫疏云賓客羈旅無忘忽者周禮太宰職云以禮待賓客之治是不忘賓客也孟子曰關市譏而不征是不忘忽羈旅也

士無世官

趙註仕爲大臣不得世官賢臣乃得世祿也

孫疏云仕爲大臣不得世官乃得世祿者如魯有臧孫氏仲孫氏叔孫氏季孫氏晉有狐氏趙氏荀氏郤氏欒氏范氏齊有高氏國氏崔氏衛有甯氏孫氏是皆世官之類也孟子曰文王治岐仕者世祿是世祿之謂也

官事無攝

趙註官事無攝無曠庶僚也

孫疏云無曠庶僚者孔安國云僚官也曠空也尚書註云無曠庶官天工人其代之位非其人爲空官言人代天理官不可以大官私非其人亦具官而事無攝則爲非禮孔子曰管仲官事不攝焉得儉所以譏誚之矣

取士必得

趙註取士必得賢也立賢無方也

孫疏云取士必得立之無方者如桓公取管仲於賊國湯立賢無方是矣若晉奚齊之於里克陳靈公於夏徵舒是取士不得矣

無專殺大夫

趙註無專殺大夫不得以私怒行戮也

孫疏云不得以私怒行戮者如文公六年左傳云賈季怨陽子之易其班而知其無援于晉乃使續鞫居杜註云狐氏之族殺處父

按賈季狐射姑也晉使射姑將中軍趙盾佐之處父爲趙衰屬大夫黨於趙氏易以趙盾爲帥射姑佐之故賈季怒而殺之傳云晉殺其大夫侵官也杜註云君已命帥處父易之故曰侵官

成公八年晉殺其大夫趙括

春秋晉殺其大夫趙同趙括

按成公四年趙嬰通於趙莊姬杜註云趙嬰趙盾弟莊姬趙朔妻朔盾之子五年春原屏放諸齊杜註云放趙嬰也原同屏季嬰之兄八年晉趙莊姬爲趙嬰之亡故譖之于晉侯曰原屏將爲亂欒郤爲徵六月晉討趙同趙括

十五年宋殺其大夫山

杜註不書氏明背其族

按山公孫壽之孫蕩意如之子爲宋司馬左氏云蕩澤是也與魚石皆出宋桓公蕩澤弱公室殺公子肥杜註云文公子以公族害公族故傳云言背其族也時華元爲右師不能討出奔晉魚石自止華元于河上請討林註云華元請討蕩澤許之

乃反使華喜公孫師帥國人攻瀉氏殺子山

十六年楚殺其大夫公子側是也

杜註側子反背盟無禮卒以敗師故書名

凡此之類春秋書之四十有七是專殺大夫也

無曲防

趙註無敢違王法而以己意設防禁也

孫疏云無敢違王法而以己意私設防禁者然而此意亦通義矣奈何據其下文曰遏糴則無曲防是爲無曲防障其水以專利者也故先王制畝遂溝洫所以爲此矣是齊桓會諸侯于陽穀公羊以爲障谷會諸侯于葵邱穀梁以爲無壅泉凡此可見矣

考工記匠人凡溝必因水埶（勢同）防必因地埶善溝者水漱（色救反）之善防者水淫之

註漱猶齧也鄭司農云淫讀爲廞謂水淤泥土流著助之爲厚玄謂淫讀爲

淫液之淫

王氏曰防所以止水不因地埶則其土易壞故善爲防者水必淫液之而無所決以其因地埶故也

凡爲防廣與崇方其閷色界反參分去一大防外閷

註崇高也方猶等也閷者薄其上

大防外閷

註又薄其上厚其下

平仲王氏曰外閷者非更閷其上乃益厚其下耳下愈厚則上愈閷矣

凡溝防必一日先深之以爲式

註程人功也溝防爲溝爲防也

經解防止水之所自來也以舊防爲無所用而壞之者必有水敗

註

管子度地篇管子對曰常令水官之吏冬時行隄防可治者章而上之都都以

春少事作之已作之後常案行隄有毀作大雨各葆其所可治者趣治以徙鍒(音利)給大雨隄防可衣者衣之衝水可據之終歲以毋敗爲固此謂備之當時禍從何來所以然者濁水蒙壤自塞而行者江河之謂也歲高其隄所以不沒也春冬取土于中秋夏取土于外濁水入之不能爲敗蔡虛齋云壅者以自利於己激者以嫁患於人專小利壅泉也病鄰國激水也泉水若利於己國則壅之以歸於內泉水若不利於己國則激之以歸於外然專其利於己則必有病於人嫁其病於人則亦爲利於己

無遏糴

趙註無遏止穀糴不通鄰國也

孫疏云無止糴如秦饑晉閉之糴是也

左傳(僖公十四年)冬秦饑使乞糴於晉晉人弗與慶鄭曰背(音佩)施無親幸災不仁貪愛不祥怒鄰不義四德皆失何以守國

林註背秦之施是爲無親幸秦之災是爲不仁貪愛己物不以分災是爲不

祥背施幸災貪愛以怒鄰國是爲不義

虢射曰皮之不存毛將安傅音附

杜註虢射惠公舅也皮以喻所許秦城毛以喻糴言既背秦施爲怨已深雖與之糴猶無皮而施毛

慶鄭曰棄信背鄰患孰恤之無信患作失援必斃是則然矣

林註棄許秦城之信背秦與晉糴之施如此所爲脫有患難孰復恤之無小大之信則禍患必作失內外之援則必至滅亡此皆事理之必然矣

虢射曰無損于怨而厚于寇不如勿與慶鄭曰背施幸災民所棄也近猶讐之況怨敵乎弗聽退曰君其悔哉

僖公十三年　冬晉薦饑使乞糴于秦秦伯謂子桑與諸乎對曰重施而報君將何求重施而不報其民必攜攜而討焉無衆必敗謂百里與諸乎對曰天災流行國家代有救災恤鄰道也行道有福

杜註言饑饉乃天降之災如水流行無有定止有國家者更代而有此災救

饑荒之政以恤鄰國此天地之常理也順理而行則天降之福

丕鄭之子豹在秦請伐晉杜註云欲爲父報怨秦伯曰其君是惡其民何罪秦于是輸粟于晉自雍及絳相繼命之曰汎舟之役

無有封而不告

趙註無以私恩擅有封賞而不告盟主也按集註云告天子可知此説之未確

孫疏云無以私恩擅有封賞如成公十八年楚取彭城以封魚石昭公十三年楚平之封陳蔡按上二句愚所補是也

春秋僖公二年春王正月城楚邱

胡傳楚邱衛邑桓公帥諸侯城之而封衛也不書桓公不與諸侯專封也木瓜美桓公而夫子錄之意豈異乎不與專封正王法也木瓜有取焉善衛人之情也曷爲善之報者天下之義以德報怨則民有所勸矣城楚邱略而不書城邢詞繁而不殺何也按周制凡封國大宗伯儐司几筵設黼扆內史作策命是天子大權非諸侯所得擅而行之者也衛人渡河野處漕邑許穆夫

人閔其亡而載馳賦文公徙居楚邱而後百姓悅則其國固嘗亡滅而不存矣城楚邱是擅天子之大權而封國也邢遷于夷儀經以自遷爲文則其遷出於己意其國未嘗滅也諸侯城邢是謂同惡相恤以從簡書故詞繁而不殺美救患也桓公封衛而衛國忘亡其有功於中華甚大爲利於衛人甚溥宜有美詞發揚其事今乃微之若此者正其義不謀其利明其道不計其功略小惠存大節春秋之法也

十四年春諸侯城緣陵

胡傳齊桓公城三國而書詞不同城楚邱則沒諸侯而不書城緣陵則書諸侯而不序城邢則再序三國之師何也邢以自遷爲文故再列三師而書城邢者美其得救患分災之義無封國之嫌也淮夷病杞諸侯會于鹹城緣陵而遷杞焉則其事專矣故前目後凡直書諸侯而不序也衛爲狄滅東徙渡河野處漕邑桓公使公子無虧戍以甲士歸其祭服乘馬凡爲國之用其力尤勤其功尤大其事尤專而春秋責之尤重曰城楚邱而不書諸侯正王法

也是故以功言之則楚邱爲大以義言之則城邢爲美春秋之法明其道不計其功正其義不謀其利者也詳著城邢之師而深沒楚邱之迹貴王賤霸羞稱桓文以正待人之體也

按易師卦云上六大君有命開國承家小人勿用又比卦云象曰地上有水比先王以建萬國親諸侯又書武成云列爵惟五分土惟三又昭公二十八年傳云武王克商光有天下兄弟之國者十五人姬姓之國者四十人此天子得操封建之權也成王以後如孝王之封秦宣王之封鄭封謝猶可考矣迨東遷而王靈不振封建之法壞其權悉操自諸侯圍彭城而追書宋見襄公元年春秋及胡傳戍虎牢而還繫鄭見襄公十年春秋及胡傳春秋之意皆欲收封建之權還之天子也齊桓公會蔡邱既申無有封而不告之禁而僖公二年封衛十四年遷杞何哉

初命至五命總論附

集解不孝是不孑易樹子是不爻以妾爲妻則無夫妻之别此所以列於五禁之首再命用賢圖治之事也賢固有德者才爲有能者然亦分德之緒餘尊之育之皆所以彰之也三命柔遠能邇之事四命天命天討之事五命睦鄰尊王之事

三訂四書辨疑卷之二十二

孟子下

養老

放飯流歠

齒決

春秋無義戰

召陵之類註

革車　虎賁

布縷

粟米

力役

三訂四書辨疑卷之二十二

張　江曉樓氏輯

養老

王制凡養老有虞氏以燕禮夏后氏以饗禮殷人以食音嗣禮周人脩而兼用之

註兼用之備陰陽也凡飲養陽氣凡食養陰氣陽用春夏陰用秋冬

疏凡養老者皇氏云人君養老有四種一是養三老五更二是子孫爲國難而死王養死者祖父三是養致仕之老四是引戶校年養庶人之老熊氏云天子視學之年養老一歲有七謂四時皆養老故鄭此注凡飲養陽氣凡食養陰氣陽用春夏陰用秋冬是四時凡四也案文王世子云凡大合樂必遂養老注云大合樂謂春入學舍菜合舞秋頒學合聲通前爲六又季春大合樂天子視學亦養老世子云凡視學必遂養老是總爲七也○盧氏云燕禮脫屨升堂崔氏云燕者殽烝於俎行一獻之禮坐而飲酒以至於醉○崔氏云饗則體薦而不食爵盈而不飲依尊卑而爲獻取數畢而已○崔氏云不

飲酒饗大牢以禮食之○謂周人修三代之禮而兼用之以養老春夏養老之時用虞氏燕禮夏后氏饗禮之法若秋冬養老之時用殷人食禮之法

五十養於鄉六十養於國七十養於學達於諸侯

註天子諸侯養老同也國國中小學在王宮之左學大學也在郊小學在國中大學在郊此殷制明矣

疏此謂子孫爲國死難而王養其祖父也五十始衰故養於鄉學○六十漸衰養禮彌厚故養之於小學○七十大衰養禮轉重故養於大學○言此養老之事非惟天子之法乃通達於諸侯

八十拜君命一坐再至瞽亦如之九十使人受

註命謂君不親饗食必以其禮致之

疏八十年漸衰弱不堪來學受養君以饗食之禮使人就家致之其受君命之時理須再拜不堪爲勞一坐於地而首再至於地

五十異粻陟良反六十宿肉七十貳膳八十常珍九十飲食不離力智反寢膳飲從

於遊可也

註粻糧也貳副也遊謂出入比觀古亂反

疏自此以下雜記卿大夫及庶人年老節制在家食養之法隨年爲品也

五十始衰六十非肉不飽七十非帛不煖八十非人不煖九十雖得人不煖矣

註煖溫

五十杖於家六十杖於鄉七十杖於國八十杖於朝九十者天子欲有問焉則就其室以珍從才用反○註云尊養之七十不俟朝註云大夫士之老者揖君則退○朱子云當作君揖八十月告存註云每月致膳九十日有秩註云秩常也有常膳

疏此謂大夫士老年而聽致事者則七十杖於國朝君之時入門至朝位君出揖之卽退不待朝事畢也若不聽致仕則祭義云七十杖於朝八十不俟朝○告問也

凡三王養老皆引年

註已而引戶校年當復音福除也老人衆多非賢者不可皆養

君子耆老不徒行庶人耆老不徒食

註徒猶空也徒行謂無車徒食謂無肉按徒行四句萬歷十六年刊本闕今從朱子儀禮經傳通解補

祭義食音嗣三老五更於大音泰學天子袒而割牲執醬而饋執爵而酳音胤冕而總干所以教諸侯之弟也是故鄉里有齒而老窮不遺强不犯弱衆不暴寡此由大學來者也

註割牲制俎實也酳食罷飲也干盾也冕而總干親在舞位以樂侑食也教諸侯之弟次事親

按文王世子疏云蔡邕以更字爲叟叟老稱又以三老爲三人五更爲五人案鄉飲酒注敷席賓席牖前南面介席西階上東面衆賓於賓之西南面各特焉是也

禮書天子之於老也其養所也三國老也庶老也死政者之老也歲養之也三仲春也季春也仲冬也周禮羅氏羅春鳥獻鳩以養國老在仲春月令養衰老授几杖在仲秋文王世子曰凡大合樂必遂養老鄭氏曰大合樂謂春入學舍

菜合舞秋頒學合聲於是時也天子則眎學焉遂養老此養老於仲春仲秋者也月令季春之末擇吉日大合樂天子乃率三公九卿諸侯大夫親往視之大合樂亦必養老此又養老於季春者也若夫簡不帥教出征受成以訊馘告凡天子入學莫不養老此又不在歲養之數也夫貴胄謂之國子則貴而老者謂之國老賤者謂之庶人則賤而老者謂之庶老國子與庶人之俊者同其學所以一道德國老與庶老異其學所以別分義故有虞氏養國老於上庠養庶老於下庠夏后氏養國老於東序養庶老於西序殷人養國老於右學養庶老於左學周人養國老於東膠養庶老於虞庠而又有死政者之老焉故羅氏獻鳩以養之者國老也司徒以保息養之者庶老也司門以其財養之者死政者之老也若夫外饔酒正槀人所謂耆老者總三者而言之也鄭氏謂三老五更各一人皆年老更事致仕者也名三五者取象三辰五星天所因以照明天下者皇氏謂人君養老有四種一是養三老五更二是子孫爲國難而死者父祖三是養致仕之老四是引戶校年庶人之老熊氏云天子視學養老一歲有七鄭

云凡飲養陽氣凡食養陰氣陽用春夏陰用秋冬是四時養老凡老也文王世子凡大合樂必遂養老大合樂謂春入學舍菜合舞秋頒學合聲又季春大合樂天子視學亦遂養老是七也然則古者建國必立三卿鄉飲酒必立三賓而養老必立三老故禮曰三公在朝三老在學三公非一人則三老五更非各一人矣漢志以德行年高老者一人爲老次一人爲更故永平中拜桓榮爲五更建初中拜伏恭爲三老而鄭氏以此爲三代之制誤矣晉亦以王祥爲五更先王父事三老兄事五更則三老五更乃羣老之尤者而致仕之老固在其間皇氏離而二之亦誤矣月令無冬夏養老之文周禮禮記特言春養秋食而已熊氏謂養老歲有七亦誤矣又禮記言天子視學遂適東序養老則視學養老皆同日也鄭氏謂用其明日亦誤矣養老之禮外饔掌割亨酒正共酒槀人共食羅氏共鳩方其養也必先釋奠於先老遂設三老五更羣老之席位適饌省醴養老之珍具遂發咏焉登歌清廟下管象武天子袒而割牲執醬而饋執爵而酳冕而總干則乞言憲行之養著而孝悌之化行矣有司告以樂闋王乃命公侯伯子男

及羣吏曰反養老幼於東序而終之以仁此所謂一舉事而衆皆知其德之備也禮言凡養老有虞氏以燕禮而服深衣夏后氏以饗禮而服燕衣殷人以食禮而服縞衣周人脩而兼用之而服玄服蓋虞氏以燕則以恩勝禮夏后氏以饗則以禮勝恩殷人以食則趣恩禮之中而周則文備故脩而兼用之周官外饔言饗耆老此周人以饗禮養老也行葦言飲射而繼之以祈黃耇此以燕禮養老也祭義曰食三老五更於大學此以食禮養老也然玄衣燕衣也燕衣非冕服乃總干而舞必冕服者以舞者樂之成故特服冕以明至誠有加而無殺也冕而總干施於食禮而記稱食嘗無樂者考之於詩商頌言顧予烝嘗而有鞉鼓淵淵嘒嘒管聲小雅言以往烝嘗而有鼓鐘既戒鼓鐘送尸則嘗有樂矣樂師饗食諸侯序其事令奏鐘鼓鐘師凡饗食奏燕樂籥師賓客饗食鼓羽籥之舞則食有樂矣其曰食嘗無樂蓋非商周之制也漢明帝養老之禮其曰乘輿夫到辟雍禮殿御坐東廂遣使者安車迎三老五更天子迎之門屏交禮道自阼階三老升自賓階至階天子揖如禮三老升東面三公設几九卿正履爲

天子親袒割牲執醬而饋執爵而酳祝噎在前祝哽在後五更南面公進供禮亦如之明日皆詣闕謝其養特三老五更而已羣老不與焉非古禮之意也

按自古帝王養老之禮如此其隆如此其備若夫文王之養老則異是使人人各自養其老而老無不在所養之中當是時未必有三老五更之人與適饌省醴之事而尚書大傳乃云祝噎祝哽以食胥註云樂官也與就註云成也膳徹此文王之治岐也其說未可信

放飯流歠

曲禮毋放飯

註去手餘飯於器中爲人穢按朱子云大飯也

朱氏曰放謂食之放肆而無所節也

毋流歠

註大歠嫌欲疾按朱子云長歠也

朱子曰流謂歠之流行而不知止也

少儀毋放飯毋流歠小飯而亟之

註亟疾也備噦噎及見問也

按曲禮疏云放飯者手執器中取飯飯若黏著手不得拂放本器中著去手餘飯於器中人所穢也當棄餘於篚無篚棄餘於會會謂篚蓋也此解放飯本鄭氏之意而申言之與朱子異鄭氏之解流歠見上亦與朱子異

齒決

曲禮濡肉齒決乾肉不齒決

註決猶斷也〇堅宜用手

疏濡肉齒決者濡濕也濕軟不可用手擘故用齒斷決而食之決猶斷也乾肉不齒決者乾肉脯肉也堅韌音忍不可齒決斷之故須用手擘而食之

春秋無義戰

周章成云春秋有小戰有大戰而公羊例又有偏戰詐戰之分偏戰謂各居一面鳴鼓而戰詐戰則與偏戰相反總而言之大戰固譏即小戰亦譏也詐戰固譏即偏戰亦譏也

按胡傳云凡兵聲罪致討曰伐潛師掠境曰侵兩兵相接曰戰環其城邑曰圍造其國都曰入徙其朝市曰遷毀其宗廟社稷曰滅詭道而勝之曰敗悉虜而俘之曰取輕行而掩之曰襲已去而躡之曰追聚兵而守之曰戍以弱假强而能左右之曰以此皆春秋時用兵之大略也或者謂入滅圍敗之屬聖人所深惡惟伐之一例間有足取如齊桓之伐徐則爲魯捍患也（莊公二十六年）伐衛則爲周討罪也（二十八年）晉襄之伐衛則服叛以義也（文公元年）晉成之伐陳則招攜以禮也（宣公九年）晉悼之牛首北林東門諸役則不戰而屈人也（襄公十年十一年）然征伐天子之大權無王命便是擅權經文書戰凡二十三始於桓公十年戰郎終於哀公十一年戰艾陵聖人何嘗取之哉

召陵之類註

周章成云召陵未嘗戰而朱子以召陵之類言之則知所謂戰者通一國之用兵而言非專指戰也經例有書次書救所謂彼善於此者大抵於書救書次中見之例曰凡書救者未有不善之也如子突之救衛莊公六年欒書之救鄭成公六年齊桓之救邢救許閔公元年僖公六年是也又曰伐而書次其次爲善遂伐楚次于陘僖公四年是也

革車　虎賁

趙註革車兵車也虎賁武士爲小臣者也書云虎賁綴衣趣馬小尹三百兩三百乘也

孫疏正義曰革車者以皮爲飾者也牧誓言武王戎車三百两虎賁三千人孔安國云兵車百夫長所載車稱兩一車步卒七十二人凡二萬一千人舉全數虎賁勇士稱也若虎賁獸言其猛也皆百夫長也

夏官虎賁氏掌先（悉薦反）後王而趨以卒伍軍旅會同亦如之（按註疏本此句合下一句爲一節今從姜本）

註王出將（子匠反）虎賁士居前後雖羣行亦有局分（扶問反）

姜氏曰先後而趨以衛王也稱卒伍明不失其律也此言扈從也

舍則守王閑

註舍王出所止宿處閑梐（薄禮反）枑（戶故反）

王在國則守王宮

註爲周衛

國有大故則守王門大喪亦如之

註非常之難乃旦反要在門

按上三節姜氏以爲此言守衛也

及葬從才用反遣車而哭

註遣車王之魂魄所馮皮冰反依

姜氏曰此亦言扈從也

適四方使所吏反則從士大夫

註虎士從使者

姜氏曰蓋其中士從上士以上而其下大夫從中大夫以上與

若道路不通有徵事則奉書以使於四方

註不通逢兵寇若泥水奉書徵師役也春秋隱公七年冬戎伐凡伯于楚邱以歸

按上二節姜氏以爲此言使命也

翼註革車載輜重之皮車虎賁執射御之親軍此一句只言不尙兵威未說到無敵直到下節若崩句方見無敵也

按序官言虎士八百人葢爲天子侍衛之親軍也六軍之外禁衛唯此而已而僖公二十八年襄王賜晉文公虎賁三百人非矣

布縷

集解織麻曰布析絲曰縷五畝之宅匹婦所蠶也此所謂布只是麻所爲若棉布則彼時中未有

纂箋按月令孟夏蠶事畢后妃獻繭乃收繭稅故民間之布縷必取於夏

粟米

集解帶穀曰粟去穀曰米粟米出於百畝之田匹夫所耕也

纂箋孟秋之月農乃登穀仲秋乃令有司趣民收斂季秋乃命冢宰農事備收舉五穀之要註云定其租稅之簿故粟米取之於秋

力役

集解力役出於同井之家丁男所賦也至冬有暇始征之力役有二其一軍賦以冬而更番其一工賦以冬而應役徭役則在軍賦之中雇役則從工賦之便皆力役之征也

纂疏古者三時不害於農豳詩云我稼既同上入執宫功故力役取之於冬

軍役　周章成云六軍之士王之近衛而用以遠戍非法也古者親老而僅有一子免其徭役而使之從軍亦非法也爪牙思王禁兵遠戍可知矣尸饔念母獨子從軍可知矣

工役　按先王使民以時未役事先有號召之書召誥云周公用書命庶殷庶殷丕作是也既役時又爲之豐其食王制云凡使民任老者之事食壯者之食是也又爲之緩其事詩靈臺篇云經始勿亟庶民子來地官鼓人云以鼛鼓鼓役事（註云鼛之言緩也）是也使民之日未嘗無恤民之心若宋皇國父爲平公築臺築者謳曰澤門之皙實興我役（襄公十七年）晉侯築虒祁之宮師曠曰作事不時（昭公八年）皆非先王之意矣○春秋時之工役亦有未可盡非者隱公七年城中邱胡傳云春秋凡用民必書其所興作不時害義固爲罪矣雖時且義亦書見勞民爲重事也雖時亦書如桓公十六年城向襄公十三年城防之類雖義亦書如僖公元年城邢昭公三十二年城周之類

役法總論　周章成云役法莫詳於周禮伍兩師軍之法此兵役也師田追胥

之法此徒役也府史胥徒之有人此胥役也比閭族黨之相保此鄉役也有司徒焉則因地之善惡而均徒有族師焉則校民之衆寡以起役有鄉大夫焉則辨年之老少以從役有均人焉則論歲之豐凶以行役役之法詳矣而其意總歸於恤民故祭公謀父作祈招之詩必曰形民之力而無醉飽之心也

三訂四書辨疑補

余輯三訂四書辨疑畢即被友人借去未曾揀點其中疎漏實多如財賦爲文武周公節用之大經巡狩爲唐虞三代展義之大典不可以不詳者又有先聖禮經向需鈔錄先儒論說足廣見聞不可以不備者更有前書既經徵引而考證未博不可以不增者其他亦輯一二彙成此册以附於二十二卷之後至已見所及亦別以按字云張江曉樓氏書

三訂四書辨疑補

俎

孟子

田獵

巡狩

壺

鼎　士祭三鼎之圖　大夫祭五鼎之圖

甗

釜　甑

日至

析羽而注於旂干之首曰旌註

士

三訂四書辨疑補

張　江曉樓氏輯

邦畿

地官大司徒日至之景尺有五寸謂之地中天地之所合也四時之所交也風雨之所會也陰陽之所和也然則百物阜安乃建王國焉制其畿方千里而封樹之

註景尺有五寸者南戴日下萬五千里地與星辰四遊升降於三萬里之中是以半之得地之中也畿方千里取象於日一寸爲正樹樹木溝上所以表助阻固也

周章成云王畿方千里凡百同每一方爲一同同方百里中間爲王城方十二里王城之外四同謂之郊其地置六鄉郊之外十二同謂之甸内四同置六遂餘爲公邑使大夫治之甸之外二十同謂之稍内建五十里之國六十三稍之外二十八同謂之縣内建七十里之國二十一縣之外三十六同謂之都内建

百里之國九是爲三等釆地釆地之餘皆爲公邑
按周語云昔我先王之有天下也規方千里以爲甸服此與大司徒所載皆言
周之邦畿即周可以例殷矣

財用

天官小宰以九職任萬民一曰三農生九穀二曰園圃毓（古育字）草木三曰虞衡作山澤之材四曰藪牧養蕃鳥獸五曰百工飭化八材六曰商賈阜通貨賄七曰嬪婦化治絲枲八曰臣妾聚斂疏材九曰閒民無常職轉移執事

註澤無水曰藪牧牧田在遠郊皆畜牧之地○臣妾男女貧賤之稱

以九賦斂財賄一曰邦中之賦二曰四郊之賦三曰郊甸之賦四曰家削之賦五曰邦縣之賦六曰邦都之賦七曰關市之賦八曰山澤之賦九曰幣餘之賦

註財泉穀也鄭司農云邦中之賦二十而稅一各有差也幣餘百工之餘○玄謂賦率出泉也今之算泉民或爲之賦此其舊名與鄉大夫以歲時登其夫家之衆寡辨其可任者國中自七尺以及六十野自六尺以及六十有五皆征之遂人云亦以徵其財征皆謂此賦也邦中在城郭者四郊去國百里邦甸二百里家削三百里邦縣四百里邦都五百里此平民也關市山澤謂占會百物幣餘謂占賣國中之斥幣皆末作當增賦者若今賈人倍算矣自

邦中以至幣餘各入其所有穀物以當賦泉之數每處爲一書所待異也

姜氏曰九職言民職之貢九賦言田野之賦

以九式均節財用一曰祭祀之式二曰賓客之式三曰喪荒之式四曰羞服之式五曰工事之式六曰幣帛之式七曰芻秣之式八曰匪頒之式九曰好用之式

註式謂用財之節度荒凶年也羞飮食之物也工作器物者幣帛所以贈勞賓客者芻秣養牛馬禾穀也鄭司農云匪分也頒讀爲班布之班謂班賜也玄謂王所分賜羣臣也好用燕好所賜予

以九貢致邦國之用一曰祀貢二曰嬪貢三曰器貢四曰幣貢五曰材貢六曰貨貢七曰服貢八曰斿同旒貢九曰物貢

註鄭司農云祀貢犧牲包茅之屬賓貢皮帛之屬器貢宗廟之器幣貢繡帛材貢木林也貨貢珠貝自然之物也服貢祭服斿貢羽毛物貢九州之外各以其所貴爲摯肅愼氏貢楛矢之屬是也玄謂嬪貢絲枲器貢銀鐵石磬丹

漆也幣貢玉馬皮帛也材貢櫄榦栝柏篠簜也貨貢金玉龜貝也服貢絺紵也斿讀如囿游之游斿貢燕好珠璣琅玕也物貢雜物魚鹽橘柚

王昭禹云先王生財有道取財有義用財有禮九職所以生財也九賦所以取財也九式所以用財也夫有道以生之有義以取之有禮以用之然後有以服天下而諸侯莫不來享矣此九貢所以次九賦九式之後也

理財之官圖

大宰

制國用

九職九賦九式九貢

小宰　　　　宰夫

節財用　　　　乘其財用之出入

大　　　府

受　　貨　　賄　　之　　入

歲終以貨賄之出入會之

玉　　　府

凡王之好賜　　共其貨賄

內府　　府　　外府　　府

凡王及冢宰之好賜予則共之

此待王之大用

共其財用之幣齎賜予之財用

此待邦之小用

司會

致邦國之財用令田野之財用令民職之財用

易氏曰冢宰天官之長也歲終受歲會而無月要之文小宰天官之貳也月終受月要而無日成之文宰夫天官之攷也旬終正日成而無參互之文三者各舉其一而司會乃攷其全會之欲其詳也

司書

周知出入百物

即司會掌百物財用也

王氏曰凡財之出司書存其數乃下職歲關天府就所司支給可矣又必攷於司會者司書奉九式以均節周用必合於式法然後下也

職內掌邦之賦入

按官府都鄙之財入之數職內總計而執之皆書副書以待邦之移用

職歲掌邦之賦出

陳及之曰職入者以歲所入攷其所出職出者以歲所出證其所入互攷以防姦僞也〇按官府都鄙之財出賜之數職歲亦書其貳以待會計而攷之

職幣

斂用邦財之幣

按職歲斂幣振餘財皆别其物而奠定其錄以書楬音傑也識之以詔上之小也用賜予至歲終會出以式法贊司會

振掌事之餘財

理財之法圖

三農生九穀
園圃毓草木
生　虞衡作山澤之材
藪牧養蕃鳥獸
九職百工飭化八材
商賈阜通貨財
財　嬪婦化治絲枲
臣妾聚斂疏材
閒民轉移職事

邦中之賦待賓客
四郊之賦待稍秣
斂　邦甸之賦待工事
家削之賦待匪頒
九賦邦縣之賦待幣帛
邦都之賦待祭祀
財　關市之賦待羞服
山澤之賦待喪紀
幣餘之賦待賜予

祭祀之式　祀貢

賓客之式　嬪貢

用　喪荒之式　致　器貢

羞服之式　幣貢

九式　工事之式　九貢　材貢

幣帛之式　貨貢

財　芻秣之式　財　服貢

匪頒之式　斿貢

好用之式　物貢

餘

天官大府云凡式貢之

餘財以共玩好之用凡

財

邦之賦用取具也

袵

陳祥道禮書周官玉府掌王之燕衣服袵席曲禮曰請席何鄉請袵何趾鄭氏曰袵臥席也臥席北趾然請袵何趾則趾特未定謂之北趾拘矣管子曰俶袵則請有常則否則請以何趾者以其始袵故也昏禮御袵于奧媵袵良席在東北趾○鄭司農釋玉府云袵單席也賈公彥曰詩云下莞上簟内則云斂枕篋簟席襡器而藏之則臥之簟席也然袵於文從衣非簟也

裘

天官司裘掌爲大裘以共王祀天之服

註鄭司農云大裘黑羔裘服以祀天示質

中音仲秋獻良裘王乃行羽物

註良善也中秋鳥獸毴毛音毨先典反因其良時而用之鄭司農云良裘王所服也行羽物以羽物飛鳥賜羣吏玄謂良裘玉藻所謂黼裘與此羽物小鳥鶉雀之屬鷹所擊者中秋鳩化爲鷹中春鷹化爲鳩順其始殺與其將止而大班羽物

季秋獻功裘以待頒賜

註功裘人功微麤謂狐青麛裘之屬鄭司農云功裘卿大夫所服

疏案玉藻君子狐青裘豹褎麛裘青豻褎彼云君子鄭云君子大夫士也以其彼云豹褎青豻褎用雜故爲大夫士若君則用純○又云麛裘者鄭彼注引孔子素衣麛裘謂是君臣視朔之服

三訂四書辨疑

鄰里鄉黨

何註鄭曰五家爲鄰五鄰爲里萬二千五百家爲鄉五百家爲黨

孔疏正義曰云五家爲鄰五鄰爲里者地官遂人職文案大司徒職云五家爲比五比爲閭四閭爲族五族爲黨五黨爲州五州爲鄉故知萬二千五百家爲鄉五百家爲黨也

按大司徒云五家爲比此言在郊内也遂人云五家爲鄰此言在郊外也故鄭康成云鄰里酇鄙縣遂猶郊内比閭族黨州鄉也異其名者示相變耳

觚此補第七卷之未備

按燕禮云主人以觚獻賓賓以觚酢主人主人以象觚獻于公主人媵觚酬于賓又云主人以觚獻卿又云賓媵觚于公大射云主人以觚獻賓賓以觚酬主人主人以象觚獻公主人媵觚而酬于賓又云主人以觚獻大夫又云賓以象觚送公註疏皆不之及補之

三讓

顧亭林云皇矣之詩曰帝作邦作對自太伯王季則泰伯之時周日以彊大矣乃託之采藥而不反當其時以國讓也而自後日言之則以天下讓也猶南公适謂稷躬稼而有天下當其時讓王季也而自後日言之則讓於文王武王也有天下者在三世之後而讓之者在三世之前宗祧不絕其功彝鼎不銘其跡此所謂三以天下讓民無得而稱焉者也路史曰方太王時以與王季而王季以與文王文王以與武王皆泰伯啟之也故曰三讓鄭康成注曰泰伯周太王之長子次子仲雍次子季歷太王見季歷賢又生文王有聖人表故欲立之而未有命太王疾泰伯因適吳越采藥太王歿而不反季歷爲喪主一讓也季歷赴之不來奔喪二讓也免喪之後遂斷髮文身三讓也三讓之美皆隱蔽不著故人無得而稱焉

又云泰伯去而王季立王季立而文武興雖謂之以天下讓可矣太史公序吳世家云太伯避歷江蠻是適文武攸興古公王跡甚當

又云高泰伯之讓國者不妨王季詩之言因心則友是也述文王之事君者不害武王詩之言上帝臨女是也古人之能言如此今將稱泰伯之德而先以莽

操之志加諸太王豈夫子立言之意哉朱子作論語或問不取翦商之說而蔡仲默傳書武成曰太王雖未有翦商之志而始得民心王業之成實基於此仲默朱子之門人可爲善於匡朱子之失者矣

又云或問曰太王有廢長立少之意非禮也泰伯又探其邪志而成之至於父死不赴傷毀髮膚皆非賢者之事就使必於讓國而爲之則亦過而不合於中庸之德矣其爲至德何邪曰太王之欲立賢子聖孫爲其道足以濟天下而非有愛憎之間利欲之私也是以泰伯去之而不爲狷王季受之而不爲貪父死不赴傷毀髮膚而不爲不孝蓋處君臣父子之變而不失乎中庸此所以爲至德也其與魯隱公吳季子之事蓋不同矣（此說本之伊川先生）

按程明道云三讓者不立一也逃之二也文身三也此說甚泥朱子云古人辭必至再三想此只是固讓其說亦非鄭註士冠禮云禮辭一辭而許也再辭而許曰固辭三辭曰終辭不許也故韓昌黎送幽州李端公序云某禮辭曰此一辭也某又曰此再辭也卒不得辭則三辭不許矣不知朱子何以固遜解三讓

金仁山前編云儀禮三遜謂之終遜然則三以天下讓謂終以天下遜也此正
足以訂集註固遜之非○亭林先生當時後日之論甚圓自來讓殷讓周牽强
論說俱覊不必

籩豆 總○此下皆補第八卷之未備

按九嬪云凡祭祀贊玉齍贊后薦徹豆籩內宗云掌宗廟之祭祀薦加豆籩及以樂徹則佐傳籩豆外宗云掌宗廟之祭祀佐王后薦玉豆眂豆籩掌客云夫人致禮八壺八豆八籩此言待上公也又云夫人致禮八壺八豆八籩此言待侯伯也又云夫人致禮六壺六豆六籩此言待子男也禮器云諸侯相朝無籩豆之薦以少爲貴也樂記云列籩豆郊特牲云鼎俎奇而籩豆偶陰陽之義也籩豆之實水土之品也明堂位云夫人薦豆籩又春秋之時鄭享楚子加籩豆六品獨言加者所以優尊之也

籩

按士冠禮云再醮兩籩栗脯鄉射禮記云大夫與則公士爲賓薦脯用籩五膱猶挺也祭半膱横于上膱長尺二寸士喪禮云東方之饌兩籩無縢縁也又春秋時晉享季孫夙有加籩

豆

陳祥道禮書詩述祀天之禮言于豆于登則祀天有木豆矣儀禮少牢饋食有瓦豆則宗廟有瓦豆矣

又夏后氏之楬豆在周用之於喪禮 故儀禮士喪毼白也豆兩實葵菹是也周曰獻豆非不以玉飾也士虞禮獻豆兩亞之則獻豆猶所謂獻尊也

又禮器之豆數用數也掌客之豆數陳數也

又士昏四豆士喪歠豆兩既夕四豆士虞四豆特牲两豆少牢四豆有司徹四豆

席

邢疏凡爲席之禮天子五重諸侯之席三重大夫之席再重席南鄉北鄉以西方爲上東鄉西鄉以南方爲上如此之類是禮之正也若不正則孔子不坐也

公食大夫禮記司宮具几與蒲筵常緇布純（音準）加萑（音丸）席尋玄帛純皆卷是末

註丈六尺曰常半常曰尋純緣也萑細葦也末經所終有以識之必長筵者以有左右饌也（今文萑皆爲完）

疏席無異物爲記但織之自有首尾可爲記識耳

曲禮羣居五人則長者必異席

註席以四人爲節因宜有所尊

疏此羣居之法若賓主禮席皆無同坐之法

奉席如橋（居廟反）衡

註橫奉之令（力呈反）左昂右低如有首尾然橋亦上槔（音結）槹（音皐）衡上低昂

疏此謂卷席之法

請席何鄉請衽何趾

註順尊者所安也衽臥席也坐問鄉臥問趾因於陰陽

若非飲食之客則布席席間函丈

註謂講問之客也函猶容也講問宜相對容丈足以指畫也飲食之客布席於牖前

疏文王世子云侍坐於大司成遠近間三席席之制三尺三寸三分寸之一則三席是一丈故云容丈也

主人跪正席客跪撫席而辭客徹重席主人固辭客踐席乃坐

註雖來講問猶以客禮待之異於弟子○撫之者荅主人之親正○徹去也去重席謙也再辭曰固○客安主人乃敢安也講問宜坐

虛坐盡音儘後

註謙也

疏虛空也謂非飲食坐不敢近前以爲謙玉藻徒坐不盡席尺是也

食坐盡前也

註爲汙席

疏古者地鋪席而俎豆皆陳於席前之地若坐近後則濺汙席故盡前也玉藻讀書食則齊豆去席尺是也

毋踖席摳衣趨隅亦在反

註趨隅升席也由下也

玉藻登席不由前爲躐席于僞反

註升必由下也

周章成云禮器言天子之席五重而司几筵王之席三重諸侯二重也禮器疏曰天子祫祭席五重禘祭四重時祭三重

[illegible]四書[illegible]

席與筵異　按鄭康成云鋪陳曰筵藉之曰藉

俎（此補第十四卷之未備）

陳祥道禮書士虞贊設兩樽于俎南樂記簠簋俎豆制度文章禮之器也（上二條增入）莊周曰加肩尻于雕俎之上唐褚遂良曰禹雕其俎士喪禮有素俎蓋雕俎始于禹而後世用之於吉凶者文質於是異矣牲體之在鼎曰脀在俎曰載魚載貫縮肉載則衡鼎俎貫奇奇以象陽玉藻諸侯日食三俎朔月五俎則鼎俎奇可知矣然有司徹有六俎者蓋尸也侑也主人也主婦也各一俎司馬之羞羊湆也司士之羞豕湆也各一俎俎列而陳之則貫奇散而用之雖偶可也

田獵（此補第十六卷中之未備）

陳祥道禮書春秋傳曰惟君用鮮衆給而已是天子諸侯有四時田獵之禮大夫士不與焉故鄭豐卷將祭請田而子產止之周官四時之田春蒐以教振旅夏苗以教茇舍秋獮以教治兵冬狩以教大閲鄉師於凡田前期則田瀘于州里簡其兵器修其卒伍山虞萊山田之野澤虞萊澤野而大閲之禮爲表百步則一表爲三表又五十步爲一表田之日司馬建旗于後表之中羣吏以旗物帥民而致質明弊旗誅後至者羣吏聽誓于陳前教以坐作進退之節遂以狩田以旌爲左右和之門羣吏各帥其車徒以敘和出左右陳車徒有司平之既陳乃設驅逆之車有司表貉于陳前中軍以鼙令鼓銜枚而進獲者取左耳然則虞人所萊之野穀梁所謂蘭以爲防是也（毛氏曰芟草以爲防）以旌爲左右和之門穀梁所謂置旃以爲轅門以葛覆質以爲槷是也（毛氏曰褐纏旃爲門裘纏質以爲槷）其未田也教戰于此及田則驅禽以入天子發則抗大綏諸侯發則抗小綏諸侯發然後大夫士發罝虞於其中以致禽焉小宗伯帥有司而饁獸于郊遂頒禽則饁獸于

郊者月令所謂既田命祠祭禽四方是也頒禽詩傳及穀梁所謂擇取三十焉其餘以予大夫士是也田之服冠弁服車則木路旗則大麾弓則夾弓庾弓矢則鍭矢殺矢其出也用牲于社宗而載之行其止也張幕設重帟重案而於是臨誓先王之於田宜社造廟祭馬祖繼之以饁于郊慎之至也詩傳言天子諸侯發則抗大綏小綏殺之時也王制言下大綏小綏既殺之時也曲禮國君春田不圍澤大夫不掩羣諸侯在國之禮也王制天子不合圍諸侯不掩羣諸侯從王蒐之禮也周官司服凡田冠弁服月令季秋天子乃厲飾蓋周秦之禮異也

按大宰云田役以馭其衆小宰云田役之聯事聽師田以簡稽獸人云掌罟田獸幕人云田役共其帷幕幄帟綬掌次云師田則張幕設重帟重案諸侯師田則張幕設案大司徒云大田役以旗致萬民鄉師云凡四時之田前期出田灋于州里州長云若國作民而師田行役之事則帥而致之黨正云凡作民而師田行役則以其法治其政事族師云若作民而師田行役則合其卒伍縣師云

田役則受法于司馬以作其衆庶遂人云凡事致野役而師田作野民帥而至遂師云田獵平野民縣正云若將用野民師田行役移執事則帥而至稍人云師田則以縣師之法作其同徒輂輦帥而至山虞云若大田獵則萊山田之野澤虞云若大田獵則萊澤野跡人云凡田獵者受令焉大宗伯云大田之禮簡衆也小宗伯云若大甸則帥有司而饁獸于郊肆師云凡師田用牲于社宗則爲位凡四時之大甸獵祭表貉則爲位獮之日涖卜來歲之稼司几筵云甸役則設熊席右漆几司服云凡甸冠弁服甸祝云掌四時之田表貉之祝號巾車云建大麾以田司常云凡軍事建旌旗及致民置旗弊之甸亦如之大司馬云（按此條詳十六卷）田僕云掌馭田路以田以鄙此田之禮也王制云豺祭獸然後田獵月令云（季春）田獵罝（音嗟）罘（音浮）羅網畢翳餧（音僞）獸之藥毋出九門（季秋）天子乃教田獵春秋桓公四年春公狩于郎莊公四年冬公及齊人狩于郜昭公八年秋蒐于紅穀梁傳云春曰田夏曰苗秋曰蒐冬曰狩此田之時也

巡狩

地官土訓王巡守則夾王車按誦訓文亦與此同

莊渠魏氏曰土訓圖學誦訓詩學左圖右書也王適諸侯二官夾備顧問王中心無爲而左右各以其職廣王耳目而開拓其心胸俾四海之大萬古之遠如指諸掌也

夏官職方氏王將巡守則戒于四方曰各脩乎乃守攷乃職事無敢不敬戒國有大刑

註乃猶女也守謂國境之內職事所當共具

及王之所行先道帥其屬而巡戒令

註先道先由王所從道居前行其前日所戒之令

土方氏王巡守則樹王舍

註爲之藩離

秋官大行人十有二歲王巡守殷國

註王巡守諸侯會者各以其時之方書曰遂覲東后是也其殷國則四方四時分來如平時

姜氏曰殷之言衆王巡守殷國所謂天子適諸侯曰巡守也若不巡守殷國而殷國來會則所謂殷頫曰同也舊因職方氏誤殷同之字爲殷國而因以經中巡守殷國四字分爲巡守與殷同之二禮殊失名義且考掌客職云王合諸侯而饗禮則具十有二牢是乃衆頫曰同之禮又云王巡守殷國則國君膳以牲犢是乃天子適諸侯曰巡狩之禮則巡守殷國四字其爲專指巡守無可疑者乃以職方之字誤而誤分四字爲二禮而因使各職之滋誤也可乎

掌客王巡守殷國則國君膳以牲犢令百官百牲皆具從（才用反）者三公眡上公之禮卿眡侯伯之禮大夫眡子男之禮士眡諸侯之卿禮庶子壹眡其大夫之禮

註國君者王所過之國君犢繭栗之犢也以膳天子貴誠也牲孕天子不食

也祭帝不用也凡賓客則皆角尺令者掌客令主國者百牲皆具言無有不具備

姜氏曰此特言巡守膳禮之等數也

王制天子五年一巡守

註天子以海內爲家時一巡省之五年者虞夏之制也周則十二歲一巡守

疏正義曰知五年是虞夏之制者堯典云五載一巡守此正謂虞也以虞夏同科連言夏者若夏與殷依鄭志當六年一巡守也○按白虎通云所以巡守者何巡者循也守者牧也爲天下循行守土牧民道德太平恐遠近不同化幽隱不得其所者故必親自行之謙敬重民之至也所以不歲巡守何爲太煩過五年爲其太疏因天道三歲一閏天道小備五歲再閏天道大備故五年一巡守以此言之夏殷六歲者取半一歲之律呂也周十二歲者象歲星也

歲二月東巡守至于岱宗

註岱宗東岳

疏歲二月東巡守者皆以夏之仲月以夏時仲月者律歷當得其中也○宗者尊也岱爲五嶽之首故爲尊也

柴而望祀山川

註柴祭天告至也

疏謂燔柴以祭上天而告至其祭天之後乃望祀山川

覲諸侯

註覲見也

問百年者就見之

註就見老人

疏此謂到方嶽之下見諸侯之後問百年者就見之若未至方嶽於道路之上有百年者則王亦先見之故祭義云天子巡守諸侯待於竟天子先見百年者下云八十九十者東行西行者弗敢過道經之則見之則知百年者道

雖不經所在就見之與此少別

按以上四節姜氏以爲言巡守首和神人也

命大（音泰）師陳詩以觀民風

註陳詩謂采其詩而視之

命市納賈（音嫁）以觀民之所好惡志淫好辟（匹亦反徐芳亦反）

註市典市者賈謂物貴賤厚薄也質則用物貴淫則侈物貴民之志淫辟邪則其所好者不正

按上二節姜氏以爲言巡守次定風俗也

命典禮考時月定日同律禮樂制度衣服正之

註同陰律也

疏典禮之官於周則大史也○正義曰鄭以先儒以同爲齊同此律故辨之云同陰律也故大師云執同律以聽軍聲又典同注云同陰律也

姜氏曰按陽六爲律陰六爲同周官亦謂之典同註疏同核矣然以舜典同

律度量衡參之當如先儒齊同之解○此言巡守次審法制也

山川神祇有不舉者爲不敬不敬者君削以地

註舉猶示也

疏山川是外神故云不舉不舉不敬也山川在其國境故削以地

宗廟有不順者爲不孝不孝者君絀以爵

註不順者爲若逆昭穆按見文公二年傳文絀丑律反退也

疏宗廟是內神故云不順不順不孝也宗廟可以表明爵等故絀以爵

變禮易樂者謂不從不從者君流

註流放也

姜氏曰不從違戾也○流所謂五流有宅

革制度衣服者爲畔畔者君討

註討誅也

姜氏曰畔則逆矣○討所謂六師移之也

有功德於民者加地進律

註律法也

疏正義曰律法釋詁文法謂法度諸事皆是即大行人上公九命繅藉九寸冕服九章建常九斿之等是也

姜氏曰上文示懲此示勸言巡守終嚴刑賞也

五月南巡守至于南嶽如東巡守之禮八月西巡守至于西嶽如南巡守之禮

十有一月朔巡守至于北嶽如西巡守之禮歸假（音格）于祖禰（乃禮反）用特

註假至也特特牛也祖下及禰皆一牛

疏堯典云歸格于藝祖用特祖既用特明知各用特也

按此上十四節姜氏以爲言天子之巡守也

天子將出類乎上帝宜乎社造（七報反）乎禰

註帝謂五德之帝所祭於南郊者類宜造皆祭名其禮亡

按此節姜氏以爲申言巡守也

左傳（莊公二十一年）王巡虢守虢公爲王公于玤（蒲項反）王與之酒泉

杜註巡守于虢國也天子省方謂之巡守○玤虢地○酒泉周邑

按巡守之典春秋時久廢王因虢之有功而幸之名爲巡守而實非巡守也

（二十七年）天子非展義不巡守

杜註天子巡守所以宣布德義

周章成云巡狩之典先王用以考治績達民情者也天子巡狩大行人先爲之達瑞節同度量脩法則及巡狩職方氏則巡戒令土方氏則樹王舍土訓誦訓則夾王車天子所歷之國諸侯必納筦鍵攝衽抱几視膳于堂下（趙策）及至方嶽則莅明堂而朝羣后于是有升中（禮器）望祀之禮有陳詩納賈之條有協時正日同律脩禮之事不敬者削地不孝者黜爵變亂制度者或流或討有功德于民者加地進律慶讓一行諸侯莫不奉法蓋所以衆對敷天而收一世之大權者實在乎此若穆王周行天下將皆必有車轍馬跡焉此不過肆志遊觀已失先王之意矣至于東周王靈不振國都而外遂爲轍跡之所不及鄭之祊田魯之

許田私相貿易而不顧薔謂天王不復能巡狩也又何怪戰國之人欲舉明堂而毁之耶

唐虞三代巡守之期　按舜典云五載一巡守鄭註王制云五年者虞夏之制也五年專是虞制鄭以虞夏同科故連言夏其實虞也鄭志答孫皓問云唐虞之禮五載一巡守夏殷之時天子蓋六年一巡守如鄭志之言則夏殷天子六年一巡守也周官大行人云十有二歲王巡守殷國鄭據此文以註王制云周則十二歲一巡守此唐虞三代巡守之期不同者如此○按王制孔穎達疏謂鄭據大行人文以爲周則十二歲一巡守其實向書亦有其文周官云六年五服一朝又六年王乃時巡考制度于四岳諸侯各朝于方岳大明黜陟是也

壺

陳祥道禮書曰簞食壺漿詩曰清酒百壺周禮秋嘗冬烝其饋獻用兩壺尊掌客上公壺四十侯伯三十二子男二十有四左傳曰樽以魯壺禮記五獻之尊門內壺特牲禮視壺濯尊兩壺于阼階東又曰覆兩壺焉蓋在南鄉飲酒尊兩壺于房戶間鄉射兩壺斯禁主人州長聘禮陳饔或八壺或六壺燕禮鄉大夫兩方壺士旅兩圜壺公尊瓦大大射膳尊兩壺鄉大夫方壺士旅圜壺少牢尊兩甒士喪大斂兩瓦甒虞兩甒說文曰壺昆吾尊也象形圜

又圜者君之道方者臣之德燕禮大射鄉大夫皆方壺以其近尊而屈也士旅皆圜壺以其遠尊而伸也先儒謂方壺腹圜而足口方圜壺腹方而足口圜然方者腹圜圜者腹方則名實不稱矣鬯人禜門用瓢齎用獻而已與壺異也莊周曰大瓠慮以爲樽爾雅曰康瓠謂之甈賈誼弔屈原賦曰斡棄周鼎而寶康瓠兮郭璞曰康瓠壺也蓋壺之爲器其體有大小其制有方圜非必皆瓠爲之特取名於壺瓠而已

按鄭註禮器云壺大一石瓦甒五斗觀喪大記大夫容壺士容甒之説則壺大於甒可知不知陳氏引兩甒者何故○士喪云奠以兩甒而祭以壺則壺賤於瓦尊可知

鼎

陳祥道禮書鼎之器于象爲備易曰鼎象也鼎之齊于金爲多六分其金而錫居一謂之鐘鼎之齊下有足上有耳有鼎以覆之有鉉以舉之鼎茅爲之長則束其本短則編其中扃木爲之大者廟門容七箇小者闈門容三箇考工記○按箇今本周官作个詩稱鼐鼎及鼒爾雅曰鼎絶大者謂之鼐圜弇上者謂之鼒附耳外謂之釴款足謂之鬲士虞禮有上鼎中鼎下鼎有司徹司馬舉羊鼎司士舉豕鼎魚鼎則鼎之體有大小侈弇之別而其用有牛羊豕魚之異天子諸侯有牛鼎後漢書曰函牛之鼎大夫有羊鼎士豕鼎魚鼎而已上得兼下下不得兼上則鼐鼎特王有之也周官膳夫王日一舉鼎十有二掌客諸侯之禮鼎皆十二聘禮賓之飧饔皆飪一牢鼎九而飧腥一牢鼎七饔腥二牢鼎二七上介饔飧皆飪一牢鼎七而饔腥一牢鼎七衆介飧少牢飪鼎五大夫少牢五鼎士特牲喪禮三鼎既夕五鼎而掌客聘禮諸侯與卿之鼎過于王之數士既夕之鼎過于特牲之制何也聘禮陳鼎也王日之舉食鼎也特牲庸禮也既夕斯須禮也然則所謂陪鼎羞鼎皆鉶鼎也鉶鼎所

以實羹者也（亨人祭祀賓客共鉶羹）鉶羹所以具五味也其芼則藿（牛）苦（羊）薇（豕）也其臭則膷（牛）臐（羊）膮（豕）也自羹言之曰鉶羹自器言之曰鉶鼎以其陪正鼎曰陪鼎以其爲庶羞曰羞鼎其實一也王日食九鼎而陪鼎三公食大夫七鼎而鉶鼎四（宰夫設四鉶于豆南）掌客上公鉶四十有二侯伯鉶二十有八子男鉶十有八聘禮之賓飧饔之羞鼎皆三上介飧饔之羞亦三少牢佐食設羊鉶豕鉶特牲正婦設兩鉶然公食大夫之鉶多于王日食者以公食者衆故也聘介之鉶同於賓者以王鼎殺故也周官亨人掌共鼎鑊以給水火之齊少牢爨在廟外之東三鼎在羊鑊之西二鼎在豕鑊之西然則牲體皆烹於鑊然後肉胥之鼎而羹納之鉶登（大羹在登）則鑊者鑊釜之總名也舊圖天子之鼎飾以黃金諸侯飾以金容一斛大夫羊鼎飾以銅容五斗士豕鼎飾以鐵容三斗而牛羊豕鼎各狀其首於足上若然魚鼎腊鼎豈皆狀以魚腊乎所謂飾以金與銅鐵而容一斛與五斗三斗蓋皆以後世之鼎言之也士喪禮陳鼎于寢門外西面士虞陳鼎于門外之右北面鼎入設于西階前東面特牲陳鼎于門外北面鼎入當阼階東面則

鼎固有面矣其詳不可得而知

三鼎　按鄭目錄云特牲饋食之禮謂諸侯之士祭祖禰疏云特牲三鼎豕魚腊經有牲鼎魚腊鼎之文則士用三鼎以祭可知

五鼎　按鄭目錄云諸侯之卿大夫祭其祖禰於廟之禮指少牢饋食禮疏云正祭時五鼎經有三鼎在羊鑊西二鼎在豕鑊西之文則大夫用五鼎以祭可知

三訂四書辨疑

士祭三鼎之圖

豕鼎

特牲饋食禮記尸俎右肩臂臑（奴到反）肫胳（音各）正脊二骨橫脊長脅二骨短脅

註尸俎神俎也士之正祭禮九體貶於大夫有併骨二亦得十一之名合少牢之體數此所謂放而不致者凡俎食之數奇脊無中脅無前貶於鼎者不貶正脊不奪正也正脊二骨長脅二骨者將舉於尸尸食未飽不欲空神俎

膚三

註爲籑（子峻反與餕同）用二厭飫一也

離肺一

註離猶掔也小而長半割之亦不提心謂之舉肺

疏言亦謂亦少儀云牛羊之肺離而不提心鄭註云提猶絶也掔離之

不絕中央少許者是也

刌肺三

註爲尸主人主婦祭今文刌爲切

魚鼎

記魚十有五

註魚水物以頭枚數陰中之物取數於月十有五日而盈少牢禮亦云十有五而俎尊卑同此所謂經而等也

腊鼎

記腊如牲骨

註不但言體以有一骨二骨者

按曲禮云士以羊豕而特牲止言豕者彼是天子之士兼有羊此是諸侯之士故無羊而有豕

大夫祭五鼎之圖

羊鼎

少牢饋食禮司馬升羊右胖音判髀步禮反不升肩臂臑膊音純骼音格又音各正脊一脡脊一橫脊一短脅一正脅一代脅一皆二骨以並腸三胃三舉肺一祭肺三實于一鼎

註升猶上也上右胖周所貴也髀不升近竅賤也肩臂臑膊骼股骨脊從前爲正脅旁中爲正脊先前脅先後屈而反猶器之綼也並併也脊脅骨多六體各取二骨併之以多爲貴舉肺一尸食所先舉也祭肺三爲尸主人主婦

疏云先前者正脊是也先後者卽短脅是也

豕鼎

禮司士升豕右胖髀不升肩臂臑膊骼正脊一脡脊一橫脊一短脇一正脇一代脇一皆二骨以並舉肺一祭肺三實于一鼎

註豕無腸胃君子不食溷音患腴羊朱反〇按少儀註云腴有似於人穢

膚鼎

禮雍人倫膚九實于一鼎

註倫擇也膚脅革肉擇之取美者

魚鼎

禮司士又升魚腊魚十有五而鼎

註司士又升副倅者

疏其司士與前文司士升豕者別知者以下經文司士三人升魚腊膚則此豕魚腊宜各一人又此升鼎宜俱時明是副倅者非升豕者可知〇按諸子職云掌國子之倅鄭云是公卿大夫之副貳則此云倅亦副之別名以其副牲鼎故云副倅也

腊鼎

禮腊一純而鼎腊用麋按亦司士升之

註合升左右胖曰純純猶全也

按曲禮云大夫以索牛而少牢有羊無牛者用大牢晉秦是天子之卿大夫明此用少牢爲諸侯之卿大夫也

屨

天官屨人掌王及后之服屨爲赤舄黑舄赤繶於力反黃繶青句音劬素屨葛屨

註屨自明矣必連言服者著服各有屨也複下曰舄禪下曰屨古人言屨以通於複今世言屨以通於禪俗易語反與舄屨有絇有繶有純者飾也鄭司農云赤繶黃繶以赤黃之絲爲下緣士喪禮曰夏葛屨冬皮屨皆繶緇純禮家說繶亦謂以采絲礫其舄玄謂凡屨舄各象其裳之色士冠禮曰玄端黑屨青絇繶純素積白屨緇絇繶純爵弁纁屨黑絇繶純是也王吉服有九舄有三等赤舄爲上冕服之舄詩云王錫韓侯玄衮赤舄則諸侯與王同下有白舄黑舄王后吉服六唯祭服有舄玄舄爲上褘衣之舄也下有青舄赤舄鞠衣以下皆屨耳句當爲絇聲之誤也絇繶純者同色今云赤繶黃繶青絇雜互言之明舄屨衆多反覆以見之凡舄之飾如繢之次赤繶者王黑舄之飾黃繶者王后玄舄之飾青絇者王白舄之飾言繶必有絇純言絇亦有繶純三者相將王及后之赤舄皆黑飾后之青舄白飾凡屨之飾如繡次也

黃屨白飾白屨黑飾黑屨青飾絇謂之拘著舃屨之頭以爲行戒繶縫中紃純緣也天子諸侯吉事皆舃其餘唯服冕衣翟著舃耳士爵弁纁屨黑絇繶純尊祭服之屨飾從繢也素屨者非純吉有凶去飾者言葛屨明有用皮時

辨外內命夫命婦之命屨功屨散屨

註命夫之命屨纁屨命婦之命屨黃屨以下功屨次命屨於孤卿大夫則白屨黑屨九嬪內子亦然世婦命婦以黑屨爲功屨女御士妻命屨而已士及士妻謂再命受服者散屨亦謂去飾

凡四時之祭祀以宜服之

註祭祀而有素屨散屨者唯大祥時

姜氏曰若赤舃黑舃命屨功屨之類與夏葛冬皮之屬祭皆隨宜而非其服非其時者則非所宜也

釋名屨拘也所以拘足也

屨與舃有辨　按姜上均云舃皆禮服屨則不皆禮服舃皆命舃屨則不皆命

屨此屨與舄之辨也

命屨功屨散屨之辨　按姜上均云孤妻九嬪皆鞠衣黄屨爲命屨而以其次展衣白屨椽衣黑屨爲功屨卿大夫婦及二十七世婦皆展衣白屨爲命屨而以其次椽衣黑屨爲功屨是功屨皆次命屨也士則惟爵弁纁屨爲命屨女御與士妻亦惟椽衣黑屨爲命屨而其次皆無功屨矣又云命猶錫也王錫命而服者爲命屨功猶事也非錫命但因事而服者爲功屨又云散猶散緌之散屨不致功曰散此命屨功屨散屨之辨也

釜

方言釜自關而西或謂之釜或謂之鍑

郭註鍑亦釜之總名

按詩傳云有足曰錡無足曰釜又云鬲釜屬說文云江淮之間謂釜曰錡又云鍑釜大口者又云朝鮮謂釜曰鉠蓋名雖不同義則一也

釜小於鑊　按詩以錡釜湘菜以釜鬵烹魚而周官及儀禮皆以鑊烹牲則釜之小於鑊可知矣

甑

少牢饋食禮廩人摡（古愛反）甑甗匕與敦（音對）于廩爨

註甗如甑一孔

疏按冬官陶人職云甗實一鬴厚半寸脣寸甑實二釜厚半寸脣寸七穿鄭司農云甗無底甑以其無底故以一孔解之

方言甑自關而東謂之甗（音言）或謂之鬵（音岑）或謂之酢餾

陳祥道禮書爾雅甑謂之鬵鬵鉹也孫炎曰關東謂甑爲鬵涼州謂甑爲鉹○鬵大釜也毛氏許愼以鬵爲釜屬而爾雅方言以鬵爲甑則其名同者也

日至

何義門云羲和造歷先候日景周禮玉人云上圭尺有五寸以致日謂度冬夏景之長短經文日至或兼二至言之未可知也然歷終而復始故先儒獨舉日南至耳却不必如漢法所謂上古之時歲月日時皆會甲子也趙氏註但云致至也知其日至之在何日疏家謂雖千歲之後其日至之日亦可坐計宣城梅定九先生有取其言考之趙緣督先生革象新書所載積年日法之舊亦必逆考往古上元從上元而下至當時又順推以後不獨上古也

市井

陳祥道禮書古之言市者必曰市井若詩曰歌舞於市井士相見禮曰在邦曰市井之臣齊語曰處商就市井揚子曰市井相與言以市必同井故也何休曰因井田以爲市風俗通曰人有所鬻必濯於井上然後至市二說不知何據然也

析羽而注於旂干之首曰旌註

閻百詩云交龍爲旂析羽爲旌周官之文也有鈴曰旂注旄首曰旌爾雅之文也集註既用交龍爲旂則當註旌曰析羽爲五采繫之於旌之上爾雅所謂注旄於干竿也首也蓋有羽又有旄孟子云羽毛之美范宣子假羽毛於齊晉人假羽旄於鄭是陳氏禮書賈公彥言大常而下干首皆有旄羽蓋干首注以旄旄首註以旌則羽毛所以爲旗飾也旗皆有羽旄集註混用旂字又脫旄字並非

士

按有虞氏刑官曰士故舜典云汝作士呂刑云士制百姓于刑之中夏曰大理周曰大司寇若士師特司寇之屬下大夫耳猶鄉士遂士縣士爲士師之屬在周禮掌士之八成凡四方之有治於士者造焉則周之士師容或可稱爲士而有虞氏之士斷不可稱爲士師此閻百詩先生云爾而有明一代文人誤以皋陶爲士之士爲士師何不通古今若是耶

孟子異同商三卷補訂三卷

清　黄鶴撰

清光緒二十年澹雅書局刻本（胡綏之批點）

胡綏之先生校點

四書異同商

四書異同商

光緒甲午澹
雅書局新鐫

敘

讀書之道有二曰博曰精博而不精其所謂博者非博也精而不博其所云精者亦非精也故孟子於博約之閒特申之以詳說詳者審也審則不徒博不徑約同非苟同即異非苟異矣吾友黃子漢臯明經士也六經皆有撰集而精力尤萃於四書遠本漢唐注疏近採
皇清經解其餘經史子集凡可以發明四子奧義者罔不兼收并蓄可謂博矣而其體裁則一宗
欽定三禮義例其詮釋的當適合經旨者列諸首條以爲正義焉其字義不同可備參考者則附之存異其舊說未安急宜駁正者則始以存疑繼以辨正分别又何精也瑛捧而讀之以爲前有功於先賢後有裨於來學亟勸以公諸世漢臯蹙然曰竊管穴之窺千慮恐無一得兼所輯諸說多與注異方以獲戾於先儒爲慮何世之敢問瑛曰不然集注固宜謹遵然

敘　一

欽定傳說彙纂未嘗不附錄夫異說也
聖解述義折中未嘗不別參夫見解也今予所輯不過即漢唐注疏諸說折
而衷之
皇清經解諸家匯而參之雖異而不失爲同何必以不盡遵朱注爲虛昔
北魏韓褒少有志尚好學而不爲章句拘其師怪問之對曰文字之間
常奉教誨至於商較異同請從所好今以吾子之書證諸韓褒之語其
旨豈不有合乎但願讀是編者勿爲科舉之學所囿勿爲先入之見所
拘熟讀白文深思經意其於注家同異則詳審而商度之辨其非以求
其是庶可由其博以底於精夫
皆
咸豐九年己未季秋月同邑年愚弟蘇上瑛謹撰

上孟異同商

新化黃鶴學

孟子見梁惠王　惠卅五年卑禮厚幣以招賢者而孟子至梁此說雖本史記魏世家然不合者有三孟子生周烈王四年己酉明年庚戌魏侯擊卒子罃立是爲惠成王明年辛亥梁惠王元年以三十五年乙酉計之孟子止三十六歲耳惠王年長以倍而以叟呼乎其不合一也惠王所云南辱于楚西喪地于秦皆三十五年前未有之事楚敗魏襄陵秦取魏汾陰皆在後十六年惠安得預爲言之其不合二也徐州之會諸侯相王是魏後元年事也孟子見惠當在後元十六年辛丑時年五十三故可以叟稱時已改元稱王故可以王稱若三十五年尚未稱王孟子豈應預爲稱乎其不合三也顧炎武曰通鑑載孟子在梁凡十八年不知孟子在梁未久故所載魏事甚略若果于三十五年至梁梁既不能用矣豈有更歷後十六年乃去梁之理哉王懋竑曰孟子適梁當在

上孟

惠王後元年之十四五年未幾惠王卒于襄王立在梁蓋未久也若作惠三十五年孟子至梁則距襄王之立凡十七年孟子在梁不如是之久而書梁事亦不得如此之略也

叟不遠千里而來　曹之升曰史記孟子列傳道既通遊事齊宣王宣王不用適梁趙岐句亦云在于齊齊不用乃適梁惠王曰叟不遠千里而來謂其自齊而來也大梁去臨淄相去千里故惠王云然若由鄒而往僅得半耳何云千里哉

萬乘之國二段　存疑趙注萬乘謂天子千乘謂諸侯夷羿之弑夏后是以千乘取其萬乘也千乘當言國而言家者諸侯以國爲家亦以避萬乘稱國故稱家也朱注萬乘之國天子畿內地方千里出車萬乘千乘之家天子公卿采地百里出車千乘也辨正大全程復心曰孟子特就當時言之非復古法然也周人騏曰萬乘之國千乘之家孟子亦就戰國時强所言之耳先王定制如何有千乘之家張斗峯曰孟子云卿地

視侯者明周制也其云萬乘之國千乘之家者明時事也周室無秋輿其爲時事可知矣注疏諸家不但誤于開方之法而實誤于舉天子以爲言何者使所言周之盛天子耶則卿之采地雖百里而出車無千乘之文指東周之天子耶其畿內與公卿比盛時何如豈猶有千乘萬乘乎且時至戰國豈必天子而後有萬乘諸侯而後有千乘哉晉地數圻萬乘之國也魏與韓趙千乘之家也三家瓜分晉國所謂不奪不饜者也孟子之意蓋隱指三晉舊事言所以警醒梁惠者至深切矣注疏家豈未窺及此乎愚按孟子云當今之時萬乘之國行仁政統指諸侯言又云以萬乘之國伐萬乘之國指齊燕言魯仲連曰今秦萬乘之國也梁亦萬乘之國也伐燕章孫疏云六國之時諸侯皆僭稱王故稱萬乘則安得以萬乘專指天子言哉

千乘之家　注指畿內公卿爲說于出車之數不合孟子云天子之卿受地視侯受地猶受田也視侯謂視其君田三萬二千來非受百里之

封也王制云外諸侯嗣內諸侯祿故止有出車千乘之諸侯未有出車千乘之公卿若云天子公卿采地方百里出車千乘則大夫采地七十里出車七百乘元士采地五十里出車五百乘天子畿內安得許多地乎天子之制地方千里止須十箇公卿便將畿內之地占盡天子萬乘又何從出乎東陽許氏曰天子之卿受地視侯則方百里方百里不能出車千乘也千乘之國當三百十六里有奇百乘之家則當方百里矣諸侯卿之采地未必若是大也據此則天子公卿不能出車千乘諸侯公卿不能出車百乘矣一于弑君之事無徵趙注以夷羿拒夏爲說蒙引以申侯弑幽爲說不知夷羿申侯皆夏周之畿外諸侯非公卿也援引欠的若作後世强臣解則田和篡齊齊之陳氏固千乘之家也三家篡晉晉之韓趙魏亦千乘之家也豈不實而有徵乎　萬取千焉趙注云君十卿祿君取萬鍾朱注以爲十分而取其一此正義之所在皆非也萬鍾卿祿非君祿故云孟祿萬鍾養弟子以萬鍾豈可爲此處之證

乎。愚謂二句承上文言，萬取千者，于萬乘之中而得千乘也；千取百者，于千乘之中得百乘也。先王之時，家無百乘，豈有千乘？春秋之時，家既有百乘，且至于千乘，以古制繩之，之諭分已極，不爲不多，正見所取過當之意。此不是正分所得，乃是攘奪所爲，固下箇取字。春秋末，齊之田陳、晉之韓趙魏家，皆千乘矣，則不奠國豈不富足？然其貪利之心尚未饜也，必將君之所有而盡取焉，其心始饜，曰弑曰奪。孟子明就戰國時之家以見，前指點講說皆指先王時，宜其不通也。

未有仁而遺其親一節　李岱雲曰：仁義未嘗不利，是朱子發明仁義所自致之理，如說學也祿在其中一般。其實人君不爲利而爲仁義，纔有利心，便不是仁義了。故後復言躬行仁義而無求利之心，則其下化之自親戴于己也。又云仁不遺親，義不後君，是說臣民化之之效如此。而于人君躬行仁義以爲之倡，意未說得出，故又緊接王亦曰仁義而已矣，何必曰利，直點到王身上來，何等緊切。若如俗講言仁義之利如此

王只言仁義而已矣更何必曰利則是孟子有精言利之術在不消說富强之利程朱何爲拔本塞源而救其弊乎

王立于沼上三句　趙注王好廣苑囿大池沼與孟子游觀乃顧視禽獸之衆多其心以爲娛樂誇咤孟子曰賢者亦樂此乎明辨錄曰王立于沼上不可謂王適立于沼上沼上非見賢之地孟子安得于此見王哉想其接見之後同游于囿故立沼上有顧而爲言也李岱雲曰不是王方立顧被孟子看見故羞慚也如此成何禮體當是王尊禮孟子同立而顧問也王介山曰顧鴻雁麋鹿句六字爲句非顧不在孟子也愚按時講謂惠王先立沼上孟子走往見之如此不惟王之見賢不尊並孟子所以自處者亦太褻矣據趙注則是旣見之後閒暇無事與孟子同來游觀白文雖止書王立于沼上然與王同立則固有孟子焉明辨錄及李王諸說得解顧鴻雁麋鹿曰賢者亦樂此乎二句須一氣讀乃是因顧而有問也不然衛靈仰視蜚鴻孔子去之豈有顧不在孟子而孟

子尙從容與之言哉

詩云經始靈臺段　國之有臺由來舊矣而詩兩言經始序亦言民始附者何案易乾鑿度云文九年伐崇作靈臺詩含神霧云作邑于豐作靈臺則此是文王由岐遷豐時事詩云既伐于崇作邑于豐百務具舉故臺沼囿皆創始爲之　注經臺度也營謀爲也如此詮釋二字似無大分鄭箋經度其基營表其位孔疏云營表其位謂以繩度立表以定其位處也訓釋較精　注不日不終日也不思一日未畢臺沼俱成于勢旣有不能且爲用速成其以劓民于理亦有不可考賈誼君道篇引靈臺詩訓以弗趣而疾弗期而成鄭康成詩箋不設期日而成之韋昭國語注不程課以時日也趙岐孟子注不與期日自來成之也趙鹿泉曰古者工必計日左傳蔿艾獵城沂量功命日杜元凱左傳注命日命作日數士營平城成周量事期注知更幾時成皆于事前預爲期限文王使民不勞不急于成功未嘗限日督促而民樂從之故曰不日成之經

始勿亟卽申不日意集注始攺爲不終日至靈臺詩傳又衍倏然而成四字殆託意鬼神然者然考靈之訓善書云靈承詩云靈雨箋皆訓善詩序説文王有靈德是以文之德言初不繫于臺之成速有歸諸冥冥不可得名之意也朱丹南曰説苑云積恩爲愛積愛爲仁積仁爲靈靈臺之所以爲靈者積仁故也若以爲倏然而成不俟終日則靈沼靈囿其何以稱焉又靈臺詩

折中云不日不數日也漢陳琳曰大王築室百堵俱作西伯靈臺功不浹日浹日者一旬也不浹日正與不數日合二説雖殊然可兼用葢文王視民如傷不忍督課以日故下申以經始勿亟然百姓急公踴躍不待浹日而成故下釋以庶民子來也　靈囿與七十里之囿別七十里係田獵之所故芻蕘雉兔皆往若靈囿係小觀苑處麀鹿白鳥以供人君游觀周禮囿人掌囿游之禁詩亦疊言王在則非民所得在矣　段云白鳥鶴鶴謂鷺也毛傳鶴鶴白鳥也

文王以民力段

存異臧氏琳云而民歡樂之孫奭音義歡一作懽按左傳冬城郎傳引此詩杜注衆民自以子義勸樂爲之孔疏同是晉唐本皆作勸愚按靈臺鄭箋民悅文王之德勸其事忘己勞也孔疏民悅其德自勸其事是民心附之也漢書王莽傳注文王受命于豐立此靈臺民自勸就其功緜詩自西徂東周爰執事疏言築室耕田無不勸樂也又百堵皆興鼛鼓弗勝傳言勸事樂功也疏鼓不能使人休止言其勸樂之甚也勸與樂分二義若依今本作歡則複矣　王介山曰舉文王以概古之賢者故緊句直曰古之人而不曰文王蓋言文王似只此一人爲然曰古之人則見賢君莫不皆然也

寡人之於國章　周人麟曰此章大旨從來講家多重看罪歲二字細看來梁王並無罪歲之意孟子亦並無責他罪歲之意梁王之意不過自恨其未富庶耳何嘗有罪歲之意乎孟子人死則曰二句蓋言人死皆王殺之耳所謂王無罪歲者蓋言王當先發倉廩役行王道耳又何嘗

責他罪歲來此章大旨以民不加多爲主梁王是望民之多于鄰國益
于是言這般行爲不能使民之多于鄰國惟能行王政則天下之民至
不但多于鄰國已也

王好戰節　趙注王雖有移民易粟之善政其好戰殘民與鄰國同趣既
好征戰以殘民而以轉粟移民爲盡心欲望民多于鄰國是亦五十步
笑百步者也

五畝之宅節　辨正趙注廬井邑居各二畝半以爲宅冬入保城二畝半
故言五畝集注因之非也
定王制疏云量地居邑邑即今之村落也地勢大者有千室之邑小者有
十室之邑五畝之宅大半在此邑中去田亦不甚遠故牆下之桑匹婦
蠶之而農事之暇則亦以婦子饁彼南畝也若詩中田有廬則在五畝
之宅之外即田畔稍高處築小茅舍以避風雨便憩息曰廬明非宅也
曰有瓜明不可植桑也此與五畝之宅樹牆下以桑之地迥别惟耕夫

在疆故婦女自邑來歸也顧廷掄曰民居在市曰廛在都邑曰宅田中廬舍曰廬宅可遷于廛廬不得遷于宅也趙注之說益本班志按匠人營國前朝後市左祖右社餘六區以爲民廛毋論六區之地非鄉遂之民所能容而一歲中令民兩次遷移亦甚煩擾不成政體食貨志所謂邑即易訟卦邑人三百戶小司徒云四井爲邑之邑與城邑不同趙氏以井邑爲城邑而撰爲冬入保城之說其誤一矣○穀梁傳云古者公田爲居井竈葱韭盡取焉載師職以場圃任園地鄭注圃樹果蓏之屬季秋于中爲場賈疏田首之界家有二畝半以爲井竈葱韭者故得種樹果蓏之屬然則在田二畝半種樹果蓏之屬並不樹桑漢志所謂田中有樹恐妨五穀也趙氏因班氏有二十畝爲廬舍繞廬樹桑之說遂謂城邑之居亦二畝半其誤二矣○不知五畝之宅在國中不在田中中田自名廬不名宅載師之職凡任地國宅無征鄭司農曰國宅城中宅也圃廛二十而一鄭注園廛亦輕之者廛無穀園少利也古之宅必樹而

彊埸有瓜賈疏以其廛則五畝之宅在國中孟子云五畝之宅樹之以桑麻是廛無穀園則百畝田畔家各二畝半以爲井竈葱韭及瓜是圃少利故亦輕之卽此可見五畝之宅非廬井邑居各二畝半矣載師又云宅不毛者有里布鄭司農曰宅不毛謂不樹桑麻亦云孟子五畝之宅樹之以桑爲爲證遂人職云上地夫一廛田百畝康成曰廛城邑之居孟子所云五畝之宅樹之以桑麻者也賈疏百畝與一廛別言之則此乃是廛里任國中之地然則孟子五畝之宅與百畝之田別言之其不兼田畔二畝半之廬舍又明矣　金云如趙注貢徹無公田此宅何處安頓且冬盡入保城野外其無人煙耶　蘇云周禮司徒合五家爲比遂人上地中地下地俱夫一廛竊意五畝之宅非一夫所居蓋卽五夫所受之宅夫各一廛也儒有一畝之宮佃舍之居當不甚遠按周禮遂人以田里安甿賈疏云田則百畝之田里則五畝之宅載師云宅不毛者出里布田不耕者出屋粟俱以宅與田分別言之孟子云樹其田

里教之樹畜里居也王者于四民有制田之法八家同井是也有制里之法五家爲鄰是也李本及邢疏以邑屬鄉中村落則五畝之宅專就農夫言鄭孔賈注疏以邑屬城中都邑則五畝之宅不必專就農夫言竊意宅與廛同廛爲民居周官所云廛里任國中之地者兼士農工商四民言之孟子所云百畝之田匹夫耕之此定田之法農夫所獨也五畝之宅樹之以桑此定宅之法四民所同也農夫有田而兼有宅士工商則有宅而不必定有田作兩項解乃清　又按桓寬鹽鐵論引上節桑麻以時布帛不可勝用也遂人職鄭注引此節五畝之宅樹之以桑麻載師職賈疏同則不惟樹桑兼樹麻矣五畝之宅是兼園圃桑麻而言、非但所居宮室而已

然而不王二句　蘇云孟子所謂王乃伯王之王非帝王之王帝王之王後世尊以稱天子伯王之王則只取民所歸往之義如詩下民之王國語黎苗之王皆非天子也左傳霸王之器孟子以力假仁者伯以德行

仁者王史公論管仲不能勉之以王乃稱伯其非卽以伯王之王爲至尊之稱明矣故孟子告齊梁之君曰可以王足以王非謂可以代周也孔子作春秋以尊周爲義孟子乃昧于尊周而顯與孔子悖乎必不然矣孫裕泉曰七國皆周臣周德雖衰上無桀紂天下不知有周天下之罪也生民塗炭天下無人之故不得專以咎周遂謂天命已改也程說未確按易可以王矣謂文人詩王此大邦謂王季何疑于孟子之勸齊梁哉

狗彘食人食而不知檢　存異漢書食貨志贊云易稱裒多益寡書云懋遷有無至于孟子亦非狗彘食人食而不知斂塗有餓莩而不知發故管氏之輕重李悝之平糴耿壽昌之常平亦有自來顏注言歲豐熟菽粟饒多狗彘食人之食此可斂之時也陳止齋曰檢班作斂是也常平蓋古法不始于漢夫豐年不斂凶年不發豈所謂常平乎鶴林玉露曰檢字一本作斂蓋狗彘食人食樂歲粒米狼戾也法當斂之途有餓莩

凶歲也法當發之蔡模孟子集疏云周禮司稼以年之上下出斂法是古豐年有斂之證王餘英曰周官旅師凡用粟春頒而秋斂之是斂粟之法先王已然管子輕重篇民有餘則輕之故君斂之以重民不足則重之故君斂之以輕李悝相魏文侯小飢則發小熟之所斂中飢則發中熟之所斂大飢則發大熟之所斂孟子以斂字對發字正此意也蓋豐不知斂凶固無以爲發也狗彘食人食正見粟之多而不足貴也閻氏乃云與下章庖有四句同意郎朱注厚斂以養民不必泥班志不知此二句言豐年不斂凶年不發庖有四句言只知厚于自奉而不救民之死其指各別比而同之非也蘇云孟子此二語于梁事尤有對鍼梁自文侯用李悝糴穀之法豐年斂凶年散固救荒之善法也惠不能守其舊法豈盡心爲國者哉愚按漢書作斂義固明顯若依今本字當作撿趙注檢斂也蘇蒿坪曰廣韵撿字同斂從手檢或撿之訛文洪頤煊曰說文撿拱也拱斂手也字本從手隸釋云姦宄撿手謂斂手也五經文

字云檢手之撿音斂據此則撿與斂字異而義同注訓爲制則不合矣
周人騏曰人死則曰非我也歲也句是因他河內凶河東凶揀出岁字
來極言其不知發不知檢耳其實梁王無此意無罪歲句乃承上句就
勢說下句內包三層意發倉廪一意也行王道之始二意也行王道之
終三意也只用無罪歲三字省卻多少言語蘊藉之至若認定無罪歲
三字是責備梁王罪便與通章脈絡神氣不合

晉國天下莫強節　李云三家分晉惟魏得晉舊都故魏國一稱晉國楊
升庵曰國策甘茂謂秦王曰靡不有初鮮克有終梁君伐楚勝齊制韓
趙之兵驅十二諸侯朝天子于孟津後于死身布衣而拘于秦又蘇代
說齊閔曰魏王擁地千里帶甲三十六萬恃其強而伐邯鄲又役十二
諸侯朝天子以西謀秦則所謂天下莫強者伐楚勝齊而拔邯鄲也宋
于庭曰西喪地于秦七百者總計之詞六國表秦孝公八年係魏惠十
七年與魏戰元里斬首七千取少梁此始喪地也商君欺公子卬破之

惠王恐乃使使割河西地獻于秦以和按秦早取河西少梁地茲又割河西地大約在少梁以南河濱之地此再喪地也秦得分地大河之險渡河而東遂偪國都秦于此時即稍稍蠶食河東之地魏人自危故又自河而南徙都大梁委安邑而去之則安邑旁近之地當漸削以與秦此三喪地也魏徙大梁時安邑之地多爲秦所蠶食自安邑西至河三百餘里渡河而西又北至少梁亦三百餘里即孟子所言喪地七百里兼河東地言之此七百里計其程途非畧其四至故不言方也

南辱于楚　宋于庭曰魏世家惠王十九年諸侯圍我襄陵六國表同襄陵漢志屬河東郡爲今平陽府襄陵縣北爲趙西爲秦南爲楚次年衛歎圍固陽故知有秦魏歸趙邯鄲故知有趙後楚破魏復在襄陵故知有楚此諸侯圍襄陵當時秦趙楚而楚爲謀主但圍城而未取邑故云辱與後襄三十二年破襄陵得八邑爲二事又甘駁麟曰國策載魏圍趙邯鄲楚使景舍救趙拔取睢濊之閒按睢濊之取爲楚宣王時事正

與梁惠同時所謂南辱于楚者指此　辨正閻百詩曰楚使昭陽攻魏破之襄陵得其八邑乃襄十二年事豈宜出自惠王口愚按顧炎武曰惠王即位三十六年稱王改元又十六年而後襄王立即紀年所謂今王無哀王也哀襄字近史記誤分爲二人耳秦本紀惠文王十四年改元又與魏惠同時此稱王改元之證魏世家襄王五年予秦河西之地七年魏盡入上郡于秦今按孟子書惠王自言西喪地于秦七百里乃悟史記所書襄王之年即惠王之後五年後七年也以孟子證之自明朱文公曰惠襄哀之間見于竹書甚明史記蓋失其實王伯厚曰史記魏世家三十六年惠王卒按杜預春秋傳云古書紀年篇魏惠王三十六年自一年始至十六年而稱惠成王卒即惠王也疑史記誤分惠成之世以爲後王元年曹之升曰惠王改元後七年楚威王卒懷王立魏乘楚喪伐楚取陘山至十三年楚昭陽敗魏于襄陵係惠王後元年事故曰及寡人之身如此不必以襄王事出自惠口爲疑

地方百里而可以王　周云：王如施仁政以下至末是正意，其曰地方百里而可以王者，乃高一層起法，言以百里之地圖王尚且不難，況以千里之地報仇更何難之有哉。此正孟子文章跳脱處，講家不知，一見王字便謂惠王之志在報仇，孟子之志在救民，遂將百里可王之言作了通章之主，誤矣。

深耕易耨　趙注：易芸苗令簡易也。鹿泉云：耨非止鋤，凡正苗之叢生橫出者皆去，密從疏，去斜留直，則土氣聚而易條達，治也之訓惟易其田疇乃合也。按呂氏春秋：其耨也長其兄而去其弟。又云：正其行，通其風。皆芸田令簡易意。王引之則云：易，疾速也。孟子深耕易耨謂疾耨也，易讀如字。管子度地篇：大暑至，利以疾耨殺草薉。齊語曰：深耕而疾耰以待時雨，是也。史記天官書：填星其居久其福厚，易其福薄。徐廣曰：易猶輕速也。漢書天文志：太白所居久其國利，易其鄉凶。蘇林曰：易，疾過也。是古謂疾速爲易也。愚按陸龜蒙曰：世傳舜耕歴山，象爲之耕，鳥爲之

上孟　十

耘吾得于農家請試辨之吾觀耕者行端而徐起撥欲深獸之形魁梧者無過于象行必端履必深法其端深故曰象耕耘者去草舉手務疾而畏晚鳥之啄食務疾而畏奪法其疾畏故曰鳥耘此條正與孟子深耕易耨齊語深耕疾耰相發明

可使制梃　焦云趙注制作也夫王者以弧矢威天下豈容自損其兵但使民作梃若自恃施仁造作此梃卽宋公不禽二毛之智矣按劉熙釋名掣制也制頓之使順己也制宜讀爲掣謂可使提挈木梃以撻其堅甲利兵也

王請勿疑　疑字時解指百里可王言非也方朴山曰王請堅其行仁之志鼓其恤民之心愼勿徒恥喪敗而以如之何則可終身自疑也此說得之葢如之何則可惠王明是以積弱之後難以復强爲疑故孟子破之

出語人節　君子居國不非大夫若下見襄王後卽以其失對其臣民揚

言似非大賢口氣按賓筵既醉而出注出猶去也左傳宋高哀不樂宋公而出遂來奔禮記去國三世注謂出居他國此出字疑當訓去與出疆出境之出同孟子謂惠王爲不仁謂襄王爲不似人君皆在他國議論之詞必非在梁語也孟子外書云梁襄王問戰于孟子孟子曰戰危事也臣未之聞也孟子去梁梁襄王追之及諸東桑孟子曰爲我謝梁王勿忘先王之禮遇也再拜登車而去好戰則嗜殺不似人君則民不與孟子所以見幾而作也

定于一　張云朱子言必合爲一統而後定七國互爭莫能相下必有天之所命盡刻羣雄歸然獨存然後亂有所止一定之理也趙注行仁政以一之則襄不消再問而孟子不嗜殺人一對亦贅

孰能與之三句　注與猶歸也則民之歸于有德自是常理襄王何必再問按與猶許也就國君言不屬百姓言天下之人牧各君其國卽各子其民誰甘以自己百姓與之于人者周人騏曰孰能與之言孰能以己

之民與之而使之一也不知如有不與則必禦其歸而後可既不能禦則未嘗與而猶之乎與之矣王介山曰孟子以天下莫不與句領起然世無有以己之民與人之事然是難說是以止說民之歸民之歸而不能禦則猶之乎與之矣

齊宣王章　王介山曰齊王原有大志其問桓文者意不在桓文也觀下笑而不言可見是以一問則王之言即急來問又輕輕將德字換卻事字此其有見識處也周人騏曰齊宣王問桓文之事原是欲王闢土地朝秦楚莅中國撫四夷非王而何但慕桓文之事而興兵構怨以求王則其難甚于緣木求魚也孟子原未嘗說大欲不是但言求大欲當發政施仁耳無以則王乎看似迴出齊王意思之外不知原在齊王意想之中孟子之言一似齊王不知有王者蓋以明桓文之事與王天下不相涉也

保民二句　趙注保安也禦止也言安民則惠黎民懷之若此則王無以

止也是以保民為句而王莫之能禦句下文是心足以王是保民大原善
推所為盡反其本是保民實政一章大旨三語盡之
有牽牛段　長楊賦撠犀象顔注撠古挈字蓋左從手象形右從堅諧聲
也時講此段謂釁鐘非牛不可將以牛釁鐘作古禮看非也賈公彥周
禮疏云或羊或犬俱得釁釁有司行事而君不親有司餙弁而不冕牲
號而不純則其禮微矣後世有以牛釁鐘則典禮所無也左傳昭公四
年叔孫為孟鐘饗大夫以落之杜注以豭豬血釁鐘曰落孔疏雜記云
宗廟之器其名者成則釁之以豭豚是知以豭豬之血也甘氏紱曰周
禮雞人釁供雞牲羊人釁供羊牲從未有用牛者據此數說宣王以羊
易牛正合古禮乃百姓以王為愛不以此自解者或不諳古制孟子不
以此言者其意只借不忍引到保民故不暇論及以牛釁鐘之非禮也
我非愛其財三句　趙注王自笑心不然而不能自免為百姓所非乃責
己之以小易大故曰宜乎其非我也周云我非愛其財是一句而易之

以羊也是一句此十一字不可作一句讀言我並非愛其財而竟易之以羊也

無傷也三句　注云以羊易牛二者得兩全而無害所謂無害者牛之免固克全于我之仁羊之殺亦無害于我之仁二者指羊與牛言非指牛得生而鐘得釁言也　胡蓉芝曰常解似以術行仁徐思曠則云仁自生乎術非慈憫之鬱積已甚必不能忍有所闢非惻怛之流行既真必不能頓有所得此不但看術字無病益覺得仁字分量絕大權衡變化運用不窮後文都包括裏許　張惕庵曰凡人忍不忍只爭見與不見見其宛轉箠楚之下號呼刀鋸之側則必不忍繁刑矣見其稱貸無門賣妻鬻子則必不忍重斂矣見其鳩形鵠面食草根樹皮僵仆溝壑闔門併命則必不忍莫以告立視其死矣蘇文忠公代張方平諫用兵書中段得此意李安溪曰天地之心無息不流以日月所至為榮枯人心之量無所不周以耳目所及為先後四語于末字義最道得透徹

挾太山以超北海二段　季札曰表東海者其太公乎乃屈完則云君處北海孟子亦云北海何也蓋就天下大勢言之則齊爲東故書云海岱惟青州就齊國四境言之則海在齊之北界故國策蘇秦說宣王曰齊南有泰山東有琅邪西有清河北有渤海李甫平毛詩細義云周頌允猶翕河傳翕合也合河者即禹貢所謂同爲逆河在周時謂之北海左傳云君處北海是也亦謂之少海韓非子云齊景公與晏子游于少海是也　毛云趙注折枝案摩折手節解罷枝也此卑幼奉事尊長之節內則子婦事舅姑問疾痛苛癢而抑搔之鄭注抑搔即按摩屈抑枝體與折義正同此以卑事尊非凡人屑爲故曰是不爲非不能觀後漢張皓王龔論云豈同折枝于長者以不爲爲難乎劉熙注按摩不爲非難爲可驗若折草木枝則何難且何必長者乎愚按陸氏筠孟子解云磬折腰肢郝仲輿云屈折腰肢見長者之禮是也古詩云折腰載拜跪辨疑云折肢如屈膝折腰絕交論云匍匐逶迤折枝舐痔則折腰之僻也

上孟　十三

勝

老吾老節　李安溪曰前半章發其不忍之心至老吾老一段結後半章導其不忍之政至五畝之宅一段結郭崑齋曰老老幼幼數語言擴充其不忍之心足以王天下即前注所云反其本而推之也本者何不忍之心是也是心固有不待外求一推之而老吾老幼吾幼再推之而及人之老及人之幼親親而仁民不忍之心交暢旁達盖不待草木禽鳥獸馴而天下已定矣此所謂王之不王是折枝之類也非言推恩之有序只說推不忍之心以圖王之不難下文善推内始有序意以起恩及禽獸云云老幼四語内無是也于此切究然後來脈去路都相貫

詩云刑于寡妻段

折中妾衆而妻惟一故云寡文王之刑寡妻至兄弟如此以此教于國人是以國中之成人而有妻者皆能有刑于之德其小子亦勉造于敬德以爲將來刑于之本也能刑于妻則至于兄弟人人皆能刑妻以至兄弟

所以御家邦者在此矣按注以寡德之妻爲謙詞似未確思齊毛傳寡妻嫡妻也孔疏嫡妻惟一故言寡杜預左傳注寡妻嫡妻謂大姒也趙注刑正寡少也言文王正己嫡妻則八妾從此說尤明蓋諸侯一娶九女嫡妻既正則八妾之正不言可知矣又羅慎齋解康誥乃寡兄勗云寡兄之稱蔡傳以爲謙言寡德者非是寡但訓少烏知其必指德言按天子尊無二上故自稱曰予一人一者數之至寡者也一國之中惟諸侯一人以寡御衆故平居自稱曰寡人及有凶災則稱孤是孤寡二字但以位之尊言不以德之薄言孤寡非謙稱其曰不穀不佞乃謙稱也據此解寡之一字從諸侯取義諸侯自稱曰寡人故諸侯之大夫自稱曰寡君之老臣從君稱也諸侯之妻稱諸異邦曰寡小君妻從夫稱也若以爲謙詞則康誥寡德二字出自武王口中自稱則可出自周公口中則不可也思齊寡德二字出自文王口中尚可出自周公口則不可也康誥一篇周公代成王命康叔之詞而稱武王爲寡德之兄思齊一

蓋周公追述文王之德推本而言而稱大姒爲寡德之妻有是理乎且上云徽音此云寡德文義亦相矛盾矣　李黼平云以御于家邦御字鄭箋訓治蓋讀御爲馭也毛傳訓迎金仁山曰御迎也以此道迎接于邦家也按文王肅雍足爲法寡妻兄弟皆法之迎者指一邦一家之人言迎其法于家邦皆將先正人倫和親族也孔謂迎于家邦于義不通未得毛意

權然後知節　李岱雲曰是心足王指不忍一牛之心惻隱之端也言舉斯心與心爲甚之心全體之心也識得惻隱一端之心如何便推恩便有序須識得全體之心凡輕重長短無不了然然後可得其當然之序而推之故孟子特說此節是通章最喫緊處人都忽過又云前面百鈞一羽兩喻便含輕重長短意然要王知推恩之易是不爲非不能而未暇深言此心之權度爲萬事權衡故承上申言之

蓋亦反其本矣　周廣業曰尔雅蓋合也趙注王欲服之之道蓋當反王

道之本趙氏讀盍爲盇故以當釋盇盇當猶合當也檀弓子盍愼諸家語夫子盍少貶並以盍爲盇王引之曰亦是語詞左傳盍亦求之子盍亦遑續禹功吳語王盍亦鑑于人孟子盍亦反其本矣不言亦字俱可

無恆產而有恆心者至末　王介山曰梁惠王移民移粟是未得養民之法故亟投產而教只帶言今宣王之求大欲盍欲驅其民而用之耳夫民不知義何以使之敵王所愾哉故從恆心說下不然則無恆產而有恆心一節及然後驅而之善二句奚暇治禮義哉句俱落空矣　齋鵠云青州之貢厥篚檿絲則桑所必有須教之以樹青州之利其畜雞狗而豚彘亦所必有者但使勿失其蒔厥田上下實屬膏腴當耕耘之時勿以興兵搆怨奪之且稷下之宮移爲庠序之學驅民其中教以禮義勿仍功利夸詐之習而又謹之使雕龍談天之說不得雜焉

莊暴章　[illegible]宋陳善曰好樂之樂當音洛而世讀如字誤矣莊暴章惟鼓樂如字其他獨樂與人樂樂亦悅樂之樂不然方言禮樂而又及田

此說以詩及家語證樂之相傳讀法而發者亦似讀爲洛矣

獵無乃不類乎明郝楚望九經解云樂樂猶言樂其樂上樂字謂好下樂字謂所樂之事田獵一也鼓樂一也故曰臣請爲王言樂閔百詩曰此章陳善之言眞逼人之論蓋孟子嘗告齊宣以先王無流連之樂荒亡之行一旦語及其心病故不覺變色答以云云若果爲好亂樂莊暴庸臣縱不能對其所以亦何至向孟子而猶詢其何如乎正緣好歡樂與好貨好色一例事也今樂古樂之異子夏魏文侯辨之甚悉齊音敖辟喬志豈誼樂可比必讀爲悅樂究文義方順　按唐風好樂无荒箋云君之好樂不當至于廢亂政事家語孔子謂子路曰女何好樂曰好樂劍此好樂二字之證左傳古而無死則古之樂此古樂二字之證晏子云樂者上下同之故天子與天下諸侯與境內自大夫以下各與其僚無有獨樂今上樂其樂下傷其費是獨樂也此獨樂及與人樂之證獨樂樂者以獨樂爲樂也與人樂樂者以與人樂爲樂也下段亦然集注讀上樂字爲岳仁山讀下樂字爲岳皆未歸于畫一也

王之好樂甚二句　郭云貨色之好必矯而持之以與百姓同樂之好則擴而充之以與百姓同故貨色之好不可甚而樂之好則可甚也焦云趙注甚大也謂大要與民同樂古今何異也又云王誠能大好古之樂齊國其庶幾治乎蓋大甚之大音泰與廣大之大同義郊特牲大報天注大猶徧也王之好樂甚即謂王之好樂徧徧則充滿廣眾合君民而共也魯陂詩大賂南金箋大猶廣也廣賂君及卿大夫也廣即眾意左傳君子自晳甚口疏甚口者謂大口也此甚訓廣大之證宣王好小勇孟子曰王請大之蓋敵一人則小安天下則大也宣王好獨樂孟子曰王之好樂甚則齊其庶幾蓋以與少樂則小與眾樂則大也　閻云莊暴君前臣名禮也暴見孟子迺三稱名而孟子于王前不一斥其名而曰莊子此爲記者之誤集注亦畧

臣請爲王言樂四節　李根五曰臣請爲王言樂樂字今人以集注無音皆讀如字趙注孟子欲爲王陳獨樂與眾人樂樂狀意似作歡樂之樂

而措詞尚未醒豁云孟子于此知齊王亦識與衆同樂之意乃爲王陳其獨樂與衆同樂之效是以樂爲音洛矣今人以承上好樂者宜讀如字然觀下二節言鼓樂言田獵則不單指音樂一則曰不與民同樂再則曰與民同樂總言曰今王與百姓同樂樂字似宜音洛　趙注不與民同樂者王擊鼓作樂重賦務役而德音不加又發民驅獸役使不息故民窮極而齊散也與民同樂者無賦斂于民而有惠益又有農隙而田不妨民時是以民悅之也　按鼓鐘詩注云幽王爲流連之樂久而忘反聞者憂傷而思古之君子不能忘也盧令詩序云襄公好田獵而不修民事百姓苦之故陳古以諷焉孔疏經三章皆言有德之君順時田獵與民同樂之事可爲此二節之證宣王好吹竽大苑囿孟子故言此以箴之

文王之囿章　南軒張氏曰意齊王欲廣其囿諛佞之徒必有假文王事以逢之者文王豈崇囿至此蓋其蒐田所及民以爲王之囿耳以芻雉

得存、知其然也、　按周顯王丁酉、蘇秦詐爲得罪于燕而奔齊、宣王愛其反閒、高宮室、大苑囿、以明得意、南軒所云諛佞殆卽蘇秦之徒與、或謂七十里之囿卽靈囿、非也、周禮囿人掌囿游之禁、鄭注囿游囿之離宮小苑觀處也、疏孟子文王之囿方七十里、是田獵之處、今此云禁故知非大囿、是小苑觀處也、何義門曰周都岐山之下、大約七十里之內皆岡嶺林麓爲多、故四時之田在其中、因而名之曰囿、非規其地以養禽獸恣游觀也、若靈囿在辟廱之旁、不過一射圃耳、則二囿自當有別、

交鄰國有道章　周人麒曰、總注將全章分爲二扇、似與章意不合、齊王兩層言語是一意、孟子兩層言語亦一意、蓋興兵構怨是王本色、亦孟子所素知也、交鄰一問、原是憤疾之談、意謂鄰國互相侵伐、除命將出師外無法可處、此問原從好勇而生、孟子早已窺破此旨、故正言仁知之道以抑其血氣之勇、迫齊王不能自克、以好勇直供、而後以無好小

勇駁之其所謂王請大之者與賢者而後樂此王之好樂甚則齊其庶幾乎同一機鋒盖曰王而好勇除是如此方可苟不能然只有仁知兩途耳小勇則斷斷不可也如此看來前後只是一意晚村云齊宣當日講交鄰原不是好意因力不能并吞而又畏人蠶食故爲此商量權術耳孟子以畏天樂天荅之已隱然教以安天下之民不從鄰國尔我起見矣故王大其言而以好勇爲詞則已直露其貪殘攻取之意孟子又借大勇由引歸到本旨曰安天下之民則仍是樂天者保天下之說宣之好勇與問交鄰前後只一意孟子荅安天下之民與保天下亦始終是一意

惟仁者二段　林之奇曰書云必有忍其乃有濟有容德乃大容忍二字雖同然別而言之如太王之于獯育句踐之于吳所謂忍也使其弗忍則趣亡矣其何以濟如湯之于葛文王之于昆夷所謂容也不以其褊而包之度量之內殆若天地然孰得而測度之非大而何焦云趙注葛

伯放而不祀湯先助之詩云昆夷兌矣惟其喙矣謂文王也按毛傳兌突也喙困也詩正義引帝王世紀云文王受命四年周正丙子昆夷伐周一日三至周之東門文王閉門修德而不與戰王肅同其說以申毛義以爲柞棫生柯葉拔然時昆夷伐周推此則詩云肆不殄厥愠亦不隕厥問謂昆夷伐周奔突而周爲之困如此文王雖不絶愠怒然且遣使聘問而不絶交鄰之禮是正文王事昆夷事故趙引以爲證愚按湯使遺之牛羊葛伯食之又不以祀昆夷伐周一日三至若不忍小忿兵端開矣乃湯又使人問文復遺使聘小國雖不恭而字之之心不已此所以爲仁也

以大事小二節　周人騏曰以大事小仁者似乎矯情以沽名以小事大知者似委曲以候隙故皆指出天字則英主之闊大奸雄之陰謀皆抹殺矣引詩只證箇天字保字不必拘拘于畏天字爲僅證保其國句而樂天之保天下尚須補出也

以遏徂莒　【補正】趙鹿泉曰以遏徂莒卽詩以按徂旅之異文孟子旅作莒猶之按作遏旅字與上其旅皆爲師旅之旅趙岐不察訓爲遏止徂伐莒者則于侵阮徂共外添出莒國而僞疏援春秋紀子莒子盟于密以莒爲密之近地不知春秋之密在東詩之密在西渺不相涉可嗤孰甚焉段玉裁曰孟子徂莒詩作徂旅說文艸部莒字注齊人謂芋爲莒從艸呂聲音居許切知莒從呂得聲今讀矩譌

以篤周祜二句　毛傳對遂也孔疏天意福周使興而密人侵之故伐密者所以厚周之祜也人心皆欲伐密而文王從之是伐密者所以遂天下心也戴東原曰共與阮宜皆是周地而阮則周之疆域接于密者密人侵阮徂共猶玁狁侵鎬及方至于涇陽也毛傳以阮共爲地名詳玩詩詞侵阮徂共承敢距大邦說下爲密人抗周來侵無疑李氏惇曰以遏徂莒承上侵阮徂共之徂來辨不必爲國而阮疆乃周與密接界之地亦非國名皆周地也　按時解以阮共爲周之鄰國則文之伐密與

篤周祜無下據孔疏及戴李二說阮共在周封內密人來侵矣我陵我
飲我泉社稷危矣文赫怒而殄滅之然後宗社以固天下以安故云以
篤周祜以對于天下
書曰天降下民段　趙注言天生下民爲作君爲作師以助天光寵之也
四方善惡皆在己所謂在予一人天下何敢有越其志者也南軒云君
師之任當助上帝以寵綏斯民四方之有罪無罪其責在吾之身天下
孰敢有越此志者乎臧氏琳曰言天生民而立之君師尚屬渾淪語下
文其助上帝寵之始言君師代天治民意僞大誓改寵之爲寵綏合下
四方爲句故改降爲祐助意以上下配合然刪惟我在三字又解天下
爲予不見武王自任之勇矣且趙讀四方有罪無罪爲句與孟子釋書
意一人衡行于天下句正合今以四方屬上亦誤也
而武王亦一怒而安天下之民　湛天錫曰保天下恐彼民之不安也保
其國恐吾民之不安也後幅血脈前幅未嘗不貫通一怒而安天下之

民則以天吏奉行天討正善用仁知處前幅血脈後幅未嘗不貫通王念孫曰廣雅毒安也易云以此毒天下者安天下也孟子文一怒而安天下武一怒而安天下是也老子亭之毒之亦謂平之安之也

齊宣王見孟子于雪宮節　閻云解者謂雪宮孟子之館宣王就見于此因藉其禮遇之隆賢者指孟子與梁惠王章賢者指人君不同果爾孟子當正色以對以明不屑安得含糊曰有而即引之與民同也賢者仍指人君說元和郡國志雪宮故址在青州臨淄縣晏子春秋所謂齊侯見晏子于雪宮然則先孟子雪宮又為晏嬰館舍卻益齊離宮之名游觀勝跡宣延見孟子于其地非就見之謂又愚管晏為孟子羞稱茲以與民同樂忽詳及晏子對景公一段故事蓋亦以此地曾為齊君臣其游觀以近事為鑑則言易入也愚按趙注雪宮離宮名宮中有苑囿臺池之飾禽獸之饒王自多有此樂周禮囿人掌囿游之獸禁鄭康成曰囿游囿之離宮小苑觀處也賈公彥曰謂于王宮之外于苑中離別爲

宮則雪宮是小苑游觀之處可知孫疏宣王在雪宮之中而孟子來至則其非館孟子于雪宮又可知賢者亦有此樂與梁惠王一例皆指人君而言孟子曰有言賢君不廢游觀如文王之臺池鳥獸是已朱子明堂章總注云自首章至此大意相同葢鐘鼓苑囿游觀之樂與夫好勇好貨好色之心皆人情所不能無者似亦以此章屬苑囿游觀說也

孟子曰有有字屬賢君言但賢君自已得游觀之樂必使百姓亦得休息之樂已得而人亦得故人無敢非其上者此句中卽含樂民之樂二句意如時講以有字屬孟子則孟子云堂高數仞榱題數尺我得志弗爲也今反自以爲有乎

昔欲觀于轉附四句 **存異** 宋于庭曰轉附等近人必求之齊地景公何難命駕而往必以修德爲問乎趙注朝又水名孫疏儛水名水經白水出朝陽縣應劭曰縣在朝水之陽潕水出潕陰縣皆在南陽郡屬荆州爲楚地而齊景言轉附朝舞者按轉爲周流附爲薄附言周流朝潕之

轉附朝舞說

孟子梁惠王篇吾欲觀於轉附朝舞，趙岐注以為
皆山名。閻若璩四書釋地以轉附為之罘，朝儛
為召石。考自琅琊而北則至之罘成山，自之罘成山而
南則至琅琊。成山即召石。之罘轉乃一声之轉，罘
與附古音相通。
古從石聲相近，可定轉附朝儛
即之罘召石也。閻說是也。管子戒篇桓公將東
遊，問於管仲曰：我游猶軸轉斛，南至琅琊。斛即
石，軸衍文，因轉
而誤。轉軸之間缺朝二字。孟子之儛字，乃斛
字之借，而斛則石字之譌。觀管子之文，益可知
朝儛為召石山矣。宋翔鳳趙注補正文選戒篇以
朝儛為朝水潍水，皆非是地。轉為周流，附為
薄附，謂景公欲循桓公伐楚故道觀兵
將經歷吳楚，乃歸放於琅琊，其說非也。
如其說，則吾欲觀於轉附朝舞一句，
變成吾欲觀於周流薄附朝舞水，非但
不通，且亦不合乎理，其非也
先王觀，活言，故下文晏子答以先聖王
之事，景公欲行桓公故事，則晏子宜
告以桓公出遊之故事，可見先王非指桓

之也、或謂華卽鞍傳所華不注、其地去齊都不甚遠、無煩以欲觀其說亦非也、總之當仍以闕疑為正也、水而薄至楚之國都此齊桓伐楚故道也僖四年君處北海寡人處南海遵海而南亦泛指楚地非泛舟水中傳云觀兵東夷循海而歸循海即遵海之義吳越春秋句踐徙都瑯邪立觀臺以望東海春秋時越未滅吳知瑯邪與吳相近景公時東則吳大南則楚强地有桓公之故道景欲效桓伐楚又欲循海觀兵東夷恭自南海以至東海將經歷吳楚乃歸國于瑯邪也公有威服吳楚志不務修德而以兵戎故晏子先舉巡狩述職以明天子諸侯越境而行之故事而後以師行爲深戒也按轉附朝舞果屬齊地則是太公桓公墳墓所在子孫豈忍以爲游觀之所升庵以朝舞與朝歌同疑高唐即其地更屬無稽宋說似爲近是左傳公如齊觀社亦是越境而游者曹劌以會朝巡狩征伐爲說與晏子語意正同

春省耕八句　孔廣森曰舊說以游豫分春秋趙氏章句始混爲一周中孚曰趙注游亦豫也按游與豫本是兩事晏子內篇春省耕而補不足

者謂之游秋省實而助不給者謂之豫管子戒篇春出原農夫之不本者謂之游秋出補人之不足者謂之夕變豫爲夕書音之轉借也固知引及夏諺正是分謌春秋再徵之文選東京賦旣春游以發生啟諸蟄以潛戶復秋豫以觀成觀豐年之多稌注仲春巡行岱岳是時蟄蟲啟戶帝乃東巡助宣氣也秋行曰豫礼高祖省萬物始成是張衡亦以游屬春豫屬秋也

師行而糧食　周礼倉人凡國之大事共道路之穀積廩人凡邦有會同師役之事則治其糧與其食此是先王行師之法非擾民者晏子所云糧食則非出自倉人廩人也管子戒篇云夫師行而糧食其民者亡從樂而不反者荒西河曰予幼讀師行而糧食句似難通今讀管子始知糧食其民爲確不可易也據管子所云則今本疑脫二字先王之時民不足則補之不給則助之今師行不用國家倉廩而反令民供其糧食此卽後篇所云粟米之征力役之征也

流連荒亡爲諸侯憂　金榭山曰朱子以爲附庸之君縣邑之長古注以爲列國諸侯古注之説較勝試觀桓四年齊桓公欲循海而歸轅宣仲謂申侯曰師出于陳鄭之間國必甚病吳爲黃池之會過宋欲殺其大夫囚其婦人霸者之世役小役弱不可勝道豈但徵百牢索三百乘而已朱子以附庸之君言之則亦列國諸侯之小者其義可互備也王餘英曰集注蓋以景公爲境内游耳故不指外諸侯言今也不然指當時大國之霸者而言小役大弱役强天下騷動矣豈獨附庸邑境乎當時縣邑之長稱諸侯者惟楚則然故有申公白公鄖公葉公等稱是也晉且無之况于齊乎按王以此諸侯指境外者言與宋越境而行之説合

從獸二句　從逐也與並驅從兩肩之從同樂陸筠讀傲與損者三樂之樂同

先王無流連之樂三句　注云言先王之法今時之弊惟在君所行耳以末句兼今時似不妥趙注言先王之時無此四者惟君所欲行耳孫疏

先王無此流連之極樂荒亡之溢行惟獨在君所行此以末句專指先王言乃是李又再曰上文平說箇先王之法與今時之弊至此直說出先王無今時之弊如前所陳惟在所行如何耳不是要他自擇分明要他決意行古行字正與上何修修字相應直是丁甯他放先王而行也不可說二者惟君所行注不必泥李衷一曰惟君所行重法先王邊不兼今時之弊說蓋上明說先王無流連荒亡已了豈又令君自擇所行只因景公志慕先王恐徒托空言故言臣所述先王之道可法惟君力行之耳

畜君何尤三句　趙注臣悅君謂之好何尤者無過也疏臣悅君所以好君何有其過故又曰畜君者是好君也王念孫曰好君句承上君臣相悅言故趙注言臣悅君謂之好君好畜聲相近畜君何尤即好君何尤畜君者好君也洚水者洪水也皆取音近之詞段大令曰㜙有媚悅之意凡經傳用畜字多有爲㜙之假借者蘇林曰北方人謂媚好爲詡畜

爾雅釋文旭，郭呼老反，孫從旭旭，若姁姁，並未引詩也

呂覽引周書民善之則畜也不善則仇也高注畜好也孔子曰人以道導之則吾畜也不以道道之則吾仇也孟子畜君者好君也皆以好惡對言取婿媚之義錢大昕曰大畜有畏可言止小畜無畏不可言止後儒沿孔疏之誤遂疑畜有止義並孟子畜君何尤亦訓爲止非也據此三說則畜當訓好不訓止矣王云好畜聲相近者商書無有作好好字說文作㚸從女丑聲好古音朽故詩多與有醜叶詩驕人好好郭璞尔雅注引詩旭旭是也

夫明堂者節　阮芸台明堂論云齊宣王明堂趙注謂太山下明堂本周天子東巡朝諸侯處也齊侵地而得之按此明堂即壇也與他處明堂異周禮司儀王將合諸侯則令爲壇三成宮旁一門儀禮覲禮云諸侯覲于天子爲宮方三百步四門壇有十二尋深四尺加方明于其上鄭注王巡狩至于方岳之下諸侯會之亦爲此宮以見之即指此也孔廣森曰封禪書泰山東北阯古時有明堂處然此非如國中明堂爲五室

十二堂之制荀子曰築明堂于塞外而朝諸侯楊倞注明堂壇也謂巡狩至方岳之下會諸侯爲宮方三百步四門壇深四尺十有二尋加方明于其上益其堂祀方明故以明堂名之

文王之治岐段　王恆齋曰耕者九一應沿殷制而朱注卻以非九百畝節釋之似誤李岱雲曰九一當是大槪誤仍殷家之助法行之但商辛暴虐此時或九一之法不行而文王行之非必商家本七十畝而文遂更定爲百畝也注但就周家百畝之制言亦據孟子所告滕文之法而釋之耳　周官司門掌授管鍵以啟閉國門幾出入不物者征其貨賄

御纂云閭師職云任商以職事貢貨賄而征商之文無別見者則司門主征貨賄明矣卽此見成周之關畧于征商也關市皆不征其貨惟于國門征之自國門以外雖大都小都鄉邑公邑有城有門者皆不征也又云文王澤梁無禁而周公定周禮則有禁者山林藪澤貨財殖實藏輿不爲之制則不爲天地留有餘非撙節愛養之道且民取之而多得則必啟

其驕淫取之而有得有不得則必生其爭競皆足長姦而召亂然後知聖人之綜理精密正所以裁成而輔相也然則文王之無禁非與商辛之虐甚矣如燬之傷不如是不足以稍甦之也孟子告齊宣本意如此有禁者法之正無禁者時之權也　顏師古曰湯誓予則奴戮汝者或以爲奴或加刑戮無有赦也此非孥子之孥

文王發政施仁段

發政施仁有四一給廪餼王制窮民無告皆有常餼是也一寬賦稅左傳寬孤寡是也一救凶荒大司徒一曰振窮鄭注振救天民之窮是也一哀死亡管子鰥寡孤獨死者上必葬之是也書曰惠鮮鰥寡不敢侮鰥寡說苑文王發倉府以振鰥寡孤獨皆其證　王引之曰左傳引詩哿矣能言杜注哿嘉也禮運以嘉魂魄注嘉樂也哿嘉俱以加爲聲而其義相近哿與哀相對成文哀者憂悲哿者歡樂也言樂矣彼有屋之富人哀哉此無祿之惸獨也

昔者公劉段

陳啟源曰公劉之遷毛以爲自邰而避亂呂氏讀詩記以

爲由戎翟而復興後儒多宗呂意以不窋奔狄公劉不應更在邰源謂不窋失官奔狄因夏之衰韋昭以大康之亂當之應不誤迨少康中興纂禹之績變民重農不窋子孫自當還于舊都竹書紀年少康三年復田稷復其官必幷復其國則有邰疆土仍如故矣迨公劉再遭桀亂始去有邰定都于豳故不窋之竄公劉之遷皆避夏亂皆自邰出事畧相同而時事必不相接後儒不信毛傳皆因過信史記以兩君爲祖孫殊不知世次相遠公劉與不窋決非祖孫也秋槎雜記云橐囊皆有大小左傳甯子納橐饘爲之簞食與肉寘諸橐以與之是橐小也秦策伍子胥橐載以出是橐大也陳乞使力士舉巨囊則公子陽生也是囊大也燕策夏無且以所奉藥囊提荊軻平原君傳譬錐處囊中是囊小也據此則毛傳小曰橐大曰囊之說可不拘　王引之曰思輯用光毛傳言民相與和睦以顯于時也則思爲語詞明矣鄭箋思在和其人民趙注思安民用有寵光也失之　陳啟源曰爰方啟行方字毛鄭皆釋爲方

開道路而行蓋時遭迫逐道路必有阻難故整其師旅設其兵器以方開之也齊語管仲曰君得此士也三萬人以方行天下二方字字法相同集注曰方猶始也文義亦通但與上二句少情　戴東原曰宋本元本皆作褁囊臧氏琳曰孟子以積與褁對倉與囊對謂積穀于倉也褁糧于囊也舊疏居者有穀積于倉行者有糧褁于囊則北宋時尚不誤俗本改褁囊爲褁糧則詩于橐于囊何似贅矣愚按鹽鐵論云公劉好貨居者有積行者有囊亦是一証

古公亶父段　注亶父大王名則子孫于祖父未有直呼名者按緜詩毛傳亶父字孔疏士冠禮爲冠者制字云伯某甫亶亦稱甫故知字也呂東萊云來朝走馬形容其初遷時略地相宅精神丰采也鄭以爲避患早且疾苟如是之迫遽則豈杖策去邠從容之氣象乎　李甫平曰緜詩首章毛傳土居也沮漆水也三章周原沮漆之閒也周頌潛詩毛傳漆沮岐周之二水也是岐地自有沮漆水故傳以爲古公遷岐居之

二章三章乃創岐下周原而築室也來朝走馬率西水滸者此到依沮
次日相度宮室之事寢廟未作不敢一日而安故于次日即走馬相度
漆水由岐山北西南流合杜水岐水而後屈而逕岐山之南則在西頭
水滸較多故曰西水滸循漆而至岐山再至周原次築如繪古公已相
度爰及姜女相之自沮漆到岐至近之詞也四章自西徂東鄭箋云于
是自西方而往東之人皆于周執事而競出力也郊與周原不能爲西
東據至時水滸言也夫至時水滸即至岐時之水滸是鄭以漆出岐山
北西南合杜岐二水皆爲西水滸明矣李中培曰水滸史記周本紀先
言渡漆沮後言踰梁山固誤程大昌以爲渭水在梁山下之南仍渭而
上可以達岐亦未盡然渭水在岐雍二水之南若仍渭而上未免稍迂
考漆水有三禹貢之漆與沮會者在涇水東固與遷岐道遠即邠州之
漆名白土川者在邠之西北北流入涇自邠南遷于岐亦無庸渡此率
此惟州杜陽縣名漆渠者東南流合杜水又合雝水岐水至扶風入渭

踰梁山後必須渡此既渡漆沮即循岐水北滸西行達岐下然則率西水滸當以趙氏德循岐水滸說為是

王之臣章　王介山曰妻子之託即黔黎身家之寄也士師之治士即人主之馭臣也故以為比岱雲曰注只云憚于自責恥于下問未嘗言王有慚意而顧左右以釋其慚也蓋顧左右言他只是亂孟子之說如未聽然時解謂四境不治左右為之救故顧以釋其媿如此則不當又言他矣況死同謂人悔則不服說慚則不能言王顧左右言他則不慙不悔而游移他之矣

所謂故國章　春秋之世所患在有世卿戰國之世所患又在無世臣游說之士徒為一己富貴計故朝秦暮楚視人國為傳舍孰若世臣與國同休戚能為國建長久之策者故孟子欲王預求今日之賢人以為他年之世臣焉戰國時惟楚尚有世臣屈昭景皆世族也故屈氏世為楚將卒以亡秦齊自陳氏來國高欒鮑翦除殆盡宣王又不以世臣為念

王不親其臣、臣亦不親其主、松耶柏耶、住建共者客耶、齊之亡亡于無世臣矣、有心者所爲觀喬木而興慨也　蔡云、古人立國、凡廟朝壇社官府、及臺榭之所、皆必植之名木、如三槐九棘、夏松殷柏之類、歲數既久、則成喬木、是亦故國一證也、若新造之邦、安能有此

國君進賢節　卑踰尊三句、蒙存本注爲說、不甚分曉、艾千子云、如不得已、非護尊護戚也、恐所用未必賢于尊者戚者耳、陳百史曰、賢于尊賢于戚、方是進賢、若謂踰尊踰戚、恐傷國體、猶是第二見、賢人在朝、豈體統之說得以拘之、王文恪云、卑者果賢于尊、則其踰尊宜也、苟或雜以不賢之人、則徒使卑者踰尊、而反尊之不若矣、疏者果賢于戚、則其踰戚宜也、苟或參以不肖之人、則徒使疏者踰戚、而反戚之不若矣、此條以賢者之踰尊踰戚爲禮之常、不賢者之踰尊踰戚非禮之常、詮解比注爲確、所以國君用人之時、必須合國人之論、參自己之見、未可以左右諸大夫之賢而遽進、恐其人不賢、妄加于尊戚上也、未可以左右諸

大夫之不可而遂退恐其果賢反屈于尊感下也如下節兩案可兩然後正是如不得已處

左右皆曰賢一節　李文冉曰用去二段總一時是進賢事並此段退人之不輕正恐賢者誤退不得真賢故必合為參酌方見慎重不是進賢外又有退不肖事也　蘇云末節就進退人才言即周禮八議中議賢議能之從也孟子方言進賢宜慎鄭重陳戒不應遽爾旁及用刑至刑爲國之大事雖所宜慎然立政篇庶獄庶慎文王罔敢知于茲蓋君職其綱惟賢是任庶獄之繁則有司存必欲徧察國人以求獨見反多誤矣趙注言當慎行大辟朱注非獨以此進退人才至于用刑亦以此道將此節劄在進賢之外未得孟子本意愚按上不可勿聽是恐其爲賢人而誤去此可殺勿聽是恐其是賢人而誤殺也賢人在世孤立無助左右諸大夫忌而譖之因而致死古來昏庸殘暴之主殺賢如無極之殺郤宛李斯之殺韓非是也然亦有名哲而殺賢者如漢宣之殺韓延

壽唐太宗之殺張蘊古是也有仁慈而殺賢者如漢元帝之殺蕭望之是也此非誤聽諸大夫之過即任自己喜怒之過故必國人以爲不賢而後不至于誤殺也

湯放桀章　岱山雲曰臣弑其君一句非謂臣皆可弑其君如時講謂宣王有無周之心也古來臣弑君者不必但人必加以大惡之名無上之討矣而湯武行之反以爲聖人則是世之所大不可者至湯武而獨可矣故以可乎爲問緊貼湯武身上說惟就湯武身上問其何爲獨可故孟子明其桀紂之殘賊在所當討而湯武放伐爲除殘賊不可謂之弑君也若齊宣有無周之心將借湯武爲口實而孟子猶以未聞弑君爲言適以啟其篡弑之罪矣夫豈可哉周云或云臣弑其君可乎只就武王身上發問故下文以誅紂爲言蓋桀止于放未嘗殺也此說非是臣弑君之問自是兼湯武說孟子專說紂者蓋因引書中獨夫受之言以爲證耳言紂而桀可推非畧過桀不言也　逸周書周本紀俱謂武王

親自誅紂、言甚悖謬、不可爲訓、林之奇辨之云、湯惟放桀、武則殺受、蓋桀既奔南巢、故湯縱而不誅、以見其不得已之意、至紂則異乎此、荀子所謂紂卒易向而誅紂、蓋武王本無殺紂之心、而前徒倒戈、紂身死于行陣之間、乃殷人殺之耳、紂既見殺、武王無可奈何、故立其子代殷後、以寓其惻怛之意、是亦湯之意也、邵康節謂放下一等則至于殺、其意蓋以湯能容桀、而武不遂容紂也、失其旨矣、董斯張曰、賈誼書云紂已死玉門之上、武使人帷而守之、大白小白、千古厚誣、楊升庵及金嚳子已有辨、或曰、齊宣問臣弒其君何居、曰發伐辛焚、非弒乎、噫、手刃之謂哉、

爲巨室章　此章見字、當從趙本及石經作謂、後漢劉文傳注引此亦作謂、蓋與前故國章俱是示以進賢用人之道也、國策蘇秦詐爲得罪于燕而奔齊、齊宣王受其反間、高宮室大苑囿、又呂氏春秋宣王爲大室、大蓋百畝、堂上三百戶、以齊之大具之三年而未能成、後因香居之諫

而止是爲巨室乃宣王目前事孟子卽以其所明者喻焉　工師注以爲匠人之長疑未確左傳叔孫謂郈工師駟赤杜注工師掌工匠之官月令工師令百工審五庫之量注工師司空之屬官又工師效工注工師工官之長史記驩兜進言共工堯曰不可而試之工師張守節曰工師若今大匠卿也是乃職官之名豈匠人之謂乎　鎰之說不同有以二十四兩爲鎰者有以二十兩爲鎰者謝濟世曰鎰與溢通一合爲溢其重一兩益二十四銖漢儒誤銖爲兩謂二十四兩爲鎰竊意此說已是一鎰重一兩則王餽兼金一百是百兩宋七十鎰是七十兩薛五十鎰是五十兩此云萬鎰卽萬兩　鹿泉曰趙注至于治國家而令從我是教玉人治玉也教人治玉不得其道則玉不得好教人治國不得其道則何由能治乎按教與使不同使是委任意教則欲用我法卽上從我意古注比集注爲勝岱雲曰齊王好臣其所教而不好臣其所受教既曰姑舍女所學而從我便是教賢者以治國乎故語類卽作教誨說

甚妙

伐燕章 【辨疑】朱子曰齊人伐燕史記以爲湣王温公不喜孟子及作通鑑卻不取史記而取孟子不可曉荀子亦云湣王伐燕非宣明矣問孟子必不誤曰想得湣王做得不好門人爲孟子諱故改爲宣王耳問湣王若此之暴豈能慚于孟子曰既做得不是說得他的是他亦豈不愧也

【辨證】金氏仁山曰宣王伐燕孟子所見也謂爲湣王者荀卿所聞也史記又所傳聞者也安得以史記所傳聞之詞而反疑孟子所見之詞乎文公尊孟子者序說及集注反取荀卿史記雖曰疑以傳疑而後人將以爲實葉大慶曰從來以孟子爲齊宣爲誤者皆據史遷燕世家年表爲言按温公作通鑑于周顯王三十六年云齊威王薨子宣王立顯王四十八年云易王薨子噲立則齊宣正與燕噲同時赧王元年燕亂齊伐燕且舉孟子問荅之詞甚悉宣王薨湣王立然則宣王在位十九年通鑑年表同獨年表以宣王立于顯王二十七年通鑑以爲立于顯王

三十六爲異耳按越世家云越王無彊伐齊齊威王使人說越越遂釋齊伐楚楚大敗之殺無彊北破齊于徐州此威王時也竹書所紀與此同乃史記年表徐州之圍載于顯王三十六年爲宣王之世豈非還之自戾與然則徐州之圍既爲威王之時則宣王非立于顯王二十七年可見是通鑑所載爲得其實而伐燕爲宣王事明矣翟晴江曰孟子在齊所事始終只一宣王安得有湣王事入于孟子書哉或問引史記荀子今考荀子惟王伯篇有齊湣北足敗燕語此外並無及湣王處則荀子但言敗燕而已並未言及因何敗之七雄時征戰不息湣四十年中豈別無敗燕事齊策言穰苴爲齊湣王卻燕晉便足當之矣荀卿此語殊不足據言湣王伐燕者獨史記耳朱子言史記卻考他源流未識所謂源流者即荀子耶抑別有書耶史記于戰國之事大抵源于國策國策紀伐燕事甚詳不若荀子之彷彿一語遷作燕世家前後悉附其成文而惟以一宣字改湣此其故要以與己年表乖違有心遷就耳溫公

移下十年未嘗不是遷就然有孟子書可遵信得以無譏史遷不考孟子昏昧改易直謂之紕繆可矣朱子乃專信之反以議溫公信孟子未是遂并疑孟子之見事不明孟子門人之徇私曲諱後學實所未安閻百詩曰燕世家載噲初立有齊宣復用蘇代之語是噲與宣同時國策載儲子謂宣王伐燕而儲子正爲相者也王令章子將五都兵以伐燕而章子正與游者也

按伐燕事史記係之湣王固非黃氏日抄以宣王代易王爲說亦不確國策燕易王初立齊宣王因燕喪而伐之取十城蘇秦爲燕說齊再拜而賀因仰而弔曰燕雖弱秦王之少壻大王利其十城而與強秦爲仇是食烏喙之類也宣王曰善歸燕之十城此黃所據以爲說也瞿晴江駁云易王初立未見設施不當云燕虐其民民避水火所取僅十城不當云倍地見有易王爲君不當云謀燕衆而置君也焦氏循曰乘喪伐燕何爲拯民水火取僅十城旋因蘇秦之說歸之何云倍地曹之升曰

世家載燕噲讓國子之三年國大亂國人恫恐百姓離志故曰今燕虐其民若文公則何有也其辨一文公卒子易王立齊宣因燕喪伐之斯時燕豈無君者孟子謀于燕衆置君而去易王安在也其辨二蘇秦說燕曰燕地方二千餘里說齊曰齊地方二千餘里故曰以萬乘之國伐萬乘之國乃僅取十城而曰今又倍地是爲不知燕並不知齊其辨三燕噲之亂趙召燕公子職立爲王若前伐燕時從約初解諸侯必不之救況齊自歸燕侵地又將何救之有而曰諸侯多謀伐寡人者是動天下之兵也是不惟不知燕齊並不知諸侯其辨四汪武曹說同

存異 國策宣王聽田臣思之言三十日而舉燕國則五旬五字疑當作三爲是

王介山曰水火要切燕國無主說避之者正藉以圖存也齊不存而取即是水益深火益熱不可泛指暴虐周人駢曰此與下章皆以民字爲骨民心即是天意燕民不悅即是天不許其取若以五旬而舉爲天意

則誤矣齊雖勝燕燕之宗族世臣勳舊必不肯降心俯首爲齊之臣僕則齊必有殺戮之慘鹵掠之毒即下所云殺其父兄云云也故介山云取燕即是水益深火益熱也

諸侯多謀二句　齊之伐燕不特欺燕並欺諸侯當日者齊若與諸侯同伐則戰勝而諸侯必與分地若當各國無事時則齊伐而諸侯亦必救燕矣惟當秦魏伐韓楚趙救韓之際天下諸侯皆屬有事齊御乘此機會取燕則方伐之時五國既不及救既取之後五國又不能分地其計之詭爲何如殊不知專欲難成適足召天下之兵也國策齊破燕趙欲存之乃以河東易齊楚魏惜之令淖滑惠施之趙請伐齊楚許魏大成與之伐齊而存燕此諸侯多謀伐齊之證　王氏述聞云待禦也孫子曰用兵之道無恃其不來恃吾所以待之魯語師大國以陵小國其誰云待之楚語其獨何力以待之韋注並云待禦也　按魯語其何以待之新序引作其何以止之爾雅止待也論語待孔子史記待作止宜其

云何以待之卽是何以止之也下猶可及止正荅何以待之一問

【存異】臧氏琳曰南面而征北狄怨狄古本作夷趙注此章云夷服之國謂之四夷注我善爲陳章云四夷怨望湯居亳章疏云東面而征則西夷之國怨之南面而征則北夷之國怨之盡心篇疏云南面而征則北夷怨東面而征則西夷怨孟子三處皆作西夷北夷魏晉間作僞尚書始改北夷爲北狄以與西夷儷句北宋時爲正義者猶未誤作狄字

若大旱之望雲霓二句【辨正】注云霓見而雨止故懼霓之見如此則白文何以俱云望乎是誤以霓爲虹也不知霓與虹其不同者凡六月令虹始見

御案云雄者竟天而明則截雨雌者長太反能致雨故暮虹則旱若日出卽霓則雨隨至詩所謂朝隮于西崇朝其雨是也此朝暮之不同也楊升庵曰東鱟晴西鱟雨詩所謂朝隮于西崇朝其雨也顧炎武曰東虹晴西虹雨朱傳以爲崇朝則雨止恐不然鄭箋云朝有升氣于西方終其朝

卷上孟　三十一

則雨、盛氣應自然也、通解經云、雨久而晚見于東方則晴、晴久而早見于西方則雨、此東西之不同也、段玉裁曰、霓先雨而致雨、虹後雨而致晴、此先後之不同也、孫疏引尔雅曰、雲出天之正氣、霓出地之正氣、雄謂之虹、雌謂之霓、楚詞雌霓便娟以增撓、漢書天文志抱珥𧈪蜺、如淳注雄爲虹、雌爲霓、蜺與霓同、此雄雌之不同也、說文虫部、螮蝀文虹、虹從虫工、霓也、雨部、霓屈虹也、李黼平曰、垂爲大電者爲螮、屈曲如弓者爲霓、倏鱅錄云、風虹月暈也、主風、水虹即霓也、主雨、虛齋曰、考正韻霓字、注訓屈虹也、可知虹是長虹、所謂螮蝀者、霓只是雲端之白者、故謂之屈、此屈申之不同也、楚詞天問云、白蜺嬰茀、王逸注、蜺雲之有色似龍者也、茀白雲逶迤似蛇者也、說文霓、一曰白色、郭璞尔雅注、鮮爲虹、闇爲霓、此赤白鮮闇之不同也、合而觀之、虹在東方、形垂申而色鮮紅、其物是雄、屬陽、故主晴、霓在西方、形屈曲而色白闇、其物是雌、屬陰、故主雨、霓惟與虹反、故白文不曰望虹而曰望霓、惟與雲類、故與雲連文而其字從雨生𧰨以霓爲雲之有色似龍者虛齋以霓是雲端之白者說文霓侌氣也從雨趙注霓見則雨故望霓其解甚明安得云霓見則雨止懸空于望之外又添懼字乎　焦云趙訓歸市爲歸趨于市按淮南子終身而無所定趨注趨歸也孟嘗君傳君不見朝趨市者乎歸市即趨市故趙氏以趨訓歸

鄒與魯鬨章　甘氏紱曰備考穆公改邾爲鄒按鄒即邾國固無容疑但不知解于何時備考謂改于穆公尙有可疑國語史伯謂鄭桓公曰東有齊魯曹宋滕薛鄒莒是鄒之名在幽王時已著矣　焦云趙注長上軍率也按率與帥通周禮大國三軍小國一軍軍帥皆命卿二千五百人爲師師帥皆中大夫五百人爲旅旅帥皆下大夫百人爲卒卒長皆上士二十五人爲兩兩司馬皆中士五人爲伍伍皆有長賈疏六軍之將還選六鄉中有武者爲軍將又別言六鄉之吏者據六鄉大夫及州長黨正族師閭胥比長中有武者今出君之餘還取在鄉所管之長爲

軍吏也兼官者在鄉爲鄉官在軍爲軍吏若無武德不堪任爲軍吏者則衆屬他軍吏身不得爲軍吏此穆公以小國一軍所云長上蓋合指軍師旅卒兩伍等帥而言故有三十三人之多趙氏但舉軍帥以例其餘也若以一軍言之僅有一帥矣以此時之軍吏卽平日之鄉官故凶年飢歲有救民之責宜上告也雖臨時選擇有兼官有不爲軍吏而不必皆有屬之鄉官而有司平日不能愛民不必所屬而皆疾視不救其情勢有然矣洪頤煊曰疾視是仄視之訛賈誼曰今天下仄目而視師古曰仄古側字

老弱轉乎溝壑　漢書高惠功臣表生爲愍隸死爲轉屍注死不能葬故流轉在溝壑之中桓寬鹽鐵論生無乏資死無轉屍注轉棄也棄尸于溝壑趙岐平陸章注轉轉尸于溝壑也竊意轉尸與捐瘠同鼂錯貴粟奏有國無捐瘠語注肉腐曰瘠捐瘠是不埋者日知錄云瘠古胔字謂死而不葬者也左傳云勞疲死轉非撫民也轉在死下明以轉與死分

二項注云輾轉而死似混爲一尚欠分曉

滕文公三章　孟子云以小事大畏天者也畏天者保其國因舉太王事獯鬻句踐事吳爲法玆告滕文忽與生平議論相反何也張錫庵曰首章教之守次章教之遷果爾則孟子胸中毫無主見安得爲名世之才愚謂自謀非吾及也是字指遷言非指事言文公之問始終欲遷三章一意孟子之荅始終說不可遷亦三章一意王介山解次章云必文公懼齊而欲藉楚以圖存如許遷于夷蔡遷于州來之意不然孟子何兩舉大王之事乎然大國難恃孰與自强之爲得哉下竭力章亦此意愚謂首章亦此意夫滕閒于兩大則事齊事楚久矣文公今日乃特舉以問孟子者正以前此竭力以事兩大仍不能免因別思一箇事法也葢兼事兩大大國以其心不專一故仍有侵逼之事文公因其如此另想一計欲不介居兩大而專事一國如許遷白羽蔡遷州來之類如此則不致兩大交逼矣孟子則以遷于敵以圖存在人者難恃故曰是謀非

所及强爲善以自守在我者可憑故曰效死弗去則是可爲惟文公欲遷有去其故都之謀故孟子亦以與民守之效死而弗去若首章初無欲遷之意孟子何用說末三語哉

是謀非吾所能及也　文公之問意在遷乃言事者遷于齊則不間于楚一心以齊爲事楚若來伐有齊禦之則藉齊以圖存遷于楚則不間于齊一心以楚爲事齊若來伐有楚禦之則藉楚以圖存是欲以遷爲事也孟子深以其謀爲不然者葢小國無罪恃實其罪將恃大國之安靖已而無乃包藏禍心以圖之國策蘇代曰莒恃越而滅蔡恃晉而亡小國之情莫如寡信諸侯則天下不賣東萊傳議云爲國者嘗使人依已不當使已依人不能自立而依人以重末有不窮者也晉方主盟中夏宋謹事之想其心自以爲得所依矣及阨于楚師易子析骸晉迫于狄坐視而莫能救也當時諸侯之强盛者莫如晉晉猶不可依況其他乎嗚乎此特論人之不可依也又有甚者魏孝武脅于高歡所恃者宇文

秦也一旦脫身虎口杖策入關捨所畏而得所依天下之樂有過于是乎然者武之禍不在于所畏之高歡而在于所依之宇文泰以是論之非惟人之不可依而禍實生于所依也鄭忽曰自求多福在我而已大國何爲古今篤論也其言與孟子此語相似周云此章當在滕文公問爲國之後築城鑿池豈遂可以爲國蓋爲國之道前已詳言之矣果能力行仁政而又加以築鑿則無事之時井田學校有事之時深溝固壘保國之道盡此故曰則是可爲也　四書辨疑曰效死而民勿去民字本衍宜準下章效死弗去爲正

齊人將築薛章　汪瑟庵曰薛入于齊已久至是而始築之非甫謀滅之也周云人謂齊將滅薛滕所以恐不知田嬰封薛其子孟嘗亦居薛稱薛公則薛久爲齊有矣然則滕文何以恐也曰薛既爲齊有又從而城之則蠶食之謀益深安得而不恐如鄭之虎牢已屬晉諸侯城以逼鄭鄭人懼而求成正與滕文之恐同王介山曰必文公懼齊而欲依楚以

圖存如許遷于夷蔡遷于州來之意故孟子引大王遷岐爲說周人雖曰此章有謂孟子勸滕文遷者果尒則方教之守又教之遷孟子心中全無把握王佐之才安在須知文公之恐必有避敵之意孟子先述太王之事以將順其意而後發正論以破其說也夫避敵以遷都自古有之到不得已之時也無可如何雖然特患不能爲善耳苟眞心爲善何必如太王之遷始可王哉井田學校設誠致行王可必也又何恐哉孟子三章只是一意若認次章爲教之遷便不可解末節是掉轉來說從前諸解皆不安

苟爲善節　王方麓云創業垂統應爲善若夫成功則天應子孫必有王者方朴山曰遷岐而肇王迹亦大王之爲善致之故人君專心爲善不于其身子孫必有王者矣今日創之爲業後日即可垂之爲統冥冥之中自有知者此則可爲耳若徒恐以懈其爲善之心而欲苟且圖存僥倖于萬一不惟不可致王且日就于亡而已故大王之遷岐不足法而

爲善可法茲死守在于同民同民必先立信此所以承文公再問而以爲善之說進也　按成功則天是將所以必王之故疏明出來說箇天字隱然有天定勝人之意齊雖强大亦人耳豈能違天乎末一句見得徒恐而欲遷國何益于事惟有强于爲善創業垂統子孫既可繼續而行天地亦必默相佐佑語意何等鼓厲注云成功則豈可必則與白文必有二字相矛盾矣

竭力章　注云遷國以圖存者權也守正而效死者義也或問集注義字須改作經字曰思之誠是義便近權或可如此或可如彼者義也經則一定而不移須用經字王介山曰引大王見人君能使民愛戴無已追隨恐後方可避地以圖存苟其不能則隻身遠竄而已宗社之謂何故國君死社稷明懷宗得其正晉東遷宋南渡皆非也周氏詩曰大王之去非知廢而廢實知興而興非不爭而去乃欲其去而能存故爲大王則難爲死守則易爲大王是權爲死守是正人騏云說箇梁山岐山便

見大王有地可遷非滕可比說箇俗歸市便見德足感人非文公所能正不待說到世守而後知滕之不可遷也　按大王遷岐似與世守相反而孟子兩引以爲言者徐之凱曰邠之遷始于竄狄固非有邰之舊封肇自公劉亦非茅土之餘胙與滕之封自天子者不同故可居則居亦可去則去也李甫平解邠居允荒云說文邠大王國在右扶風美陽從邑分聲美陽亭即豳也民俗以夜市有豳山䣊文王所封在右扶風美陽中水鄉從邑支聲漢美陽故城在今乾州武功縣許叔重以邠䣊爲一地者公劉時自邠州南至渭水皆爲邠國故大王遷岐山縣詩傳適訓古公爲豳公至文王受命始改號爲周也皇澗過澗在今慶陽府自慶陽南至渭水約七百餘里豳居之荒大信矣據此說則大王雖遷岐周其地尚是邠國所轄之處當時所居之國有地可遷故雖去邠邑岐仍與世守之理不背若滕則非其比也。此章首節說遷甚詳次節說守甚略末句請擇語又虛活人因有可還則遷不可則守爲兩岐之諸儒不知是謀節示以築城鑿池爲善節教以創業垂統世守之道上三節已詳言故此處一提已足非畧也況說大王遷岐何等委曲即承非擇而取不得已二句申言之說世守何等斬截即承是可爲强爲善二句申言之是非瞭然何待于擇而言請擇者人臣進言之婉詞也李甫平云史記秦始皇幸梁山宮徐廣曰在好畤漢書地里志好畤縣有梁山宮爲今之乾州梁山在州西北五里自邠至周梁山必由之路禹貢治梁及岐鄭注梁山在岐山西南當指此蘇詩正義乃引韓奕之梁山非也

前以士後以大夫四句　列女傳孟子三歲喪父其母教子三遷以此四語觀之恐未盡然前爲士三鼎後爲大夫用五鼎是知孟之父死必在前爲士時母死在後爲大夫時矣孟子爲士必已成人諒非三歲也且三歲喪父孩幼無知一切喪事必族長與其母主之衣衾棺槨未盡美何可責之三歲之孤臧倉雖以此謟平公安肎遽信耶儀礼特牲饋食

士也其鼎三魚豕腊少牢饋食大夫也其鼎五羊豕魚腊膚

行或使之　【考異】不雅尼止也郭璞注引孟子以行或尼之邢疏孟子作行或使之此云行或尼之所見本異或傳寫誤　臧氏曰記云人欲行而天止之使不得行人欲止而天使之使不得止故云行止非人所能也天也孟子蓋本作行或尼之止或使之今本互倒當從郭氏所引爲按注云人之行必有人使之人之止必有以止之南軒云魯君欲行以樂正使之其中止以臧倉使之則是行止皆人所能臧氏之子能使孟子不遇矣上下相反故中間必更著然字作轉語若依臧解以尼止二字俱指天言則下二句一氣直接矣

曾西　困學紀聞云集注曾西曾子之孫蓋本趙氏按經典序錄曾申字子西曾子之子子夏以詩授曾申左邱明作傳以授曾申曾申傳于此可見楚門宜申公子申皆字子西則曾西之爲曾申無疑李根五曰大戴禮曾子疾病曾元持首曾華抱足與檀弓曾元曾申坐于足文相近則申或又名華抑字華也愚按西岳華山則華亦有西義又趙鹿泉云申西自是一人但必謂是子而非孫亦未確何者孟子第言曾元養曾子檀弓所記曾元曾申坐于足者安知非子孫並侍曾子以老壽終自宜有孫也此說亦可參　翟云今言王若曷然或讀然屬下句按後文今楷則曷然也此然字不當屬下

賢聖之君六七作　趙鹿泉曰注言自湯以下太甲太戊祖乙盤庚四君逮武丁止六而非七豈孟子七字虛設耶竊以書毋逸明言及高宗及祖甲祖甲爲一代賢君自史記以爲帝甲淫亂殷復衰益因國語帝乙亂之五世而殞之文于是皆以太甲當祖甲若依鄭注則六七作宜兼

數祖甲曰然則何以獨言由湯至于武丁紂之去武丁皆不及祖甲曰子統于父也祖甲即武丁子且其兄亦賢兩世皆承武丁之烈則以武丁統之可矣惜由武丁至祖甲皆能以賢繼賢享年又長有深仁厚澤以繇殷祚故益見其久而難變不然僅至武丁而止則紂之去武丁中間更無接續相越且百年亦不得爲未久也焦氏循曰不直云六作七作連云六七作正以祖甲在武丁後故如此屬文也

又有微子微仲段　宋翔鳳曰宋世家微子開卒立其弟衍書微子篇孔疏啟與其弟仲衍皆紂同母弟庶兄史記稱微仲衍衍亦稱微者微子以微爲氏故弟亦稱微如春秋虞公之弟稱虞仲蔡公之弟稱蔡叔也呂氏春秋紂之同母三人長微子啟其次曰仲衍其次曰受德受德即紂也鄭注檀弓微子適子死立其弟衍孟子正以兄弟故與箕比同時並稱漢書人表微子紂兄在第一等微仲四等列膠鬲商容之間又有宋微仲啟子在第五等則宋微仲之爲啟子者別是一人不得以名偶

者嘗之閒百詩遺夫人表第四等之微仲但見第五等之宋微仲遂以仲衍爲啟子並强解檀弓之立衍爲舍孫立子之證不知與孟子語意絶不合

速于置郵二節　故事字古之人事字陸機豪士賦北史王肅論俱引作梁玉餘英曰史記白起至杜郵漢書得郵亭書皆作亭訓不作驛解閻以郵訓驛非也王霸傳郵亭顔注行書舍傳送文書所止處是也又字書馬遞曰置亦未安趙注置建也古者三十里一置蓋古者三十里爲一舍左傳退一舍而原降又退三十里而許之平周禮遺人三十里一宿宿有路室然則漢人之驛馬三十里一置有自來速于置郵而傳命猶云建郵亭以傳命也周炳中曰置設也如後漢衞颯傳列亭傳置郵驛之置非輿服志三十里一驛之置蓋周以前無所爲置者左傳但有馹驛而不及置爾雅馹遽傳也郵過也亦不及置至漢始有之應劭風俗通漢改郵曰置是也呂氏春秋舜行德三年而有苗服孔子曰通德

之情孟門大行不爲險故曰德之速疾于以郵傳命置郵卽以郵慮字耳

不動心章　此章之解其失有二一在以告子之勿求于氣爲不可因將求氣看得甚重謂道義無氣則餒當求其助于氣殊不知孟施舍之守氣節已將氣字放倒惟志可帥氣故孟子所重在持志惟義可生氣故孟子所重在集義不專求氣也一在不知黝舍守氣卽是求氣卽是助長暴氣强將告子扯入助長講殊不知黝舍平日不去持志只在臨時必勝無懼其求助于氣正是助長白文氣壹動志及助長揠苗之喻對施舍北宮說非對告子說也蔡虛齋曰養氣者當于義上用功不當于氣上用功蹶趨是不持志之氣黝舍雖云養勇究竟不能不動毛西河曰不動心有養勇一道皆以氣制心而使之不動此卽告子所云求氣也有直養一道則尊以直道養其心使心得慊然而氣不餒卽孟子所云持志告子所云求心也是不動心之道有直從心上求者曾子之自

反是已有轉從心之所制上求者黝舍之養勇是已以養勇者言黝稱有不得于心惟恐心動當急求之氣以强制其心此黝舍所養之勇求氣也以直養言則自反而縮使氣常不餒而心自不動此曾子孟求心不求氣也

夫子加齊之卿相節　孟子云以齊王猶反手公孫丑謂夫子加齊卿相得行道焉雖由此伯王不異矣三語正承前章說下伯王之事丑信得孟子可以優爲時解乃謂恐孟子擔當不過有所疑懼恐惑而動其心豈不與上三句相反乎竊意伯王不足異以才畧言四十不動心以節操言加卿相三句作三截看一層進一層加卿相是一動心事世之見富貴而淫受萬鍾而不辨禮義者多矣得君行政又一動心事管子天下才然君奢亦奢君淫亦淫不免從君之欲宋王旦寇準俱以欲得宰相之故不諫天書況其餘乎圖伯圖王更是動心事三代以下其伯一方取天下者大抵參以權術而不純由大道義如張良伐楚背鴻溝之

約孔明欲得西蜀劉璋迎而取之惟其心欲得天下故不免于失信而背德也丑恐孟子才有餘而節不足故以動心與否爲問孟子言己之學問鎮定有素道德之心初不因功名而變動也顧炎武曰凡人之動心與否固在其加卿相行道之時也曲學阿世枉道徇人皆從此而始矣不動心者不動其行一不義殺一不辜而得天下之心斬截之曰志在功名者富貴不足累其心心在道德者功名不足累其心孫氏正義云此章言以義養勇則不動心此三說得之下文直養集義正是所以不動心之故惟平日常以道德鎮心故臨時不以功名動心也

孟賁　後漢書注孟賁夏育皆衛人尸子曰人謂孟賁生乎曰勇貴乎曰勇富乎曰勇三者人之所難而皆不足以易勇故能攝三軍服猛獸也

告子　閻云浩生姓不害名與公孫篇及告子篇之告子自各一人趙注偶于告子篇誤注曰名不害朱子于公孫篇亦沿其誤愚按困學紀聞云墨子曰告子勝仁陳孔章書云有子勝斐然之志則

滕薛告子之名與

北宮黝三節　錢竹汀曰高誘注淮南以北宮黝爲齊人按國策趙威后問齊使云北宮氏之女嬰兒子無恙耶則齊亦有北宮氏也

不膚撓　王引之曰趙注謂人刺其肌膚不爲撓卻非也人之顏色見于皮膚故古人以膚色並言管子見于膚色列子膚色脂澤枚乘七發今太子膚色靡曼是也膚色相連故色亦可謂之膚孟子不膚撓不目逃膚撓者色撓也魏策唐雎挺劍而起秦王色撓韓子顯學篇不色撓不目逃正與孟子同義故知膚即色也撓弱也面有懼色則示人以弱故謂之色撓不膚撓者無懼色也

若撻之于市朝　趙鹿泉曰雙言曰市朝單言曰市之朝若撻之于市朝正是司市之朝也古者朝之名通于上下有司聽事之處亦言朝猶公所也樊廷枚曰周禮鄉師以木鐸徇于市朝疏市朝衆集之地徇之使人人偏曉也官之治所皆謂之朝非必王朝也司市職凡市入則

胥執鞭度守門市之羣吏平肆展成奠價上旌于思次以合市市師涖焉而聽大治大訟胥師價師涖于介次而聽小治小獄其謂之市朝固宜撻人亦所不免不必拘索隱之說謂市之行列有如朝位也

孟施舍　閻百詩以孟施為姓舍為名如魯少施氏翟晴江以孟為姓施舍為名王引之以孟為姓施為字舍為名古人名字並言者皆先字而後名如叔梁紇是也三說皆通俱以施為實字注云語助恐非郭畏齋曰黝主于必勝舍主于無懼更無旁思轉念縈繞于心故孟子引之以明不動之故在于有主非以黝與舍為不動心之人也　章世法曰子夏篤信聖人何以似北宮黝大抵子夏謹守有所不為往往不徇于物故與黝不詘于物相似觀論交而曰不可者拒之可見若為信他人則與黝不受相反

昔者曾子二節　朱云孔子弟子顏相字子襄曾子之讀或即顏子亦未可定吾不惴焉不字有如字訓者王引之曰不惴惴也不語詞趙注人

加惡于己內有不直不義之心雖敵人被褐寬博一夫不當輕懼之也　又丁本惴字作遄說文遄往來數也洪頤烜曰自反而不縮雖褐寬博之人吾亦不輕往以敵之則取丁本爲是三說俱過至若虛謂不字非衍則誤石渠意見四書辨疑俱以不字爲亦字之誤閻百詩謂不字上當有豈字于白文增改塗竄皆不得其解而爲之說者　毛遠宗曰勇卽是氣故孟施舍養勇曰守氣自反卽是求心故孟子曰持志曾子曰守持卽守也瞿景純曰心者志氣之管也志合于氣則有氣之用而無其攝氣離于志則有氣之暴而無其用此善用心者必調之于氣而治氣者必反之于志兩相合而守始得也彼施舍之守氣而可與曾子論煩約哉守在氣者內未得志之蘄而外徒滋乎氣之暴守在理者外不必其氣之勝而內專慊乎志之持諸理齋曰舍之所守有意于不動而不能必其不動曾子之所守無意于不動而自然至于不動有曾子之守自足以禦施舍之氣有施舍之氣反有言于曾子之理以彼輕

謀淺慮滅性須身求有身死不正而不動其心也

不得于心勿求于氣可十句　勿求于氣語本不錯而孟子止云可者蓋不得于心勿求于氣君能如吾儒之持志集義專在義上用功不專在氣上用功以此爲勿求郎曾子自反之學盡善而不得僅言可也今告子不去集義生氣徒以其然者守之以此爲勿求則僅可而未盡善矣然雖未盡善而較之黝舍徒求于氣者則勝矣故斷曰可夫志氣之帥下申言勿求于氣之所以爲可時解謂勿求氣亦不可與孟子背矣

【[illegible]】王源孟子評云此處疑傳寫倒誤據文當作告子曰不得于言勿求于心不得于心勿求于氣不得于言勿求于心句不得于心勿求于氣不可夫志氣之帥也以後正承不可說下見其不知養氣之失也若云不得于心勿求于氣可不得于言勿求于心不可則上下文氣不可通矣【[illegible]】愚按王說非也孟子論知言而曰生于其心誠以言者心之聲也不得于言正當反求于心奈何反以勿求于心爲可乎孟子論養

氣而曰行有不慊于心則餒矣誠以心者氣之母也不得于心勿宜見求之于心不可據暴于其氣奈何反以勿求于氣爲不可乎夫志氣之師也以下見得志爲氣主故人只當持志不當暴氣正以見氣之不可求也孟子書未嘗錯誤王氏見理未眞故妄說也程子曰人必有仁義之心然後仁義之氣見于外故不得于心勿求于氣可也張子曰心失其平不必求于氣此特持心未固耳務持其心而已若舍心而求氣將見舍本求末無以制矣周人驥曰夫志六句蓋云夫所謂不得于心勿求于氣可者何也心之所之謂之志論志與氣之相須則志爲氣之帥氣爲體之充志與氣固不可相無然而志之所志氣即無不隨則氣不能離志以爲氣也故曰君子之功首當持守其志而氣之在體則不傷之使之充周而已此不得于心勿求于氣之所以爲可也毛西河曰心有不得于言則當求之於心此所以貴于知言也行有不得于心則仍當求心自反而縮則行無不得此曾子孟子之求心不求氣也注謂告

子之意以爲念慮之失當直求之于心不必更求于氣夫告子未嘗言求心也告子惟恐求心卽動心故自云勿求于心此反求心乎且求心則與曾子何異語類又云應一事差失接一人差失此由氣之應接失其道也正當求其助于氣悔過遷善而補其差失可也告子隨他差失更不悔過遷善以補之夫此處所爭只一氣字則此氣字須分晰人受天地六氣以生只此呼吸之周身者名曰氣不知此呼吸周身者何以應事接人皆是此物試思人有身有心應事接人必主之以心而行之于身與此呼吸周身者了無涉也乃既以應事接人歸之此物則偶一有失道便當就此物之呼吸周身中求補差失乃復以悔過謝愆四字當之謂之補差失謂之求助于氣則卽此氣字與求氣二字全無著落以致附和影響之徒展轉兀臬遂有以耳目手足之形體當氣字者夫氣者體之充也是氣與體自有分別若氣卽是體則體者體之充矣抑思耳目手足何以能餒何以能剛大何以能助長乎

故曰持其志無暴其氣　黄甸庵曰志之所存者道也義也饒雙峯曰孟子前說持志無暴氣是二事後說養氣不及持志言集義則持志在其中今日集義明日又集義則此志全在義上王觀濤曰持志兼靜存動察功夫暴字暗與善養反置而不養固暴也養而不善亦暴也吳因之曰或問黝舍既是守氣似非勿求于氣者有合無暴之旨否曰黝舍全靠血氣用事不勝其剛猛暴戾之極此正所謂暴氣可見暴氣亦不同如告子不理著他固暴也如黝舍把來壞了亦暴也　愚按告子不能集義是勿求于心者與持志相反黝舍必勝無懼是專求于氣者與無暴其氣相反不理著他置而弗養如告子者算不得暴剛猛暴戾養而弗善如黝舍者始謂之暴饒雙峯云志便是不能持其志助長便是暴其氣又云天下之人平時不能養其氣皆是臨時助長以暴其氣外面也似浩然卻不是自家集義所生的故乍長乍消適足戕賊其氣而已困勉錄云蒙引謂養氣功夫只在義上著力不在氣上著力氣上著力

便是助長陳明卿引入大全內添一句云便是暴氣如此方見暴氣卽是助長據此數說可見持志二字上頂求心下含集義暴氣二字上頂求氣下含助長纖縷甚密曰持其志則養勇者當集義不可如告子之勿求于心曰無暴其氣則養勇者勿助長不可如黝舍之專求于氣也

旣曰志至焉節　丑問夫子旣以志爲至氣爲次似志重而氣輕又曰持其志無暴其氣一似志當持而氣亦不可不求何也孟子曰我之言非重氣實重志志當壹故必須持守氣不當壹故不可暴戾蓋壹者專一之謂志壹者專在志上用功急于本自得其末如曾子所守無意于不動而自然至于不動也氣壹者專在氣上用力如黝舍所守有意于不動而不能必其不動也陸清獻曰黝舍二子任氣而心爲氣使者也彼自以其心不爲天下動不知正爲其氣動旣爲其氣動又安能使其心眞不爲天下動也觀于蹶趨之爲氣所動可見二子之不能不動矣蔡虛齋云今夫蹶者趨者此氣之不出于心者也若持志則不至于蹶與

妄奔矣據此二條可見專求于氣而不持志究未有不動者愈知志當持而氣不當求矣志壹宜作好說氣壹宜作不好說時解謂志壹動氣源頭濁故下流亦濁如此則志不當持耶又云志動氣者什九氣動志者什一夫氣壹動志乃心爲氣使者人多如此何云什一若志壹動氣則心爲氣帥惟學者乃能何云什九耶

志壹則動氣二句　焦氏循云說文壹專一也左傳與人之壹杜無貳心持其志使專一而不貳是爲志一守其氣使專一而不二是爲氣一黝之氣在必勝舍之氣在無懼是氣壹也曾子自反而縮是志壹也又云不得于心有所逆于心也斯時能持其志則度其可否而知其直不直直而義則伸吾氣以往非義而不直則屈吾氣以退此持志以帥氣之道也志壹則動氣也若不能持志不度其直不直專以伸吾氣爲主是氣壹也是孟施舍守氣之道也彼不論義不義而徒暴其氣固以此爲不動心而不知氣壹心轉不能不動故云氣壹則動志也但舉一行

而趨蹶者以例之行而蹶趨是不特志而暴其氣也當其蹶也心且因之動矣則可知任氣者不能不動其心也毛氏甡云志壹動氣自然之理且志亦不容不一者不一則二三妄所持志所謂一正志至之解故志帥而氣即至也若氣壹動志則帥轉爲卒所動反常之道故須善養使不一也陳組綬云志不一則渙散死其帥氣不動則枯槁死其充故志可壹而氣不可壹如蹶趨動心非氣壹動志之明徵與此告子勿求于氣所以可也但既不得于心則全不知持志之道耳

今夫蹶者趨者三句　楊文定曰蹶趨二字即小而易見者以明之蹶是猝然而動之證趨是既動而不能收之證大約死生利害猝然相加不能養氣者便爲所使此蹶之類也凡言語喜怒之際任其一往纔勃不住即趨之類也　按蹶疾起也趨疾走也曲禮足毋蹶注蹶行遽貌國語從時者猶救火蹶而趨之猶恐弗及是也又王引之曰呂氏春秋子胥高蹶而出高注蹶猶蹈也傳曰晉人之衆使我蹈瞋怒貌此之

謂也訓高蹶為瞋怒者按說文蹶跳也趯踴也楚人謂跳躍為蹠踖亦騰躍之名故高注訓蹶為蹠凡人喜甚則高躍怒甚亦高躍故曰高蹶瞋怒皃也據此解則世人之蹶有因樂而然者是爲喜氣所使也有因忿而然者是爲怒氣所使也皆足以搖動其本心也蹶與趨明係兩項故白文用兩者字若訓爲因趨而蹶則蹶字不應在趨之上矣

我知言二句　周人駿曰精義以知言求心也集義以養氣求心也毛氏求心二字包括知言養氣二條最當孟子起初不得于言必求諸心故能精義以知言不得于心必求諸心故能集義以養氣篇中說養氣者多蓋因告子勿舍生發出來說知言少者蓋人所易曉毋俟煩言也豈可認多言者爲主而少言者爲賓乎又云我知言謂我與告子之不得于言相反也我善養吾浩然之氣謂我與告子之勿求于氣已不同而與勿舍之專求于氣更相反也善養兼持其志勿求于氣說後文直養即持志無害即不求于氣有事即持志勿忘即無暴其氣勿正勿助即

不求于氣皆所謂善養也

其爲氣也至大至剛節　存異　趙注言此至大至剛正直之氣也伊川曰至大至剛以直此三者闕一不可如坤所謂直方大方即剛也又曰至大至剛以直不言至直者此是文勢與治世之音安以樂怨以怒粗以厲同南軒云三者形容氣體也大則无與對剛則不可陷直則不可屈此三者闕一則氣體尚未盡坤六二直方大即此所謂至大至剛至直也塞于天地之間即易所云不疑于所行也朱子不然其說謂程子以直字斷句則養字全無筋骨聖賢立言首尾相應如云自反而縮便見有直養意故以至大至剛爲句以直養而無害爲句者爲得愚按二說不同竊意趙程張之言近之聖賢說話自有次第此節承難言來只是從養成後虛摹箇浩然形狀是大而不小剛而不弱直而不撓的未遽說到何以養也至所以如此之故下三節方層層推出何以能塞天地以其氣之配道義也配之功在于集義集之道在于勿助勿忘若此節

即將浩然之氣由于自反而縮說明、下文不消言矣。王介山曰、至大至剛節、是言氣之浩然。配義與道節、從氣歸到道義、是言氣本于道義、非若黝舍之徒求于氣也。是集義所生節、從義歸到心、是言義本于心、異乎告子之勿求于心也。必有事節、引揠苗爲喻、又是言黝舍之謬、過于告子也。其分別四節甚清楚。

配義節　陸善經云、以道義配之、則能充塞。周云、此節是推原養而無害所以能塞于天地之故。至下文有事勿忘、方是正疏直養。此節語氣蓋謂養而無害所以能塞于天地之間者、蓋其爲氣也、非黝舍之所謂氣也。黝舍所謂氣離道與義而言之也、吾所謂氣合道與義而言之也。此氣配道與義而出、故能塞于天地之間。若死道義以配之、則氣餒矣、何以塞于天地之間乎。全榭山曰、自有生之初、言氣本義所融結而成渾然一物、並無事于言配也。有生之後、不能無害、則義與氣離而爲二、故必有事于義、使之與氣相合、是以人合天之說也。配義則直養而無害矣苟無是義便無是氣安能免于餒乎然配義之功在集義集者聚于心以待其氣之生也則是所謂配者非合而有助之謂也氤氳而化之謂也襲則偶有合仍有不合而不慊于心氣與義不相配仍不免于餒矣不知朱子何以别爲一說以爲必别有養氣之功而後能配義不然則義餒是不可通也故王端毅黄梨洲皆不然之　按配字注訓有助是字注指氣言皆未妥高金樹氏曰延平云配是襯貼起來又云道與義一滚出來一滚出之說卻精而襯貼之說欠瑩文公語錄云氣與道義不是兩物相襯貼只是一滚出來注以有助訓配則又兩物相襯貼矣宋于庭曰義者人事之宜道者天道與合也配以人事之宜合乎天之常道斯能養其浩然之氣程子云無是餒也是氣無義以爲配則餒故必有事于集義又云帥氣在志養氣在直內有私意則餒無不義則浩然袁了凡曰謂此浩然者非徒氣也乃與道義合一者若無道義雖欲行之而氣自餒矣下文行有不慊于心則餒分明說無義則氣餒集

注似不必泥饒雙峯毛西河說同

是集義所生節　胡雲峯曰必有事是集義正助是義襲全云集者聚于心以待其氣之生也不能集而生乃以襲而取是外之也周云此節只重心字不得于言當求心不得于心亦當求心告子一概勿求此則外之實須兩層大意若曰觀氣之配道與義如此可知徒求于氣者之非矣而以是語告子告子必以爲義襲而取之也不知此是求義于心集義而生者非以義爲在外襲焉而取之者也觀行不慊于心則氣餒可知氣生于義而義截于心則心中有義而不可不求于心也明矣而告子不得于言曰勿求于心不得于心亦不求之于心但曰勿求于氣我故曰告子未嘗知義以其外義于心而一概勿求也又云非義襲而取注謂非由只行一事偶合于義便可襲于外而得之也此語未安凡人一有不慊于心則氣餒一事偶合于義能慊于心則此時之氣便壯不可以言襲取義襲而取言以義襲焉而取此氣盡是見得義在此便假

杖而行之以張吾之氣也如齊桓召陵之師便是借義以征楚實則遂其私及屈完以問諸水濱對桓便索然而餒蓋吾心不能無愧故耳然則義豈在外而心豈可不求哉

存疑　王引之曰義字費解疑是我字言在外者我可襲而取之浩然之氣由内而生非我所能襲取也義字與義相似又涉上文兩義字而誤趙注但云人生受氣所自有而不及義字則所見本不作義可知疏據義字作解恐非

必有事焉而勿正

存疑　焦氏循曰正讀爲止即是已止之止必有事焉而勿止謂必有事于集義而不可止也何以不止心不忘則不止也心何以勿忘時時以不得于言者求諸心即時時以不得于心者求諸心使行無不慊于心則心勿忘而義集也凡事求諸心即曾子之自反孟子之學在自反以求心持志以帥氣全以心勿忘爲要而已又倪文節公云正心二字乃忘字之訛古書多有一字訛成兩字者如亂見閒當爲覸史記齧肥當作切齒肥此處亦同必有事焉而勿忘勿忘勿助長

也如書生則逸生則逸同此説亦通必有事而勿忘承上節勿助長起下文上節引告子之不集義是舉一忘而不有事者作戒此節引宋人之揠苗是舉一不忘而助長者作戒無益而舍是忘的病助長揠苗是助的病告子不求氣並不求心非忘乎黝舍不求于心而專求于氣非助乎此兩節一忘一助是宜以告子黝舍三人分貼上節注云告子不知此理而曰仁内義外不復以義爲事以告子爲忘是也此節是告子不能集義而欲强制其心則必不免于正助之弊以告子爲助長似未條穎仲恭云助長是求于氣而失之者若告子則深恐求氣之動志而勿求之矣世人强把告子扯入助長有何相干周云細玩善養數節語意闢告子意輕闢黝舍意重觀引揠苗一段及以爲無益而舍之五句可見蓋戰國時多刺客尚戰功擾害生民其禍更烈故孟子痛切言之或者以爲專闢告子而以黝舍爲賓中之賓此書如何可解

何謂知言節　義氣在集義知言在精義離卻義字無以爲知方朴山曰

言者心之聲也義者心之制也知義而後其言合義苟爲不然則弊有相因而見者是故惟義無偏陂而詞乃有不平而詖者或見謂之仁或見謂之知我聽之而知其心之于義有得此遺彼者矣是謂蔽惟義主精約而詞乃有詖而淫者按之而彌深恢之而愈厲我聽焉知其心之于義有習非以勝是者矣是爲陷然于義猶有是也乃詞有淫之極而爲邪者以堯舜爲僞以桀紂爲性我聽焉知其心安于不義有出此入彼者是因陷而離也然于義猶相拒也乃詞有邪之久而忽遁者援儒以附墨援墨以附儒我聽焉知其心之不安于不義有知盡能索者是謂窮

宰我子貢二節　宋云宰我子貢知足知聖善爲說詞者謂知聖人微言述而語之也　或問養氣之功在集義言知之功又何在曰學不厭則探討日精故能知古人之言教不倦則問答有益故能知今人之言李文貞以此兩節合上爲一段謂學不厭教不倦二者實知言之要學

所以不知言者由于不知古人之言則厭加探討之功不知今人之言則倦于問答之益也

子夏子游四句　朱子云游夏得聖人之文學子張得聖人之威儀其說固是但與上無關正蒙云顏子好學不倦合仁與智具體聖人獨未至聖人之止也愚按孔子仁智是妙于時者顏子雖不能時然仁知已備故云具體子夏諸人則或得其知或得其仁只可謂之一體耳　陸云論語喟然章注明謂顏子已到大底地位此節又謂其未廣大何也曰論顏冉之詣皆可謂大矣但未至于化則其所謂大者猶有未盡也故白文謂之微而注以未廣大貼之不可竟謂其未大也　按此微字當作精微說朱子謂子路之學已造于正大光明之域特未深入精微之奧耳冉閔顏淵皆入室者其致廣大而盡精微可知丑云具體而微是極贊之詞不宜以未廣大言也

可以仕而仕九句　汪自甫曰願學一段是寫不動心進步不是敘不動

心來由丑不知心性之全見知言養氣如此遂以既化之聖孔子之心是充實而有光輝之謂由此造到自然方是大聖稱之不知治然最也汙不至阿其所好　朱氏彬曰三子命世之賢何至識見汙下阿譽所好乎按字從于者皆有大義詩詢訏且樂毛傳訏大也禮記況迂其身鄭注于讀爲迂猶大也廣也檀弓于則于正義曰于音迂廣大之義淮南子汙經隋漁高注汙竅大竅也此汙字亦當訓大言三子縱爲大言必不有阿私所好以譽其師所謂言有大而非夸也趙岐乃謂孟子知其言太過故貶謂之汙下謬矣按言大非夸觀下三節可見

賢于堯舜遠矣　王荆公云道發于伏羲而其法未成至于堯而後成焉堯雖能成聖人之法未若孔子之備也夫以一聖人之成用一人之智足以備天下之法而必待于孔子何哉蓋聖人之心不求有爲于天下待天下之變至焉然後吾因其變而制之法耳至孔子之時天下之變備矣故聖人之法亦至是而後備孟子曰孔子集大成者蓋言集諸聖

人之事、而大成萬世之法、所以賢于堯舜也、俞長城曰、賢于堯舜、論法不論道、道則相同、法則漸備、上古之法備于堯舜、中古之法備于孔子、朱氏苞曰、遠字須玩、未有夫子、不過唐虞之堯舜、既有夫子、遂成萬古之堯舜、則是堯舜未遠、而夫子始遠也

見其禮而知其政節　南軒曰、子貢以夫子見禮知政、聞樂知德、其所損益、由百世之後、等百世之王、莫之能違、安溪云、一說夫子見人之禮而知政、聞人之樂而知德、由百世之後、等百世之王、莫有能逃夫子之見者、晚村云、見其禮二句、不包孔子在內、孔子安得有禮樂與政、　按三說是也、白文四其字、俱指百王、說孔子見百王之禮而知其政、如殷因于夏禮、所損益可知、周因于殷禮、所損益可知、是也、聞百王之樂而知其德、如子謂韶盡美、又盡善、謂武盡美、未盡善、是也、上節賢于堯舜、是言夫子教澤所垂、功在萬世、仁也、此節莫之能違、是言夫子明睿所照、等差百王、智也、李安溪曰、孔子與二子同者、德足以王天下、而天下不

足以動其心所謂善養浩然之氣者也聖之事也有與二子異者識足以知百王而百王不能遁其情所謂知言者也智之事也重在知上方見孔子所以異于二子處公孫丑敢問其所異句亦不落空

有若曰豈惟民哉節　周云豈惟民哉一句直貫全節言豈惟凡民不及孔子哉雖自古有許多聖人然其於凡民亦如麒麟之于走獸鳳皇之于飛鳥太山之于邱垤河海之于行潦耳皆類也若出類拔萃則惟孔子獨耳注疑訛晚村云有謂出類拔萃但就孔子説者則是羣聖人與凡民有霄壤之隔者反此而同之而羣聖之于孔子未達一間者反不可同日語也何不均之甚耶呂氏此論雖辨然麒麟之于走獸太山之于邱垤豈不亦如霄壤之隔耶且白文不已明曰聖人于民亦類乎不可泥注而背經也愚按民即人也夫子之聖豈惟凡人弗及哉即自古聖人非不與人有異然要不過如麒麟之于走獸鳳皇之于飛鳥太山之于邱垤河海之于行潦而已何者麒麟四者雖屬異物尚未離乎類

也世之稱人者曰人中騏驥曰人中鳳皇曰泰山北斗曰汪洋千頃當以四者擬之至孔子則不可但以四者比擬故不可階升無不覆載子思子貢俱以天地爲言此處出乎其類拔乎其萃見孔子之德不特爲人中之異而直與天地參亦是以天地擬之也出乎人中之類拔乎人中之萃豈非莊子所云人貌而天者乎此有若子貢宰我所以爲智足知聖也　段云說文潦雨水也采蘩毛傳行潦流潦也按傳以流釋行左傳服注孟子趙注俱以道釋行似非潦水流而聚焉故曰行潦不必在道旁也愚按左傳水潦將降後漢書高鳳傳天暴雨鳳持竿誦經不覺潦水流麥王氏質曰盛夏猛漲之水曰行潦亦曰黃潦皆可爲證

以德行仁者王王不待大　兩王字當讀去聲與大則以王之王同趙注以己之德行仁政于民則可以致王是趙讀王爲旺矣黃氏日抄云天下之主謂之王諸侯之長謂之伯此指定位言也以德方興而爲天下所歸則王轉聲而爲王王政不綱諸侯之長自整率諸侯則伯轉聲而

為霸左傳四王之王也上如字下音旺五伯之伯也上如字下去聲此說明白益天下之主謂之王專以位言非天子則不可以德方興而為天下所歸則不必天子並不必方伯即小國諸侯亦可故湯文以七十百里為政于天下也此與下章俱是為小國之君說法當時之人皆以大國方可王小國則不能故不行仁豈知王不待大果能明其政刑以德行仁雖大國必畏之彼文之興湯其初豈非小國何以興商而興周耶故孟子當凡不特告齊梁以王道于滕則曰子力行之亦以興子之國于宋則曰苟行王政四海之內皆舉首而望之欲以為君正與此章王不待大之言相發明也

般樂怠敖　盧兆鰲曰趙注般大也大作樂怠惰敖遊本義自明朱注敖音傲是以平聲之敖作去聲讀而義仍訓爲安失之矣蓋敖遊二字不可以去聲讀也李中培曰般訓大見一方言一見廣雅一見趙注至從爾雅訓樂也則與樂字複趙注敖讀平聲朱子音傲是讀去聲宜細翻

倨慢若只訓偷安仍是怠字義而敖讀去聲之義不見矣　按作倨傲解則與上三字不類當依趙注羔裘詩傳所謂逍遥游宴而不能自强于政治者也

市廛而不征　趙注廛市宅也古者無征衰世征之王制曰市廛而不稅載師曰國宅無征法而不廛者當以什一之法征其地耳不當征其廛宅也焦循正義云據趙説則法而不廛乃申明廛所以不征之故謂當以什一之法征其一夫百畝之地不當征其市中之地也王氏輯異云鄭注云廛而不征謂貨藏于市不税之也古者市廛無征文王治岐猶然周官立市廛之政已非文王之舊矣孟子葢不足于周制而欲師文王也故曰廛而不征其有貨物久滯于廛而不售者官爲貿之入膳夫之府所以紓民事而官不失實不廛者不久滯于廛也故曰法而不廛此説簡明質勝今注

廛無夫里之布　注引載師鄭注謂宅不種桑麻者罰之使出一里二十

五家之布民無常業者罰之使出一夫百畝之稅一家力役之征也今戰國時一切取之市宅之民已賦其廛又令出此夫里之布此解廛字夫字布字俱不的

欽定周官案云里字之義有三一二十五家之里一三百步之里一里居之里此里字當是里居之里即謂其所居之宅也宅不毛則有絲粟之出其不毛者亦使之出一廛之布以罰之若罰以二十五家之布今不行矣小司徒注夫家猶云男女周注夫婦具而後有征明無夫家不征也夫家之征謂一夫力役之征也夫婦具而無所事故使出夫家之征而以布當之孟子謂之夫布鄭氏謂閒民無職事者猶出夫稅家稅也夫稅者百畝之稅家稅者出士徒車輦給徭役此分夫家之征爲二並未必然雖警游惰令難行也　趙邠卿曰里居也布錢也夫一夫也孟子欲使寬獨夫去里布則民皆樂爲之氓矣程子曰廛自有稅無此二布南軒曰居廛既有稅矣則夫布里布不復更征陳氏見復曰孟子布

廛而不征之廛是稅名廛無夫里之布是居宅大約夫布卽後世之口錢里布卽門攤之稅也朱注混兩廛字而一之又舍周禮閭師夫布之名而引載師以夫家之征當夫字解用康成一夫百畝之稅之說而不刪去一家力役之征句是又添一稅也戰國雖横暴亦不至廛征夫里横集一門也周人騏曰此廛字當指左右各三區之民廛言若百工聚于此遠人亦流寓于此也國中左右三區之廛本不能毛責以不毛之征可乎百工本非無職卽遠民之流寓者亦難槩責以職而概責以無職之征可乎且廛有廛布卽地租也又收夫里之布何爲故孟子欲無之謝梅莊亦以此節廛字指流民之寄籍于國中左右三區者言江愼修曰凡民居區域闗市邸舍皆曰廛上節是市宅此廛謂民居卽周禮上地夫一廛許行願受一廛之廛也布者泉也亦卽錢也非布帛之布閭師凡無職者出夫布謂閑民爲人傭力者不能赴公旬三日之役使出一夫力役之泉猶後世傭役錢也里謂里居載師凡宅不毛者出里

布、謂有宅不種桑麻、或荒其地、或作臺榭游觀、則使之出里布、猶後世之凡地皆有地稅也、此皆民之常賦、戰國時一切取之、非也、傭力之間民、有力役之征、而仍使之、別出夫布、宅已種桑麻、有嬪婦布縷之征、仍使之別出里布、借夫布里布之名而橫取者、今皆除之、則居廛者皆受惠也、集注以廛爲市宅、里爲二十五家、以夫家爲一夫百畝、皆非、李中培曰、上指市廛、此指民廛、載師以廛里任國中之地、謂左右三區里居之廛也、任地者、如今京師各衙衛民居地租也、夫里之布、先王原以戒曠土游民、今戰國託此法以征之、居廛之民、既非游民、亦無曠土、乃令賦其夫布、又賦其里布、是重困矣、故須無之、李氏惇曰、集注市宅之民仍以廛爲市廛、非也、此五條、曰天下之士、天下之商、天下之旅、天下之農、天下之民、較然分明、不如作民廛說爲得、　按載師以廛里任國中之地、鄭注廛里若今邑里居矣、廛民居之區域也、則廛當指民居言、

則天下之民二句　楊升庵曰、氓字從亡從民、蓋去其本土而占籍他國

者周禮凡治野以田里安氓以士宜教氓此新民之治若是本國之民已受田安土矣又何必以田里安之以士宜教之乎王恆齋曰上節說市說商此節說廛說民說爲之氓則與上未必一項蓋氓是寄籍于此故與上平列五條上節專指惠商此則兼柔遠招來意觀許行云遠方之民願受一廛而爲氓可見矣蒙引謂當時待商有此兩層征其廛已不是又以罰游民者取之益不是了故又說此段若尔則夫里之布此廛更重豈有先舉其輕而後舉其重乎稼書識升庵氓字爲流亡之民集注無此解則孟子只此兩處有之他處何不浪下哉愚按四民各有寄籍君之于氓故周之是士之託居他國者可稱氓願爲聖人氓是農工之在他國者可稱氓氓之蚩蚩抱布貿絲是商賈之在他國可稱氓上四節分言此節合言之

人皆有不忍人之心章　周云不忍人之心兼惻隱羞惡辭讓是非而言惻隱是不忍不消說了一人横行武王耻之亦因不忍人之被虐故惡

而殺之是羞惡亦不忍也泰伯三以天下讓只是不忍傷父之心是辭讓亦不忍也泰誓一个臣于休休者是之娼嫉者非之不忍子孫黎民之被害是非之心亦不忍人之心也故曰不忍之心總指四項非單指惻隱乍見一節蓋單舉惻隱一項以證全體白文于將入于井下不曰皆有不忍之心而曰怵惕惻隱之心已將不忍與惻隱分偏全矣 今人乍見孺子 趙注乍暫也按左傳桓子咋謂林父杜注咋亦訓暫又婦人暫而免諸國注暫猶卒也訓爲倉卒之卒其義尤顯

無惻隱之心節 上節單言惻隱此并及羞惡三者何曰羞惡辭讓是非皆惻隱之心所發也昔謝上蔡見明道明道責其玩物喪志上蔡汗流浹背面發赤色明道曰此便見得惻隱之心朱子謂上蔡聞過慙惶自是羞惡而程子以爲惻隱者蓋惟有是惻隱之心方善動若無惻隱之心卻不會動惟是先動了方始有羞惡方始有恭敬方始有是非動處便是惻隱若不會動卻不成人若不從動處發出所謂羞惡者非羞

惡恭敬者非恭敬是非者非是非矣此仁所以兼四端惻隱可以包下
三項也
凡有四端于我者　周云注謂知皆卽此推廣而充滿其本然之量則其日新又新有不能自已者下又云能由此而遂充之則四海雖遠亦吾度內無難保者不能充之則雖事之至近而不能矣此段注語甚難窺測旣曰不能自已何以又有不能充者語類云若能知而擴充其勢甚順如乘快馬放下水船相似此卽不能自已之說下又云上面言擴而充之是方知要擴充下面苟能充之便掉了擴字益充字是充滿得了如已到地頭相似擴字是方在箇路裏相似此語又不可解旣云乘快馬放下水船何又有不到地頭之不能充者乎看來知皆擴而充之四句是就功夫說言能知擴充則由不忍以達之于所忍工夫自住不得了至苟能充之四句則是就效驗說以見不可不擴充所以勉當世之人君也下四句能充之不能充卽是能擴充不能擴充不言擴者省文也

集注語類俱是未定之説雙峯及存疑所言俱不可通凡有四端四句是言擴充之易苟能二句是言擴充之效如何牽連説下愚按尔雅廓大也方言張小使大曰廓廓與擴同趙注擴廓此凡有四端于我者知皆廓而充大之若火泉之始微小廣大之則無所不至以喻人之四端也是擴訓大充亦訓大字雖異而義則同存疑以擴爲用功之始充爲用工之終分爲二項反支離矣

矢人章　周云矢人二字乃後節不仁二字影子惟恐不傷人乃後節人役影子矢人豈不仁于函人哉而既爲矢人則惟恐不傷人矣故術不可不愼也此國之諸侯豈小于彼國之諸侯哉而既已不仁則不免爲人役矣故術不可不愼也爲治之術安在亦曰仁而已矣孔子之言信不誣也如不仁不智无礼无義則猶人而爲矢人矣其爲人役亦猶矢人之惟恐不傷人勢有必至理有固然也至此而耻之猶弓人而耻爲弓矢人而耻爲矢也如耻之莫若擇仁而爲之爲仁奈何卽弓矢可憎

仁之道矣蓋如射也射者正己而後發、爲仁者之本天德以行王道者、如是也爲仁而無效、依舊脩國政、不宜改絃易轍、亦如是也末節言爲仁而無效者、只是仁之不至、以見擇術者之必當爲仁、醒義說是

李文溥曰、曰尊爵雖勢力強大者、不得而卑我、曰安宅雖勢力強大者、不得而危我、是仁乃我固有之尊安、自我處之、誰能禦者、乃甘心于不仁、是不知仁之尊與安、而無擇術之明也、焉得爲智、

如恥之莫如爲仁二節　南軒曰、人爲人役、雖有恥之之心、然其擇術自處于此、何可免乎、若有恥之之心、則當易其操術、爲仁可也、孫商峯曰、術字即論語習字、矢人之初、豈甘于不仁、貪矢之利、不暇自顧其心、世主豈忍爭地爭城之慘、只因誤于富強之術、不得不興兵構怨、爲仁反己、是當時諸侯對症之藥、熊氏循曰、世主習于戰爭、則糜爛其民、如矢人之不仁矣、所以習于戰爭者、以欲勝人也、故末節以射爲喻、戒其不求勝己也、

孟上　五十五

子路人告二節　家語子路鼓瑟有北鄙殺伐聲子謂冉有曰甚矣由之不材也冉有以告子路子路懼而自悔靜思不食以至骨立夫子曰過而能改其進矣乎　幽草軒錄云古者拜禮非特首至地然後爲拜也凡頭俯膝屈手動皆謂之拜按周禮九拜空首拜者頭至手也振動拜者以兩手相擊也肅拜但俯下手即今之揖也何嘗專以首至地爲拜乎乃知禹聞善則拜如揖之類非僕僕也

大舜有大焉二節　李立侯曰禹拜昌言亦是取人何處見得大舜有大惟其樂也何謂樂注云不待勉强是也耕稼節不是慢叙大舜履歷正是發明箇樂字見舜之取人乃是天性如此毫無所强不待爲帝始然爲帝必待人而治其取人宜也耕稼陶漁時而已然則非其心直視此爲樂何以能此所謂生安之事也近多云耕稼陶漁取諸人即至爲帝亦取諸人卻倒說了　按大舜有大焉有字疑當讀去聲以由禹與凡人較已是大了以能取諸人也以舜與由禹較則舜又大矣以無非取

諸人也觀後莫大句則三人之皆大可知

取諸人以爲善節　李岱雲曰此章見聖賢樂善之誠愈進愈無窮也不得以三子咎過亦不得貶由禹以形舜子路聞過則喜則其改過遷善取諸人矣禹聞善而拜則其所受之善取諸人矣但不自己如舜之舍己從人無非取諸人耳謂取人之量不及舜則可謂由禹非取諸人不可子路聞過則喜是助人改過遷善也禹聞善則拜亦助言善之人爲善也但不如舜之善與人同無非與人爲善也謂與人爲善之量不及舜則可謂由禹不能與人爲善則不可語類問三者俱是取人但有淺深曰是邱月林曰不可以莫大及有大相應前以公善爲大是大于由禹此以兼善爲大又是自己善之大處乃因前面之大又推出一層大也不必又纏

是亦不屑去已　屑字趙注訓潔似無味按屑有訓爲輕者書尔乃屑播天命是也南軒云不屑就謂不輕就也不屑去謂不輕去也正字通不

皃編亦俱以輕解之、肩有訓爲急者、朱子曰、説文肩、動作切切也、此言
惠不以就爲重、而切切急于就、惠不以去爲重而切切急于去、切切循
汲汲意是也、

爰曰爾爲爾段　趙注、不憚與惡人同朝並立、但不自失己之正心而已
耳、焦云、袒裼裸裎、假借脱衣露體以喻害民者之剝割也、彼自害民我
自救民、所謂爾爲爾、我爲我也、惠惟憂民救亂之念切、故不憚與此害
民之人並處于朝、委蛇容忽、得以周旋補救也、列女傳惠三黜不去、妻
以爲瀆、惠曰、油油之民、將陷于害、吾能已乎、且彼爲彼、我爲我、彼雖裸
程、安能污我、及死、妻以蒙恥救民誄之、與孟子相表裏、趙注所謂惡人
即指陷害斯民之人言、若但脱衣露體、何至遂爲惡人、且惡人在朝、亦
豈脱衣露體者哉、

柳下惠不恭　陸云、不恭最難體認、明季諸家謂其外雖僭、其心則謂世
爲混濁、不可責以禮法、分別有玩弄一世意、愚意不然、如此則看惠作

東方朔一流人矣。朔是學惠而弊者，與惠不同。惠之不恭，只是欲漸以化之，但放得大寬，不謹嚴耳。雖大全朱子亦謂其心玩世，視人如無，然惠之玩世不同東方之玩世。又云殘亭謂夷之惡惡潔已勝而惻怛微，惠則夷猶玩忽而已，不必孳孳于成物，蓋皆于萬物一體有未至處。愚謂非也。若于萬物一體有未至處，安得爲聖？二子與孔子一樣，只是分寸上稍偏。蓋隘非刻薄，亦是萬物一體之懷，惟恐開人不善之門，而欲以正直之道轉移之，但時或失之過，則謂之隘；不恭非輕薄，亦是萬物一體之懷，惟恐絶人爲善之路，而欲以忠厚之道漸化之，但時或失之過，則謂之不恭。郭云：天生聖賢，爲衆之母，亦爲衆之師，伯夷得師之道，柳下惠得母之道，其不見物我之有間，一也。惠之視人，如保育嬰童相似，寶而護之，不使其有所傷，至怨嘑勃谿，雖甚無禮，悉安之不與較，以爲彼無知，何足責，此夫以嬰童待人，欲謂之恭不得，然厚之之至也。故聞其風者，鄙薄夫亦興起于敦，所謂聖人而師百世者如此。世人自託于惠者只是一味輕薄無禮也亦復無情有背而馳者矣　按嬰兒待人比趙注禽獸待人之說爲勝若玩弄一世視人如無則先以輕薄自處矣何能使薄夫敦乎

隘與不恭君子不由也　陸云隘之病不要看小了雖在夷只是一點偏然後世有一種疾惡太嚴至上下危疑激成事變者皆從這箇隘起且未論至激變才有隘處便不是大中之道這不恭病不要看小了在惠雖只一點偏然後世有一種包容太過至于賢否混淆釀成禍敗者皆從這不恭起且未論到釀禍纔有不恭便不是大中之道君子以中庸爲學不敢以是爲學也學夫清之得中者猶恐其失之隘況以隘爲學耶以隘爲學將有不止于隘者矣學夫和之得中者猶恐失之不恭況以不恭爲學耶以不恭爲學將有不止于不恭者矣故由清和之中不由清和之失斯善學矣　朱氏芑曰論伯夷曰不屑就論惠曰不屑去則隘與不恭專在去就上講君子不由可以去則去可以就則就也都

仲輿曰孟子不見諸侯而齊梁好士未嘗不往仕不受祿而宋薛之餽未嘗不受道不苟合而不爲小丈夫之悻悻故去齊三宿廉不苟取而不爲陳仲子之矯情故交際不辭其溫良恭儉讓宛得孔子家法是故以伯夷爲隘柳下惠爲不恭以仲尼爲不爲已甚其所向慕可知而先儒猶謂其鋒鋩之露何與

天時不如地利章　梁惠王問尉繚子曰黃帝刑德可以百勝乎曰刑曰德也刑者以討德者生旺尉繚子對曰刑以法之德以守之非所謂天官時日陰陽向背也黃帝者人事而已今有城東西攻不能取南北攻不能取四方其無順時乘之者耶然而不能取者天官時日不若人事也天官曰背水陣爲絕地向坂陣爲廢軍武王伐紂背濟水向坂山而陣以二萬五千五百人擊紂之億萬而滅商豈紂不得天官之陣哉唐隆二年上問員半千以天陣地陣人陣之名半千對曰臣觀載籍謂天陣爲星宿孤虛地陣爲山川向背人陣爲偏伍彌縫竊謂不然夫師

上孟　五十八

出以義有若時雨得天之時此天陣也兵在足食且戰且耕得地之利此地陣也士卒輕利將相和睦此人陣也用兵舍此三者其何以戰二條與此章相合又趙坦寶甓齋云孟子天時不如地利注天時謂時日支干五行王相孤虚之屬也坦按時日支干之屬乃漢世方術家言孟子斷不出此殆謂無水潦疾疫之類如左傳襄十年云水潦將降懼不能歸又後漢書馬援傳援征五溪蠻會暑甚士卒多疫死援亦中病遂困是謂不得天時反是則得天時矣此說亦可參

三里之城七里之郭【存異】臧氏琳曰晉書段灼傳三里之城五里之郭環而攻之有不克者人心苟和三里之城五里之郭不可攻也此本孟子今孟子本作七疑誤也郭爲外城猶槨爲外棺槨開廣二里已不爲狹若城三里而郭七里是外城反過倍于內城矣外城既有七里則內城又當不止三里段兩言五里之郭必非誤焦氏循曰齊策貂勃云三里之城五里之郭田單又云五里之城七里之郭皆指卽墨言其城郭

之小五里七里固未可拘也愚按城三里者則郭五里城五里者則郭七里此定制也至孟子此二句則是各舉其一而言宜分讀不宜合讀也

夫環而攻之必有得天時者矣　蘇秉國曰趙注環而攻之必有得天時之善處者趙注似長兵家言天時多言向背如背孤擊虛背亭亭擊白奸之類每日每時各有其宜向宜背之方環而攻之則四面必有一處合天時之善者不待曠日持久而後有也　熊朋來云周禮夏官秋官皆有環人俞壽翁謂宜合爲一官環者占筮之名筮人九筮有所謂筮環專以占致師筮單旅占日時方向尅勝之法二環人注一以環爲御一以環爲圍皆未足盡環之義孟子曰環而攻之必有得天時者若如注說圍而攻之何以曰必有得天時者若曰環圍則孤虛王相必得一吉方終是理短以周禮言之環固是占筮之名天時亦占候之書太史職云太史抱天時與大師同車是也注云抱式知吉凶者筮占推

擇取時日方向以知吉凶是故謂之環周柄中曰孟子環字卽周禮之筮環環而攻之謂筮而攻之攻之則筮吉故曰必有得天時者矣然而筮得天時之吉而不能克者是天時不如地利若訓四面圍攻則與天時不合　按周官環[illegible]注環猶旋也此環作旋訓疑卽日者傳旋式之旋大史抱式以知天時必旋式正其筮之而後知也

兵革二句　艾千子曰兵革二者無關于地利而地之所恃以利者也存疑云蒙引謂兵革米粟皆出于地利按晁錯曰匈奴長技五中國長技五可見兵革出于地利也枚乘說吳王曰轉粟西向陸行不絕水行滿河不如海陵之倉可見米粟出于地利也金仁山曰黃牛皮者爲犀甲靑牛皮者爲兕甲卽今水牛也古人米與穀兼積米切用而易腐穀氣全而可久緩急並儲後世軍儲獨米故久不可食

得道者多助六句　**存異**焦云音義曰寡助之至至或作主按多助之至亦當作多助之主趙注得道之君卽解多助之主得道者多助則多助

之主即是得道之君也愚按此章非爲將帥行兵者說正爲爲國治民者說兩至字疑主字之訛

寡人如就見五句　周云寡人數語是使者述齊王之言非使者之言倘使者之言則當曰寡君不當曰寡人又當曰寡君來就見者也不當曰寡人如就見者也如字費解趙注若言就孟子之館相見也若言二字迂曲疏訓往與左傳公如晉之如同王引之訓將則與左傳如有憂而喜之如同焦循訓謀本不雅如謀也爲說愚按經傳釋詞如當也左傳不能如辭杜注釋爲當辭國策末之不能如梁也寡人知之矣高注如當也此處亦宜訓當言據先王古禮寡人理當來就夫子之館相見也采有寒疾當不能來則望夫子來朝相見也

存異　朝將視朝上朝字當讀潮趙注有寒疾不可以風倘可來朝欲力疾視朝因得見孟子不知可使寡人得見否孫疏同閻百詩曰玩趙注視朝內仍帶有力疾不得已之意頗妙不然既寒矣大廷之上與道路奚別而爲視朝之常

語耶止朝字當頓住在齊王以孟子肎來朝則視朝不然仍以疾罷耳不得已而之景丑氏宿焉

【存異】朱氏珪曰孟子不受齊王之召而托疾不朝及明日出而王使來仲子飾詞以對又爲要路之請孟子不聽則徑歸耳歸而不肎顯之跡自著何至不得已哉趙注孟子迫于仲子之言不得已而心不欲至朝因之其所知齊大夫景丑之家宿焉且以語景丑氏朱子集注無釋後之講者皆以孟子爲終不朝而不得已三字懸而無著心竊疑之夫孟仲子孟子之從弟而受業者也以其對其要爲非則斥之可矣何嫌何迫況既迫其言而無歸又何違其請而不朝乎好兩無處也既不朝矣齊王怪而問其故自可徐陳又何不終日而亟白于景丑氏耶蓋聖賢之言動不遠人情前者齊王就見寒疾之詞本婉而孟子不幸有疾之拒亦晦及明日出弔所以使之聞之乃問疾醫來既近于祉而趨造之對要路之請又迫于信必矯而拂之非情也此不得已而遂朝也既朝則前此之一辭一弔似屬無謂故不得已而

申其説于景子也鄙意以爲不得已實兼此二三意然若無以爲質偶檢儀禮鄉飲酒禮疏引孟子公孫丑篇齊王召孟子不肯朝後不得已而朝之宿于大夫景丑氏之家不覺狂喜乃知唐儒賈公彦早作如是解眞先獲我心矣　按南軒云仲子以趣造于朝對則其宿于景丑氏也意者不得已明日而往見于王乎與賈說合

景子　翟云漢藝文志有景子三篇列儒者流此處稱景丑爲景子其言父子主恩君臣主敬及引禮文父召君召諸文頗有見于儒家大義景子似即著書之景子孟子宿于其家蓋亦以其氣誼稍合在焉愚按世本齊公子朝之子字子景以字爲氏亦曰景丑則景子亦齊之公族也

宜與夫禮若不相似然　畫齋夜話曰與丁音餘宜歟卽可乎之謂一說不雅宜事也宜與夫禮謂夫子之事與禮所云若不相似王引之曰宜猶殆也愚按與讀歟則下夫禮句欠順宜訓殆與若字似復若訓爲事

此處可逼而于宜若登天宜若無罪不合經傳釋詞云宜儀義皆語助依此解則孟子諸宜字俱可通此處言天子所行與禮若不相似也

晉楚之富段　韓詩外傳云曾子親没之後楚迎以令尹晉迎以上卿當是之時重其身而輕其祿數語可爲此段之證

吾何慊乎哉　慊字注有少恨快足四訓俱與上文語意未甚合竊意是貪羨欣慕之意博雅慊一曰貪也後漢書張平子應閒云曾不慊夫晉楚敦告誠于知己章懷太子注慊羨也文選應休璉與從弟書昔山父不貪天下之榮曾參不慕晉楚之富南軒云曾子非以仁義與彼較輕重也蓋世衰道微競于勢利君以此驕士而士亦不知自重趨慕服役之不暇不知仁義在躬何所慕于外故曰吾何慊乎哉有所慊則其所望于人有所望於人則爲富貴之所屈無所慊則無所求豈不綽綽有餘裕乎三説一訓貪一訓羨一訓慕似得其旨樂其道則忘人勢方合大賢身分若以己之不少仁義與晉楚較量輕重尚不免至于道德

驕人矣是或一道說統謂或不是疑詞實作自重之道看愚按或又也以朝廷言則爵重君命召不俟駕是一道也以輔世長民言則德重不可召之臣則不敢召是又一道也景子但知有必應召之道不知又有不可召之道故言之經義釋詞云詩既立之監或佐之史或又也亂或敢有他志晉語作又吳語或將豐之史記作又可證

故將大有爲之君四節　閻白詩曰范氏謂孟子在齊處賓師之位非也孟子爲卿于齊孟子致爲臣而歸安有所謂賓師之位哉古有可召之臣有不可召之臣孟子以不可召之臣自處非眞師也若果師則天子不召師而況諸侯乎齊王自不敢來召又不待其召而後不往也　按孟子在齊果居師位景丑氏豈不知師不可召而引禮言刺之正以孟子見居臣位也不知同一臣也有可召者有不可召者所教者可召者也所受教者不可召者也湯之尹桓之仲豈云非臣然湯桓當日有謀則就卻不敢召者正以尹仲有輔世長民之德是不可召者故湯桓敬

之不敢與常臣等也孟子以伊尹自處則王宜以湯之待尹者待之方是蕭纂郭隗曰帝者之臣其名臣也其實師也臣以職言師以心言白文所字屬君心說職雖可召而德不可召君心須別有所尊崇不可以常禮拘也景丑只知君召臣之常禮不知君敬臣之特禮故引湯與桓待受教之臣與時君不同者以示焉　墨子貴義篇云昔者湯將往見伊尹令彭氏之子御彭氏之子半道而問曰君將何之湯曰將往見伊尹彭氏之子曰伊尹天下之賤人也今君欲見之亦令君問焉彼受賜矣湯曰非汝所知也今有藥于此食之而耳加聰目加明則吾必悅而強食之令夫伊尹之于吾國也譬之良醫善藥也而子不欲我見伊尹是子不欲吾善也因下彭氏之子弗使御此湯于伊尹不敢召之實證桓公于管仲一則曰仲父再則曰仲父尊之至矣彼于九九小臣尚五往見之豈于仲父而敢召哉

當在薛也予有戒心節　【存疑】趙注時人有欲害孟子者孟子設兵以戒

備之、薛君曰、聞戒、此金可鬻以供兵用、故餽之、予何爲不受也、朱注同、

【辨正】左寶森曰、趙說近誣、是時孟子居于薛、苟害孟子者先至薛、孟子必不至薛、或不知其人在薛而猝遇、亦惟避之而已矣、豈有計出于設兵者哉、如謂必用兵以自衞、則從者數百、相助一鬥、已不可當、而何兵之設、與卽以設兵言之、必以其從者數百之衆之力、俱不足恃、而求借其數、勢非千人不可、孟子方寄寓人國、將何地以容之、且害孟子者、若隻身來薛、孟子必不設兵、必其人先率兵以相加、孟子乃設兵以應之也、夫以不逞之人、率千百之衆、越國尋仇、當時國君能容之否、卽使能容、兩家設兵相持、何時解釋、但害孟子者、奮兵肆鬥、彼此伏尸、此又不可不慮也、況薛君轉餽金之舉、爲解難之事、衛孟子出之于境、亦有何難、又奚待于兵之設與、然則聞戒爲兵餽之說奈何、曰、當時七國并吞、小國滕薛、屢屢被兵、是時距滕薛見滅之時不遠、此必孟子在薛居賓師之位、適當薛國被兵、孟子有戒心而行、薛君爲兵之故、餽之以金以

爲道路之資亦猶宋之餽贐云尔曾子居武城寇至而去非其明徵與更觀滕文公齊人將築薛之問尤彰彰可考也　按行者必有齎張衡傳注引孟子行上有遣字

子之持戟之士二節　閻云持戟衛不虞之人非荷戈也失伍是私離其次非退縮逃奔也此說與下不甚關合孫疏云軍法以五人爲伍而以下士一人爲之長則持戟之士伍長之士也所以保衛其伍者也不能保衛其伍此不稱其職也如齊平陸大夫所以保衛其民者也不能保衛其邑之民故老弱轉溝壑壯者散四方不稱職也孟子故以爲喻南軒解云人君有民與其臣共司牧之是當以保民爲己任也戰國之君臣莫知其任也故孟子以此問于距心焉夫持戟之士率其伍以戰若有失亡則以不職而去之矣今分任牧民之責而不存心于民平日不爲預備安輯之計凶年饑歲使之轉徙流散坐視而不能救其所失比之失伍不已多乎二説得之衛風死生契闊與子成説毛傳説數也孔

疏毛以爲軍中之人其伍約云我當與女危難相救成其軍伍之數勿得相背使死于軍陣也周官大司馬云五人爲伍謂與其伍中之人約束也軍法有兩卒師旅其約亦可相及獨言伍者以執手相約必相親近故左傳云不死伍乘軍之大刑也是同伍相救故舉以言之據此解詩以與子成說爲成其軍伍之數不我活兮是失其軍伍之數則此處所云失伍者亦指失其軍伍之數而言故以下士之長不能保衛其伍喻一邑之長不能保衛其民也

王之爲都者　袁了凡曰注邑有先君之廟曰都非也此周禮所謂都鄙之都也四縣爲都盖王子弟卿大夫采邑也齊方千里五都皆有之大抵是邑之大者不然豈五處皆得立齊王宗廟耶閻云詩在浚之都毛傳下邑曰都可取以注此句按都亦可名邑都邑無主是邑也亦可稱都左傳隳三都又浹辰之間而楚克其三都詩作都于向月令無休于都商君傳何不早歸十五都皆指邑言

孟子謂蚳鼃章　蚳鼃石經作蚳鼃孟子外書蚳鼃隱于萊孟子使人問以書且遺之粟曰介士也意致爲臣之後遂隱居于萊以終其身與靈邱　江慎修曰靈邱齊下邑胡三省注通鑑謂卽漢清河郡之靈縣今之高唐夏津皆其地疑此說是楚魏嘗伐齊至靈邱正是漢清河郡今之東昌地也史記正義引代郡靈邱縣以證靈邱非矣齊之西北不得至代郡　鄧柱瀾云進退只就去不去說不去便是進須活看朱以九云孟子爲蚳鼃爲齊也爲王也實自爲也借一鼃以爲感悟之地遲一身以爲啟沃之資故不去不安欲去不忍之心乃託之于進退餘裕之微詞也近都執著無責無守乃賓師也不必去也夫士師固可去賓師豈宜浮沈耶殊覺理短

孟子爲卿章　季氏本曰孟子與王驩使滕爲文公之喪也非大國之君無使貴卿及介往弔者此固重文公之賢而隆其數亦孟子欲親往弔以盡存歿始終之太礼也　蘇云王欲孟子舍學從我孟子所深病也

驩從王者也孟子與驩不合王使驩爲輔行王之意蓋欲使之交驩按

契周旋其閒以連合已與孟子與驩二人之交不知薰蕕之不同器也

孟子不與驩言事非專以傲驩亦欲因以喻王猶是望王親賢遠奸之

意丑淺人故孟子不與深言先儒第謂君子遠小人不惡而嚴如此似

猶未達孟子之意

孟子自齊葬于魯節　周柄中曰反于齊郝京山謂拜君賜此爾杜撰儀

禮所謂棺中之賜者但拜君命而不拜賜物鄭注棺中之賜不及已是

已若謂拜賜在三月葬後禮文並無此說顧亭林謂自齊葬魯言葬而

不言喪此改葬也禮改葬緦既畢而除故反于齊亦屬臆說觀下文曰

敦匠事曰嚴不敢請何以見其爲改葬而非初喪乎閻氏謂反齊在終

三年喪後則充虞明曰嚴不敢請今願有請兩請相接正頂嚴字若三

年後不嚴久矣如反齊果在三年後則本章當以充虞問曰作起句如

陳臻問曰之類何必言自齊葬魯直從三年前敘來由乎毛以反爲反

哭之反亦非確論呂黎言今世大夫以官爲家罷則無所于歸孟子恐未必然七篇中記致爲臣而歸安見齊有家而魯反無家乎按家語孔子曰三年之喪周人既卒哭而致事致事謂還政于君大夫三月而葬五月而卒哭然則反齊者卒哭之後反而致其卿事于王也任釣台亦主此說

使虞敦匠事　　趙注敦匠厚作棺也事嚴喪事急也按此與今讀異依趙作厚訓則敦讀丁依朱子作治訓則敦讀堆孔廣森曰敦治也讀如敦商之旅之敦莊子說劍篇使士敦劍注敦音堆治也詩敦商之旅孟子使虞敦匠事是也外書孝經章云孟母之喪門弟子各治其事陳臻治貨陳代治牲季孫郊治車咸邱蒙治器充虞治櫬公都或治供樂正克治儀公孫丑治賓客此可爲證

中古棺七寸　　孔廣森曰中古趙注謂周公制禮以來愚謂中古當指周公以前周公制禮則自天子至于庶人皆有等故喪大記云君大棺八寸上大夫七寸下大夫六寸夫子制中都亦爲四寸之棺五寸之

椁是庶人不得同七寸、按古之爲市者趙注、古者謂周公以前、可移以
解此節、　得之爲有財　金仁山曰、爲當一讀、謂亓制所得爲也、
且比化者節　注化者死者也、按化雖屬死、但始死尚不得即謂之化、趙
注、棺槨敦厚、比親體之變化、且無令土親膚、于人子之心、獨不快然无
所恨也、南軒云、欲使比及于化、而土不至于親膚、庶幾无所恨也、郭畏
齋曰、葬有棺槨、土何至親膚、此不達其理者也、人之遺體、須百餘年而
後歸于无、而棺槨先已不完、則未消未化之時、未免爲土氣侵蝕、與舉
而委之于壑何異、必得久遠堅厚之木、如所謂柏千松萬者、骸骨無存、
而棺槨尚完全无獘、則是土終不得親其肌膚也、如是而後于保愛遺
體之道斯盡、思至于此、而哀痛無聊之中、差堪自慰、故曰于人心獨無
校乎、周依亭曰、古者四節有四層、古者節言中古之制、是從厚、底不得
節言得爲而又有財、何得不從厚、且比節言不但送終時悅、即從千百
年後著想、亦必從厚、末節引語作證、君子不以天下人所得用之物儉

夠于灝見不可不厚

沈同以其私問章　李嘗齋曰語錄謂孟子此章誠爲未盡何以異于是之下合更說是弔民伐罪不行殘虐之主方可伐之如此方盡善按沈同此問固明知燕之可伐亦明知齊不能行天討祇欲藉正論以遂其逢君之私又恐見堕于孟子故謬爲空言評論若無關于齊者假使孟子示以天吏方可伐或明示以齊不行天討不可以伐燕則同必飾言說燕論燕非爲齊謀也故孟子但據本然之分付以當然之訓未嘗轉討齊之伐燕而預爲逆詐發伏也況即明示以齊非天吏不可與兵亦不能止齊之伐燕也語錄又曰孟子居齊許久伐燕之事必親見之齊王乃無一語謀于孟子孟子亦無言諫之何也想孟子亦必以伐燕爲是但不意齊師之暴虐耳此說亦未確翟氏灝曰戰國策勸伐燕者乃田臣思與儲子若孟子不特不勸且有語以諫之矣何以驗之驗之于下章也惟孟子諫王而王不聽故燕人之叛王甚慚于孟子倘孟子亦

以伐燕爲是則孟子方且有辭于王王乃何所慚哉李中培曰合觀上篇如水益深數語若殺其父兄二節不特未嘗勸而且力諫可知燕人畔章集注引林氏云若以第二篇十章十一章置之前章之後此章之前則孟子之意不待論說而自明斯言得之矣　黃氏日抄以前篇稱謚故屬之宣王此篇不稱謚故屬之湣王非也焦氏循曰梁惠篇所載皆對齊王之言故與梁惠梁襄滕文鄒穆魯平公相次公孫丑篇所載皆對齊臣之言故與景丑蚳鼃王驩沈同陳賈相次若以稱謚與否爲斷則莊暴章終篇不見宣字豈亦可謂之湣王耶

勸齊伐燕　按國策云張儀以秦魏之兵伐韓齊王曰韓吾與國也秦伐之吾將救之田臣思曰王之謀過矣不如聽之子噲與子之國百姓不戴諸侯弗與秦伐韓楚趙必救之是天以燕賜我也王曰善乃許韓使者而遣之韓自以得交于齊遂與秦戰楚趙果救韓齊因起兵攻燕三十日而舉燕國據此則勸齊伐燕者田臣思也安可以誣孟子哉

燕人畔章

【質疑】注齊破燕後二年燕人立太子平是爲昭王　【辨正】李錯尚史曰據年表君噲及太子相之子皆死則平死于難據紀年子之殺公子平齊破燕禽子之而醢其身則平爲之子所殺若平與昭王果係一人則平外倚齊援內平國難卒得噲死身立是齊與有力不應懷破燕之恥成報齊之功且平舉事不克而不死國滅二年而復立理殊不然是太子平與昭王非一人明矣又云趙世家武靈王聞燕亂召公子職于韓立爲以燕王王使樂池送之此事燕世家不載蓋趙遙立職實未嘗入燕也據李說太子平已死趙立公子職又不克故燕人立昭王而君始定

周公知其將叛八句　世人以管蔡爲忠商則武周之伐爲弑君矣以管蔡爲凶頑則文武之使爲不知矣二者皆非也朱子曰舜之于象是平日見其不仁故處之有道封之有庳富貴之而已周公于管叔又別管蔡初無不好的心後來被武庚煽惑至此使先有疑心周公必不肯使

也或問周公使管叔監殷豈非以愛兄之心勝故不敢疑之也曰若說不敢疑則已是有可疑者矣蓋周公以管叔是吾之兄事同一體今既克商使之監殷又何疑焉非是不敢疑乃是即無可疑之事也二說平允又魏鍾會管蔡論云文武之用管蔡以實周公之殺管蔡以權其言比郭子章爲勝按逸周書文政篇是時管蔡循王開宗禁九慝昭九行尊九德順九典東隅之侯咸旅于王是監殷之功原不可沒鍾會所云功業有績者良非誣也武周舉而任非徒以親實以才也故史記一云相祿父治殷再云相祿父以和其民蓋武王在日不管叔之才可以治殷其心亦是忠于周者故能使東隅之侯咸旅于王何嘗有叛周之心乎迨武王死後武庚日夜煽惑一時爲所愚頓起邪心此管蔡當日自已所不及知周公安能于初使之時即逆料至此哉

且古之君子節　此節趙注仍粘周公說非也江若度曰上四句以順過對改過說下九句又就上文充拓言之見古今之分不但能改不能改

卽未改之先已不同如此如日月之食民皆見之只對下文見君子不自掩護意過字亦只大概說眞過似過二種俱包在內不必粘定周公且周公之過豈可改哉亦豈以改爲幸哉照定周公反與本義不合要知孟子說此一段是隱鞭賈爲君文過而責之從舉古之君子以對今人看起首一且字已脫開上文矣

孟子致爲臣章　孟子去齊之故諸儒承上章蘇指他日一段言兼說乃備甚陳賈代王文過則其慚已解而不知尊信孟子故對時子語只是虛文相待至養弟子以萬鍾並以龍斷之賤丈夫待孟子矣此所以致爲臣而歸也

得侍同朝三句　翟云趙注來就爲臣君臣同朝得相見故喜也以朝字爲句孔廣森曰據趙注則得侍同朝者謙詞言與孟子得爲君臣而同朝也甚喜王自言甚喜也俗讀得侍爲句者謬譚貞默曰今又棄者孟子前後兩去齊也愚按初去齊在宣九年是去而之宋薛後去齊則宣

未年去而歸得也

他日王謂時子節　蘇云此章自他日王謂時子下朱注沿趙氏說謂孟子旣以道不行而去則其義不可復留故著時子云云按王就見孟子親爲送歸孟子已覿面送别縱暫留一夕次日亦當起行不應至他日而猶館于齊孟子素守孔子仕止久速之義與道進退可去則去復有何事而遲留若是大可疑也或曰孟子未忍遽去與三宿出晝同義曰去就之義不可不明嫌疑之際最所當愼去齊之後三宿出晝可也别王之後三宿去齊則不可若留至他日而王始謂時子又經時子陳子轉相告語遷延如許而後去則尹士濡滯之疑干澤之譏當不待三宿出晝而已發矣且王于孟子之歸就館相送欲留其行乃不親往而借口時子又欲中國授室以遺之是速之行也齊王天姿朴實其于孟子相接之情不應若是又孟子聞時子言不告以未能即去之故乃只曰已不欲富不私壟斷爲此寬緩之說亦非潔身之道詞令之宜反復思

之未得所安竊謂此章他日二字蓋追敘前事以明孟子所以致爲臣而歸也王不能用孟子慢賢棄礼日甚一日至欲以中國處孟子而借口于使諸大夫國人皆有矜式是吾見亦罕之王漸且至于不得一見蔽錮愈深而其所以莛孟子者決矣孟子于此不去魯繆生之不若也故既書致爲臣而歸因追書他日之事以明去齊之故也然孟子不于一聞府子言即拂衣而去致臣之後而追書之日他日云云則其宛轉忠厚不欲顯暴齊王棄賢之意亦可見矣此又學者所當深味也

養弟子以萬鍾　總注引程子云以利動之其說似矣但于欲富節則合而季孫兩節則是間文竊意養弟子三字不可忽過蓋宣王當日若云賜孟子以萬鍾則孟子止以不欲富爲言矣乃不曰賜孟子而曰養弟子孟子若受則是以賤丈夫自處矣何者賤丈夫非他即今之牙獪居間作合而取利者故孟子引以爲比夫萬鍾之祿齊王本以養弟子孟子道既不行而徒坐享弟子之祿則與賤丈夫何異季孫節趙注云齊

王使我爲政不用則亦可止矣今又欲以其子弟故使我爲卿而與我
萬鍾之祿人誰不欲富貴乎是猶獨于富貴之中有此私登龍斷之類
也我則恥之南軒解云孟子意以爲不用已則已矣而又欲養弟子以
卿相之祿則是王之處己以利而非爲道吾受之亦利之而已苟以利
何異于龍斷之夫乎玩此二說可見又使子弟爲卿正破此句之非則
此語正宜翫神

時子節　因託也引解云時子齊王邊人極能體會王意以爲王不自請
而使我問之此非王本心也吾姑告其從者使吾君不失禮而又不違
心是兩得也不然何不竟造孟子前述之而顧轉相告語耶陳子是孟
子邊人全不明孟子心曲爲萬鍾之故往復關白竟不能出嚴詞以拒
之何不諒其師之甚耶是時子爲甚諂而陳子爲甚愚均不能無罪也
廣雅然應也孟子曰然是應詞與訓是者别

季孫曰異哉子叔疑　**存異** 趙注二子孟子弟子也季孫知孟子意不欲

而心欲使就之故曰異哉弟子之所聞也子叔心疑惑亦以爲可就矣使已以下、孟子解二子之異意疑心按此說似怪然考孟子外書孝經篇、孟子毋聽、季孫郊治東、則固明有季孫其人矣又文說篇、有子叔問文王仲尼繫易事、孟子荅之注、子叔孟子門人則又明有子叔其人矣朱竹垞經義考云、宋政和二年、封季孫豐城伯子叔乘陽伯吴萊夫撰孟子弟子列傳、書雖不傳序稱十九人合季孫子叔滕更適合十九之數、則趙說亦有不可厚非者、若如畊說、則又使其子弟爲卿何費解何者君命人臣爲卿、理所有也臣使子弟爲卿事所無也即或有之亦必身居執政、攬一國之柄、上奪主權、下樹私恩方可爲之子叔疑位在三家之下、又嘗不用之之時、安能又使子弟爲卿、且季孫爲魯權臣又安肯以用人之權移于子叔疑乎周柄中則云昭二十九年、叔詣卒公羊載季孫意如言云、叔詣無病而死此皆天也非我也則此季孫疑即平子、子叔疑即叔詣也、昭二十五年、叔詣會諸侯于黄父或是年秋平子

逐昭叔詣始有怨于季、故爲政不用乎、愚按昭公二十五年奔齊、其後
亦無叔詣、于弟爲卿者、則周說亦難信、
有私龍斷焉　　龍字有作隆者、丁云、龍與隆相近、高也、有作壟者、陸
注謂岡壟斷而高者、有作尨者、段注說文云、趙注龍斷堁斷而高者也、
堁塵也、高誘淮南注、楚人謂塵爲堁、趙本蓋作尨斷、尨者、塵雜之皃、嚚
塵不到地亨之處也　　愚按考工記注、龍、尨也、爾雅、尨有也、說文、龓兼
有也、從有龍聲、讀若聾、廣雅、龓有也、王引之曰、蒙尨憮荒、皆謂奄有之
也、王念孫廣雅疏云、史記平準書、龍天下之貨物、龍與龓通、正字通云、
漢書食貨志、龓鹽鐵、龓貨物、今本作籠字、籠包舉也、竊意說係籠鐵之
省文、說文、斷、截也、即攔截意、龍斷者、籠絡百貨、攔截衆人、惟合一己兼
而有之、不使他人分而得之、故賤丈夫入市、必求可以龍斷之地而登
之、登得也、公羊傳云、登來者、何、得來之也、賤丈夫入市、欲以市中左右
兩旁之利、一己包舉而兼有之、是有籠絡之才者、趙注、入市必求龍斷

而登之以爲能斷必在市不在山陸以岡壟之斷而高者爲訓于義無取
丁段兩說亦與下左右望而罔市利不甚關合
有賤丈夫焉　賤丈夫時講專主貪商誅非也謝梅莊曰孟子謂我
若貪此萬鍾無辭多受少之理若謂享弟子之祿則尤龍斷賤丈夫我
矣賤丈夫即今牙行大駔儈也辭商賈之名而挺要布黨居閒作合坐
收四方商賈之利季孫喻己不爲政而子弟爲政孟子喻己不受祿而
弟子受祿也駔儈擅司市平價之權故後世立權儈之法權儈因而權
商矣此章舊解蒙混牽强上下文義方枘員鑿全不合準總由不明龍
斷賤丈夫之義耳
宿于晝　[illegible]或曰晝當作畫音獲齊東野語以讀晝爲非畫爲是[illegible]
樊廷枚曰金仁山語錄謂齊有晝邑又有畫邑羅泌路史云晝邑在西
安城晝邑在臨淄毛西河謂齊有晝邑夜邑孟子宿晝邑國策齊襄王
封田單以夜邑一晝一夜不錯也且晝爲齊西南邑正孟子去齊還鄒

之路若晝邑在臨淄西北三十里即戟里城燕將破齊時將以其地封王蠋者以燕在齊之西北故也孟子不之燕何由宿晝此說正與閻氏南北判然相證

弟子齊宿　宿字趙訓爲素注訓越宿似皆未確吳玉搢別雅云楚辭吾與君兮齊速玉藻見所尊者齊遫孟子弟子齊宿而後敢言皆齊戒肅敬之意字異意同假借用之也或各如本字作解者非王引之曰宿讀爲𠈇𠈇古夙字也說文夙早敬也古文𠈇又云肅持事振敬也𠈇夙肅古今字作宿者假借也賈子保傅篇有司齊肅大戴作[illegible]夙孟子云弟子齊宿是𠈇夙肅通作宿也　愚按祭統宮宰宿夫人注宿讀爲肅肅戒也儀禮宿尸注與曲禮主人肅客之肅同楚詞見王子而宿之吳世尚注宿肅也左傳官宿其業謂能敬修其業也此皆宿通爲肅之證

昔者魯繆公二段　趙注往者魯穆公尊禮子思子思以道不行則欲去繆公常使賢人往留之說以方且聽子爲政然後子思復留泄柳申詳亦賢者也穆公尊之不如子思二子常

有賢者在穆公之側勸以復之其身乃安也焦云子思之賢魯人無過之者故必聽子思之言爲政乃不去二子賢不及子思不必聽二子之言必有賢如子思進言于君而君聽之二子乃留勸以復之謂有賢者在穆公側以勸勉而奏白之也謝梅莊曰子思不去者君使人留之二子不去者入勸君留之周人騏曰留子思者必從穆公來留泄柳申詳者必勸穆公留正與爲王二字對照

子爲長者慮節　趙鹿泉曰此客必是可言于王前者故得稱爲王抑或卽是王使之來而不稱使假詞于爲王故孟子責以不及子思趙注子爲我慮不及子思時賢人也不勸王使我得行道而但勸我留留者何爲哉得其旨矣備旨云看上節繆公事則爲長者慮須兼平日與當時說方好蓋平日既無道達之誠不能留其賢于國而今日又非奉王命而來分明輕視大賢爲可有可無之人也如此說二節文義方屬　按此章講說皆主無王命說固是而趙注及昱注之解尤勝趙于上子思

段曰方且聽子為政此節曰勸王使我得行道翌注云當先言王而得其悔悟因奉王命而留惟悔悟行道方有可留之理不然王雖自來假意殷勤且不可留況但使人來耶

識其不可然且至二段　季氏本曰孟子始至齊去之宋薛因適魏歸鄒終有意于齊王故復至齊書之升亦主先之齊後游梁而復至齊之說此句且字指再至齊言前在齊時已知王不可為湯武則宜不再來矣而又再來非干澤而何　尹氏云千里見王孟子亦云千里見王蓋孟子始去齊而至梁故惠王云叟不遠千里而來既去梁而仍至齊故尹氏云然且至公孫丑篇孟子將有遠行季氏本以為自宋薛而之魏也盡心篇孟子自范之齊書之升以為自梁而之齊也齊梁相隔故云千里若自鄒來齊何千里之有

王庶幾改之　注所改必指一事而言然不可考矣夫宣王之過孰有大于取燕者乎當五旬而舉時孟子蓋屢諫之始以燕民不悅則勿取為

説繼以反旄倪止重器置君而後去爲説使宣能用其言則諸侯之謀强者自止豈惟齊民安天下之兵不動其民舉安矣乃倍地不行仁卒歸于取所謂諫于其君而不受也然王雖貪燕燕人叛而以爲慚則非怙過不悛者比故云王由足用爲善此孟子既深責陳賈爲王文過致臣而歸而出晝三宿猶以庶幾改之爲望也此改之即上章過則改之之改

彼一時此一時也　蘇秉國曰君子不怨天不尤人充虞蓋舉孟子平日所稱孔子者以問耳荅以彼一時即指孔子之時此一時乃孟子自謂所處之時也如此看方與下五百年意相貫若以彼一時爲前日則與下意不相關矣

七百有餘歲矣　江愼修曰孟子去齊當周赧王三年己酉以邵子經世仁山前編考之武王伐殷己卯距赧王己酉八百十一年與孟子不合蓋周初自共和庚申以前必有誤衍之年其誤衍始于劉歆歷譜也曾

世家煬公六年、獻公三十二年、歷譜則以煬公爲六十年、獻公爲五十年、共衍七十三年、經世諸書皆承其誤除所衍七十三、實得七百三十九年、正與孟子語合否則孟子生周豈不知其年數耶

夫天未欲平治節　蘇云注以樂天爲言此沿趙注、細玩孟子語意蓋不如此充虞因孟子有不豫色故引前言以問孟子、告以已所處之時與孔子不同其情不得不較孔子爲更急故于言終揭明因天未欲平治天下、我雖有其具而無所試所以不豫吾何爲不豫哉蓋以此耳、徐巖泉曰、此節正是解今日所以不豫之故如欲三句乃假設之詞吾何爲不豫哉乃掀起之語、正應天未欲平治句而明已所以不豫也王已山曰此異常說然于當日孟子之心轉似較合大約此章自以憂世爲主樂天意只宜于言外體會得之不得便入

於崇吾得見王二節　季氏本孟子事蹟考云孟子免喪復見宣王于崇、因士師不能治士而語以四境之不治是時右師用事在朝多曲媚之

而往弔公行之喪孟子以禮自持致其爲簡之怨此亦去齊之幾也故退而有去志遂不受祿則前此爲卿受祿可知矣宣王欲伐燕所謂權而有師命不可以請也愚按人臣進言于君俱謂之請如左傳甯武子請改祀命子罕請俟農功之畢孟子請野九一而助之類不可以請猶云不可以諫也前篇王速出令一節即是孟子請詞直率不聽所謂諫于其君而不受也宣王取燕之計已決不可以請而止之故孟子有去志而不受祿但因燕畔而慚王猶足用爲善故遲遲其行而久于齊以望其能改也朱以王爲湣王疏以師命爲賓師之命似皆未確

滕文公　滕有三文公地里志云沛郡公邱故滕國城周懿王子錯叔繡所封景祐本叔繡下有文公二字王念孫曰景祐本是今本無文公者後人以滕文公不當與祖同謚而刪之也不知子孫不可與祖父同名未嘗不可同謚周公之謚曰文固與文王同謚矣魯之文公又與周公同謚矣推之他國亦多有此豈得憑臆妄刪乎水經泗水注云公邱縣

故城任滕西北地里志周懿王子錯叔繡文公所封正與景祐本同路史後紀卞叔繡下亦有文公二字愚按據地里志則滕之始祖謚爲文公矣然亦不僅此左傳成十六年滕文公薨此文公是繼昭公而立者世本滕國有考公麋與文公之父定公相值其子元公與文公相值似後世避諱改考公爲定公以元公行文德故謂之文也困學紀聞云考公元公即定公文公叅萬希槐曰按謚法大慮行節曰考安民大慮曰定考與定義相近也主義行德曰元慈惠愛民曰文元與文義相近也則文公殆本謚元而文之一字則後人以其有文德而稱之實非謚也禮記檀弓有考公之喪鄭注考或爲定此考定同字之證周元公一曰文公此元文同字之證

孟子道性善節　趙注孟子與世子言人性皆善但當充而用之耳周云此章以道一爲主性善乃道一之所以然也看後半止講堯舜可爲可知孟子只望世子爲堯舜則次節自重言必稱堯舜而推本于性善並

以性善爲主也後儒見性字字眼大便只管連篇累牘講起性來與孟子當日神情有何干涉細玩次句必字可知稱堯舜是主又朱子語類曰孟子見滕文公便道性善他欲人先知得一箇本原則爲善必力去惡必勇可見朱子之意亦是重在稱堯舜句性善爲推本論也

成覸節　周云人有畏則志不立故先成覸之言以勵其志然不能有爲則所志終虛故繼顔淵之言以鼓其力又引公明儀者是喻成覸不欺我顔淵不欺我也如此看蟬聯相承各有精義君如時講三説一意孟于何事重言累述耶　存異說文覸很視也齊景公之臣有成覸者廣韻覸人名出孟子段云成覸淮南子齊俗訓作成荆覸爲荆猶考工記故書覸爲猝也焦云按淮南子孟賁成荆無所行其威注成荆古勇士也漢書廣川王傳其殿門有成慶大袴長劍師古注成慶古之勇士事見淮南子成慶即成荆戰國趙策鄭同云丙無孟賁之威荆慶之斷鮑彪注荆成荆史記范雎傳成荆孟賁王慶忌夏育之勇焉而死集解引

許愼云成荆古勇士是荆慶覵二字古通也
吾何畏彼哉　注彼謂聖賢也按彼者輕之之詞豈有聖賢而可輕
覵謂成覵本意是指敵國言當時大于齊者晉與吴也左傳齊人懼乃
尋盟則畏晉矣涕出而女于吴則畏吴矣景公一生委靡不振故成覵
以此語厲之此語與說大人吾何畏彼哉同彼指大人言則此自應指
大國孟子引此三語置于顔淵公明之前者先粗後精止取何畏之意
不得以此語即指法聖賢也
公明儀曰二句　孔穎達禮疏云子張之喪公明儀爲志焉公明儀是其
弟子儀又爲曾子弟子故祭義云公明儀問于曾子曰夫子可以爲孝
乎是也賛合注曰我師謂可師而至之非爲我之師也
書曰若藥二句　說叢曰孟子引若藥二句早已慮到了覵下一章可見
欲行喪禮便有父兄百官來阻他欲行井田便有許行來壞他非勇往
不顧安能行得所以一則曰是在世子再則曰子力行之皆是此章末

二句之意　王引之曰藥字古讀若曜與療相近王肅家語注藥療也申鑒同詩不可救藥韓詩作療愚按詩可以樂飢鄭箋作療治也力召反藥療瘵三字通此藥字當作療治訓非樂餌之藥大凡癰疽瘡瘍之病古人療治多用刀割鍼灸故容有瞑眩者若今湯餌之劑則不限定瞑眩始愈也

齊疏之服　金仁山曰文公喪父當斬衰而云齊似可疑上云吾嘗聞之矣則此三句亦古語檀弓穆公問于曾子曾子曰齊斬之情云云與此正同蓋古語傳誦之訛孟子引之亦實當作齊斬之服愚按注疏猶麤也左傳晏桓子卒晏嬰麤衰斬杜注麤衰三升布孔穎達曰喪服　曰斬衰三升傳以三升之布布之最麤者故謂之麤也以麤布爲衰而斬之故謂之麤斬衰左傳又云苴経帶杜注苴麻之有子者取其麤也孔疏云服甚者尚麤惡注云疏麤也麤布也則此所云疏服其即斬衰之麤布與北史馮引傳追服斬縗食粥麤服此麤服即斬衰之證

吾宗國魯先君

御案云周公以大功德爲諸侯宗左傳晉以魯喪未見鄭伯鄭言亦敝邑之憂是晉鄭皆宗魯也吳子卒魯臨于周廟是吳亦宗魯也則魯爲諸姬之大宗閻云周公以聖人爲兄弟所宗故曰宗國注云爲長者非毛云宗國大宗之國也諸侯不敢祖天子而自爲之宗祇以大宗稱宗國而其餘同姓諸國皆稱小宗也大宗以別子爲之皆天子諸侯之次嫡弟無嫡弟則長庶弟立爲宗子即大宗也春秋傳以管蔡酆郇十六國爲文王一宗專以魯爲大宗之國而十五國爲小宗故以世次言則伯邑考爲長嫡武王管叔爲次嫡不及周公而以宗法言則武王以次嫡而爲君宗之宗管叔受誅國除遂立周公爲大宗

曰吾有所受之也　趙注一說吾有所受之也言我受之于孟子也故曰吾有所受之也閻云吾有所受之也爲世子荅父兄百官語與下謂然友曰吾字正一人左傳昭公元年傳云且臣與羈齒無乃不可乎史佚

有言曰、非羈曷忌恍悟父兄百官、引古後截然而止不復措一詞尤有餘味、文法何其與左氏類也

五月居廬四句　此四句亦滕文詞非記者詞謝梅莊曰是誠在我五句皆世子謂然友之言、是誠在我、言不必復謀于父兄百官也五月居廬言爲我道知父兄百官也廬次不便出令尔傳我意咸使聞知可也

滕文公問爲國章　此章講說不可盡信者二、一則夏后氏田不井授之說也、詩云、信彼南山維禹甸之、左傳少康有田一成、有眾一旅、使田不井授曷爲而有邱甸之法一成之田乎一則周人徹兼貢助之說也惟以徹兼貢助、故夏后氏節注鄉遂用貢法、都鄙用助法、請野節注周之徹法、亦盍如此方里而井注、此周之助法、不知助分公私徹通公私商于可井處用助法不可井處用貢法周于可井處用徹法不可井處用貢法二代判然不同若周果行助一代大典人人共知孟子何必引雨我公田二語爲死中生有之一證耶張瓚昭曰制畝與分州同起黃帝

州區爲九田豈有不爲九區者惟是夏后氏賦底要荒不遺僻陋行貢者多故以貢名耳紹聞編云崎嶇不可井處商必因夏之貢豈能悉天下之地悉爲井哉貢之不變自商已然非自周始兼行也特商人以助爲主周人以徹爲主也

詩云晝尒于茅　蘇紫溪曰七月之詩周公欲成王知稼穡之艱難而作也即其詞而玩之則知有周盛時臣所以咨嗟而告戒者惟此民事君所以詠嘆而圖維者惟此民事古人急之而今可緩耶全是要文公以此爲法民自急其事意卻輕

宵尒索綯　閻云朱子孟子注綯絞也邠風注索絞也二說不同當以詩注爲是孟注非也愚按閻說未確王引之曰索者糾絞之名綯即繩也索綯猶言糾繩于茅索綯文正相對趙注晝取茅艸夜索以爲綯是也廣雅釋詁紉紆糾索也楚詞紉秋蘭以爲佩王逸注紉索也又曰索胡繩之纚纚淮南子綫麻索縷高注索切也切與糾同謂切撚之使緊

也是索者糾繩之名也廣雅釋器曰緪繩索也字或作縆爾雅曰縆索
也方言曰車紂或謂之曲綯郭注綯亦繩名引詩宵爾索綯是綯爲繩
也鄭箋以索爲繩索之索失之矣

亟其乘屋二句

折衷云在邑之屋冬處之故墐其戶以禦風也在田之屋夏居之故覆茅以
禦雨也程應中曰趙注乘屋謂葢其野外之屋最當據爲田事計宜豫
完其在田之宅若邑居之屋已入而處之矣李中培曰野外之屋即詩
所謂中田有廬者按其始播百穀句時講只作百姓自急其事說則與
爲國者無干豳風鄭箋云十月定星方中急當治野外之廬其始播百
穀謂祈來年百穀于公社孔疏云上之塞向墐戶是都邑之廬則知此
所治屋是野廬也播百穀乃是明年之事今于十月中明是預有所營
與播穀者爲始與穀爲始不過祈祭社稷故知其始播百穀爲祈來年
百穀于公社治屋者民自治之祭社者則公爲之祭非民祭也所以二

何得相成者以民所以治屋者見公家祭社爲祈來年播種百穀政民亦治屋爲來年鋤耘而止舍也月令天子之事故云祈于天宗此陳公公之政故云公社以諸侯之事不得祭天故也據此則其始何人君十月爲民祈來年之穀正是爲國者不緩民事處方與孟子引詩之意合

陽虎曰 存異 孟子引此二語時解皆以言有可采不以人廢爲說愚謂陽虎叛賊親富不親仁春秋以盜書者孟子此處即不引此二語于上下文氣自順何必特取盜賊之語以爲爲國者訓乎考桓寬鹽鐵論云惟仁者能處約小人貧斯濫富斯暴矣楊子曰爲富不仁爲仁不富引作楊子則與下龍子一例龍子古之賢人也湯子亦古之賢人也故孟子引其言以爲治國者訓所謂爲富不仁者指末世貪君爲戒即下凶年糞其田而不足則必取盈者也所謂爲仁不富者指三代仁君爲法即夏后氏五十而貢云云也爲富而必至于不仁爲仁則決不可求富立言之意是欲爲國者取民有制不以富國爲心惟以仁民爲念非賢

人安得有是言乎宋翔鳳以鹽鐵論所引之楊子爲陽子朱莊子釋文有陽子居愚按九家易艮爲虎先儒云虎當作膚字之誤也虞仲翔注易云艮爲皮爲膚者是此處虎字恐亦當作膚膚之與虎音相近而上截字亦相似殆即陽膚歟孟子七篇所引古人之言如子思公明儀皆曾子門人陽膚亦曾子弟子故特引其言以爲重也

夏后氏五十而貢三句　周人駢云井田之制始于黃帝堯時洪水爲災井田疆界必有爲水汨没者禹平水土自當修復井田制觀詩信彼南山維禹甸之及書濬畎澮距川語其時必是九夫同井但各自供其私田之十一而無所謂公田耳殷人因夏之後王行法不善故易爲八家同井之制而以中區爲公田所謂助也至其後世人情澆薄助耕公田之八家必有盡力于私田而于公田鹵莽從事故周人起而徹法與焉此貢助徹之所以遞變也但周雖行徹不廢貢法即殷行助亦不能不兼用貢鄉遂之間及山邊水涯畸零之地不成大片段者豈周時之所

有而殷時之所無此等地或五七十畝一段或二百畝一段既不能盡
成井田豈有棄之之理則什一自賦亦理之必然但助處多而貢處少
就其多者取名而謂之助耳周人之徹亦是徹處多而貢處少也張惕
菴曰熊安生云夏政寬簡一夫之地稅五十畝而止商政稍急稅七十
畝周政繁盡稅之蓋禹卑宫菲食所貴儉則取民少商人尚質視夏則
文所用稍加則賦漸加至周則文繁矣唐虞官倍周三倍之即此公田
一頃已不能不全收公田八十畝之入然總未出于公田之外故曰其
實皆十一也日知録謂丈尺不同夏以大簇起度尺最長周以黄鍾起
度尺最短但大簇與黄鍾相隔僅一月無便長一倍之理　愚按考工
記匠人節賈疏引一説云三代受地多少應同今云夏后氏五十而貢
殷人七十周人百畝者授地有不易一易再易并六遂上地不易加五
十畝有四等授地之法夏言五十而貢者據一易之地家得二百畝佃
百畝荒百畝其佃百畝常稅之二百畝中稅百畝爲五十而貢殷人七

十而助者據六遂上地百畝有萊五十畝而言百五十畝中稅百畝猶百畝稅七十五畝舉全數言之故云七十畝而助周人百畝而徹者據上地不易者而言百畝全稅之故云百畝而徹也此係合授田數及萊數計之義亦可參若云每夫受田五十畝每夫受田七十畝一王之典溝洫盡變不勝其擾何以使八口之家可以無飢哉

殷人七十而助二句　黄際飛曰助與徹異者其耕法助則八家各私七十畝各耕各的其公田八家各出力各耕七畝八家共耕五十六畝猶私自私而公自公也徹則八家共耕八百八十畝不分孰爲公田孰爲私田孰爲彼家公田此家私田孰爲彼家帶耕公田此家帶耕公田通力合作公田亦攤在私田之中矣其斂法助則八家于七十畝各收各的其公田既藉八家之力同耕其收成但取之公田中多寡惟地所出不更徵其私田亦私自私而公自公也徹則八家合收八百八十畝之入分爲八十八分八家各得十分以八分歸之官家所謂計畝均分也

則公田之稅亦攤在私田中矣比助法但藉其力而不征其稅者不同周人所以變通助法非但改制以新耳目必是助法日久弊生人情盡力于私田而于公田所耕容有不盡力處其所收入容有不如私田之所入者故先王知其情以爲變其耕法斂法使之通力合作計畝均收則八家彼此相形自無容懈收時豐歉各得亦无彼多此少之事也春秋時履畝加稅征其公復征其私已變什一爲十二到戰國時慢其經界徹法亦敗壞不行矣孟子于井田廢後而折衷之貢法在所不取而所取者助與徹又于二者注意于助蓋徹取其稅猶不免追呼收斂之煩不如商之助而不稅多寡但取之公田者尤爲善也其有不盡力于公田者自是後人奉行不善鼓舞不得其法耳非眞助不如徹而徹更勝于助也故曰治地莫善于助請野九一而助又曰助而不稅則孟子之意于助徹之中尤注意于助无疑也但助法亦有行不去者如國中之田不能成井則兼貢法行之此是孟子自以己意折衷非周人徹法

本如此而孟子但欲舉行故事也故重其詞曰請請之云者從前未如此行今特請行之也請野九一而助分明説助未嘗説九一而徹也集注以爲周徹法蓋如此者謂周之徹法亦如此兼貢而濟其窮如所請之助法須兼貢以濟其窮也孟子所主自在行助不是騎牆兩可既要他行助又要他行徹也後面方里而井節所言井田形體之制亦商助法非周徹法其中爲公田指商之助法中公外私先公後私言也若周徹法公田攤在私田中更無中外先後之可言矣而集注又謂乃周之助法者商之助是井六百三十畝周之徹是井九百畝其受田之數則取于周其耕法斂法則取之助合而言之則謂爲周之助法可也此節亦是孟子意中之助法如此非謂通力合作計畝均分之亦有如此中公外私先公後私之别也

周人百畝而徹　徹字有數訓趙注徹取也猶人徹取物也萬充宗曰孟子言方里而井一節是言助法之形體非謂周之徹法如此也漢書食

貨志卷本此以言周制若是則周乃百畝而助矣何名爲徹惟趙岐孟子注云周人耕百畝者徹取十畝以爲賦斯言當矣姚文田曰徹字毛傳訓治賈公彦訓通以徹爲徹徹然皆是收取之義證以趙注徹取之義了然但制度終不能明惟周官以年之上下出斂法司稼巡野觀稼如是是知徹無常額惟視年之豐凶此與貢異處助法只是八家合作而上收其公田之入無煩更出斂法然其弊必有如何休所云不盡力于公田者故周直以公田分授之八夫至斂時巡野觀稼合百畝通計取其什一其法亦不異于助故左傳云穀出不過藉然民自無公私緩急之異此與助異處謂之徹者直是通盤核算猶徹上徹下之稱先儒謂兼用貢助亦未然矣駁鄉遂用貢都鄙用助之說　閻人鵬曰有謂徹者通也兼貢助而變通也此說非是徹中兼貢助中未嘗不兼貢周人之制蓋是鄉遂用貢法都鄙用徹法非都鄙用助法也殷是八家同養公田而專以公田所收者謂之公故曰助周是九家同耕九百畝而

收時則將九百畝所分合併一處而公取其什分之一故曰徹如何曰都鄙用助法也陸耀通曰諸說皆云徹兼貢助竊意旣變法爲徹自當有制度假仍用貢助何取空立徹名又周禮雖有井授不聞公田乃知所謂通者是通貢助兩法之意非用貢助兩法之制司稼職巡野以年之上下出斂法若即徹法矣貢校數歲之中以爲常此則通豐凶計之助分公私此則通君民計之也任鈞台曰徹者君民上下相通也蓋商制八家同井皆私百畝而同養公田周則九夫爲井並以公田授民而于百畝中各取其什其與貢異者貢校歲以爲常周隨年之豐凶使民納十畝之入年豐則君民同其有餘年凶則君民同其不足上下相通故謂之徹看貢字助字均從君民起義可見　周柄中曰孟子言八家同井周禮言九夫爲井其制不合萬充宗以八家爲殷制九夫爲周制又謂夏時亦一井九區分之九夫但夏校數歲之中以爲常周則歲取其所穫之十一耳按鄉遂用貢都鄙用助法家說不足爲據周禮明言

九夫爲井又曰夫三爲屋屋三爲井此周一井九夫徹與助異之明證
問徹無公田詩云雨我公田者何曰商八家同井公田在私田外周九
夫爲井公田即在私田中也　駁通力合作計畝均收之說　毛云合
作均分如此則勤惰無别安得有上農夫食九人及下次五人之異乎
蘇云先王立法最詳于治小人一井九區而使八家合作計畝均分彼
于耕耨之時必將推諉觀望而不肯盡力及其收穫又不免欺隱苟竊
之弊非法之善也惟使八家皆治私田百畝又各分治公田若干畝則
公田之事八家皆有此例不容私懸若此則八家皆盡力于公私而並
潛其貪得利己之弊矣意所謂八家皆私百畝同養公田者只是如此
參之穀梁傳公田稼不善則非民私田稼不善則非吏又大田詩云雨
我公田遂及我私彼有不穫穉此有不斂穧既有公私又分彼此其非
合作均分之謂可知然則周人名徹當如趙氏徹取之義謂取農人之
所穫者爲己有也此與春秋所云穀出不過藉及什一而藉相合　駁

十一分取一稅又輕于什一之說　按朱子之說葢以八家同井計之不知商八夫周九夫也一井之區九夫各耕百畝民穀九十畝公稅十畝是爲什一劉熙孟子注家耕百畝徹取十畝以爲賦羅泌路史云徹則公私合併百畝而取其十畝二說得之

龍子節　凶歲取盈是戰國貢法若禹貢一書明有上中下錯之別夏諺曰吾王不豫吾何以助則歲凶補助何至有取盈之理哉　【存異】趙注盻盻勤苦不休貌丁本盻盻作肹肹段玉裁曰據趙注則肹近是作盻者訛文也阮芸台曰肹肸猶屑屑也愚按說文肸振肹也謂振動布寫也漢書罔不肹飾師古注肹振也謂皆振盤而飾之也上林賦肸蠁盛作也魏都賦景福肹蠁而興作葢肹與肸音義同阮云肹肸猶屑屑者說文屑屑動作切切與趙注勤苦不休合故當以丁本作肹爲是又左傳叔肹一作叔肸論語佛肹人表作茀肸是肹可通肸而義則訓振方是終歲勤動意

詩云雨我公田節　際飛曰貢無公田徹之耕法斂法還同雖在私田中亦無公田惟助中公外私今觀周詩所云雖似公自公私自私而其實亦是八家合力各助耕公田十畝雖均分其稅而其實亦是取其助力不是取其私稅也夫徹之好處亦是得助之遺意則助之爲善可知意飭歸重莫善于助上便爲後文請野九一而助張本不是說徹亦是助行徹無異于行助也柄中曰惟助爲有公田見助有徹無明其制之異雖周亦助見徹豐凶相助徹亦豐凶相助明其意之同若徹原是助則人人共曉孟子何用詞費周人驥曰此節諺解甚多須擇善而從麟士謂上文旣列三代之制引龍子之言明要公專行助矣然猶奈何背周而從殷故又引詩言雖周亦助者盖明其原未嘗背周以致其決也按徹耕則合作收則計畝民得其九公取其一則當耕與斂時公田與私田只混并在一處然到得什而取一則私田之中亦卽有公田耕私田者便是助公田矣故曰雨我公田遂及我私一田兩名故一雨兩被詩

人絶妙之詞也雖周亦助則是孟子說詩到絶妙處稼書謂雖周亦助謂徹亦原本助法其井制畧同而耕收少異要是爲助法通其變耳非但換名號而毫無更改也翼聖謂周禮夫三爲屋屋三爲井又云九夫爲井孟子云惟助爲有公田方里而井節乃孟子所欲行之助法而非徹之實有公田也按上三說俱妙本節惟字要認得清惟助有之可見貢固無徹亦無矣雖字亦字活曰雖周亦助可見周之原非助矣周禮匠人謂九夫爲井可見助徹之制不同葢八家同井者殷之助也九夫爲井者周之徹也殷公田在私田外顯而易見周公田在私田中隱而難知詩所以有公田二句葢以公田名目流傳自殷人所耳熟又九夫之田公私分收則此田固不可指何者爲公亦豈得盡謂之私乎雨我公田乃詩人語言之妙孟子曰由此觀之雖周亦助乃斷章取意之法所謂即其意而通之也近人多認成死句不知周者原是八家同養公田孟子又何消說此一節乎

庠者養也二句　校以教民爲義其說是已至庠以養老爲義序以習射爲義二語則未盡然南軒曰庠言其養養其材也陳祥道曰庠者養也言養人才而成之非特口體而已周氏諝曰以教則謂之校以射則謂之序以養士則謂之庠班固白虎通云庠者詳禮義也序者序長幼也張守節曰庠詳也詳審經典序舒也言舒禮教王引之曰集注之說與趙同此緣詞生訓非本意也養國老于上庠謂于庠中養老非謂庠以養老名也春秋以禮會民而射于州序謂于序中習射非謂序以習射名也王制耆老皆朝于庠元日習射上功習鄉上齒而庠之名獨取義于養老何也文王世子適東序養老而序之名獨取義于習射何也庠序學校皆爲教學而設養老習射偶一行之不得專命名之義庠訓爲養序訓爲射皆教導之名其義本相近也世子云立大傅少師以養之欲其知父子君臣之道也保氏職云養國子以道此庠訓爲養之說也射繹古字通魯頌徒御無繹釋文本又作射春官龜人地龜曰繹屬不

上孟　八十五

雅繹作射射義射之爲言繹也尓雅繹陳也國語無射所以宣布哲人之令德示民軌儀也則繹者陳列而宣示之所謂謹庠序之教申以孝弟之義也此序訓爲射之說也養射皆教故曰明倫徹者徹助者藉庠者養序者射皆由本事以立訓豈嘗別指一事以明之哉　愚按立大傅大師以養之鄭注養猶教也孟子中也養不中趙注養育敎誨之是養爲敎也射義射之爲言繹也各繹己之志也賈疏繹陳也言各陳己之志是繹爲陳也

夏曰校五句　俗說以三代鄉學各一而惟變其名非也李文貞曰　立大學以教于國設庠序以化其邑董子雖言之而未行也故在漢代辟雍大學之制博士弟子之員僅于京師而已自後天下州邑亦徙廟事孔子而無學宋之中世始詔天下有州者皆立學而縣之學士滿二百人始得爲之今則荒州僻壤無不設之學矣意三代相承亦如此夏之時惟鄉有校至州序黨庠未有也殷則不惟鄉有校並州有序矣至黨庠

道亦有也周則兼有之鄉立之校州立之序而黨又立之庠焉蓋鄉學于是始大備也黨庠與民最親故合田間子弟教以本行義取乎人者以此校則于國爲近故三物之教其法綦詳義取乎敎者以此州序則介乎庠校之間賓興之典實行乎序而以射觀之考儀禮可畢其黨統于州州統于鄉而序以承校庠以承序制以漸而備也　周云皆所以明人倫專指國學說或疑國學明人倫鄉學不明人倫乎曰先王之教其理固無不全而學之必有次序庠之教以上齒尊長也序之教以禮樂容節也校之教以德行道藝也雖其實不出人倫之外而學之之次必循循乎由易以及難由偏以及全若不問年之長幼學之淺深概以大者全者語之豈曲成之道耶又云禮書謂夏之國學曰東序西序殷國學曰右學左學周國學曰東膠虞庠又有成均辟雍瞽宗之名時解謂國學同名無異稱非也

有王者起二節　宋云文王世子有天子視學之文保傅篇帝入太學而

上孟　八十八

重道孟子有王者起必來取法是爲王者師言立學之道非徒得民實王者之所師推乎其疏以見立學之重當時學校久廢在上者無承師問道之事使王者興起必先立學而來取法益尊師自王者始也而趙注云存行三王之道而興起者當取法于有道之國以謂滕君不足以行王道但足爲王者所取法則下文新子之國即以文王之新命者期滕君又何説也趙云孟子説齊梁以王期滕文以爲王者師今謂滕國褊小未得言王恐不然也蓋孟子本志在復先王之道救衰世之亂説齊梁以王就其所慕而歆動之若滕文則天姿忠厚得聞至教已有服善信從之心觀其發問爲國不同惠之言利宣之言桓文矣故其告之也質直周詳第勉以國之所當爲而已言王殊無取也而言王者師輔翼之義也又引詩言以昔喻今也當時古法不行非但列國周自棄之久矣周實王者舊邦昔之周以諸侯興今之周以其主微特不得如文王者復起新之耳一旦見滕行之效知所取法滕得以諸侯入佐天子

于是文王新周于初而滕復新周于後卽不然亦自新其爲滕餘以俟
諸後世聽諸天何論王不王哉孟子所期于滕文厚矣
使畢戰問井地章　注井地卽井田然白文不曰井田而曰井地者趙氏
順孫曰井田則因其田既成井而言之也地則言其始以地而畫井也
二語分晰甚清仁政必自經界始者陳子龍云井田之利利其有私田
而亦利其有公田有公私之分則上不得以多取無公私之別而上始
得以混取故暴君汙吏必慢其公私之界而仁政之行必先正其公私
之界惟助爲有公田此貢與徹所以均不及助也
請野九一而助節
欽定周官義疏云經云遂人凡治野曰遂于畿明自鄉郊至縣都鄙皆用此爲
治也觀此則鄉遂不用井法之非決矣　按鄉田同井則鄉亦是野可
以爲井田而行助者豈獨宜貢耶周禮遂人辨其野之上地中地下地
凡治野夫間有遂則遂亦是野而不可爲國中矣注以鄉遂之地解國

中二字衍脫　又劉原父七經小傳云周官鄉師職云國中自七尺以至六十野自六尺以至六十有五皆征之其舍者國中貴者賢者能者服公事者老者疾者皆舍賈者自命士以上是也賢者俊造學士也士工賈皆謂之國中又載師職云以宅田士田賈田任近郊之地宅謂士之未仕者儀禮宅者曰在國曰市井之臣是也士田者士當作工字誤耳工亦受田此是矣賈亦受田賈田是已于近郊之地授處士之田授百工之田授商賈之田三者皆處國中故授近地孟子曰國中什一使自賦下文云近郊十一義相近凡言國中者皆指士工商言野者皆農夫也鄉大夫職云國中自七尺以至六十野自六尺以至六十有五皆征之此以國中者受田非其本職故早免之也載師遍序受田之名若工賈死田食貨志何云工商皆受田也凡任地國宅死征近郊十一國者卽上文廛里任國中之地也廛里者士民之里居工商之市肆皆是宅者卽上文所云宅田也以宅田工田賈田任近郊之地工商有征宅

田无征云近郊十一者則孟子國中什一使自賦是也羅泌路史云野九一而助國中什一使自賦則畿外之邦亦自內外異矣雖然皆十一也九一者自井言十一者自耤言也自康成匠人之釋謂通率什一爲正而穎達之徒乃謂助則九而貢一貢則十而貢一是助重而貢輕矣豈孟子意哉　愚按此節先儒皆以地分則國中豈無平地遠郊豈無山林采據劉說以野指農夫國中指士工商三等人其說似勝野外農多可行井田則合八家同井共養公田國中農少不可行井田則令士工商各自貢其所受田畝之賦大約不外什一故云國中什一使自賦羅氏解九一什一清楚

卿以下必有圭田　惕庵曰卿以下士以上其員甚多安得有如許田外之田附益之周官載師注士田以圭田卿大夫之子孫不能世其業必以圭田與之使無廢祭厚之至也大全辨謂卿祿厚何必圭田必卿以下其人已殁祿邑已移另以圭田與之此說最是焦云載師士田鄭司

八　上孟　八十八

農曰士田者士大夫之子得而耕之田也荀子謂雖王公大夫士之子
孫不能屬于禮義則歸之庶人然則士大夫之子孫其不能嗣爲士大
夫者則授之田正與餘夫一例　按據張焦二說此二節皆屬子弟言
大夫士之適子已嗣位者則有公田之入不能嗣爲士大夫則授五十
畝之田農夫已成家者則有百畝之入其餘子弟未成室授以二十五
畝之田
存異　孫氏蘭曰孟子圭田或以圭訓潔非也九章算法有圭
田求廣從法有直田求圭田法有圭田截小截大法凡零星不成井之
田一以圭法量之合二句股之形井田之外有圭田明係零星不井者
也焦氏循曰說文五十畝曰畦從田圭聲五十畝爲大畦二十五畝爲
小畦圭田不以潔取義正指不能成井言按此二說亦可參時解云由
百畝而中分之爲五十由百畝而四分之爲二十五畝仍就井田言未
當

餘夫二十五畝　[illegible]　陳祥道曰周禮遂人上地夫一廛田百畝萊五十畝餘

夫一如之中地夫一廛田百畝萊百畝餘夫亦如之下地夫一廛田百畝萊二百畝餘夫亦如之孟子曰餘夫二十五畝盖先王之於民受地雖均百畝然其子弟之衆或食不足而力有餘則又以餘夫任之此詩所謂侯彊遂人所謂以彊予任甿者也然餘夫之田不過二十五畝以其家既受百畝而又以百畝予之則其力有所不給矣故其田四分農夫之一而已周禮言上地田百畝萊半之云云則所謂餘夫亦如之者如田萊之多寡而已往謂餘夫亦受百畝如正農夫也王鳴盛曰上地餘夫受田二十五畝萊十二畝半中地田二十五畝萊亦二十五畝下地田二十五畝萊五十畝也

【存疑】注餘夫年十六別受田二十五畝俟其壯而有室然後更受百畝

【辨證】周柄中曰餘夫固是子弟而子弟不皆餘夫蓋一夫上有父母下有妻子旁有兄弟謂之家受田百畝其子弟助父兄以耕同食于百畝之內周禮所謂家七人家六人家五人皆合子弟計之也其或丁男衆多五六七人外又有子弟六尺以上

上二五　八十九

可任男子征役之事則爲餘夫受田二十五畝至此人復有丁男受室滿五六七人之數前後更受一夫百畝之田賈公彦乃謂三十有室則受夫田百畝夫壯而有室無父母之養妻子之畜安得與八口之家同受百畝且受室之初無丁男耕助而遽加田七十五畝豈不荒乎故餘夫未必至丁男成衆方授以百畝不得概云三十則受田百畝也李氏御史云舊説一夫一婦與家七人家六人家五人者同受百畝之田顯與經悖而制且不均矣

方里而井節　注云此乃周之助法一語須善會萬充宗曰此節言助非言徹漢書食貨志乃本此以言周制若是則周人百畝而助矣何名爲徹黄際飛曰徹法公田雖在私田中何中外先後之可言此孟子意中之助法授田之數取于周耕法斂法取于商任啓運曰方里節乃孟子所欲行之助法而非徹有公田也三説得之

其中爲公田　夏后氏節注云公田百畝中二十畝爲廬舍止八十畝

按王制

御案云制起于公田之百畝而倍之三之四之十之則斷無以二十畝爲廬舍而下士八十畝乃不得比農夫之百畝若以別井劃補則是分田定而制祿不定也孔穎達甫田疏云食貨志私田百畝公田十畝是爲八百八十畝餘二十畝爲廬舍其言取孟子而失其正旨何則言其中爲公田則中央公田不得家取十畝也言八家皆私百畝則百畝悉屬公何得又以二十畝爲廬舍也言同養公田則八家共理公事何得家分十畝自治之也若家取十畝自治之安得謂之同養也若二十畝爲廬舍家別二畝半亦入私則有百二畝半何得謂八家皆私百畝也此皆諸儒之謬鄭箋云井稅一夫其田百畝是鄭意无家別公田十畝及二十畝爲廬舍之說倍以鄭說同于諸儒又失鄭旨矣季氏本曰公田爲廬舍之說起于穀梁而諸儒遂以在邑在野各分二畝半以合五畝之宅若公田中去二十畝止存八十畝則制祿之中又當劃別井二十畝

上孟 九十

以足百畝之數不惟失先王正經界之意而以邑處農亦有不便矣
有爲神農之言章　范紫登曰闢並耕是主後責以倍蓰是責其從並耕
末以齊價斥之亦斥其窮于並耕而逃也不得以並耕齊價平對陸平
湖曰吴因之謂從許子之道說箇市價不二國中無僞見得君雖並耕
而得自暇雖與百工交易而不必于憚煩也孟子闢之云云已不暇治
國家況暇並耕乎據此說末段與前段合爲一意闢並價即是闢並耕
也　按蓺文志有神農二十篇注六國時諸子疾時怠于農業道耕農
事託之神農師古曰劉向别錄云疑李悝及商君所說　【考異】孫氏胜
錄云尔雅釋詁神治也月令以妨神農之事謂妨治農之事也孟子有
爲神農之言者亦謂專爲治農之言故意主並耕孟子此章無一語及
神農亦以神農爲治農也　文公與之處　南軒云愚每讀此章未嘗
不爲文公惜之文公因講井地而使遠民願爲之氓亦可謂賢君矣而
不克終用孟子之說寂然無聞于後意者許行之言有以奪之也曰文

公與之處則知文公蓋親而信之矣文公雖警省于孟子之論而初未有得于中也惟未有得于中故他人得以移之孟子因陳相之論而明辨之非特袪陳相之惑抑庶幾文公聞之而有悟其失也余隱之說畧同據余張二說則此章明責陳相實暗警滕文也當堯之時五節舉堯舜以破神農正言必稱堯舜意若從許子之道則惡能治國家哉

且一人之身段　翟云丁張改路為露不如奔走道路為得管子四時篇不知五穀之故國家乃路房氏注曰路謂失其常居可為此路字之證孫疏又一說云如此是驅率天下之人如道路之人但泛視而不知上下貴賤也以其許行陳相皆欲君民並耕而不知有上下貴賤相待故有此說據下文意義相通堪以此說為何所以云羸困之路者但趙注之說也故曰以下言天下貴賤相待之意

堯獨憂之舉舜而敷治焉　堯克明峻德則朝不乏賢而云獨憂者何按書帝曰疇咨若時登庸鄭注云堯末時羲和之子皆死庶績多闕而官

廢當此之時共工驩兜更相薦舉據此則堯當在位六十年後羲和已亡舜禹未舉又遭洪水之變在朝諸臣無一能平之者故堯獨憂也

王念孫曰趙注敷治也引禹貢禹敷土今本有治字蓋後人取注義加之閻云集注烈熾也不如用廣韻烈火也爲直截

禹疏九河瀹濟漯而注諸海　元于欽齊乘云宋史河渠志載蘇轍疏云黄河之性急則通流緩則淤凝既無東西皆急之勢安有兩河並行之理河不兩行而禹乃分爲九何居愚謂河不可分謂其上流耳若入海之處分多泄速則河愈通利又何害哉蓋名雖爲河其實即海也海水內吞九河外灌不惟藉水力以刷沙而海之潮汐亦藉河力以敵之禹之以水治水所爲不可及也　李中培曰尔雅九河郭注分簡絜爲二禹貢九河孔傳亦分簡絜爲二疏云徒駭是河之本道東出分爲八支此本漢書朱子集注從之蔡氏用曾彥和說合簡絜爲一其一爲河之經流與尔雅不合吳氏程曰九河在今河間滄州境內今存有五六處

何得言盡湮入海南皮縣有絜河未聞有簡河合一集注良是泲水不出自贊皇說　王鳴盛曰濟當作泲二字音同義别漢書地理志泲水出王屋至武德入河濟水出贊皇至癭陶入泜明别爲二出贊皇者不得爲四瀆之水自白虎通濟出房子縣贊皇山廟在東郡臨邑縣似誤以爲四瀆吳氏亦云導水章冀州之濟兖州之濟實一水也泲濟通用不知禹貢所言皆泲也濟不見于經何云一水乎　按地里志引禹貢字作泲

漯水不出自高唐說　李氏惇曰桑欽言高唐縣漯水所出不知地志言漯水所出者謂漯水至高唐出河而東也其所謂出乃復自河出非别由山泉及平地而出也程大昌言此乃漢河者謂漯受河于武陽乃漢河而非禹河也若禹時之河由宿胥口北行其東武陽高唐皆非河所經之地漯固不得出自高唐其受河亦不始于東武陽矣朱長儒曰古時泲漯通流漢以後遂不相屬孔疏由漯入濟由濟入河必有舍舟行陸之事非也周希聖更定其文曰由泲而入漯由漯入河

故曰浮于泲漯達于河經旨灼然矣

決汝漢排淮泗而注之江　排淮泗而注之江注以爲記者之誤愚謂從人句讀之誤當以禹疏九河句瀹濟漯句而注諸海句決汝漢句排淮泗句而注之江句夫江漢合流汝淮泗合流孟子豈不知而必以汝與漢連者蓋以治水之功類敘非以水道類敘也禹治水之道有四或宜疏或宜瀹或宜決或宜排故以決爲一類排爲一類也陳宏謀曰水條分則流而合併于冀豫之間者宜疏水洗發則通而沈滯于青兗之間者宜瀹水迅則勢不得停其稽緩于荆州之間者宜決水別則勢不得擾其湍滀于徐揚之間者宜排金仞直曰勢盛者不可使之聚也欲弱其幹必強其支利用疏勢沮者不可使之折也欲平其情必導其情利用瀹勢急者不可緩因其急而急之利用決勢廣者不可約用其廣而廣之利用排萬氏恭曰水聚爲患則疏之使散水散爲患則瀹之使深水遲迴則決之用濬治水旁侵則排之用堵築周人駢曰禹當日入淮

之泗不用決入淮之汝必用決故以汝連漢說也據此四說可見水之爲患有四其治之之法亦有四瀹與疏不同排與決不同故汝淮泗雖合流而孟子必分屬也北條之水河與濟漯爲太禹于河用疏法于泲漯用瀹法而凡水之宜疏宜瀹者胥視此由是北方之水其小于河與泲漯者無不入于海焉南條之水江與汝漢淮泗爲太禹于汝漢用決法于淮泗用排法而凡水之宜排宜決者胥視此由是南方之水其小于汝漢淮泗者無不注于江以及海焉而注之江與上而注諸海對須離開講包舉衆水在內不連排淮泗三字讀自不致疑經文之誤也

江淮古通說　陳大猷書經或問云沿于江海達于淮泗孔傳謂由江入海由海入淮由淮入泗林之奇謂禹時江淮不通吳夫差始通孟子之言誤也二說如何曰孔林泥沿之一字故云爾不應遂以孟子爲誤今淮南湖港入江者不可勝數後世穿渠通所難通者多矣江淮相近地平如掌轉輸之徑捷溝澮之灌漑歷唐虞三代豈不能穿渠以相通

而必待吳王創之乎曰傳謂吳王始通江淮何也曰意者中間或湮塞而吳王復通之亦猶世謂隋煬帝始開汴以通淮河也曰禹貢言淮泗入海孟子言注之江非誤乎曰注者或是相注流通未必其盡入江也若如孔注謂由江入海由海入淮由淮入泗則水道不應如是之迂曲也　羅愼齋讀書管見云江淮之通實爲禹績至後世吳開邗溝特就其舊蹟之未盡湮者而疏瀹之非創闢也按江北淮南所界中間凡三百一十里沿途有寶應高郵邵伯諸湖地窪下而水浸淫此必古所不異于今者禹貢于徐州稱大野既豬是謂禹分濟水之流東入南旺湖遂南合于泗以入淮而徐州貢賦之路通也及入揚州境又欲通揚州貢賦之道與揚州島夷之貢道乃復分淮流南入寶應湖又南入高郵湖又南入邵伯湖至瓜州儀眞口入江而江淮通于是揚州沿于江以達于淮泗揚州之島夷沿于海以入于江亦同達于淮泗故禹貢合紀其功之所成曰沿于江海達于淮泗也乃後之說者泥執左傳邗溝之

說絕不理會禹貢沿于江海達于淮泗之文遂使神禹萬世利賴之績屬之周末之吳王夫差指為圖伯之詭謀豈不誣哉　孫星衍分江導淮論云孟子排淮泗而注之江或以為誤或以為據吳邗溝言之不知禹貢揚州已云沿于江海達于淮泗解者又謂沿江入海自淮入泗此僞孔之言本不足信貢道迂迴海運古无是道又有泥四瀆各自入海以為淮必不入江者不知各自入海言入海處與江分道不謂上游支流也孟子言排者通其上游支流以殺淮之勢水經注淮水與淝水施水泄水合泄水注濡須口施水受肥東南流逕合肥縣城又東注巢湖謂之施口而應劭漢書注並以夏水為出城父東南至此與肥合故曰合肥合肥壽春之間有芍陂船官湖東台湖逍遙津見於水經注王象之輿地紀勝云古巢湖水北合于肥何故魏窺江南則循渦入淮自淮入肥由肥而入巢湖吳人撓魏亦必由此又引史記貨殖傳合肥受南北湖歐陽忞輿地廣記王存元豐九域志合肥有肥水淮水宋時陸州

有鎮淮樓蓋肥合于淮淮水盛則被于肥此淮水至合肥之證孫叔敖時開芍陂當因舊迹爲渠方輿勝覽引合肥志肥水北支入淮南支入巢湖合于尔雅歸異同出之説合肥城在四水之中故梁爲斂築堰水破城近世水利不修淮肥流斷然巢湖之水夏秋猶逹合肥古跡可尋求也且古説大別在安豐爲今霍邱地禹跡至此排淮故導江有至大別之文此又淮流與江通之證矣然則夏時貢道正可由巢湖瀦泄肥水之流通淮達于菏澤菏澤合泲泗之流故云達于淮泗從此達河則至禹都矣江淮泗遍流不必在吳王通溝之後也淮之上游壽春東則有施肥遍流西則有芍陂宣泄盛夏水漲則逕合肥入巢湖以達于江故宋以前淮流不爲洪澤湖之患　楊庚伯曰淮水先入江後入海淮口距江口僅五百里實爲江之下流世徒知毗陵爲江入海之口不知朐山以南餘姚之北之海皆江之委也禹貢沿于江海達于淮泗即淮注江之證注江者會江以入海與導水文本不相悖韋昭注國語以

吳松江錢唐江浦陽江爲三江大小不同而後名江者皆先注江而後注海也松江會稽亦江水所至何疑于淮之注江哉　胡騰麟曰淮之正流入海其支流原入江當汛溢時想正流亦不入海而與江混決排後支入江而正流則入海耳　孫氏蘭曰淮水發源胎簪至桐柏流百里而伏溢爲二源又見流千里會泗至清江浦入海揚州地勢散漫不能約束淮流禹則開清江一渠堰其下流入揚之處一自清江浦入海其餘波之流散不盡者又導之由盧江巢湖胭河以入江又導之由天長六合以入江所謂排淮泗者也久而入江之口漸淤今故迹猶在也或曰高堰始于陳登是不然者若禹不築堰則下流散漫何以入海蓋高堰始于神禹其修補則或登耳　焦氏循曰趙注排壅也說文排擠也排者拒而退去之名與追相反故趙氏以壅解之壅與雍同爾雅氏注云雍謂隄防止水者也淮將南溢因壅塞其南以拒之壅即堙之拒之使東去也趙氏蓋指高堰歟說者疑淮泗不入江夫汝入淮亦不

入江豈孟子不知淮並不知汝耶嘗細推之有精義焉淮自桐柏而東在上則汝潁沙渦等水入之在下則泗挾而入之以一淮受諸水泗口以東地勢散漫難于專流入海故在上則決之在下則排之故趙氏以壅訓排何爲壅于泗水之下築隄以東之不使其瀧漲洩于樊良射陽之間排抵之佀令東入海有此排而淮乃挾泗入海不致南漲于江矣乃壅障之功施于泗入淮以下可以壅泗而汝潁諸流之入于淮者不可以此壅之故于泗口以西決之使入于江此地泗未入淮所決者淮實決汝也泗既入淮所壅者淮實壅泗也言排泗而沂在其中言決汝而潁渦諸水在其中下以泗與淮並言明泗入淮此汝即入淮之汝不可云決淮汝既與下句沓複故云決汝漢是時漢在安豐之陽入江汝入淮而決之入江蓋與漢合故云決汝漢謂決汝以合于漢而南注之江也益注江者汝漢之決也注海者淮泗之排也以上文言注諸海故此但言注江此古人屬文互見之法也以今推之汝水至汝甯鳳陽之

閒汝口入淮至霍邱西決壽會于巢湖入江淮決即汝決而汝入淮之勢殺矣又東則潁水自潁上縣入淮沙水渦水自懷遠縣入淮而淮勢又盛至盱眙又決出由天長六合入江而潁沙渦諸水之勢又殺矣又東會沂泗乃自宿遷入淮而淮勢又盛遂不決之入江轉壅障入江之路排之使專由安東注海汝入淮則決之使合漢水以注之江潤入淮則壅之使並入于海故云決汝漢排淮泗而注之江自漢不至安豐而汝漢之合遂莫可解于孟子稱決汝漢可以考見當時之地勢益知酈元杜預疑大別不在安豐之非也宣王命召穆公平淮夷而詩言江漢浮浮正義引大別在廬江安豐縣界則江漢合處在揚州之境漢近淮故淮水之決出者與之合不言決淮而言決汝明決淮所以決汝入淮之勢也不言決汝淮而言決汝漢明淮決于六安安豐間入漢與漢合入江也　張惕庵曰淮入江有三道一由丹滿一由瓜州儀眞一由天長六合盱眙　愚按漢書地里志引禹貢均江海達于淮泗顏注均平

也通淮泗而入江海故曰平正與孟子語合初無禹時江淮不通之說
禹八年于外三句　周洪謨曰世嘗言堯有九年之水然鯀九載績用弗成禹八年于外則爲十七年非九年矣攷鯀九載乃堯在位時禹八年是舜攝位後云八年者以水患漸去至八年則地平天成非有八年之水也史謂禹居外十三年過家門不入蓋因兖州之賦作十三載乃同之言然非實也
后稷教民稼穡三句　吳越春秋云堯遭洪水人民汎濫逐高而居堯聘稷使教民山居隨地造區妍營樹之術三年餘行人無飢乏之色據此則稷之教民樹蓺不特水患既平後田可耕者使之耕即當未平時亦且有使民不飢之法矣
人之有道段　王引之曰人之有道也言人之爲道如此也趙注爲有也爲有一聲之轉聖人有憂之有當讀又言聖人又憂之也又字承上堯獨憂之來

放勳曰殷　【存異】臧氏琳曰孫宣公音義引丁曰音馴或作曰非也按趙注放勳堯號也遵水逆行悲其小民放辟邪侈故勞來之匡正其邪心以使自得其本善性然後又從而振振其羸窮加德惠也意不以爲堯之言則今讀爲曰者誤王氏柏取勞之以下竄入尚書敬敷五教在寬之下妄甚焉云按孔本作放勳日與音義同作日者是作曰者非也言命稷契而不能自已也日日勞來匡直輔翼所以然者使自得之也而未已也又從而振德之日字與又字相應正與大學日日新又日新同下文聖人之憂民如此緊承此數語不然徒使稷契勤勞放勳轉有暇矣而暇耕乎四字正從日字一貫　按路史唐紀云命契司徒敎以人倫于日勞之徠之是讀曰爲日也史記周本紀武王曰日夜勞來以定西土武王之日勞來正與放勳之日勞來同黃氏日抄云大畜曰閑輿衛曰陸音越諸家從之鄭作日朱子從之合作日月之日讀顧炎武曰皋陶思曰贊贊襄哉呂刑罔不由慰曰勤易曰閑輿衛皆當作日詩豈

不曰戒一讀曰一讀曰據此二說可見經書中曰誤爲曰者多此處合當從趙注丁音　勞來之來與勑通周官樂師詔來瞽鄭注來勑也尔雅勞來勤也釋文來本又作勑淮南子氾論訓以勞天下之民位勞讀爲勞勑之勞說文勑勞勑也勞者勸勉之勑者訓勑之也民之向于人倫者放勳日日勸勉誥誡此民所以樂守從善也　疏云民之既能正其心則以正其直爲之正故曰匡之民之或曲其心則以正其曲爲之直故曰直之此與左傳正直爲正正曲爲直之說合

又從而振德之　趙注又從而振其困窮加以恩惠如此仍是養不是教注云又從而提撕警覺以加恩焉不使其放逸怠惰此切教說是已但以惠訓德亦不甚合南軒云又于其閒舉其有德者以爲之表如此則與上使契爲司徒合益勞之四語孟子補出放勳化民之勤此句則自其命官以教說也

堯以不得二節　周聘侯曰舜有臣五人而天下治自遺脫皋陶不得但

上面遞敘處不暇及明刑，故于此補出。黄際飛曰：此節遞承上二節無可見者。次句何不曰舜以不得益禹稷契爲可憂，而獨舉皋？此正古人文字變化處。益舜有臣五人，上二節已舉其四，猶欠皋陶，故于此用補筆。不言益稷契，舉禹以概其餘也。精義楊氏謂舜讓天下于禹，禹獨舉皋，餘人不與，是或一道也。愚按說苑伊尹曰：昔者虞舜左禹右皋陶，不下堂而天下治，此使能之効也。禹之末年，亦授政于皋陶，則皋之位秩後來必在諸人之上，非但以刑官終其身也。

大哉節　范紫登曰：蒙引謂引孔子言只取巍巍蕩蕩字，見其功業之大，必有所用心處。又翼注謂無能名是贊言之化，不與是無心之治，似皆無所用心。不知堯舜治天下豈無用心，如此方應得下句起。

以有若似聖人　史記弟子傳載有若避坐事，非也。朱子曰：以孟子考之，當以曾子不可而寢其議，有子曷嘗擬孔子之位而有其號乎？洪容齋曰：弟子欲以孔子事有若，曾子不可，但言江漢秋陽不可尚而已，未嘗

上孟

潔誣也論語記諸善言以有子在曾子前子游謂有子之言似夫子其爲門弟所敬久矣史公之書于是爲失矣門人所傳者道豈應以狀貌之似而師之耶宋景文曰史記云云此鄒魯陋野人語耳觀孟子書始嘗謀之後弗克舉安得有撤坐之事也

江漢以濯二句　閻云中庸華岳與河海對則當作二山孟子江漢與秋陽對則當作一水　按嘉陵江一名漢水是江有漢名潢水一名北江是漢有江名西漢之水入于涪江東漢之水入于長江蓋未合爲二水已合則一水也　宋宋云趙氏不知四時不隨正朔變故以秋爲夏按孟子言七八月之閒雨集又言七八月之閒旱天油然作雲沛然下雨彼無秋字爲夏五六月其時多雨故不可暴秋則多晴故秋陽烈于夏日也焦云礼記殷人祭其陽鄭氏注陽讀爲日雨曰暘之暘暘日中也洪範傳雨以潤物暘以乾物孟子秋陽以暴亦當作暘蓋日中最能乾物也

皜皜乎不可尚已　焦云毛氏姓謂江漢三句從來訓作潔白未道德無言潔白者惟志行分清濁則有是名故夫子稱文人欲潔其身孟子謂西子蒙不潔不屑不潔焉遷稱屈原其志潔大抵獨行自好者始有高潔之目此非聖德也夫子自云不曰白乎涅而不緇只以不爲物汚與屈原之泥而不滓語同豈有曾子儗夫子反不如子貢之如天如日宰我之超堯舜而僅云潔白非其旨矣此說是也列子湯問篇皜然凝乎雪釋文皜又作皓文選皓首以爲期注皓與灝通說文灝白皃楚詞曰天白顥顥是皜皜卽是顥顥爾雅夏爲昊天劉熙釋名釋天云其氣布散皓皓也然則皜皜謂孔子盛德如天之元氣皓旰也尚與上通不可尚卽子貢之猶天不可階而升也以此推之江漢濯以江漢比夫子也秋陽暴以秋陽比夫子也皜皜不可尚以天比夫子也同一水池沼可濯也不能及江漢之濯也同一火燔燎可暴也不能及秋陽之暴也乃以江漢儗之猶未盡也以秋陽儗之猶未盡也其如天之皜皜不可上

已此曾子之推崇比擬，尤過于宰我子貢也。徒以爲潔白，良非矣。按御覽皜皜引作皓皓，皓皓與浩通。浩然之氣趙注，浩然天氣也。文選作皓注，皓，白也。如天之氣皓然也。浩浩其无，故以比之。

戎狄是膺三句　朱斗南云：嘗怪孟子引魯頌曰戎狄是膺，荆舒是懲，下乃申之云周公方且膺之，是以僖公之詞頌周公矣。而戎狄是膺，周公又無其事，思之不得其義。乃考明堂位周公踐阼，朝諸侯，而九夷八蠻六戎五狄之國遠方各至。又考春秋僖四年，會伐楚，盟召陵，乃知頌言戎狄是膺，是指周公；荆舒是懲，方指僖公。故孟子只以上句屬周公，而不及荆舒是懲，有以也。

雖使五尺之童　二歲半爲尺之說，六尺則合，五尺則不相合。陳氏聚考云：鄉大夫國中自七尺以至六尺，野自六尺以至六十有五，皆征之。韓詩外傳云：二十行役，故七尺可征。賈疏：六尺謂年十五，七尺謂年二十，其升降皆五年，則五尺之童乃十歲也。

或相倍蓰　段玉裁云呂刑劓辟疑赦其罰惟倍史記周本紀作其罰倍灑此今文尚書之異也灑當如釃酒之釃卽下文所謂倍蓰也徐廣云灑一作蓰五倍曰蓰玉裁按五倍曰蓰此本孟子趙注其實書之倍差孟子之倍蓰史記之倍灑三字同在支韻古音相近謂倍之而又不止于倍也差是正字趙注特以下文云十百千萬故少于十而曰五倍臆說也　按墨辟之罰百鍰劓辟倍蓰若作五倍解是與宮辟同六百鍰矣豈其然哉當以段說爲是以呂刑言自百鍰外由二百至五百俱可云倍灑以孟子言自二倍外由三倍至九倍俱可云倍蓰也

巨屨小屨同價二句　集註孫疏俱云人豈爲其大哉趙注巨粗屨也小細屨也夫萬物好醜異價精粗異功其不齊乃物之情性也如使同價而賣之人豈肯爲其細者哉二說不同而趙爲是焦氏循云呂氏春秋篇有巨有微注巨猶麤也應劭云小精細也樂記凝是精粗之体注精粗卽萬物大小也是精粗通謂之大小巨爲大卽粗也小爲精卽細也

粗疏易成細巧功密許子屨大小以形論此巨小以情論治天下以情不以形堯舜所以用心而通變化也豈特一屨之微哉張暘庵曰屨大小同是言大屨與大屨爲一類價相若小屨與小屨爲一類價相若不甚背謬而孟子卻言人豈爲之哉蓋屨有絲屨葦屨草屨葛屨之分用功有單下復下黃屨青屨之殊若但以大小論價則人但以草屨爲豈爲其精緻哉今講章正與孟子言相反屨大小同猶五穀多寡同價相是言五穀多與多同價小與小同價不論粳稻之精稗秕之劣也若云五斗之多與一升之寡同價陳相愚不至此謂屨大與小同價則人但爲其小、朱子一時趁筆未詳細耳　愚按喪服有大功小功賈公彥曰大功用功粗大小功用功細小是巨小二字以用功言不以形體言

墨者夷之章　徐辟　孟子外書云徐辟將之秦孟子曰秦虎狼之國也子何游焉、對曰山東之國無可與蘇子來招故將往孟子曰夫蘇子天下之至無信人也子何交焉曰辟蘇之所自出也孟子曰然則姑辭焉

以言不約縱不連横不爲利疚不爲威屈以守于義以全于生斯可矣

王引之曰孟子不直則道不見我且直之謂正墨者夷之之過也趙注云直言攻之非也左傳正曲爲直杜注正人曲尒雅丁寧嚶嚶相切直也謂切正朋友之過淮南子主術訓湯有司直之人謚主正人過謂之司直也

墨子治喪段　閻云治喪以薄當引本書棺三寸足以朽骨衣三領足以朽肉一條不當引莊子曰生不歌生不歌是謂其平日非先王音樂與葬無數　宋云墨子公孟篇公孟子謂子墨子曰子以三年之喪爲非子之三日之喪亦非也後漢書引墨子曰禹治水爲喪法曰桐棺三寸制喪三月此墨家所託又以莊子生不歌死無服證之則韓子所云墨子之葬也冬日冬服夏日夏服桐棺三寸服喪三月者亦當作三日

王引之曰豈以爲非是而不貴豈猶其也注子君豈有升斗之祿而活我哉秦策曰子常宣言代我相秦豈有是乎燕策曰將軍豈有意乎豈

皆訓其此豈以爲猶其以爲也夷子以薄葬之道爲貴非其道則不貴是字指薄葬言夷子思以薄葬之道易天下其以爲非此則不貴耶然則厚葬者夷子所不貴而夷子乃厚葬其親則是以所不貴者事親也趙注曰夷豈肯以薄爲非是而不貴之也于語意未合

若保赤子節　虞兆漋云尺字古通用赤文獻通考深赤者十寸之尺也是知赤子者謂始生小兒僅長一尺也古人多以尺數論長幼加三尺之童五尺之童至成人始曰丈夫也

夫夷子段　李岱雲曰親兄之子二句斷當依蒙引視兄之子自是過于鄰之子則已之子益可知不可如輔氏之說言兄子而不言己子者「兄之子與己之子無異也其實兄之子與己之子亦必有異此正吾儒等殺之别又何得以混同爲厚道乎

且天之生物段　岱雲曰夫夷子五句正解書言見儒無愛無差等之事且天四句方斥愛無差等之非知儒無愛無差等之事不得援儒以

以入墨矣知愛無差等爲二本之非亦不得推墨以附儒矣各有條緒翌注曰舊解二本謂親固一本路人又一本殊未得趣玩注視其父母無異路人方悟得此二字主夷子心下二視之說情不鍾于一所之父母而有所歧而視之如臣事君而別有外黨謂之二心之臣相似周云故字不可畧語意若曰且夷子既曰愛無差等又曰施由親始者我知其故矣蓋人之行事必由親以及疏以親爲本是一本也若夷子行事則既以親爲本故曰施由親始也又曰愛無差等是又以無親疏無厚薄爲本故曰愛無差等若非二本何爲有是言哉

蓋上世節　邱月林曰蓋字從一本來言吾所謂一本者于何見之蓋上世云云　阮芸台曰蠅蚋姑嘬之姑字趙岐注無訓朱子解語助故非或以爲螻姑則古無分螻姑二字單呼爲姑者按左傳楚子伏而盬其腦盬與咀同謂咀啖其腦故方言云盬且也且與姑同音故姑亦有咀意孟子蠅蚋姑嘬之姑與方言盬同即咀也謂蠅與蚋共咀嘬之也

蓋歸反虆梩而掩之　虆盛土籠也字當從土作蔂梩注訓土轝似未確當從趙氏訓臿爲是周官鄉師注引司馬法輦一斧一斤一鑿一梩一鉏賈疏一梩者或解爲鍫或解爲臿鍫鍤亦不殊方言畚鍫也南楚謂之臿沅湘謂之桊梁齊謂之梩據此則梩乃與斧斤鉏鑿同置于輦上者其非土轝可知蔂梩以取土虆以盛土先取之而後盛之也

夷子憮然三句　俗雲曰憮然不但是失所依據亦是本心有戚戚萌動處人知此章是辨墨不知上章亦是辨墨荀子云墨子蔽于用而不知文謂其欲使上下勤力而不知貴賤等級也許行欲使君民並耕豈非墨乎孟子辨以治于人者食人治人者食于人則知並耕之非而自養不爲厲民矣告以非爲人泚中心達于面目則知薄葬之非而立愛必有差等矣夷子所以憮然而悟也

且志曰三句　且字非轉語見不是我之私言且志亦如此說顧璘士曰周制十寸八寸皆爲尺以十寸之尺爲度十尺爲丈十丈爲引以八寸

之尺爲度八尺爲尋倍尋爲常是故十尺爲丈又有八尺爲尋之說愚按八寸曰咫左傳天威不違顏咫尺家語肅愼矢長尺咫是也以八寸起度則尋亦是丈故以直尋對枉尺也

王良　張晏云王良郵無恤字伯樂顏師古駮之謂伯樂秦穆時人與王良時代不相當愚按王引之云秦孫陽字伯樂王風君子陽陽晏子傳意氣陽陽陽陽是得志皃故字伯樂晉郵無恤字伯樂亦字子良爾雅恤憂也無憂則樂矣故無恤字伯樂據此則孫陽與無恤俱字伯樂而人則有二張說未爲失也

吾爲之範我馳驅段　林云以易用三驅失前禽來看凡田獵是前面驅禽來我馳車迎而射之馳車自有正法禽獸之來不皆正或左或右在射者顧盼左右迎而射之奚不能射但是禽獸當頭來者方能射之或左或右者皆不能射故終日不獲一詭遇是因他不能左右迎射舍馳車正法驅車左右以迎之所以一朝而獲十也　王引之曰舍矢如破

如而也與詩言拔則獲楚策一發而殪同言其中之遠也趙注鄭箋皆誤解如字王恆齋曰射不力則不能破不巧則其殪不速破猶有待惟自左膘而達於右髃則舍矢而破矣

公孫衍　存疑史記張儀卒後犀首入相秦嘗佩五國相印為約長

辨正李鍇尚史云相秦或即秦武王寡人且相子之言佩五國印或即陳軫所謀移天下之事于公史記併而合之恐誤考國策衍為魏將後入秦秦惠王死衍欲窮張儀李仇曰不如召甘茂于魏召公孫顯于韓起樗里疾於國三人者皆張儀之仇也公用之則諸侯必見張子之無秦矣甘茂果相秦秦武王愛衍與之間有所立因謂之曰寡人且相子甘茂之吏道而聞之以告甘茂甘茂入見曰王得賢相敢再拜賀王曰寡人託國于子焉更得賢相對曰王且相公孫衍王曰子焉聞之對曰衍告臣王怒衍之泄也乃逐之衍復事魏昭王秦與魏戰于伊闕殺犀武魏令衍割地以講于秦是代張儀相秦者乃甘茂非衍也韓非子亦云

衍在秦秦王喜之樗里疾恐其代己相也因漏泄秦王與衍謀秋伐韓之事衍東逃則衍無相秦事所謂佩五國印爲從長者國策載陳軫云移天下之事于公孫衍以車百乘使楚公孫衍以三十乘使燕趙齊王聞之恐後天下得魏以事屬衍魏王曰所以不使衍者以爲不可令四國屬以事寡人亦以事因焉衍遂主天下之事是也衍止事魏並未相秦史記未可據也

丈夫之冠段　存疑金仁山曰冠恐當是娶字與嫁字對士昏禮父醮子而命之迎曰往迎爾相若冠則賓醮而命之字父不親命也　辨正翟晴江曰士昏禮父送女戒之曰戒之戒之夙夜無違命孟子乃以屬母而不屬父蓋屬一時言上文冠字不必與禮槩疑誤也當依白文作冠爲是

士之失位節　失猶喪也魯昭公孫于齊次于陽州齊侯唁公于野井昭公曰喪人其何稱是諸侯失國稱喪也檀弓問喪于夫子乎鄭注喪謂

仕失位也是大夫士失位稱喪也出禮大夫士去國出境爲壇位鄉國而哭鄭注以喪禮自處也惟已以喪禮自處故人亦以喪禮弔之詩歸唁衛侯注弔失國也不入唁我注弔失位也故曰士之失位猶諸侯之失國家也

禮曰諸侯耕助至末　李氏惇曰諸侯耕助四句是禮文犧牲以下孟子釋禮之詞惟士無田二句是禮文牲殺以下又孟子釋禮之詞也　按經有藉田無助田竊意耕助卽耕藉也唐韻古音藉古音助孟子殷人七十而助鄭康成引作莇莇者藉也莫善于莇蔡邕注莇讀爲藉周禮遂人以興耡利甿鄭大夫讀耡爲藉是助莇耡藉音義同也

惟士無田則亦不祭　趙注惟詞也言維絶祿之士無圭田者不祭愚按儀禮士喪禮甸人注云士有圭田此甸人是掌圭田之事者又云用器弓矢耒耜敖繼公曰士有爵矣乃以耒耜爲用器爲其有圭田故也圭田者主人所親耕以供祭祀之粢盛者也周官司勳疏載師以士田任

近郊之地士田即圭田王制大夫士有田則祭無田則薦少牢特牲祀是大夫士有田者故知士亦有田孟子卿以下節趙注古者卿以下至于士皆受圭田五十畝所以供祭祀也圭潔也士田故謂之圭田所謂維士無田則亦不祭言絀士無圭田也　牲殺者儀禮特牲饋食是也器皿者曲禮凡家造祭器爲先是也胡氏銓曰鄭注專以大夫稱家拘矣鄭氏非謂大夫造祭器則下文大夫寓祭器于大夫士寓祭器于士何以兼士言乎馬氏晞孟曰記以士之臣爲家相則士亦可稱家周禮載師有士田則士之有田祿者亦可以造祭器也

御案云宗廟祭器之先後自天子至士貴不當然蓋適士二廟官師一廟有廟則得祭而祭器可造矣馬氏增士而言于義尤備

[illegible]趙注皿所以覆器者也焦廷琥云皿爲幎之假借段說是也周官有幎人幎即幂儀禮鼏鼎有鼏尊彝籩豆簠簋皆有羃故以覆器二字統焉若皿是飯食器則本文器字已可該括故趙以幎字假借解之曰牲殺殺即所以用牲曰

上五

百七五

器皿皿即所以覆器殺字與牲字一貫皿字與器字一貫　管氏總聞云不敢以宴宴即燕饗之燕曲禮凡家造祭器爲先養器爲後王制祭器未成不造燕器所言皆是義或解宴爲宴安者非趙注不祭則不宴猶喪人也不亦可弔乎

出疆必載贄二節

欽定三禮纂云出疆載贄如左傳士會在秦秦公子鍼在晉之類此等亦宜稱外臣儀禮士相見篇若他國之人則使儐者還其贄曰寡君使某還贄賓對曰君不有外臣臣不敢辭再拜稽首受之是也

不待父母之命至末　丈夫之娶也父命之禮曰父親醮子而命之迎曰往迎爾相是也女子之嫁也母命之禮曰母在西階戒以詞曰往之女家必敬必戒是也淫奔則不待矣故蝃蝀詩云懷婚姻也不知命也鄭箋不待命也孔疏不待父母之命[illegible]引之以與鑽穴隙之類與是語詞與左傳是盟也其與幾何其人能靖者與有幾文法一例按檀弓師與

有無名乎孔疏與語詞論語予與何誅注與語詞可爲證
則舜受堯之天下　范紫登曰一說受堯之天下指受天下之奉養言
按百官牛羊倉廩備以事舜于畎畝之中堯之所以養舜者如此其隆
也方與上簞食相反傳食相關
士不通功易事　按文子云教本于君子小人被其澤利本于小人君
子享其功使君子小人各得其宜則通功易食而道達此事字疑當作
食下文得食于子正是易食也
毀瓦畫墁　焦云趙注破碎瓦是一事畫地而復墁滅之是一事說文畫
界也象田四界聿所以畫之又則等畫物也謂物有等差畫以爲界瓦
破碎則無以蓋屋畫界墁滅則等差無以驗也又劃爲古文畫則謂新
圬墁之牆而用錐刀劃之亦通
今將行王政　注載宋王偃滅滕伐薛事閻栝中駁之云考宋世家載王
偃與不及滅滕春秋正義滕三十世爲楚所滅杜氏釋例春秋後六世

前齊滅之竹書于越滅滕通志滕會隱公以下　後至公邱二十一世爲秦所滅而無宋滅滕之說　史記載宋王偃射天殺諫臣事李氏本辨之云偃將行王政黨孟子先見剔成踐遺教尚存故偃有志于此雖國亡不成必不如世家所云也　按如史記所紀王偃事直同桀紂之爲萬章反以爲行王政何其謬也且孟子何不即以其事駁之又何以受宋之餽而居其國乎竊意史記所云是傳聞之訛萬章此問當在議什一去關市之征時當時宋君好賢雖知敬重孟子故餽七十鎰而受辭居州戴不勝等是宋賢臣皆欲王之爲善聞孟子耕者九一關市不征之言未嘗不有志復古但積弊已久遲疑不果以待來年待宋正與將行王政將宰相合故孟子斷之曰不行盍即于待而知其不果行也南軒曰萬章之問意者宋之君臣見孟子談王政而以爲迂闊遲久之事懼王政之利未見而齊楚之禍立至故以爲疑也

湯居亳與葛爲鄰　閻云寰宇記亳城在穀熟縣西南三十五里左傳莊

十二年宋公子御說奔亳孟子云湯居亳與葛爲鄰[illegible]甯陵縣北十五里有葛城相去八十里馮氏景曰皇甫謐不信湯居偃師以爲考之事實學者失之如孟子湯居亳與葛爲鄰是卽亳與葛鄰也湯地七十里葛又伯也封域有限而甯陵葛鄉去偃師八百里不得童子餉餽而爲之耕今梁國自有二亳南亳在穀熟北亳在蒙非偃師也愚按甯陵與商邱接壤皇甫謐解湯居亳之義是已若謂其並未嘗遷都偃師則不然竹書夏帝孔甲九年殷侯復歸于商邱帝癸十九年商侯履遷于亳則葛之爲鄰當在偃師未遷之前也遷于西亳必在葛征旣始之後也又何疑焉蓋三亳中南亳北亳相去甚近北亳在今商邱北五十里地有景山是謂景亳南亳在今商邱西南四十五里二亳總在封內無所事遷遷蓋遠徙名也遠徙則自南亳而遷西亳無可疑者李甫平曰張守節史記注湯卽位都南亳復徙西亳安國書序注契父帝嚳居亳湯自商邱遷焉故曰從先王居據張孔二說則孟子湯居亳在未遷西亳

上孟　百〇八

時故得使亳衆往爲葛耕也　要其有酒食　食字與下黍稷似複按四書釋地曰中原古注本要其有酒肉黍稻者肉字爲是下文童子以黍肉餉是其明證　葛伯率其民民一作人　葛伯仇餉　焦云仇怨也葛伯不當怨餉者云仇餉是謂其殺童子使餉者仇怨之不云餉者仇葛伯而云葛伯仇餉古人屬文每如是也下文爲匹夫匹婦復仇則仇在匹夫怨葛伯也　十一征吾閻云十一征見于商頌者韋顧昆吾見于書序者有三朡見竹書者有洛征荆滅温見國策者征齊須見路史者征有卞

有攸不爲臣　存異 趙注攸所也言武王東征安天下士女小人各有所執無不惟念臣子之節篚厥元黄謂諸侯執元三纁二之帛願見周王望見休喜使我就大邑周家也孫疏言殷之民有所征之無不惟念臣服之節故武王東征而撫綏其士女焦云不惟惟也猶不顯顯也不承承也故以無不解不字愚按惟天之命韓詩惟念也王仲宣詩靡事不

惟注惟思也箋孟詩于赫有漢四方是征靡適不懷萬國攸平注懷思也言漢兵所征無不歸懷與此句意正同下文惟其士女臣服大邑正是承此語而實指之今本惟誤作爲注因不爲周臣往征之明與下文相反必欲胥天下而臣之又豈帝王之度哉惟古與爲通其惟鄉原乎說文作爲

紹我周王　紹注訓爲繼言始事商繼事周也武成作昭蔡傳明也元黄天地之色篚厥元黄者明我周王有天地之德也愚按尔雅覿釗覲顯昭見也注引逸書釗我周王爲證疏覲釗覿下見上之詞也此處承篚厥元黄當依尔雅注言士女以篚盛幣請見于周王也康王名釗釗一作昭昭與釗同訓爲見此處作紹者下見上必用介紹記云介紹傳命也昭釗紹字異而義同蔡訓明注訓繼似尚未愜

於湯有光　趙注民有簞食壺漿之歡比于湯伐桀爲有光寵愚按後漢光武紀注謚法能紹前業曰光武之伐紂與湯伐桀一律故云于湯有

光也

孟子謂戴不勝章　張彥陵曰首節設喻以起下文專與久兩意並重陸平湖曰下文一薛居州專且不能何論久也

齊語　公羊齊人謂不如爲如適爲昉得爲登及爲累狂爲惏化爲過薪爲樵脛爲脡去垢爲潄浣豫爲踊卒爲詐所爲藁竹簇爲筍疑爲殄闔氏復補其遺疾爲僂病爲瘠置爲廢埽地爲埴周柄中曰齊人謂萌爲蒙鮮爲斯獻爲莎悏爲摩糠爲相股爲衣焚爲樵息爲嘶瘠爲臁久爲爍

莊嶽　莊是街名嶽是里名左傳得慶氏之木于莊孔疏六逵謂之莊又陳鮑與欒高戰敗諸莊莊在鹿門之內襄二十八年慶封伐西門不克遂伐北門克之入伐內宮不克反陳于嶽杜注嶽里名是在宮門之外北門之內合莊與嶽即所謂莊嶽之閒也　按南史胡諧之傳齊武帝以諧之家人語傒不正乃遣宮內四五人往諧之家教子女二年後帝問曰卿家人語已正未諧之答曰宮人少臣家人多非惟不

能得正音遂使宮人頡成侯語帝大笑可爲一齊人傳衆楚人咻之證一薛居州獨如宋王何　王引之曰獨猶將也左傳獨誰受之其獨何力以待之義與此同武氏億曰此有兩讀一以五字連讀上言一薛居州已含獨意故宜用獨如連文若無如末如之例一以獨字爲一頓如宋王何又爲一句則獨亦非指居州一人益言宋王爲獨如荀子君道篇無卿相輔佐是任者謂之獨意

不見諸侯章　此章總注將中閒孔子作主于章旨不合須以末節本注由此二言觀之則二子所養可知必不肯不俟其禮之至而輒往見之也數語作骨中一節輕末一節意重言除非諸侯迫于求見則見諸侯先來禮士則見非然者脅肩諂笑未同而言有識之君子必病而羞之矣明辨錄云一說首節因問而言不見諸侯之義是綱以下詳言義之所在是曰不可以中正過不及言總注勿泥可也　按前後三章俱說宋事季本以此章爲孟子在宋時事亦可備一說

陽貨欲見孔子而惡無禮　惡字注訓爲畏似不甚合蘇秉國曰惡無禮者孔子惡其無相接之禮惟惡無禮故不復盡禮求見而舞智以饋豚也此條以無禮貽陽貨譏而以惡字屬孔子說似爲得之左傳云數惡無禮以懲不義指孔子作春秋言陽貨不先來就見孔子而欲令孔子往而見已此是無禮處故孔子惡之

大夫有賜二句　李中培曰玉藻云大夫親賜士士拜受又拜于其室今孟子云不得受于其家則往拜其門是謂若得受于其家則不往拜矣此指尊者非親賜之禮言蓋據禮文尊者親賜無論得受于其家不得受于其家皆必往拜若非親賜既得拜受則不必往拜惟不得受于其家故必往拜也玉藻又云敵者不在拜于其室此承上親賜言謂敵者親饋若不得在家拜受則往拜謝于敵者之室如敵者非親饋則雖不在亦不往拜于其室矣蓋敵者視尊者之禮有差也陽貨非親賜故瞰亡饋豚亦自命以尊者賜卑者也謝山全氏據敵者不在拜于其

室之文謂陽貨正行敵體禮故不得不出此苦心曲意若謂所行爲大夫之事是誣孔子而究陽貨全氏葢以敵者不在二句爲非親饋之禮而誤疑集注也周理夜曰大夫親賜士士拜受又拜于其室孔疏此非酒肉賜之故再拜酒肉之賜弗再拜孔疏酒肉禮輕但初賜時則拜至明日則不重往拜也貨饋蒸豚所謂酒肉之賜不再拜者故必瞯亡而來非以敵體之禮而然也全氏誤矣

當是時陽貨先豈得不見　趙注孔子瞯其亡者心不欲見陽貨也孫疏孔子所以不見陽貨者乃貨之自取也則今已之不見諸侯者亦以諸侯不禮于我矣趙鹿泉曰陽貨非大夫妄自居于大夫而援大夫賜士之文以嘗孔子又瞯亡而饋無禮也明不得謂貨之能先也亦瞯亡而往乃孔子以人治人終于不見不得謂之往見也孟子葢卽往拜一事以明不爲已甚之義以貨之悖慢孔子猶往拜之使當時果能先加禮如文侯繆公之來就見孔子豈有必不見之如踰垣閉門之甚者趙注

孫疏皆以不見爲實事而先爲設詞豈得云者爲反言以申之不欲令之講家以貨之饋爲先而孔子之往拜爲見也愚按蒙引載一說云當時陽貨若不瞯其亡而先加禮焉孔子豈有瞯亡往拜而不見之也此說甚是明是反結文法乃竇合注因勉錄岱雲俱不以爲然是益泥于注中此節引孔子事以明可見之一語因反以是爲非殊不知孟子本意是引孔子明不見非引孔子明可見也

脅肩諂笑節　閔閣云脅趙訓竦體朱因之按漢書皇太后親霍后之姊子故常竦體敬而禮之豈謟之謂乎吳王濞傳脅肩累足鄒陽傳脅肩低首注脅斂也益斂其兩肩爲卑縮之狀小人之事人者也樊廷枚曰脅肩一作胎肩毛詩抑篇箋胎肩諂笑音義胎本又作脅是也亦作歙肩張平子應閒賦我不忍以歙肩漢書注歙斂也孟子曰阿意事貴歙肩所尊俗之情也是也　按脅肩諂笑曾子以爲病若小人何病之有未同而言子路以爲恥若小人何恥之有子曰巧言令色足恭左邱明

耻之某亦耻之赧赧二字似當屬君子說言見他形狀替他含羞也

由是觀之三句　注以君子指二子講似未得立言之旨竝注云養如養局養蚕之養即含不見諸侯意君子句推開作孟子自寓此說得之君子亦仁而已何必同君子所爲衆人不識皆承上推開之詞白文君子所養不說二子所養也

戴盈之章　樊廷枚曰孫疏戴盈之即戴不勝字盈之也閻云名與字正以相反知爲一人按不勝與盈之趙氏不以爲一人集注盈之亦宋大夫也金仁山曰戴盈之戴不勝疑皆戴公之後二人問答計皆當宋王偃欲仿諸侯之時則亦不以竊之爲即不勝也孫疏似不足據　李文冉曰什一去征須是革弊勿分什一爲興利益行什一之法正革履畝之稅也郭長齋曰革弊當以漸然所謂弊不過制度文爲之間于情事有不妥協所關未甚重也戰國之世民生日蹙而虐取不已以泰山壓卵之威行密綱竭澤之法民之轉溝壑散四方以此不特民命所託亦

國脈所係改之如救焚拯溺猶恐不及而曰以待來年何不知類之甚耶夫法弊可除加整頓政虐須猛與剗除一遲速而仁暴存亡判矣救垂絶之民命續將墜之國脈而曰以待來年不可也必如此解始覺孟子攘鷄之喻不爲過當　精言云什一去關市之征此必盈之所常聞于孟子者故以今茲未能爲遮飾不然盈之並無此一番周旋矣愚按此說是也大節或告之曰二語正孟子自爲寫照戰國時取民以履畝征商以關市當國者視爲固然初不自知其非義也及孟子至宋與其君臣言王政告以履畝之税關市之征非先王取民之道然後知其過制而非義矣然雖知其非義而狃于舊規貪于重利有不欲已者特迫于孟子正論不得已設爲今茲請輕來歲方已之說孟子知其爲粉飾之詞遷延之計也故引攘雞以爲譬焉　宋之君臣不肎行仁政而託詞于畏齊楚以自解故以雖大何畏破之不願除虐政而藉口于待來年以自寬故以速已何待破之

如知其非義節　趙氏章指云從善

暱非、坐以待旦知而為之罪重于故愚按臧文仲知柳下之為賢而不與立故孔子斥之為竊位戴盈之知厚斂之害民而不速已故孟子比之于攘雞非刻也

好辯章　郝仲輿曰孟子自謂距楊墨而楊墨之死久矣七篇中與楊墨辯者無幾而謂距楊墨者何攻不仁不義之流而指其害仁害義之端也二子未嘗不言仁義而天下之不仁不義必歸焉淳于髡非楊非墨而其言曰先名實者為人此即墨之言也後名實者自為此即楊之言也凡富貴利達之謀縱橫强戰之事莫不生于有所為故楊墨害道非但二人害之而歸者害之亦非必以其道歸之而各以其邪說詖行歸之也如髡衍之曼衍蘇張之險譎孫吳之戰陣莊惠之謬悠申韓之慘刻極其禍總抵于無君無父究其端皆起于為我為人則同謂之歸楊墨而已矣七篇中性善堯舜之旨入孝出弟之實安宅廣居之喻惻隱羞惡之端知言養氣之學發政施仁之略孰非與楊墨辨豈但與夷子

言厚葬與子莫言執中而後爲距楊墨哉按陳仲子避兄離母以成巳之廉似楊子之爲我許行並耕齊價不爲民之厲似墨子之兼愛故孟子于二人辨之甚力　天下之生久矣　生字須著眼天下之人得其生則治不得其生則亂聖人在世撥亂轉治凡以全民生而已蛇龍虎豹有形之禽獸害民所生之氣也故必驅之放之而後天下之人得以全其所生之形亂賊楊墨無形之禽獸害民所生之理也故必誅之拒之而後天下之人得以全其所生之性

禹掘地而注之海節　安溪云禹治水之法先下後上禹貢施功始于兗冀先使水之下流有所歸書所謂決九川距四海此所謂掘地而注之海是也終于雍梁使水之上流有所殺書所謂濬畎澮距川此謂水由地中行是也九川距海則下流淺涸故蛇龍可得而驅水盡入于江淮河漢則上流亦無懷襄之險阻而鳥獸可得遠矣　導水之文有九孟子只言夫江淮河漢者何顧景范曰禹貢九水黑弱之水自荒裔之外

渭水止在雍洛水止在豫濟水則滅沒難明當在闕疑之列及今其條貫猶存而經緯可見者惟江淮河漢四水而已矣

周公相武王誅紂伐奄三年討其君　周柄中曰尚書大傳管蔡流言于國奄君謂彔父曰武王死今王尚幼周公見疑此百世時也請舉事是奄與管蔡武庚並叛竹書成王三年殺武庚遂伐奄四年再伐奄人之五年滅之遂遷其君于蒲姑是三年也伐奄本成王時事本文當以相武王誅紂爲句伐奄三年討其君爲句趙注以伐奄與誅紂連非也

邪說暴行有作　萬斯大曰暴行卽弑父弑君是也所謂邪說卽亂臣賊子與其儔類將不利于君必飾君之惡張己之功造作言語誣惑衆庶是也有邪說以濟其暴遂若其君眞可弑而已可告無罪者相習旣久政柄下移羣臣知有私門不知有公室且鄰封執政相倚爲奸凡有逆節多蔽過于君鮮有罪及其臣者如魯衛出君師曠史墨之言可驗也焦氏循曰春秋一書全爲邪說暴行而作人之大倫君臣父子惟邪說

如師曠史墨之言足以蔽之則有所恃而不懼自孔子作春秋直書其事邪說者曰君無道可弒也春秋則無論君有道無道弒之罪皆在臣邪說者曰君無道可逐也春秋則無論君有道無道逐之罪皆在臣也此則無所藉口而亂賊懼矣

孔子懼作春秋　春秋之作說者不一家語孔子困于陳蔡作春秋因屬無稽史記孔子曰弗乎弗乎君子疾沒世而名不稱焉乃作春秋然則聖人亦好名邪杜征南以爲感麟而作夫西狩獲麟亦只如有蜮有蜚鸜鵒來巢之類書其所無而已何關緊要乎惟孟子此章之言爲是王伯厚曰請討陳恒之年春秋終焉夫子之請討也將以見之行事請討不從然後託之空言此正臣弒其君懼作春秋之證王者之迹熄則亂賊之勢張故作春秋以誅討焉

春秋天子之事也　蘇秉國曰集注胡氏作春秋以寓王法高甚駭焉閻氏釋地載之詳矣但曰天子之事謂周天子事猶今人稱我太祖皆

制云尔解事字猶未確蓋舊制者舊法也事與法卻不同第存其舊制而暴德蔑法之人猶顯然悖之而不顧惟曰天子之事則固見在天子所有事而據以行之者也如亂臣賊子天子所必討故春秋書於以明其爲天子所有事且人人得而誅皆奉行天子令而相助以成其事者也蓋法古而事今法虛而事實二百四十年天子之事如此則自今以往其事亦如此矣是今日之域中乃天子之天下而無所逃故春秋成而亂臣賊子懼　按以春秋一書爲見在天子所有事其解甚的左傳春秋之稱微而顯婉而辨上之人能昭明善人勸焉淫人懼焉孔疏上之人謂在位者也彼謂賢德之人在天子諸侯之位能使春秋褒貶勸戒昭明是春秋者史官所紀之書而表明春秋賞美懲惡使人有所勸懼者實天子之事也史記孔子世家云後有王者舉而行之春秋之義行則亂臣賊子懼焉方氏明辨錄云亂賊交作由無天子之法天子之法明則亂賊之罪著國憲其在如有舉而行者彼將安逃是以亂賊懼

焉孔子曰我欲託之空言不如見諸行事之深切著明也孔子以匹夫
而修史猶是託之空言惟上之人能使昭明卽孔之書舉而行之于春
秋所褒者則從而賞所貶者則加之誅天子直任以爲己事而列國諸
侯大夫亦莫不奉行天子合而相助以成其事則王靈布而亂賊懼矣
語類云問孔子作春秋空言無補亂臣賊子何緣得懼且何足爲春秋
之一治曰非說當時便一治只是存得箇治法使這道理昭明有能舉
而行之爲治不難是朱子亦重在舉行也又
欽定春秋彙纂案云孟子言春秋天子之事也葢謂春秋本諸侯之史其時
列國僭亂名分混淆而史體乖舛夫子因而修之其名秩則裁以武成
班爵之義其行事則律以周公制禮之初故曰春秋天子之事猶曰天
子之史云尒說者不察以爲夫子行南面之權則夸矣　存異按依此
解則事讀爲史亦通史古作吏事古作叓二字形體相似故周禮秋官
誓邦之大史曰殺小史曰墨王引之以爲二史字皆當作事此處亦然

孔子未修以前春秋只是諸侯之史既修以後春秋實爲天子之史家語觀周篇孔子將作春秋與左邱明如周觀書于大史歸而修春秋則春秋實本周史故可以天子之史目之

是故孔子三句　駁呂講說云知我罪我二句聖人只以明其不得已之意耳孟子引此申明上文天子之事言天下一治與險阻既遠及天下大悅二段一例知孔子者恍然于孔子之所以懼而懼也罪孔子者罪之心即懼之心也盡天下之人無不懼則人心正而天下治矣仇君註曰罪我在二意一禁其僭是罪其僭之意禁其欲是罪其刻之意然宜專指禁其欲上周聘侯曰罪之者未嘗不知其心但恨其立法大嚴不得稍寬耳罪處正是懼處愚按是故二字緊承上句說下惟春秋一書爲天子所有事關係匪輕是故孔子曰知我者謂我宜作春秋明百王之大法使後世王者得據此經以行事而世之亂賊無所逃也罪我者恨我不宜作此春秋明百王之大法使後世王者得據此經以行事而已

之私欲不得逞也魏書崔亮引仲尼云德我者亦春秋罪我者亦春秋知即德意罪即怨意因其立法太嚴不便已私故恨之然禁其欲而不肆則不爲亂賊矣若以無其位而罪其僭爲言是亂賊反以孔子爲不韙也何懼之有

楊朱墨翟之言　胡致堂謂楊朱與老聃同時墨翟又在前宗師大禹而晏嬰宗之此說未確莊子所云老子弟子者乃楊子居非楊朱也音同而字不同列子載楊朱見梁王又言田氏有齊事大田之有齊在春秋後梁之稱王在惠襄閒則安得與老聃同時也墨子書有荅告子不得爲仁語即孟子中告子也又有中山之亡語考中山之滅在周赧王二十年又越王欲以故吳之地封墨子則其在越滅吳後可知又其弟子禽滑釐受業子夏則不得在老聃前明矣故史記云或曰並孔子時或曰在其後班固云在孔子後抱朴子云墨翟在七十二弟子後徐幹云楊墨申韓翳張于戰國之世則固以爲六國時人矣

周公兼夷狄　閻百詩以奄與飛廉是夷狄林次崖李安溪謂五十國中有夷狄又會解云前無夷狄而此有者猶神農章前無皋陶而後緒皋陶也大抵論治功不必拘頂上其說亦活

孔子成春秋而亂臣賊子懼　懼有二義一誅亂賊于已然一防亂賊于將然唐荊川曰春秋經世之書也其經世也以正亂賊也易曰臣弒其君子弒其父非一朝一夕之故所由來者漸矣由辨之不早辨也說春秋者亦云人臣無將將則必誅夫人臣而竊其君會盟征伐刑殺之權其爲將甚矣人臣竊其君會盟征伐刑殺之權久假不歸其爲漸甚矣故人臣至推刃于其君父春秋書某國弒其君某人弒其君者是弒之成也春秋之所痛也人臣而竊其君會盟征伐刑殺之權是弒之漸也將也春秋之所辨也孔子曰天下無道則禮樂征伐自諸侯出由漸而至大夫至陪臣是春秋之勢也天下之勢愈下而春秋之治愈詳桓僖以前大夫之會盟征伐不名非畧也以爲義不繫乎大夫也桓僖以後

大夫會盟征伐皆名非類也以爲義繫乎大夫也其弗許大夫者以專治大夫諸侯之爲亂賊也其許大夫者以併治大夫之爲亂賊也昭定以後大夫不能自執其權陪臣執之而春秋之治陪臣者又詳故隳郈隳費書圍成不克書竊寶玉大弓書至于謹華夷之辨又誅亂賊之一也申與黃池之會皆特書之春秋所以治夷者又詳是春秋之終也或謂春秋誅亂賊誅其弑君者耳曰君是乎春秋所誅者止于弑三十六君之人耳其亦狹矣然則誅亂賊者何曰治弑也治諸侯之專也治大夫也治陪臣也治夷狄也凡無王者皆亂賊之道也顧棟高曰聖人嘗自發其作春秋之旨于坤之文言曰臣弑其君子弑其父非一朝一夕之故其所由來者漸矣由辨之不早辨也是故兵權不可竊翬帥師公子慶父帥師必書鄭公子歸生帥師必書謹其漸也盟會不可專公子遂盟晉盟雒戎必書晉趙盾盟于衡雍楚公子圍會于虢必書亦謹其漸也夫人而推刃于君親是禽獸也禽獸安知懾惟當威權已遜勢柄漸

成覬覦初萌形跡未露是人禽之界聖人燭其隱微而大書特書以惕之俾天下萬世讀是編者人人恥爲惡不敢一毫踰臣子之常分以襮邪謀而戢異志此聖人作春秋所以撥亂世而反之正也　按書于既弑之後不如謹于未弑之初二條立論更警

我亦欲正人心節　注以九曰禹之時洪水氾濫而人心亂矣禹抑之而天下平天下平而人心正矣平者正之體也周公時夷狄猛獸而人心亂矣周公兼且驅之而百姓甯百姓甯而人心正矣甯者正之象也孔子時弑父弑君而人心亂矣孔子成春秋而亂臣賊子懼懼者正之機也孟子時邪説詖行淫詞而人心猶未正也所以承三聖之後息之距之放之而曰我亦欲正人心息之距之放之亦正之之漸也

能言距楊墨節　皮日休引孟子曰能以言距楊墨者靈矣據此則言上疑脱一以字　翌注曰注中公其責于人之意最好又一説不重公其責于人只以徒字應上節承字而足其意耳竊合注云此節亦是足上

意益能言而距楊墨吾于人且有厚望況身任其責而忍自諉則己之
不容不辨也

陳仲子章　郭畏齋曰廉有分辨不苟取也夫不苟取者亦不苟爲不取
始謂之有分辨而廉以名焉陳仲不苟于取而苟爲不取夫苟取利祿
也苟于不取名心也其爲苟一也所謂分辨者安在故曰仲子惡能廉
而深窮其操之不能充也

於陵　宋云索隱引孟子仲子以兄不義乃適楚居于於陵非也觀下
其母殺鵝與食則去其母不遠也又趙威后問齊使曰於陵仲子尙存
乎使其適楚則威后亦不得問齊使矣按於陵在淄之長山縣非楚地
然去其家二百里則仲子之定省亦疏矣　管氏同曰在將食之將取
也微子將食無災是也

巨擘　段玉裁曰大指主闢餘四指主合故稱巨擘李中培曰大射儀
右巨指鉤弦鄭注右巨指右手大擘是也亦稱擘指鄉射禮賈疏以左

左擘指拓弓右擘指鉤弦是也拇指稱擘其來已久野老紀聞乃云齊地有蟲類蚯蚓善擘地以行齊人謂之巨擘即蚯蚓蟲之大者然讀下文雖然字則字而後字作轉語進步語若以巨擘爲蚓則文義不合斷以舊注爲允

黃泉　閻云黃泉注云濁水也不如左傳杜注地下之水曰黃泉按不及黃泉服虔云天元地黃故地下之水曰黃泉杜注本之

盜跖　賈誼弔屈原賦謂跖蹻廉李奇曰跖秦大盜也楚之大盜曰莊蹻顏師古曰莊子云盜跖柳下惠之弟蓋寓言也按孟子盡心篇疏跖秦大盜

夫蚓　節　翌注曰細玩孟子語意俱是反詞與許子之不憚煩同一機括本欲明相兼之不可反責以交易之煩本欲明母兄食室之當安反責以槁穰黃泉之當潔此文字最巧最深處周聘侯曰所居之宅於陵也所食之粟妻食也孟子此時便是以母則不食四句在胸中詰辨他但將兄母一邊放下且就於陵妻食上勘驗他不義見其未必義于兄

母之居食而不當居之食之也

兄戴蓋祿萬鍾　蓋既爲王驩邑不應又爲陳仲子兄邑按水經注引孟子曰仲子齊國之世家兄戴祿萬鍾據此則蓋疑是衍文或古本無蓋字亦未可知翟晴江曰路史國名紀陳仲子兄戴蓋似古人有以蓋連兄戴讀者則戴蓋似陳仲子兄名孔廣森曰李敬齋讀兄戴蓋爲句謂戴蓋只是乘軒考楊雄太元云蓋戴車載則李說不爲無本以戴蓋作張蓋與下祿萬鍾一類又是一說

避兄離母段　或問云仲子齊之世家則其祿與室非兄不義而得之矣設以不義而非有悖逆作亂之大故母子兄弟閒豈可以是而遂滅天性之恩哉飾小行以妨大倫是乃欺世亂俗之尤先王之所必誅不不可以聽者也文集云父子兄弟乃人之大倫天地之大義一日去之則夷狄禽獸矣雖復守小節謹小嫌亦將安所施哉此孟子絶仲子之本意余隱之曰仲子之兄非不友孰使之辟母非不慈孰使之離愚謂卽使

不友不慈亦無逃去之理觀叔肸之于宣公可見矣　汪武曹曰說說謂此章不是責他廢母兄之倫困勉錄謂圈外注及大全責仲子廢人倫俱屬此章實意愚謂經文明以辟兄離母責之何得謂廢人倫是實意且居于於陵而食所易之粟有何不義而孟子以爲是亦不義之類者正爲其辟兄離母以母兄之居食爲不義耳則從廢人倫立說乃中肯綮也　愚按此章當以汪說爲正王氏匯參全無是處所以誤者以下孟仲子不義章方是責他廢倫故此章不說也不知彼章是欲人勿以仲子不受簞食豆羹之小廉而並信其有不受齊國之大節趙邠卿張南軒之說甚明此章則直以仲子之不孝弟斷其不得爲廉潔觀總注及或問文集可見章旨各殊何須相避說統匯參非但倍孟並倍朱矣　存疑全樹山曰仲子豈真不食于母不過不食于兄其兄之蓋祿商鍾雖未知其爲何如人然諒亦未必盡得于義故仲子孑然長往但觀其他日之歸則于寢門之敬亦未嘗竟絕孟子責之過矣　〔顧正周

理裵曰全說非也陳爲齊之同姓田公族也蓋祿萬鍾受之先君傳之祖父有何不義而汲汲去之於陵在今濟南府長山縣西南離其母所幾二百里他日之歸亦僅事耳爲寢門之敬者固如是乎丈人知長幼之節特以不仕無義孔子卽以爲亂倫而仲子辟兄離母並長幼之節而廢之故曰無親戚君臣上下孔孟之言若出一口而全氏拾王充刺孟子唾餘不亦妄乎　存異王引之曰出而哇之哇當作吐字之誤也論衡刺孟篇引作出而吐之風俗通衍義篇亦云孟子譏仲子吐鶃鶃之羹白帖御覽並引作吐俗本作哇按字韻書无訓哇爲吐者其爲誤字無疑丁張二本音于佳切則所見本已誤作哇趙注出而哇吐之乃後人所增當刪正

以母則不食節　趙注不食其母而食妻所作屨纑易食不居兄室而居於陵人所築室是向能充人類乎蚓食土飲泉廉極矣然無心無識仲子不知仁義苟守一介是亦蚓也尤西堂曰以母則不食以妻則食之

以兄之室則弗居以於陵則居之是明以其身與妻爲伯夷而視其母兄爲盜跖也不孝莫大焉

補遺

孟仲子　李中培曰三遷志孟子娶田氏生子名仲子孟氏譜仲子名睪孟子子趙注以爲孟子從昆弟不知何據

有官守者七句　勸學篇云士師以言責爲官守者也有言責則所言者不過司刑之一事惟無言責可以無　不言有言責則不用當致臣而去惟無言責可以不去而猶可以言此正孟子行道之深心妙用非但爲進退餘裕計也

其閒必有名世者　韓求仲曰其閒指將興未興言之是以名世卜王者非以王者卜名世若泥上句看下似說名世因王者始有如此則王者不作遂無名世乎惟說名世先王者而有爲王者所必賴遂覺孟子壯懷若揭矣

夏后氏三句　傳氏寅曰夏時田未盡闢一成之中田萊各半殷則田居其七萊居其三周則悉井其田按如此解與一夫百畝之制不悖

請野九一節　李岱雲曰語類云國中什一以在王城豐凶易察又曰國中之地五五相連屬所以行不得井田之法並無都鄙多平田曠野鄉多山林陵麓之說陰氏蒙引之說不可從

排淮泗句　任翼聖曰朱子謂淮入海不入江然山海經謂淮出桐柏至原鹿而與汝水合及東南至廬江安豐邑而與漢水合至下邳淮陰與泗水合漢既入江則淮與漢合又何不可入江耶

滅國者五十　滅國有在誅紂時者周書世俘解武王命伐越戲方紂三邑伐靡集于陳紂二邑伐衛伐磨伐蜀伐宣方伐厲命霍侯艾侯俘佚侯是也有在東征時者作雒解周公所征熊盈俘惟九邑竹書紀年成王三年滅蒲姑四年滅淮夷滅奄八年滅唐呂氏春秋商人服象爲虐于東夷周公以師逐之是也驅飛奄任翼聖據秦本紀天命處父不與

殷亂則以爲在誅武庚時亦是一說

丕承哉武王烈　王引之曰丕顯非創造之義丕承獨爲紹承之詞斯不類矣承者美大之詞當作武王烝哉之烝魯語敢屬而烝賈逵本作承漢書地理志承陽師古注承音烝後漢書郡國志作烝陽此二字相通之證韓詩烝美也魯頌烝烝皇皇毛傳烝厚也是其義

邪說暴行有作　四書辨疑云上云邪說暴行文作此云邪說暴行有作有與又前後移易讀之文義爲順　鮑曼殊曰孟子正人心首重闢邪說蓋其誅其罪于弒父弒君當觀潘崇云語世子商臣以其不能事不能行隨以行大事慫恿之夫以弒父之大逆極惡而變其名曰行大事何異後世横議之徒變盜賊之名爲好漢而開千古之殺機變淫奔之名爲風流而鑿蕩世之淫竇故商臣弒父實潘崇之邪說有以啟之也愚按公羊以祭仲廢君爲行權潘崇以商臣弒君爲行大事邪說害人甚于洪水猛獸孟子故特言之

中孟異同商

新化王鶴學

離婁章　此章是爲當時恃智巧聰明以變舊章者發陸慶曾曰天下之治亂無常法治則治法亂則亂故其治也以法治人而其亂也復以人亂法自堯舜幽厲以至于今千餘年矣推原禍本大約夏商周以來積凋敝以壞法而亂東西京以來作聰明以變法而亦亂壞法可救也變法不可救也愚按此論切當大凡壞法出自凡庸之主而變法則必出自聰明之人管商申韓諸人惟自以爲知故覺先王之道迂闊難行不知先王既竭心思繼以不忍其政無非仁民者後世惟務富强不知祇學其政無非賊民者世人泄泄沓沓非先王道彼雖自以爲知不知其大不仁且不知也故孟子以可謂知乎破之而首節卽從聰明巧三字說起離婁三子不必呆說本人乃是借三人以爲世之聰明自恃者反形也　周人騏曰土介山謂通章專爲責臣而言非也蓋齊梁之君孟

子與言先王之道者屢矣而彼方自以爲智而終莫之行此亦必有謂吾君不能者從中阻抑故孟子及之又云通篇所以俱用反說者蓋上孟中正說的多了五畝之宅百畝之田謹庠序之教詳哉言之矣而齊梁之君褎如充耳孟子大爲著急故發此論四箇故曰非古語蓋謂我平日所以如此云云耳

離婁之明段　趙鹿泉曰惟明生巧工之造器必先之審曲面勢也故先言明離婁蓋亦古巧匠懸按王褒賢臣頌離婁督繩公輸削墨曹植七啟公輸無所措其斧斤离婁爲之失精稽康琴賦乃使離婁督墨匠石奮斤夔師薦法般倕騁神傳毅琴賦命離婁使治繩施公輸之剞劂四處俱作工師用之人表以離婁公輸俱作春秋時人則非黃帝之離朱矣

師曠之聰段　郝氏四德曰孟子云不以六律不能正五音細詳孟子之言五音有音無律六律有律無音以六律多寡之數正五音輕重之聲是知欲正五音非六律不可欲正六律非管絃無憑陽爲律

黄鐘爲陽律之本在管爲箭内聲在琴爲第一絃聲氣至重至低六陰一陽屬子爲第一律上升大呂丑爲二陽第二律大簇寅爲三陽第三律夾鍾卯爲四陽第四律姑洗辰爲五陽第五律仲呂巳爲六陽第六律陽極生陰爲呂蕤賓爲陰呂之本在管爲極上孔在琴爲第七絃聲氣至輕至高六陽一層屬午爲第一呂下降林鐘未二陰爲第二呂夷則申爲三陰第三呂南呂酉爲四陰第四呂無射戌爲五陰第五呂應鐘亥爲六陰第六呂陰陽各六管自箭内聲上升至第五孔爲陽六律自極上孔下降至第六孔爲陰六律琴自第一絃前進至第六弦爲陽六律自第七絃後退至第二絃爲陰六律六律定然後正五音宮商角徵羽五音必得律呂二聲合爲七均方能循環一調所以管有七聲琴有七絃左傳謂七音漢志謂七始自黄鐘上升至蕤賓爲七均自蕤賓下降至黄鐘爲七均循環消長共爲一調十二律對待則爲六律錯綜則爲七均七均合爲一調若更插一聲便不合管孔琴絃管止有七聲

琴止有七絃不能分爲方員十二律以五音循環加變宫變徵只可將十二律錯綜爲七均以五音來往爲循環方能被于管絃律呂各家盡知七均爲一調而俱不以陰陽六律錯綜爲七均惟以五音加二變爲七均不分陰陽各爲六律而渾用陰陽十二律不以黄鐘爲律本而以黄鐘爲宫大簇爲商姑洗爲角林鐘爲徵南宫爲羽五音不敷六律乃以應鐘爲變宫變徵猶不敷七均乃以蕤賓爲變宫變徵雖敷七均而十二律中猶虚五律乃欲以宫循環徧臨五律以敷其數致有高低尊倫輕重失次者又作變律半律之例猶必不用枝惟用幹不以子午月爲二至卯酉月爲二分惟憑甲乙循環推算其寒暑失節陰陽失序亦理之所必至者竊謂欲正五音仍依漢志所載以黄鐘爲律本以六律多寡之數正五音輕重之聲宫居中以五數論宫居三位自重至輕爲羽角宫商徵自輕至重爲徵商宫角羽以黄鐘爲律本以羽角宫商徵爲五位以蕤賓爲呂本以徵商宫角羽爲五位黄鐘屬子聲至低蕤賓

屬午聲至高一律單用其餘十律同位同音陰陽並用律有十二不曰十二律而曰六律者只用一邊之故一邊陽律合管一邊陰律合琴琴是六陰律用一陽律管是六陽律用一陰律陰陽六律俱是各自相生一宮爲土屬第四律二商爲金屬第五律三角爲木屬第二律四徵爲火屬第六律第六律是管之正中孔琴之第六絃與第一律黃鍾合律同音故只有六律五羽爲水屬第一律第一律是管之極下孔琴之第二絃與第七律蕤賓合律同音故只有七均七均只有六律六律只有五音無變聲也　王恒齊曰聲不能皆相大者如雷霆之怖耳小者如蠛蠓之難聽此律之所爲制也以律和之而後大者不過于宮細者不過于羽而入耳不煩矣國語景王將鑄無射伶州鳩曰臣聞之大不踰宮小不踰羽故樂器重者從細輕者從大是以金尚羽石尚角瓦絲尚宮匏竹尚議革木一聲聲以和樂律以平聲此段說盡樂義六律正五音之所以然于此可得其意矣重者從輕如鐘聲極太從羽則和平瓦

絲聲細從宮則和平匏竹以流利爲節制故議論使調和無所尙也角淸濁之中磬聲輕于鐘而重于琴瑟故尙角焉鞉鼓柷敔一音故无淸濁之變只正時要得箇元聲卽中聲也卽黃鐘也黃鐘定則十二律皆定律定則音定音定則樂和矣

堯舜之道段　黃際飛曰上二段引起下段離婁公輸師曠照後聖人旣竭目力節看則此三人亦是用規矩六律者非制規矩六律者也以上二段例三段則堯舜之道亦是說言行堯舜之道者非指堯舜言也

今有仁心二節　李岱雲曰孟子所云仁心固如齊宣不忍之類所云仁聞卻與梁武不同蓋必實有惠愛之事或煦煦之惠補苴之術爲小民所稱頌若梁武只是普度一慈也何濟于事而民不被其澤當跟仁心不可去于後世當跟仁聞有仁心而無實事民何能被澤徒有仁聞民卽被一時之澤如何可常行而爲法後世若梁武之仁聞一箇民不被澤盡之何說不可法于後世乎范氏說不必看煞　李　辟齋曰徒善

節講章以下句縮入上句作輕帶語與孟子欲人行法意悖竊意徒善二句承上不可法于後世起下遵先王之法兩句當串看蓋徒善不法先王不足爲政既不成政任意變法是爲徒法如此方與前後一貫

詩云不愆不忘節　舊章者藏于祖廟懸于象魏者也禮運孔子出遊于觀之上鄭康成曰觀象魏舊章之處左傳季桓子至御公命藏象魏曰舊章不可忘也熊安生曰天子藏舊章于明堂諸侯藏于祖廟知者以天子祀朔于明堂諸侯于祖廟故也　陳大士曰心之所著謂之政政之所著謂之法政而仁則法而道矣故此處既曰先王之法下文又曰先王之道則以政出于仁法即道也

上無禮下無學　趙注君不知行禮臣不知法度疏上之爲君无禮法以撿制下之人臣不學法度以守職黃氏越曰禮字如周禮周官之禮所謂一代治天下之法度也即本前遵先王之法說非泛然說禮義之禮也此句責其君不行先王之道下無學以下責其臣一班泄泄沓沓

矣皆不學無術之人耳

詩曰天之方蹶無然泄泄三節 【存異】錢云說文口部呭字引詩無然呭呭又言部詍字亦引詩无然詍詍並訓多言爾雅釋訓憲憲泄泄制法則也鄭箋王方欲艱難天下之民又方變更先王之道女无憲憲然无沓沓然爲之制其法達其意以成其惡並多言之人恒多改制以先王之道爲不足法而迎合時君之旨作法以病民爾雅說文訓異而理實通陳啓源毛詩編云爾雅憲憲泄泄制法則也小人逢迎其主往往創立新法以助其虐厲王時紛更舊典必多周語太子晉曰厲始革典斯其證也首章靡聖管管六章無自立辟節此意孟子解詍詍云言則非先王之道者以先王爲非故敢于自立法也與釋訓意合朱傳以泄泄爲怠緩悅從恐非孟子沓沓之義沓沓者雜沓並進之皃故以事君無義進退無礼實其說夫無礼義非先王豈止于怠緩悅從哉按說文泄泄作呭呭多言皃沓沓云語多沓沓義正相符矣又多言與制法則似

異而實同人主紛更舊章羣小必爭先競媚各進其說說文解字義證止云多言沓沓尔雅釋詩義則推其多言之故李甫平毛詩紬義云上帝板板毛傳板反也憲憲泄泄更立法度盡與先王之道反也泄泄說文作詍多言也沓語多沓沓也從水從曰小雅噂沓背憎釋文沓本作噂廣韵作誻說文口部無噂誻二字以曰者詞也從口乙聲象口氣之出沓已從曰故不更從口從言詍詍誻誻爲言語之多古訓如此孟子云泄泄猶沓沓也沓沓者以先王爲不足法極口詆毀議論風生孔氏以爲隨從競進非也經已誡其先然則言詞輯詞懌良以語多重疊則不能相非毀先王則不能懌故以泄沓戒之又以輯懌教之也王念孫曰荀子解蔽篇辨說飾非亂是謂之詍注詍多言也又正名篇愚者之言誻誻然而沸注誻誻多言也足與孟子相表裏

責難于君二句　語類云問責難之恭陳善閉邪之敬何別曰大槩一般但恭意思較闊大敬意思較細密如以堯舜三代望其君不敢謂其不

能此是責難于君其尊君之心爲已至故爲恭陳善閉邪是就事上説蓋不但責之以難凡事有善則陳有邪則閉便子細著工夫處照管又云恭是就人君身上理會把他做箇大底人看致恭之謂也敬是就自己身上說如陳善閉邪在己當如此做

規矩方員之至章　周人顯曰此章前半兼言君臣後半乃單說君之賊民而不及臣之不敬何也蓋亦影自己在內非堯舜之道不敢以陳于王前孟子本以舜之事堯事君也而如君之不以堯之所以治民治民何哉舌敝唇焦而君不悟故發此論不知此意則前雙後單不成章法矣胡蓉峯曰先言舜而後言堯語意歸重治民邊且舜事堯無非代堯治其民觀語類無非事君之事然亦是治民之事則知重在治民上後文單言暴民益可見　陳大士曰人以爲堯舜吾不能爲吾爲其次焉者而已矣不失爲中主而已矣而不知此其說非也太甲成王諸人之爲君雖不及堯然法堯者也其所以治民固堯之所以治民也盤誥聱

畢諸人之爲臣雖不及舜然法舜者也其所以事君固舜之所以事君
也使不法堯則所以治民者非徒不及堯并不及太甲成王諸人矣使
不法舜則所以事君者非徒不及舜并不及盤說畢望諸人矣盖能法
者僅分至與次之閒不法者遂分仁與不仁之際可不戒哉

道二兩節　直解云道二如今人云天下只有兩條路然卻是說只有一
條路離卻這條便向那條不是眞有二條路可任意行也洴中出乎此
則入乎彼可不謹哉要看李文舟曰甚不甚不是暴民之有淺深乃是
受禍之有輕重總由不法堯舜之仁來上二句見不仁之禍見于生前
下四句見不仁之禍流于死後暴其民三字讀斷甚不甚連下句讀趙
鹿泉曰甚不甚以後之遭禍言非以暴之有甚不甚也當以暴其民句
甚則身弑國亡句不甚則身危國削名之曰幽厲句

禮人不荅反其敬　[illegible]劉敞春秋意林云愛人弗親反其仁敬人弗荅
反其禮　按以敬禮二字互易亦過盖敬與愛治一類禮與仁知一類

孟子云敬人者人恆敬之有人于此其待我以橫逆則君子必自反也我必無禮也待我橫逆則敬人弗荅我必無禮則反其禮也以彼證此其義自明豈今本有錯文與

爲政不難不得罪于巨室

御製日講云曲法徇情使巨室慕在巨室則得矣如一國何如天下何況巨室之賢者悅之不以道不悅也巨室之不賢者悅之不以道悅也違道以博巨室之歡心天下事尚忍言哉

存異敬讀此條則巨室作世家解此章似係一偏之詞非萬世之通論矣按南軒先生癸巳說曰披郡呂博士云巨室大家也仰而有父母俯而有妻子有兄有弟有臣有妾尊卑親戚一國之事具矣嚴而不厲寬而有閑此家之所以正也大家難齊也不得罪于大家則于治國治天下也何有斯說爲得之矣此亦與前章天下之本在國國之本在家同意雖然不得罪于巨室則修身其本也一家慕之一國慕之言樂從之也舉此心加諸彼則德教溢

于四海之內矣其曰不難者益爲事在易而求諸難者發也二條說理比集注爲勝易家人九五云王假有家勿恤吉此一爻主天子諸侯之家言故象曰父父子子兄兄弟弟夫夫婦婦而家道正正家而天下定矣卿大夫之家比百姓爲大尙曰大家況天子諸侯之家又比卿大夫爲大乎謂之巨室猶後人稱宮內爲大內也得罪云者猶云失德與死過也一家之中上父母中兄弟下妻子臣妾苟有失得皆爲得罪孟子云爲得罪于父左傳定姜謂獻公以婢妾使予二罪也是得罪于父母也襄王曰不穀不德得罪于母弟之寵子帶是得罪于兄弟也孝經云治家者無敢失于臣妾而況于妻子乎是于妻子臣妾亦不可有失得也爲政者不得罪于巨室則其儀不忒而爲父子兄弟足法矣以之治國也何有此節是承上章國之本在家二句而申言之故二章連在一處若專主世家立論則强宗悍族孟子不應特舉以爲爲政者訓也

小德役大德章　役事也與左傳以役王命之役同　汪武曹曰唐虞之

世諸侯之聽命于四岳州牧即是小德之役于大德小賢之役于大賢似不可專指天子也章大力曰無道之時天豈畏强大哉其能强大必其少能自立也不然亦其先世少有功德也世無大德大賢則小德小賢亦能成其强大而其人亦能遂制弱小存亡之命陸稼書曰存疑謂無道之世只論力不論德非也天下無道小役大弱役强非不論德也天下無有有德者則惟力是視而已惕菴曰天心無私豈有尚力之世只爲世界内長民之主並無德可眷不得不徘徊而有待久之仍歸有德漢高寛仁大度而天心歸之是也

今也小國師大國一節　陸平湖曰孟子此章可作一篇六國論蓋人莫不以合縱爲　國長策不知合從亦弟子恥受命于先師也爲六國者惟有修德而已不能修德而欲合從以擯秦能免逆天之亡乎反不若連衡者不失爲順天而可苟安旦夕矣晉登之曰小國不是滕薛以齊對吳以三晉對秦楚皆是汪武曹駁之最　按或問云所謂小國七年非

是封建小國恐是燕韓之類朱子曰然所以多二一年是要當外侮嘗說與朱子合武曹瞞之非也左傳齊侯納欒盈晏平仲曰小所以事大信也失信不立崔武子曰小國間大國之盟而毀焉必受其咎可見晉爲大齊爲小矣惟此強大者畧小故恥受命若是滕薛何恥之有

商之孫子節　存疑注云十萬曰億言商之子孫衆多其數不但十萬而已　【附】王引之曰不億億也商之孫子其麗不億猶曰子孫千億也鄭箋趙注皆云不徒億失之又云說文意滿也方言臆滿也楚茨詩云我倉既盈我庾惟億億亦盈也　按傳萬盈數也億亦盈數也惟億是盈滿之通稱故滿萬萬曰億滿十萬曰億滿百萬曰億卽滿一萬亦謂之億王制爲田九十億畝九萬億畝是假說云億數不定或以十萬爲億或以萬萬爲億或以一萬爲億此萬億者只是萬億耳六國時或將萬爲億故云萬億據此解則孟子此處億字亦當作一萬講不必拘十萬之說詩云子孫千億言子孫而至于千萬不爲不多矣故卜偃說畢

萬之子孫衆多亦只至萬而止若以爲未足而曰不但十萬何其夸而失實乎以文王詩言不億億也正與不時時也不顯顯也無念念也文法一例又孔穎達畢萬疏云至萬以後稱一萬十萬百萬千萬萬萬始名億是億之一字原統一萬以至萬萬之數言無定也何必拘定爲十萬乎　段玉裁曰說文⿰麗攴數也注耦物爲⿰麗攴故爲數按以一儷一爲二以一儷二爲三以一儷三爲四以一儷九爲十以二儷二爲四以二儷三爲五以二儷四爲六以二儷五爲七是奇耦之數俱以相儷而成也侯服于周　王引之云尔雅侯維也維乃也此言上帝既命文王有天下商之臣子乃臣服于我周也

殷士膚敏　按注以殷士爲商孫子之臣非也劉向疏孔子論詩至殷士膚敏祼將于京喟然歎曰大哉天命善不可以傳于後世是以富貴無常葢傷微子之事周而痛殷之亡則殷士卽是商之孫子非指其臣屬言也　中培曰趙注膚大也敏達也集注因之而詩毛傳膚美也敏

疾也箋云壯美而敏則肅須兼大美二義敏當兼達疾二義助王祭祀惟達于礼者能疾于事也

祼將于京　毛傳將行也孔疏天官小宰凡祭祀贊祼將之事注以將爲送則此言祼將亦應爲送但祼送爵亦是行之言異而義同也礼王正祼而后亞祼則祼將主人之事矣而云助行祼者天官小宰注又從大宰助王祼謂贊王酌鬱鬯以獻尸言大宰贊王小宰贊大宰則祼將之事有臣助之矣

誰能執熱逝不以濯　辨正鍾伯敬曰執字考亭作執持之執今人以水濯手豈能便執持熱物乎蓋執熱猶言熱不可解濯卽洗濯之濯浴可解熱也段云凡爲熱水所傷者不可以冷水浸激今注云執持熱物以水自濯其手不切事情也左傳北宮文子曰鄭有礼其無大國之討詩云誰能執熱逝不以濯礼之于政猶熱之有濯也濯以救熱何患之有毛傳濯所以救熱也礼所以救亂也正本北宮語尋詩意執熱言觸熱

苦熱濯謂浴也濯訓滌沐以濯髮浴以濯身洗以濯足皆得云濯詩謂誰能苦熱而不澡浴以潔其體而求凉快者乎乃常情常事鄭箋杜注趙岐朱子皆云濯其手轉使義晦由泥于執字耳杜子美詩不曾輕執熱爲我忍煩促又云執熱露白頭謂當暑不冠也得左傳毛詩正解矣按周禮王即齋宮乃淳濯注王沐浴又士喪禮浴濯疏云已將沐浴謂之濯此濯爲浴身之證歐陽文忠桑柔詩解云遭王暴虐思得賢君以避患如執熱者孰不思往就水濯滌其煩也朱善詩解頤云賢者能已亂猶水之能滌熱也皆以熱字作暑熱解不作熱物訓既非熱物則手無所庸執矣故左傳毛注但言熱而不言執其義自明昌黎文云若執熱者之濯清風杜詩何由一洗濯執熱互相望又云入舟雖苦熱垢膩可溉濯正本古訓而周溧陽乃謂詩人之詞不可證經則朱子亦有執熱倦煩踢蹻言起宵分之句矣

滄浪之水清兮　萬希槐曰滄浪水說者不一史記索隱及馬融鄭元皆

以滄浪爲夏水卽漢河之别流也史記正義引括地志均州武當縣有滄浪水中有州名滄浪洲又沔陽州北有滄浪水明一統志云卽禹貢滄浪屈原逢漁父處又湖南常德龍陽縣有滄浪水明一統志云滄山浪山俱在龍陽縣九十里下各有水相合出江謂之滄浪水屈原行吟澤畔逢漁父歌卽此今山東兗州府嶧縣北車稍山下有滄浪洲明一統志云卽孺子濯纓處據此則禹貢楚詞孺子之歌當有四處不得混爲一矣　按孔子應昭王聘至楚國都則夏水之出荆山者其地與楚國都正近兗州係聖人所生之鄉或于其地聞孺子歌亦未可知至龍陽沔陽雖亦有滄浪名然孔子未嘗至湖南以爲漁父所歌屈原所聞者近之至均州滄浪洲王鳴盛以爲係千齡洲之訛並屈子亦未嘗至其地不可爲據也

清斯濯纓三句　焦氏循曰周柄中謂漢水本濁其有時而清者正以合他水而流澄不得謂清者其本然此説非也滄浪是夏水本以清得名

則清其本然濁乃習染下云自侮自毀自伐俱從濁斯濯足相貫是水本可濯纓由自濁而濯足人本可活由自作孽而不可活也

國必自伐而後人伐之　杜牧之云滅六國者六國也非秦也滅秦者秦也非六國也容齋隨筆云六國之亡實六國自有以致之韓燕弱小置不足論彼四國者魏以惠王而衰齊以閔王而衰楚以懷王而衰趙以孝成王而衰皆本于好兵貪地之故苟爲保境睦鄰畏天自守秦雖强大豈能加兵哉

得天下有道四節　周云與聚勿施三句得其心也民之歸仁三句得其民也故爲淵敺三句得天下也得其民斯得天下故字緊承說今人生出況又有敺之一層語氣隔礙矣

今之欲王者二節　趙注云今之諸侯欲行王道而不積其德如至七年病而卻求三年艾艾可以爲人灸乾久乃善志仁者亦久行之章旨云三年之艾畜而可得也一時欲仁猶將沈溺所以明鑒戒也孫疏孟子言

此欲時君在于久行其仁不但欲爲之王然後乃行之耳王氏曰艾以久爲善不畜不可以活人之死仁以久而熟不積不可以拯國之危聘侯云久病須乾艾以療久困須深仁以解然三年之艾非可猝辦歷久之仁豈能猝期失于前猶可救于後怠于始正當勉于終不然艾終不得仁終無濟也愚按仁之勝不仁節言一事之仁不能勝不仁必多乃勝此節言一時之仁不能王天下必久乃王孟子蓋見當時人君欲王者偶行善政便自以爲能淑如梁惠移民移粟即爲盡心故求民多于鄰國不知欲爲政于天下者大國必須五年小國必須七年若平日不能久行于仁但因欲王天下方始勉强行之既不能淑又何能王乎是終身不行仁者固溺即一時偶行仁者亦溺故引詩言警之

言非禮義二句　王恆齋曰言非禮義即是言非仁義禮者仁之發故復禮即爲仁只句中偶換字面耳講家說禮義是通套字仁義是實落字或說暴在事故說禮義棄在心故說仁義皆不識理而妄爲立說也

道在邇章　西山衍義云戰國之時學道者不求之近而求之遠不知堯舜之道不離于徐行後長之際而仁義之實止在于尊親敬長之間圖事者不求之易而求之難猶如闢土地朝秦楚有甚于緣木求魚而老吾老幼吾幼則天下可運于掌故孟子切切以告時君欲其反求之吾身而不責效于天下也惕菴曰此章不是說百姓人人孝弟天下自平戰國之爲亂世皆其君爲之其臣逢長之與百姓何涉此是指出治者欲以其權力平天下論治者欲以其學術平天下卻日在遠處難處求之不知天下所以不平非爲謀畫未當法令未修皆由此不孝不弟之徒薄于天性厚于勢利構鬥列國兵連禍結若能興井田行學校使人人得遂其愛親敬長之願兵不禁而自止亂不戢而自安豈非至邇至易者哉大學平天下只是人人孝弟慈所以人人能遂其孝弟慈須是人君絜矩此章亦是責成一時之君臣修政教移風俗不然堯舜之世未必比戶可封于戰國之時而欲人人親其親長其長談何容易

居下位章　此與中庸語同意別子思心中重一豫字歸到擇善固執孟子意中重一誠字爲治人不治者下一鍼砭言四境之内有不能感動者必反而求諸己若果設誠于內而致行之豚魚可感況于人乎　趙注按人誠善之性者天也思行其誠以奉天者人也蘇云中庸誠之者人之道也此作思誠者思字自有實義朱注作欲字解未免畧過夫人不思則不能通微凡事宜豫立乎誠則凡事皆宜思也故孔子曰君子有九思曾子曰君子思不出其位告子篇言思者四孟子揭此一字亦可謂得爲學之要矣

伯夷辟紂章　憬庵曰此章單說當時諸侯不能養老尊賢以收天下之望徒以兵力迫人欲其歸己遺老失賢掊克在位爲淵敺則可矣欲爲政于天下是卻行求前也伯夷太公之老惟孟子可以當之然當時有道德之黃耇實不乏人圯上一老商山四皓伏生申公之徒皆可以爲大老諸侯只樂年少巧猾甘言媚詞者孟子特發此論以警醒之惜乎

終不悟也　閻百詩曰馬氏言古人養老之禮有養于鄉者有養于國者余謂孟子制其田里教之樹畜便是西伯養于鄉者若伯夷太公及鬻熊辛甲大夫之徒自養于國學而西伯親袒割牲矣　徐乾學曰今直隸永平府孤竹舊封也孟子稱伯夷居北海之濱齊桓公伐山戎刜令支懸車束馬所謂北荒也永平瀕海東臨碣石海至此而北海之極也今北鎮醫無閭山在于遼海山既可爲北鎮川獨不可爲北海乎

閻云玩盍歸乎口氣非自言也盍向衆人言也此句中已有勸其子同歸意　按尚書大傳云伯夷太公皆率其黨曰盍歸乎來則非自已一人明矣又竹書紀年帝辛二十一年伯夷叔齊自孤竹歸三十一年西伯治兵于畢得呂望是伯夷之歸在前而太公之歸在後故孟子兩言皆先伯夷而後太公也

存異　聞文王作興句趙注聞文王起興王道

按如趙訓方興未節文王之政關含豈一老呼天下來歸蓋以治岐之政俱是王道非但養老一端之善而已王逸楚詞注太公辟紂居東海之

濮、聞文王作興、徐幹中論、伊尹耕莘野、聞成湯作興、而自夏如商、太公居東海、聞文王作興、而自商如周、酈𥡴正義作夾太公聞文王作興而往歸之、俱與趙合、時讀以作字屬文王、與字屬二老、似未確

連諸侯二句　陳組綬曰、連諸侯而使之戰、辟草萊任土地而助之戰、均非身爲戰者、故次之

辟草萊　陳幾亭曰、田野治則有慶、所謂治者、指井田之田、其井地之餘地、則以積土任其草萊、故溝洫久而不廢、自李悝盡地力、而商鞅遂開阡陌、盡平其空土、恐以爲田、貪目前之近利、而不知土無堆積之所、必漸夷而入于溝洫、水道漸塞、則蓄泄無權、而土之長利失矣、張惕庵曰、辟蘆草翳殺之所藪、下田也、不易之地、先王有草萊、所以休息地力、取給蒭茭、今皆一例墾耕、合之輸稅、地利窮而民力亦窮、藉是以供黷武紛爭之需、濟惡虐民、莫此爲甚、王餘爽曰、周禮遂人以疆予任甿、上地田百畝、萊五十畝、中地田百畝、萊百畝、下地田百畝、萊二百畝、是

萊者先王用之調劑田之上下而遺民以分外之利也今皆開墾盡歸公田百姓餘利盡矣故亦爲刑罰所必誅也不然田不墾辟在司寇周制有明訓矣豈得而誅之哉

任土地　蔡模疏云或問任土地亦次于刑何也曰只爲他是欲富國不是富民但强佔土地開墾將去欲爲己物也皆聚斂之徒也郭畏齋曰助法行民受百畝爲恆產而子孫世享之任土地者以田賦民使任耕稼之責而收其租不以田畀之也官自募人墾荒爲田田皆官田招農民承種如今之田主與佃戶頗相似夫佃客之奉田主可言也有國者以田主自處而以佃客撲切其民威猛于虎而吏貪如狼逐者逐刑者刑民有終歲勤動不得保其父母妻孥者矣此富國之臣與爭城者殘民一也故孟子因論戰而等著其罪焉　集注云李悝盡地力商鞅開阡陌愚謂李悝商鞅俱在孟子前孟子此章非指二人是爲今之事君皆曰我能爲君闢土地充府庫者發先王之世井田有税草萊及開

地無税戰國時因爭戰之故併草萊閒地一例闢墾令之出税以助軍需則民不聊生矣周官載師掌任地之法注謂任土地以起賦税也疏云任地謂分授其地與人耕之而收其税也是任地之法自古有之但税及草萊閒地則自戰國始

存乎人者章　時解以觀眸子係孟子創論是不然周官聽獄已有目聽色聽詞聽之法矣左傳視流而行速視速而言疾又以目動言肆知敵人之將走視下言徐決單子之必死皆是也孔子三朝記人有可知者貌色聲有美焉必有美質在其中矣貌色聲有惡焉必有惡質在其中矣曾子立視篇目者心之浮也言之指也作于中必播于外故曰以其見者占其隱者孟子之言即孔曾　之言也

儉者不奪人章　鄭氏棨曰古之人必以其廉于取者爲儉而今之人第以其吝于與者爲儉非也古之公卿其儉自與士庶不同公儀子之拔葵孟獻之不祭雞豚不畜牛羊是也正所謂儉也三代以下稱恭儉之主

莫若文景然吾猶以爲文帝之儉其大者在除租復賦而身衣弋綈帷無錦繡待其末節至聽鼂錯之言而入粟拜爵猶未免于聲音笑皃況其他乎　按儉節制也故滕文章以取民有制爲儉　周人騏曰侮奪人之君惟恐人之不順其侮奪故皃爲恭儉以哄人其皃爲恭儉處正是巧于侮奪處侮人之君如王使人來寡人如就見者也是惟恐孟子不往故爲此聲音笑皃也惡得爲恭奪人之君故爲好言以詆誘之是惟恐人之不己從故爲此聲音笑皃也烏得爲儉

男女授受不親章　嫂不撫叔叔不撫嫂嫂叔不相爲服此禮之謹于死者也然昌黎因嫂長成爲嫂制服則禮以義起矣嫂叔不通問禮之謹于生者也然至于嫂溺時則救死之義重而避嫌之節輕矣喪祭禮尸酢夫人授柄夫人授尸執足喪禮管人汲授御者御者入浴母喪則內御者受之而浴喪祭之授受可親而何疑于溺時哉又淮南子云溺則捽父祝則名君父之捽尚可況于嫂之援乎

今天下溺矣二節　聖賢畏言權奸雄喜言權戰國游說之士因先王所制之禮不便其私圖故假權之一字以自解因造爲割烹要湯自鬻干穆之說見古聖賢行道未有不用權者髡以不援爲問意正如此玩注不可守天下之正道則從權不但見諸侯已也便有舍所學而功利意不知權與道非有二也本道以權方能審其輕重之分若一離道則外重內輕人重己輕在我先昧輕重之分矣將以何者審輕重之宜矣趙注云當以道援天下而道不得行子欲使我以手援天下乎陳大士曰天下惟無道故溺也援之者不以道是以溺之者援之而溺不救矣孫奇峯曰孟子以息邪說援人心之溺以行仁政援人生之溺正時時以道援天下默用其權不以告人也必欲枉道徇人則是手援天下矣從髡曰嫂溺援之以手手與道俱在也天下溺而徒以手則手在而道已亡矣

古者易子而教之　方云易非交易只重己之子使從教于他人如遣子

出就外傳是陳亦韓曰冠而無父命文實有祝詞字詞蓋父不自命以其命之意出于賓亦不親教子意

事孰爲大章　周云醒義謂此章爲借口事親而甘于失身者發一語透宗識得此意則前二節平側處可解矣蓋事親守身固皆爲大然有次第焉不失其身而能事其親者吾聞之失其身而能事其親吾未之聞即此而觀凡事有本槪可知矣即以事論孰不爲事而以事親爲大者事親實事之本也孰不爲守而以守身爲大者守身實守之本也凡事有本然則守身爲事親之本斷可知矣曾子能事其親者也而所以能事其親者實本于守身惟能守身故能養志然則事親者必如曾子之守身以養志而後可也　孔廣森曰將以復進也此句亦曾元之詞言餘則亡矣若請之則將復作新者以進云尔趙注欲以復進曾子也朱子亦云將以復進其親此似不然曾元但不能養志耳何至嗇飲食之費以欺其親遂同下愚所爲且以情揆之既對無餘而又以餘進其父

能無疑乎能無怒乎夫曰亡矣乃實亡也曾子之必曰有雖亡亦曰有所謂孝子惟巧變故父母安之者曾元不能但道其實而已此與必曰有對文而不曰必曰亡非實有言亡明矣

事親若曾子者可也　趙鹿泉云此正舉曾子之不失其身而能事其親也守身有守身之事事親有事親之事守身在不失其親之身而事親又在善養其親之志世固有不失其身而未得爲能事其親者記云嚴威儼恪非所以事親也故夫子告游夏以奉養不足爲孝兩賢豈不能守身者卽曾元奉其父敎亦無不能守身者而孟子謂之養口體意可見矣然則事親莫先于守身莫徵于養志守身卽在養志中養志卽在守身外故總結事親若曾子者可也不更及守身俗講粘脫俱非也愚按未知守身者以守身爲重以必先守身而後能事其親也已知守身者又以養志爲重以養志之孝更徵于守身此章前兩節重在守身爲世人說法故將守身重說而以失其身而能事其親者未之有也警醒

之後二節專在養志爲賢人說法故不將守身提起即曾元亦在貶內而以事親若曾子者可也進勵之守身養志俱在事親二字內養志而不先以守身則無以爲事親之本守身而不進以養志則無以爲事親之極此惟曾子能兼之故孟子特舉以爲法焉王恆齋云曾子養曾晳二節與上各爲一章不必糾纏其說是也

惟大人爲能格君心之非　朱子云大人格君心之非此謂精神自有感格處然亦須有箇開導底道理不但默默已也伊川解遇主于巷所謂至誠以感動之盡力以扶持之明義理以致其知杜蔽惑以誠其意正此意也　按外書孟子三見齊王而不言事門人疑之孟子曰我先攻其邪心注引程子言爲證似孟子確有此事者竊意不然孟子始見梁惠惠以利國爲問孟子以何必言利折之極言好利必至弑奪之害所謂攻其邪心也始見齊宣宣以桓文爲問孟子以仲尼之徒無道桓文折之而極言興兵構怨之害所謂攻其邪心也是邪心之攻即于言上

見之豈有三見而不言哉

有求全之毀　直解云注中求免于毀句須善會葢求全者求自修之全非以逢世也修己觀人注雖兼兩意而修己意較重

人之易其言節　明辨錄云一說責者責實也言責其實則行必顧言人輕易其言者開口便說大話只爲自家不曾考核其實審己力量何如耳又說責任也不當責任看得事情不難此言所以易也二說俱有意義而責任之解尤佳葢人未身任其責則不知此中甘苦與事勢難易故非輕于評論即妄自期許若身任其責始覺言易行難不敢徑情而發矣

人之患在好爲人師　焦云上章易其言如趙括韓非此好建白相攻擊者皆是也易其言則有災咎此章好爲師如楊朱墨翟凡立宗旨以傳授聚談者皆是也好爲師則有患害

樂正子從于子敖之齊　趙鹿泉曰子敖有納交孟子之心或欲假諸從

以致其師必將有術以動正子正子與子敖來或故或新其來見必有欲自之詞孟子則一見斥之張彦陵曰孟子責樂正子全在失身于匪人既從子敖來齊就是今日來今日見亦無解于罪孟子特就不早見長者上使他自悟從子敖之非玩亦來見我若别有所爲而來意閻百詩云注以昔者爲前日非也趙訓昔爲往以馬者爲數日之閒尤非蓋昔者猶昨日也弟子于先生朝至暮見暮至朝見豈正子遲至數日猶不自覺乎樊廷枚曰昔與夕古通亦訓爲夜穀梁莊七年辛卯昔傳云日入至于星出謂之昔左傳哀四年爲一昔之期弟子于先生自宜朝至而朝見暮至而暮見蓋朝見曰朝夕見曰夕古人原有夕見禮故昨日更不如昨夕之確【存異】王引之曰舍館定然後求見長者求是來字之訛按呂刑惟貨惟來馬本作求此二字相混之證上文子亦來見我既是來字則末句自當作來爲是

孟子謂樂正子章　周人騏曰此兩章當是同日之言蓋正子謝罪之後

孟子稍遲又說也合爲一章讀之方見其妙或古原是一章後人誤分爲兩耳　按此章正從上章生出上章切責正子原欲使其自悟從子敖之非其不早見長者姑借作箇話頭原非正意迨正子以克有罪自認則于發言之旨未悟明爲知罪實不知其罪也故不得已索性直言之　焦云趙氏章指謂餔啜浮沈君子不與則餔啜二字乃假借之詞非實指飲食也楚詞漁父篇王注淈泥同其風也揚波與沈浮也餔糟同其俗也啜醨食其祿也然則餔啜即與世推移同流從俗之意向來說此章者皆謂正子欲見其師而貪斧未充因仍子敖之便不思正子孟門之賢者也自魯至齊非甚遠何至以車馬資糧之乏而從子敖且子敖雖使豈能無端而從既可相從必爲相識即偶相識因貴人之便爲之師者遂直揭其醜以爲飲食之人何至于此蓋正子從于子敖之齊非偶然乘其便也是時孟子在齊出弔于滕王驩且爲輔行驩之在魯必謬托爲孟子之交而招之以祿故正子從之齊不知孟子雖仕齊

而道實不行仕不受祿久非其志在孟子方欲致臣而去則匡子何爲貿貿然來故以餔啜言之謂此來但爲浮沈隨俗不能行道匡正也趙氏得之　按北史劉獻之曰餔糟啜醨有同物之志文心彫龍云東方枚皋餔糟啜醨無所匡正又謂路粹餔啜而無所恥蓋仕以明道否則隱逸故以餔啜浮沈爲恥

舜不告而娶節　張惕庵曰此是有爲之言當時必有不請命于親率意自行引舜事以藉口故孟子釋之言君子以爲猶告非不告也方文舟曰舜不告而娶守經者疑之蔑禮者託之而不知舜之爲此有爲也告而娶者爲无後而舜之不告亦爲无後焉則推其心而論之君子以爲猶告也即從權無傷而豈無爲而爲者所得托之以遂其蔑禮之私乎

仁之實章　此章言天下之理皆自孝弟出不可以首節爲本心次節爲功夫張彥陵曰知斯二者節文斯二者樂斯二者俱要說得自然勿著人力方是良心眞切處

知之實段　蔡模疏云知斯二者已足見智又曰弗去何也易于體仁嘉會利物皆一字而貞固獨二字知則知其貞固則守之固益萬物之成始而成終所以爲貞朱子曰知正所在而固守之所謂知之弗去是也趙鹿泉曰聖賢學問事業皆從孝弟來步步以之存心非但以二者爲家庭之事立朝居官臨民皆是也非直父母在如此終其身不敢以行殆遺辱負生成之亥此之謂弗去

礼之實段　徐儆弦曰心雖無窮不得不止于有限之界意雖眞樸不得不行以委曲之文此之謂節文非節其太過文其不及之說仇滄柱曰節文二字逼義程氏分貼無過不及後說闢之非也朱子謂節是等級文是裝裹得好如揖讓升降之類世業謂節是有箇品節句稍如昏定晨省一定之格式是也文即所以行乎此者有自然的文章不至直率鹵莽是也二者本不相離愚謂節子兼無過不及言文即在無過不及上做得委曲周詳粲然可觀似覺理足

樂之實節　王罕皆曰樂斯二者二句已完樂之實處下文是發樂斯二者所以爲樂之故朱以九曰玩文法至樂則生矣五段已完生則惡可已也惡可已則不知足之蹈之手之舞之如此抑揚一段益垂重生字也生字對實字看無實則生機立槁故非實不能有生無生則實心亦寂故非生不能徵實君子務其實正所以務其生也全榭山曰孝弟之量原未易造其極古來孝友之人如急子子壽伯奇申生一流不過到得知而弗去而已使聖人處之其節文處處自有中道申生諸人尚多未盡善處其于禮之實尚待擬議況樂乎彼其煩苦悲怨足以感動天地然不足以語樂而至于手舞足蹈也是非大舜不能故下節遂言事親底豫之事又云言孝弟之量者始于孔子其論大舜推原其大德受命之由本于大孝其論武周推極其郊社禘嘗之禮以爲達孝孟子尤暢其說于是羅綜五德至于制禮作樂之實不外乎此河間獻王采樂記亦引孔子言以爲宗祀明堂所以教孝竟而總于所以教弟皆此

章之疏證也按漢房中樂歌章首卽以大孝冠之是孝弟乃樂之實也

不順乎親不可以爲子　饒雙峯曰順親者父母所爲合于道子所爲合于道彼此無違逆也陳國暾曰四岳薦舜時瞍已蒸乂然此自四岳之心視之也舜之心不尒也舜視頑嚚有一分之未格卽不可以爲人不可以爲子故如窮人無所歸

舜盡事親之道而瞽瞍厎豫　閻百詩曰厎豫注以書所謂不格姦者實之非也親但不至于格姦其格淺親得諭之于道其格深五帝紀舜踐天子位載天子旗往朝父瞽瞍夔夔惟謹如子道此方是瞽瞍允若瞽瞍厎豫時候較之身爲庶人僅云不格姦者有淺深次第之不同以舜之聖年至五十始臻此境豈易言哉　余氏憬曰天下無不是父母此一言者非是爲天下不是之父母護其短乃爲天下自以爲是之子致其誠敬以感動其有不是之父母也夫父母有不是人皆知之豈子而有不知者始覺之而悚然自責曰此爲子者之不是也于是下氣怡聲

勞引而自訟之冀其有以能悟也不然而下氣如故柔聲如故冀其久而能悟也又不然而爲子者愈痛自刻責曰于我何哉此時不知有父母之不是而但知有己不是勞而不怨其怨益深未不怨者父母無不是也怨益深者只見己之不是也只見己之不是父母何有不是哉究之得親順親則去不是爲是天下亦竟無不是之父母矣

舜生于諸馮　史記五帝本紀舜冀州之人也　張瓚昭曰古者因生以賜姓舜後姓媯舜之生于嬀汭可知書云釐降二女于嬀汭嬪于虞是媯汭即虞地也舜自生以至登庸未離媯汭則諸馮即媯汭亦可知矣

【異】鹿泉云趙注諸馮負夏鳴條皆地名負海也趙氏不詳地所在之實而言名又言負海豈以爲經負字釋乎必无之理也說苑膚夢子謂景公曰齊負海而縣山負海也者明其地之負海也史記則曰舜冀州之人也古冀州直北位非東亦非近海惟徐揚之海在東南惟青居東海居其北故郡稱北海海在北如負之者然趙氏蓋聞諸馮之地之負

海而未得其實故渾而言之今青州府有諸城縣大河環其東北說者以爲卽春秋書城諸者其地有所謂馮山馮村指稱傳自古竊疑近是凡言人地以所生爲斷遷卒皆在後孟子亦據舜生而言東也由此以推則知歷山雷澤河濱與夫負夏壽丘頓丘之皆東土可知矣若河東之虞則本舜祖虞幕之封故書稱虞舜史言冀州猶後人稱祖籍標郡望耳然自漢以來皆專主河東于是諸馮湮没注隱矣

遷于負夏 〔存異〕張瓚昭曰舜之生至登庸未離嬀汭則未因舜有漁于雷澤之事遂謂所遷之負夏卽雷夏澤者其誤亦可知也況雷夏之漁乃側陋時事明明言漁不言遷又何得以夏字之偶同而遂疑爲遷也竊謂舜之遷既在登庸之後必屬在位之時蓋遷莫大于遷都孟子于舜言遷當是由平陽遷于蒲坂其不言蒲坂而言負夏當是蒲坂向名負夏也何以知之平陽爲周之唐蒲坂爲周之魏唐爲帝堯故都其初不特無平陽之名併不謂之唐實謂之大夏左傳所謂遷實沈于大夏

主參唐人是因是也魏爲舜禹故都其初不特無蒲坂之名並不謂之魏實謂之負夏孟子所謂舜遷于負夏是也唐與魏同壤故同名以夏唐與魏分疆故一名大夏一名負夏我觀堯有天下號唐由其初侯封在唐舜有天下號虞由側陋居虞禹以夏爲號其初不聞有所夏而號曰夏得非以所都之地因有夏名乎禹既與舜同都則負夏之夏得非有夏之夏所自來乎吾故謂蒲坂舊名負夏也　按史記禹鑿龍門通大夏正義引括地志云大夏在今并州晉陽及汾絳等州是路史舜踐天子之位都蒲坂及安邑古者天子所居之地謂之中夏華夏則張氏以負夏爲舜所遷之都似爲近之若就時負夏此是舜未發時事與下得志行乎中國不合矣

卒于鳴條　李卓吾疑燿附徐司馬之說曰山海經云鳴條之山帝舜葬其陽丹朱葬其陰丹朱封于唐在今平陽府若云舜葬九疑豈丹朱亦葬九疑耶愚按竹書云四十九年帝居鳴條五十年帝陟曰居則非巡

將矣注云鳴條有蒼梧之山帝崩遂葬焉可見蒼梧之山即在鳴條雖有兩名實是一地非南方之九疑也　周柄中曰竹書舜居鳴條沈休文注鳴條有蒼梧山今海州按海州之蒼梧山即山海經之鬱州無舜葬于此之說且距蒲都甚遠舜亦不當至海州也故鳴條在今山西平陽府安邑縣北接夏縣界括地志所謂南坂口高涯源是也距蒲都二百餘里天子出無非事者不徵而于其宮故云勤眾而野死以爲南狩固非以爲海州亦非也畢秋帆曰呂覽云舜葬南己之市呂氏春秋舜葬于紀御覽引作南紀尸子亦作南己按路史注云紀即冀故紀后爲冀后今河東皮氏縣東北有冀亭冀子國也鳴條在安邑西北其地相近正義引孔傳在安邑之西路史注今帝墓在安邑而安邑有鳴條陌其去紀才兩舍禮記謂舜葬蒼梧皇覽謂在零陵營浦縣尤失之

卒于畢郢二句　[illegible]史記相如傳裴駰集解引徐廣曰王季宅程故孟子稱文王卒于畢程　段玉裁曰孟子謂文王卒于畢郢郢者程之假

借字也汪氏中曰疏云郢楚都在南郡非也周書史記解畢程氏以亡呂氏春秋武王常窮于畢程矣周書文王在程作程寤程典召南譜正義云程亦在岐南是周地之小別皇矣詩度其鮮原居岐之陽在渭之將正義以爲即程邑然則郢程止一地形聲小異耳　劉台拱曰紀年武乙二十四年周師伐程戰于畢克之文丁二年周作程邑然則畢程二地矣漢書地理志右扶風安陵闞駰以爲本周之程邑括地志安陵故城在咸陽縣界周程邑此邑中之地爲程也其西有畢陌一名畢原皇甫所謂安陵西畢陌元和郡縣志畢原即咸陽縣所理也原南北數十里東西二三百里亦名畢陌此邑外之地爲畢也畢者程地之大名程者畢中之小號故紀年言西伯初禴于畢而杜祐亦云王季都畢皆通國内言之昭九年傳魏駘芮岐畢吾西土也是岐畢皆古之建國周者大王所邑而岐之小別也故繫周而曰岐周程者王季所邑而畢之小別也故繫畢而曰畢程又畢地有二王季所都畢公高所封者在渭

北文王所塋近于酆鄗之地者在渭南文王始亦宅程其後作邑于酆而先君宗廟宮室猶在因是往來舊都而末年仍卒于此也

高宗聖諭云孟子周之臣子而稱文爲西夷夷之字樣只是疆域之稱聖賢不以爲諱明矣　張璜昭曰古人言方名皆取其相對東與西對故主西言則其餘皆東不特正東爲東卽正南正北亦可爲東也主南言則其餘皆北不特正北爲北卽正東正西亦可爲北也諸史所載孫氏建都于武昌南方地也自西蜀有漢主則稱東吳以所主在西也成王宅新邑光武都洛陽皆中土地也而俱謂之東都以所主皆在西也至晉武都之則爲西晉由其後有東晉則所主異也宋都汴梁爲北宋以後有南宋也孟子此章以文王爲主將言文之西夷則不得不以舜爲東夷但取西與東相對而不必舜之果居東也正猶楚處南海則不得不謂君處北海但取南與北相對而不必齊之果居北也此論甚是觀下節世之相後也千有餘歲是謂文後于舜而行政不異于舜也其以文

爲主可知蔡虛齋曰東夷之人西夷之人孟子非以夷字該界二聖人只見得一在東之極一在西之極故曰地之相去也千有餘里若不在中國之內則地之相去豈特千餘里哉中國二字有謂對東夷西夷言者非也看集注只訓作天下

若合符節　王餘英曰器物叢談云符契也代古之圭璋剖而相合長短有度用以徵召兼防欺詐者也古者以竹爲之故字從竹及後世詐僞蠭起以竹易得之物不足爲防于是有以金鐵銅銀鑄爲器物而用之者皆剖而爲兩一留在內一付給外節者出使操持之物所以爲行道之信亦以竹爲之或以金玉爲之其長也亦有度有使則給之還則歸之據此則符節判然二物掌節所掌有符有節蓋符守者所用所以備徵召也節行者所執所以備識察也故守邦國者用玉節守都鄙者用角節此皆用以守也山國用虎節土國用人節澤國用龍節皆金也以英蕩輔之皆用以使也門關用符節貨賄用璽節此符也道路用旌

節此節也　諸家皆未明晰懸按別而言之符是符節是節是爲一物漢
書高帝紀秦王子嬰封皇帝璽符節降枳道旁師古曰符謂諸所合符
以爲契者也節以毛爲之上下相重取象竹節因以爲名將命者持之
以爲信是也通而言之則符亦可謂之節周官玉節角節符節璽節四
者皆符也而俱名以節掌節一官統司之左傳西乞術曰不腆先君之
器以爲瑞節注節信也圭璧所以傳信故謂之瑞節是也陸清獻謂周
官八節通可謂之符節論甚圓通

先聖後聖其揆一也　張云若合符節言其事之同其揆句言聖人行事
之同由其心之以義理揆度物者無不同也不然則兩節重複矣匯參
將先聖後聖作推開說者不是郭云聖與賢道無不同聖與聖其揆斯
一揆者聖心之權度純乎天理因物付物者也道以中爲主惟聖則其
揆自一若有未一者必其未至于聖者也中庸論不驕之義曰考諸三
王而不謬百世以俟聖人而不惑以此若以道言則大賢以下有不能

異者矣須從聖人心地說但以義理同然爲說未當　按韓詩引孔子曰先聖後聖其揆一也則以末二句作孟子引孔子語亦通

濟人于溱洧　說苑以乘輿濟人屬韓棋景差事蓋韓滅鄭即改國號曰鄭也此說王伯厚周柄中辨之謂景差與屈宋同時不與叔向同時也愚按家語孔子曰子產猶衆人之母能食之而不能教也子游曰其事可言乎孔子曰子產以所乘之車濟冬涉者是愛無教也其說亦難信此事若已經孔子評論孟子何用再饒舌哉乘輿二字燕居注疏及御覽引孟俱作乘車則乘字當從大全音平聲爲是　錢辛楣曰溱洧之溱本當作潧說文潧水出鄭國引詩潧與洧方渙渙兮是也今毛詩作溱者讀潧如溱以諧韵耳溱即潧之轉音不可謂詩失韵亦不可據詩以疑說文也曹之升曰溱水有三說文以爲出桂陽之臨武水經注洊水篇亦有出平輿之溱至鄭之溱說文本作潧水經亦作潧說文引詩亦作潧水經引國語亦作潧以是知古文皆不作溱也故陸氏釋文亦

疑焉　按路史國名紀云滎陽有溱水城水經注云出鄫城西北雞絡山入洧襄元年晉伐鄭敗其徒兵于洧上諸侯之師次于鄫則潧水因鄫城得名也故字從潧爲正

歲十一月徒杠成　袁了凡曰釋名杠公也衆所共由也注以爲方橋誤徒行之杠何必方哉　[illegible]爾雅隄謂之梁石杠謂之徛郭璞引孟子歲十月徒杠成段氏說文注云歲十月徒杠成十一月輿梁成古本如是今本爾雅注中有一字者誤阮氏校勘記經文本作歲十月徒杠成十一月輿梁成後人亂之愚按集注云周十一月夏九月據其說則徒杠之成在于九月夫營室之中土功其始安得九月中徒杠已成耶朱子弟子蔡淵則云九月成杠十月成梁戒事之詞也十一月徒杠成十二月輿梁成庤事之時也國語有戒備之意孟子就凍極之時言之皆夏時也戌亥之月未甚寒猶可褰裳以涉子丑之月閉陰冱寒當此時而以乘輿濟民民豈能免于病涉乎據其說則徒杠之成實在子月輿

梁之成實在丑月矣冬至之後土功久畢安得十二月輿梁始成耶二説疑皆未確當從孟子古本爲是月令云仲冬之月土事毋作僖二十九年傳云凡土功龍見而畢務戒事也火見而致用水昏正而栽日至而畢據此則知土功始于十月初旬畢于十一月冬至遂不得在九月遂不得在十二月也故依夏之時徹作十月成梁可依孟子古本作歲十月徒杠成十一月輿梁成亦可以冬至前土功尚未畢也若冬至後至十二月則土功畢久矣豈至丑月輿梁始成乎是數説未確

君子平其政節　孫疏君子之爲平其政事使無遺失行法于人而使遵之其若此則可也南軒云君子之政天下之公理也行法于此使人由之而已蕭漢沖曰歲十一月節政之所以惠而不費也平其政二句政之所以威而不猛也愚按行辟人句時解俱作辟除行人訓此是大小官府儀制如此豈必平其政而始可哉孫張以行辟人作行法于人蕭氏以此二句爲威而不猛其解乃順蓋政字原兼賞罰二項行法于人

則專指政之嚴肅使人畏而不敢犯者說言君子執一國之政特患所行有未平耳誠能不偏不頗凡所設施皆本先王正法如此則利之不庸殺之不怨雖執法如山不少姑息人皆以爲可也益雷霆雨露莫非天恩仁育義正皆係國政夫安得人人而以私恩濟之哉上節利涉就政之一端說是爲政之仁此章行簾就政之全體說是爲政之義合而兼之方得其平玩白文可也二字文法與雖閉戶可也同明是進一層口氣似當從孫張以儲訓法說

孟子告齊宣章　丹鉛總錄云宋高宗問尹焞曰紂亦君也孟子何以謂之獨夫曰此非孟子之言武王誓師之詞也獨夫紂洪惟作威高宗又問曰君視臣如土芥臣可遂視君如寇仇乎曰此亦非孟子之言書云撫我則后虐我則仇高宗大喜嗚呼人臣對君之言從容中道如此所養可知矣

祇爲舊君有服　李氏惇曰檀弓穆公問子思爲舊君反服篇孔穎達疏

云喪服齊衰三月章爲舊君凡三條其一云爲舊君及君之母妻傳曰仕焉而已者也注云謂老若有廢疾而致仕者兼服其母妻其二大夫在外其妻及長子爲舊國君注云在外待放已去者傳云妻言與民同也長子言未去也此則大夫不爲服惟妻與長子爲舊君耳其三爲舊君注云大夫待放未去者傳曰大夫去君埽其宗廟言其以道去君而猶未絶也注云以道去君謂三諫不從者言爵祿尚有列于朝出入尚有詔于國若已絶則不服也鄭注此節言仕焉而已者止取喪服第一條爲正耳然則去仕他國已絶之後不服舊君而雜記違諸侯之大夫不反服則違諸侯之諸侯得爲舊君服者蓋謂不便其君或避寇仇不得在國者如孟子對齊宣爲舊君反服正與雜記同也按此疏辨晰明暢則此章所云與檀弓雜記正合足補儀禮喪服所未備與喪服三條不相涉注當引檀弓雜記以證之不當引儀禮也陸清獻云集注所引儀禮曰以道去君而未絶者服齊衰三月據儀禮注乃是指已放而未

去者于出疆三年語頗不合集注蓋引以爲例耳非本文正解也若檀弓所云爲舊君反服者乃指去國之臣言而儀禮固不載也王氏匯參取此說

有故而去五句　趙注若有他故不得不行如華元奔晉士會奔秦是也劉履恂曰孟子稱舊君三有禮皆見左傳襄二十一年欒盈過周王使候出諸轘轅是導之出疆也定六年孟懿子謂范獻子曰陽虎若不能居魯而息肩于晉所以不爲中軍司馬者有如先君是先于所往也襄三十年豐卷奔晉子產請其田里三年而復之反其田里及其入焉是三年不反然後收其田里反則仍歸之也愚按白虎通以其祿三分之二與之一留與其妻長子使得祭其宗廟此不收其田里之證檀弓古之君子退人以禮疏引孟子有故而去則君使人導之出疆送至彼國明其無罪此又先于其所往之證[illegible]宋云通典禮五十九引作又先安其所往安于聲之轉義亦通下節極之于所往極困也困與安相反

非禮之禮節　横渠曰非禮之禮非義之義凡非時中者皆是也朱子曰凡禮義不可泥陳迹如可行于昔不可行于今可行于己不可行于人者皆是大人道全識周貫萬變而不謬其迹故無此弊南軒曰非禮之禮非義之義謂事雖本是禮義而施之不當其則即爲非禮非義如有姊之喪過時弗除曰吾不忍也以是爲禮而不知過先王之制矣爲宰而與之粟辭而弗受以是爲義不知失當受之宜矣半山曰事有迹同而實異者今之人必鰓鰓焉求合其迹不知權時之變是所同者古人之迹而異者其實也爲害大矣孟子曰非禮之禮非義之義大人弗爲蓋所謂迹同而實異者也趙注謂非禮之禮若娶妻而朝夕拜非義之義若藉交以報仇此乃中人所不爲者豈待大人始不爲哉失孟子之意矣

中也養不中節　孫疏賢父兄者對子弟而言之也如孟子所云曾子師也父兄也是其意按注云樂其終能成己終字最妙始雖不才而終至

于才始雖不中而終至于中大匠之門無棄材所以可樂賢中也棄不中才也棄不才子弟固不能企而及父母亦不能俯而就是謂過中子弟固不能有爲父兄不能成其子弟亦豈得謂之有爲攝言云責之驟而無寬猛競絿之節是亦偏也舍之速而無變化曲成之方庸非拙乎故曰不能以寸

人有不爲也節　此章孟子以廉恥勵人也論語行己有恥孔注有恥者有所不爲也朱注亦云此其志有所不爲是孟子之有所不爲即孔子所云行己有恥也戰國智謀之士甚多莫不以有爲自負然于廉恥二字有虧枉己者未有能正人者也孟子故發此論以警之人不可以無恥故有志之士必知殺一無罪非仁也則恥而弗爲焉非其有而取之非義也則恥而弗爲焉不爲不仁然後可以爲仁不爲不義然後可以爲義知所擇而後可以有爲知所恥而後有所不爲恥之于人大矣哉攈呂講義云有不爲所謂知恥自好不爲不善之人也程子所謂知所

中孟　二十八

擇謂明是非知取舍之大閑耳進而至于有爲然有學問擴充之功在故經文不曰能有爲曰而後可以有爲語氣極有斟酌若呂所云公私義利是非可否俱無毫髪蔽則是義精仁熟大賢以上地位矣

仲尼不爲已甚者　語類云問非其君不事非其民不使治亦進亂亦進不羞汙君不卑小官氣象可謂已甚矣而目之曰清和任頗似難曾曰雖是聖終有過當處　岱雲曰行未造極者其非聖自不消說惟行造其極如夷極其清惠極其和然偏造其極已是增加本分之外早加毫末了看來中不離庸纔不庸便不中如夷惠之清和雖造其極然纔不庸常便不是中道早已偏了偏于清故當和也不和偏于和故當清也不清仲尼隨時處中只到恰好便住毫末無加本分之外只見至平至常集大成章以時字發明孔子之聖此以庸字發明孔子之聖若單說中字便對過不及兩面不得此章之旨郭云已甚只于至當不易處精神力量稍覺已重非有差錯也有差則爲賢知之過矣孟子謂孔子不

爲已甚聖人而爲已甚者固當有之而已甚卒無害其爲聖人如伯夷之望望然去惠之由由與偕是也范忠宣謂仲尼不爲已甚寛平而已矣與孟子意旨自別　陳大士曰天下尊聖人大高而其視聖人之道大過于是從而甚之然天下只有大中之道別無大甚之道使道而可甚宜無如仲尼而仲尼乃不爲已甚則人亦何以異爲哉

大人者言不必信節　孫疏云孔子與蒲人盟不適衛而終適衛是言不必信也佛肸召子欲往而終不往是行不必果也周云朱注謂卒亦未嘗不信果尹注謂主義則信果在其中兩先生之意蓋謂大人雖不必信果而信果之理不相妨也李岱雲乃謂到惟義所在則結裹成就依然此信果而指時文義之所在信果可不信果亦可者爲无忌憚王罕皆亦踵此説非也孔子曰道不行乘桴浮于海從我者其由歟子路聞之喜則曰由也好勇過我无所取材非言不必信乎臨河返駕非行不必果乎白文本自明白講家自生葛藤耳

大人者不失其赤子節　南軒曰凡人自幼及長赤子之心失而不能反者多學者所以求反也大人者能反之者也蓋欲消理存聲色不能移也智巧不復萌也此則渾然赤子之心以其本有是心今非能有加才不失耳故曰不失其赤子之心也由是而動无非天理所存所謂自明而誠也若夫上智生知之聖則赤子之心元不喪失卽此體而盡之天下之理无不得焉所謂自誠而明也　存疑趙注大人謂君也國君視民當如赤子不失其民心之謂也孫疏此章言人之所愛莫過赤子所謂視民如子則民懷之者

養生者章

講云孟子此言非謂養生可輕蓋見當時薄葬之非故以此警之　謹按此章爲薄葬者警甚得立言之旨上孟死徙無出鄉趙注死謂葬也檀弓送形而往左傳送葬而歸是送死卽送葬也世之人子看得葬無關緊要謂父母已死骨肉歸土則已事親之事已終殊不知葬不得地爲

風水蟲蟻所傷合親之形神不安則雖盡孝于生前究不免抱憾于死後孟子故特言此欲世人以葬親爲人子第一大事也孫疏父母終擗踊哭泣哀以送之卜其宅兆而安厝之斯爲能奉大事也舉宅兆爲言斯爲的當不然生事葬祭三者並重孟子乃云養生不足當大事何邪

君子深造之以道章　趙注造致也言君子問學之道深致極竟以知道意欲自得其原本如性自有之也愚按下章重約字而工夫卻在詳說不詳說何以反約此章重原字而功夫卻在深造不深造何以得原原即約也能反約則得原矣原字雖于取之左右句始見其實首二句已伏埋本有原深造者探其原也自得者得其原也惟爲學時于義理得其原故應事時左右逢其原臨時之任所取由于平日之有所得原之有關于學問如此故君子欲深其造詣以自得其原也趙注欲使自得其原本李二曲曰人必識自方能自得自得務敦大原方能左右逢原

資之深則取之左右逢其原　陳大士曰資于聞見者淺資于性命者深

資于聞見者僅逢其流資于性命者乃逢其原薛文清曰原即天命之性也性無時不發見于日用之間故取之左右逢其原陸平湖曰吾求原字只是萬物各有一原之原未是萬物統體一原之原其所以能左右逢原者則由于統體一原也周人騏曰取之二字須略頓言取之於自左取者逢其原自右取者逢其原非取之于左右也　資字趙訓取朱訓藉竊意訓之為積于下句意義尤合居之安則理之藏于內者愈適而不移資之深則理之積于中者淵深而靡盡惟平時積之有素故臨時取之有餘也　段玉裁曰資者積也越語賈人旱則資舟水則資車夏則資皮冬則資絺綌以待之皆謂資積也資積雙聲故訓資為積愚按周官司市鄭注爲飾之物商不得資疏商主通貨賄貨賄皆當資貯故云商不得資貯猶積貯也史記信陵君傳如姬資之三年索隱云資者齎也齎于心已三年也齎與積同惟資有積義故凡字從次從資者皆訓積周頌積之栗栗說文引作穦之栗栗楚詞薋菉葹以盈室

徐鍇曰蕡積也言積蓄施以盈室也蕡省爲茨說文蕡草多也詩曾孫之稼如茨如粱毛傳茨積也又福祿如茨鄭箋福祿之聚集如屋蓋之茨也以上所引皆是說物之積孟子此章則是言理之積易曰君子以多識前言往行以畜其德畜之大積厚而流光故取之不盡用之不竭

博學而詳說章　原本作約要也上章爲淺嘗浮慕而不深探其原者發此章爲希心頓悟而遺從事于約者發從博之弊衆人之失易見徑約之弊賢者之失難知旨文詳字反對約字注中徑字反對將字學者不可徒博文不可徑約是孟子立言本旨約字有就知之得其要說者語類云所謂博學詳說將以反說約也程伊川云積累後自然有貫通處積累多是學之博貫通處便是約又有就行之得其要說者孟子曰守約而施博者善道也朱子禮記序說云孟子曰博學而詳說之將以反說約也何謂約禮是也禮者履也謂昔之誦而說者至是可踐而履也故夫子與顏淵俱云博文約禮今禮記四十九篇是其遺說學而求所以

約之者不可以莫之習也又云既博學又詳說講貫直是精確將來臨事自有條緒才有條緒便見簡約若是平時講貫得不詳悉臨時覺得千條萬緒更理會不下如此豈得為約許東陽曰博學詳說以知言約則會其極而千行處見李二曲曰無聲無臭此本體之約也敬之一字聖學所以成始成終此功夫之約也

以善服人章　[illegible]王云服疑當作勝勝字左旁與服相同又涉下兩服字而誤管子戒篇以善勝人者未有能服人者也以善養人未有不服人者也尹注云以善勝人人亦生勝己之心故不服是其明證也若作以善服人則文義不明　按韓詩外傳子貢謂李康子曰以善勝人謂之責責者失身又莊子載仲之言曰以賢臨人者未有能得人者也以賢下人未有不得人者也臨亦勝意

言無實章　晏子曰國有三不祥有賢而不知一不祥知而不用二不祥用而不任三不祥閻百詩曰賢才者天地神明所護惜也而人必歸之

妬之毀之讒之是非直與賢才爭乃欲與天地神明爭也幾何而不爲天地神明誅哉　岱雲曰注前說謂天下之言無有實不祥者惟蔽賢爲不祥之實以貽誤國家也後說言而無實者不祥以其虛言生禍故蔽賢爲不祥之實亦以貽誤國家也前說兩實字歸一意玩其語意與首尾相呼應文法似勝後說比前解理似勝而實字卻作兩義文法稍疏盛際飛云前說一反一正于文義爲叶後說未免重複愚按無與毋通南軒云此章文義謂言無使實不祥其不祥之實蔽賢爲甚也此條以無字作戒人之詞于立言之旨合似比注兩說俱勝

徐子章　岱雲曰亟稱者屢稱不一稱之詞非指下水哉水哉言也介山曰原泉斷句世連混混二字者非玉裁曰說文混豐流也古音同滾俗字作滾山海經其源渾渾泡泡注水濆湧也混即渾之假借與溷之訓清亂者不同惕庵曰有本者三字一頓指有實學有實得之人也是字指原泉孫疏以其道大有本皆如是是孔子所以亟稱而必取之爾以

原泉混混譬君子之德性不舍晝夜喻君子之學問盈科後進譬君子之成章放乎四海譬君子之至道

人之所以異于禽獸章　朱子曰人心虛靈包得許多道理雖間有氣稟不同處亦可克治使之明萬物之心便包許多道理不過雖其間有稟得氣稍正者亦止有一兩路明其他道理便都不通此條說理明白正見人所以異于禽獸處中庸注云人物之生各得其所賦之理以爲健順五常之德此節注云人物之生同得天地之理以爲性此數語則覺可疑孟子所謂幾希正指性中之理言也董子云人受命于天固超然異于羣物又曰明乎天性知自貴于物韓昌黎云人之所以爲性者五其言與孟子相表裏朱子門人劉黻不滿其師中庸注性兼物言之說謂人與人氣稟不同而終可同物則終不可同人之與物謂之理同則可謂之性同則不可其論足匡朱子之失矣此節注解當云人物之生同得天地之氣以爲形其不同者人于其間獨得天地之理以爲性爲

少異耳雖曰少異然人物之所以分實在于此衆人不知而去之雖得形氣之正而不能有以全其性則亦无以異于禽獸矣惟君子既得形氣之正而又戰兢惕厲以全其性中之理此所以異于禽獸並異于庶民而爲生民立命也　蕭繼柄曰幾希二字七篇中凡四見此章嚴人禽之辨指心之本體言齊人章指羞惡之良言牛山章指情對性言深山章指聖之全體對下聞見言彼三章猶可訓作少若此章實拈幾希嚴人禽之辨切不可與三幾希例看蓋此章人字要重拈幾希字亦要重拈何者人者天地之心也幾希者人之心也易曰知幾其神乎幾微也聲希曰希又視之不見名曰希大槩以不涉聲色言之此正所謂道心惟微也或問幾希有著落否曰下節言倫物言仁義明有著落牛山章好惡相近即上仁義之良心也幾希正狀心之靈妙微乎其微舉仁義言之可舉四端言之可舉萬善言之亦可所謂斂之不盈一掬放之可彌六合也是人之所異于禽獸而君子存之以下開後聖上接危微

精一之旨者也故次節舉舜言之旨謂人之異于禽獸者無甚多有何意味

舜明于庶物節　劉上玉曰君子存之管舜禹周公孔子數章蒙引謂君子猶有待于存之惟舜也明于庶物云云則是舜又在君子之外矣然則文王孔子亦生安者便當入操存君子乎注云不待存之而自無不存總是君子存之中有生安如此至尹注存者聖人存之者君子則已置圈外矣陸稼書曰過下不必貶君子以起舜蓋君子聖賢之通稱雖不待存之而自無不存究竟亦只是存之者愚按蔡沉書序二帝三王存此心者也則二帝亦在存內但太甲成王是困勉而存此心者二帝則生安而存此心者質不同而存則同也由仁義行此句不是夸他生安乃言其存心到得極熟地位耳堯舜存心極熟則心與仁義爲一其自中流出便是仁義學者存心未熟則心與仁義爲二必須依著仁義行之方不差也

禹惡旨酒一句　儀狄之疏自己致其嚴甘酒必亡後世傳其戒其惡旨酒可知一沐三握髮一饋十起身納禮賢人者既殷勤以道擊鼓教以義擊鐘廣求昌言者後至其好善言可知

文王視民二句　趙注視民如傷者雍容不動擾也疏不以横役擾動之焦云呂氏春秋天寒起役恐傷民注傷病也文王視民如有疾病凡疾病之人不可動擾故如傷爲不動擾因不動擾故雍容也左傳國之興也視民如傷杜注恐驚動與趙合　存異翟云趙注望道而未至又云道未得至似舊經文見字作至按作至字則與詩瞻望弗及檀弓皇皇如有望而弗至同文王于道自雖望見而其心如恐不能親至者故亹亹而不已也

武王不泄邇二句　音義曰丁作媟訓狎今注以泄訓狎借聲訓耳愚按泄當作渫聖主得賢臣頌注渫狎也賓筵詩注醉而不出是渫宗也箋云是渫嫚宗子也渫訓狎訓慢是知泄係渫之省文渫與媟同故丁

作㷼者泄訓急訓多無有作狎訓者

周公思兼三王節　趙注四事禹湯文武所行之事　蔡虛齋曰其有不合者正指上四事于理難通以井田封建禮樂刑政爲說者近之林次崖云惡旨酒等項此皆古今所同未見不合惟四事之外如忠質文之異尚子丑寅之異建貢助徹之異法似此之類不可盡窮以今視古則有不合者耳明辨錄說同仇云上四條是孟子錯舉之詞周公意中豈便有此四事只槩云四聖人事乃渾成蘇云趙注不合云已行有不合者疏周公施爲其有不合于三王不合貼周公講比朱注爲分明益古今時勢不同故古之事有施于今日而不合者非仍就三王之事較其相合否也幸而得之謂得今日所宜行者益聖人通變宜民協諸義而協則事雖先王未有可以義起也

王者之迹熄而詩亡　邱瓊山曰孟子謂王迹熄既謂之迹似有所指非虛言也竊意先王盛時諸侯歲朝于天子考禮正刑以一其德天子于

是考之正之諸侯既朝之後天子五年一巡狩又命太史陳詩以觀民風其君德善否國政得失民風善惡見于民俗歌謠之間皆得以上聞或刺或美天子因之而施黜陟刑賞之典焉至于周衰天子不復巡狩諸侯不復朝覲太史不復采詩民間之美刺不復上聞天子之刑賞不復施于列國所謂詩亡也孔子假魯史之事加以筆削之公寓天子刑賞之意詩有列國春秋亦有列國詩有美刺史有褒貶此春秋之作所以繼于詩亡之後與方鑿枘曰王迹者何古者天子巡狩命侯國陳詩天子用以觀民風行賞罰陟黜焉天子不復巡狩則黜陟賞罰之事不行故曰王者之迹熄詩亡者何天子不巡狩則侯國不陳詩上無制作小雅不見于燕享下無獻納大雅不見于會朝謂雅之不復作非前之雅詩亡也宋于庭曰據漢書食貨藝文二志所言古之王者有設官采詩之事采詩之官廢則詩亡也義門說同　按詩亡有專主頌言者趙注王謂盛王也太平道衰王迹止息頌聲不作故詩亡有專主雅言者

朱注詩亡謂黍離降爲國風而雅亡也有專主風言者伯厚曰王風不復雅君子絶望于平王矣然雅亡而風未亡清議猶凜凜焉擊鼓之詩以從孫子仲爲怨則亂賊之黨猶未盛也無衣之詩待天子之命而後安則簒奪之黨猶有懼也更齊宋晉秦之伯未嘗無詩礼義之維持人心者如此魯有頌而詩遂衰變風終于陳靈而詩遂亡夏南之亂中國不討而楚討之中國爲无人矣春秋所爲作歟有兼指風雅言者周人騏曰雅詩亡則勸戒不明風詩亡則黜陟不行故春秋不可不作惠周惕詩說云胡文定春秋傳以詩亡爲雅亡按必雅而後爲詩則十三國風不得謂之詩歟雅有美刺而風亦有美刺雅有諷諭而風亦有諷諭安在風不如雅無與于詩亡之數也即曰十三國風會朝燕享不歌其詩而二南則鄉射鄉飲房中皆用之安在風不如雅無與于詩亡之數也苟風與雅同謂之詩則風詩中多春秋時事而孟子謂之詩亡然後春秋作其合風與雅言無疑矣小雅六月序云小雅盡廢則中國微是

雅亡于幽厲矣列國之詩終于株林則風亡于陳靈矣雅之亡亡于無王風之亡亡于無伯雅亡而風存人猶是非美刺也迨風雅俱亡而詩遂埽地盡矣此春秋不得不作也有兼風雅頌言者周克遠曰詩亡非但雅亡也王無修齊之化而風亡侯用郊禘之禮而頌亡朝會燕享受釐陳戒之典王不能實爲體行而使諸侯大夫得以歌之而雅亡非無其詩也按詩亡二字統舉全詩周說較賅備

詩亡然後春秋作 [illegible]注王者之迹熄謂平王東遷而政教號令不及于天下也詩亡謂黍離降爲國風而雅亡也春秋魯史記之名孔子因而筆削之始于隱公之元年實平王之四十九年也 [illegible]范紫登曰注以詩亡專指雅說謂雅亡于平王之時春秋託始于平王之四十九年但據王魯齋說孔子作春秋在敬王之三十九年則詩亡亦就孔子時言當直指全詩故孟子但言王者之迹熄而詩亡非曰王者之雅詩亡也 汪瑟庵曰明是詩亡何得解作雅亡前人之說皆誤也春秋作

謂孔子作春秋時，非謂春秋之始也。前人誤解春秋作，不得不以詩亡爲雅亡也。孔廣森曰：彼都人士似東遷以後之詩，孟子詩亡，不作雅亡解。陳靈以後無風，王者不能採詩，而詩之存于太師者亡也。詩亡然後春秋作，自是据作春秋時，不謂隱公元年也。李安溪曰：風詩是王者命太師採陳而行賞罰之典，于春秋所取之義尤切，奈何專以無雅爲詩亡乎？何氏楷曰：孟子云王者之迹熄而詩亡，詩亡然後春秋作，諸儒推測未有得其解者。今以世攷之，詩亡于下泉，當在敬王之時，益至是而周不復興矣。平遷王城，敬遷下都，愈趨愈下，聖人所以投筆而自廢也。趙氏坦曰：哀八年春王正月，宋公入曹，以曹伯陽歸。林堯叟謂檜亡春秋之始，曹亡春秋之終，夫子刪詩繫檜曹于國風之末。檜之卒章曰思周道也，傷天下之無王也；曹之卒章曰思治也，傷天下之無伯也。坦案：此說甚精。天下無伯，王者之迹熄矣，太史陳詩以觀民風之典不復舉矣，故曰王者之迹熄而詩亡，詩亡然後春秋作。黄氏澤曰：春秋之初，如衛州吁之事此時事體當責王室及春秋中世當責伯主又其後王者既不興諸侯又無伯聖人既生此時不應坐視其弊此春秋所以不得不作也　按詩亡有主平王之黍離桓王之兔爰言者則在春秋之初有主陳風株林言者則在春秋之中皆與孔子作春秋時不合惟主下泉一詩則下泉以後更無詩又是春秋之終與孔子作春秋時恰切當以此說爲確

晉之乘節　此節人俱作閒話讀果然則春秋時列國各有志書而孟子特舉晉楚魯何哉竊意三句正頂王者之迹熄來反伏下節義字益二百四十年中晉僭王者之權則乘之所載無當于王迹也非義也楚僭王者之號則檮杌所載無關于王迹也非義也魯僭王者之禮則末修之春秋亦無與于王迹也義不著也其事則伯而不王其文則史而不經直至孔子筆削出來大義凜然然後文武之道著而王者之迹明春秋所以爲天子之事故謂春秋爲與晉固非或以春秋爲里乘亦非也

胡應麟曰孟子稱晉之乘楚之檮杌檮杌今不可考而紀年所載事于晉獨詳其文與春秋類豈即孟子所云晉乘歟愚按紀年前載三代後始及晉則不得謂之晉乘矣萬希槐謂晉語羊舌習于春秋即晉乘也楚語申叔時曰習之春秋即楚檮杌也公羊莊七年傳不修春秋即魯春秋也此說得之留青日札云檮杌非惡獸說文檮斷木一作剛木注引楚謂檮杌惡木取其記惡以爲戒杌樹無枝也從木不從獸則非獸明矣注疏考證云檮字從木從壽壽可久也兀不動也杌字從兀莫可動也史本歷久不易之書故以檮杌爲名　升庵曰左傳杜注檮杌凶頑無儔匹也又八元有檮戭史記檮著漢書公檮生皆音稠獨孟子檮杌之檮音濤益因陸氏釋文而誤

其事則齊桓二句　翌注曰春秋載事不止桓文此事字是事體也大槩事體是二伯規模或聽其盟約或蹕其故習皆是張惕庵曰春秋常事不書失禮始書之惟有齊桓晉文之事舉方伯之職匡扶王室此是正

理卻鄭重詳言爲荆楚叛周僭王猾夏也周室專仗桓文厥後晉襄晉悼晉平迭主夏盟使其尊周周室之不亡桓文力也後儒不知事體一味詆毀桓文不知無此齊桓晉文之事楚子問鼎秦人超乘周何以自存無此其文則史之事孔子亦無筆削矣齊桓晉文約言之包一切諸侯之事在內此二節一抑一揚言此未修之春秋不過與晉楚史書一例耳然卻有好處魯爲望國赴告最詳凡齊桓晉文之事炳炳烺烺者皆在又秉禮之邦史官闕疑傳信猶有史官法度可與晉董狐楚左史頡頏故孔子因而筆削之如此方接得孔子句起　按惠氏周惕云雅之亡亡于無正風之亡亡于無伯伯者尊周室攘夷狄討弒逆皆是扶王迹者也如此則齊桓晉文句不宜低看呂氏東萊云春秋之時王綱解紐惟史官不失其守故公議雖廢于上而猶明于下以崔子之弒齊君史氏直書其惡殺三人而書者踵至身可奪而筆不可奪終使君臣之義再明于世誰之功哉嗚呼文武之澤既竭仲尼之聖未生數百年

閒中閒所以不論亡者史官維持之力也且史官不待有功于聖人之未生也使其阿諛畏法君舉不書聖人雖欲作春秋以示萬世何所據乎大哉史臣之功也如此則其文則史句不宜輕看

其義則某竊取之矣　周人麒曰末節取字蒙引以爲甚定是不得其解而爲之詞李文貞曰春秋之義畢竟從何處取來隱然是正王道明大法從三代聖王得來的陸清獻曰取之舜以立其極取之禹湯以廣其變取之文武以正其統取字得二公始撥雲霧而見青天矣　按趙注孔子自謂竊取之以爲素王也孔子人臣不受君命私作之故云竊此說非也黄氏澤云孔子非史官何由得見國史考見得失加之筆削蓋當時史法多錯亂魯之史官以孔子是聖人欲乘此機託之以正書法使後之作史者有所依據如此則若非君命安可輕改不稟之君命寧敢以國史示人如夫子正樂須與大師討論然後可爲又哀公使孺悲學士喪禮于夫子士喪禮于是書則其託聖人以正禮樂正書法亦必

有之事如此則春秋一書出于史官先稟命于君而後夫子贊成其事也

君子之澤章　高云澤者手澤口澤也五世之內其人雖不可見然曾見之其人者猶有人焉其形容音響尚有稱述之者至于五世則見其人者亦皆已歿而形容音響不可復知矣故無論君子小人澤皆五世而斬也若流風餘韻安得五世斬乎且孟子專爲孔子言也孔子之道萬世如一日何流風餘韻之足云而小人直遺臭也又何流風餘韻之有

予私淑諸人也　焦云說文又部叔拾也又手也叔從又故爲拾取之正訓詩九月叔苴傳叔拾也叔與淑通陳風彼美叔姬釋文本亦作淑私淑諸人即私拾諸人也親爲門徒面相授受宜也未得爲孔子徒而拾取諸相傳之人故爲私淑猶言竊取也鹿泉云趙岐謂孟子長師子思孔叢子載子思與孟子問荅中庸序亦云子思筆之于書以授孟子非也哀十六年伯魚先卒子思度非甚少哀公二十七年悼公三十七年

元公二十一年然後及穆公自哀十六年至穆元年共七十一載是時子思老矣其卒于穆世可知也穆公三十三年下傳共公二十二康公九景公二十九然後及平公是時六國皆稱王孟子已老矣自穆之元至平之元凡九十四年又三十三年卒孟子卒于平時可知也則盡穆公三十三年中孟子已生與否尚難確定子思子其時作書雖成豈能以授孟子孟子何從與之親相問荅乎非但受業于子思之門人亦且受業于子思再傳之門人且非止一人上距孔子卒時已百七八十年閒矣當孟子幼時恐子思之門人亦多風流雲散也孟子惟其志在孔子凡有能言孔子之言者不憚廣諏博咨亦如孔子焉不學而無常師者義不可有所偏屬故不專舉名稱而第渾其詞曰私淑諸人者泛詞畧詞亦師不必賢于弟子者耶　愚按外書性善篇孟子自謂學于子思之子子上又文說篇有孟子問于子上子上謂孟子語其非親受業于子思明矣

可以取章　仁山云此必戰國之士豪俠之習甚多輕施結客若孟嘗平原之類刺客輕生若荆聶之類故孟子爲當時戒耳　惕菴曰戰國習氣孟嘗平原翩翩豪舉荆軻聶政以身許人孟子專指此輩人林氏引孔門三子非也衛輒父子未嘗交戰惟孔悝爲蒯聵所刼此孔氏之家難仲氏既爲孔氏家臣自應赴之欲出孔悝也子羔仕衛未必卽爲孔氏家臣故可不與故孔子聞變曰柴也其來由也死矣以義言之非言子羔以怯逃死子路以勇捐軀也　按注以子路之死爲傷勇固非又以公西赤受五秉爲傷廉亦未確當冉有與粟時赤已適齊矣其母受之與赤何干若以其母爲不當受則精義之學固未可責諸巾幗且冉有與亦未可比爲不義之物也

逢蒙章　惕庵云當時必有負心之輩未乾薦禰之墨已彎射羿之弓者故孟子言此使爲君子者致其愼焉　愚按司馬溫公首擢蔡京然後來返紹聖之政者蔡京也趙鼎薦秦檜後來竄鼎者秦檜也子謙用徐有

貞爲祭酒後來斷殺于公者有貞也君子取友不端其害如此張氏此條于立言之旨有合　錢大昕曰古讀逢如蓬詩鼉鼓逢逢釋文薄紅反尒雅閼逢淮南作闕逢莊子雖羿蓬蒙不能眄睨卽孟子之逢蒙也後世聲韻之學行妄生分別以鼓逢逢讀重唇入東韵相逢字讀輕唇入鍾韵又別造一逢字轉爲薄江切訓人姓改逢蒙丑父之逢爲逢以實之謬矣　鄭人節　蔡虛齋曰謂之侵者將以攻人也而乃承云衞使庾公之斯追之何也葢是子濯侵衞見勢未利而遂遁故衞追之或謂迎擊者非也觀下發乘矢而後反則子濯果遁矣愚按子濯之遁恐卽因疾作之故　今日我疾作疾字趙注瘧疾焦云瘧疾寒熱暴作故名瘧但凡暴至之疾均可謂之瘧金滕構厲虐疾左傳許悼公瘧皆暴至若孺子若夙有恆疾則知其期必不使來侵衞突然疾作故以瘧疾名之瘧卽虐也

西子章　袁簡齋曰惡人趙注醜類者類是須字因形相似而誤按洪範

亦曰惡注惡醜也左傳鬷蔑惡賈大夫惡衛有惡人曰哀駘它皆是貌
醜說文亞醜也象人局背之形亞與惡意義同故亞池一作惡池亞夫
一作惡夫

天下之言性章　此章有云爲論知而發者非也次節知字即人皆曰予
知之知與五性之知無干凡人循性之本然而行則依乎天理而爲智
不循性之本然而行則出乎人爲而爲鑿彼世之私知自騁者自君子
觀之皆其不利而可惡也若五性之知何惡之有自當以論性而發之
說爲主趙邠卿曰今天下之言性則已故而已矣以言其故者以利爲
本耳若杞柳爲桮棬非杞柳之性也孫疏云此章言修性守故天道可
知也人之言性者但本乎故常自然之性而爲性不以妄自穿鑿改作
則身之修亦若天與星辰之故常千歲日至之日可坐而致也亦無囘
門此章爲告子之徒而發是論性非論知也明辨錄云此章只就論性
上講孟子因性不明于天下由知者過之而昧窮理之學故發此論惕

廬云此章首句即云天下之言性也自是爲言性者說法蓋當時言性者自私用知杞柳湍水食色義外好善好暴有善有不善皆所謂鑿也愈鑿愈晦謂之不知周依亭曰講家于次節或將知與性牽連一片謂知爲五性之一者大錯異端蠭起小知自雄鑿者即不本于故者也按故字時解作已然訓似不如作本然解諸理齋文爲天下之言性只曉得故而已矣殊不知故者以利爲本故是已然之迹有利不利兩項故以首句而已矣作不足之詞末句須用轉下不知故若不純是好則末節何以不云苟求其利但云苟求其故耶按朱子云故是本來底又云故有所以然之意利順也順其所以然明不失其本性矣又曰文勢是云天下之言性只可說故而已矣是而已矣文法與反經而已矣孝弟而已矣于己取之而已矣一例乃直截之詞非輕忽之語新安云首節故字言本然之理末節故字言本然之度天高星遠若因其本然之度而求之千歲日至可致此以兩故字作本然訓故孟子首尾兩節俱

重抿故字南軒云天下之言性言天下之性也故者本然之理非人所得爲也有是理則有是事有是物夫其有是理者性也順其理而不違則天下之理得矣故曰故者以利爲本順則無往而不利也鑿者以人爲也無是理而强爲則失其性而不可推行無所利矣此所以惡夫知也此條解故字甚明故者以利爲本句承上句直下不用轉折與趙注同此理齋之說爲長明辨錄云故不是已然之迹乃人心所固有之物即原舊之本體也天下之言性者須從故物本體上論這故物本體只是一箇順若攙以人爲私智則逆了便不是本體而不可言性矣利是順順對逆看順者自然而然逆者穿鑿而然晦庵以順對惡恐非此處之本旨此條與南軒說同故與固古通故有即固有也後起之人爲是鑿生初之天理爲故中庸溫故之故指德性言朱以九示天命之性吾心之故物也故孟子謂天下之言性者只須言故而已足

天之高也節　趙注星辰日月所會孫疏茍求其故則千歲之後日至之

日可坐而致也　淩廷堪曰天之高也節推步家皆以星辰爲卽晝夜一周之天若然則孟子于星辰上何故又云天之高也爲此重複之文邪蓋天者卽西人所云宗動天也星辰者卽西人所云恆星也恆星天之上更有一晝夜一周之天西人謂之宗動此天以南北極爲樞以赤道爲中國挈七政並恆星而左旋恆星亦如七政在本天上循黃道而右旋此古今中星所以不同之故使恆星卽晝夜一周之天則冬至千古如一無歲差矣孟子此章爲歲差而發非徒日至也夫日至首起算之端卽每年歲實之一周歲實者日纏黃道歷四時而成歲共三百六十五日雖小餘有强弱之殊卑行有前後之異而皆與星辰無涉況歲實若定則平冬至固年年不變何難坐致所難知者日至歲歲與星辰不同耳欲求日至歲歲與星辰不同之故非以宗動天與恆星相較无以得其端倪故曰苟求其故千歲之日至可坐而致也歲差之故孟子言之而謂宗動天之說始自西人豈篤論哉陳新安曰故指本然之度

言金仁山曰堯冬至日在牽牛宋冬至日在井以前所差之度而推後所差之度則千歲之日至可坐而致也任鈞台曰可坐而致不是那日至之日是那日至之度日至之度至七十餘年必差一度謂之歲差要其差處亦有成法可驗堯時冬至日在元枵虛三度夏差五度商八度周至戰國又差十度至今雍正之元年冬至在箕三度故曰千歲之日至可坐而致按此則日至専指歲差言不指冬至歷元說

公行子有子之喪　孫疏公行子喪其子故有子之喪錢大昕曰儀禮父爲長子斬衰三年傳曰何以三年也正體于上乃將所傳重也公行子當是爲父後者其子蓋長子也毛云凡喪必有主有君爲臣主者有父爲子主者記云父主子喪而有杖又奔喪凡喪父在父爲主當時公行子身爲喪主以受賓弔一如子夏喪其子而曾子弔之類解者不識父當主子喪妄曰公行子有人子之喪非也

入門有進而與右師言者　趙云進者前進也右師甫入門未就位之時

逢迎指之者即下所云踰階也與下句皆是人之進人之就也周云有進而與右師言者自是已進而與右師言也蓋右師未就位之先有進于右師之前而與右師言者右師既就位之後有就右師之位而與右師言者經文本明蒙引乃曰非已進也進右師也此從集注右師歷已之位句來似未確

朝廷不歷位而相與言　趙注公行子齊之貴臣有子之喪齊卿大夫以君命往會故云朝廷朱注職喪係朝廷所命故云朝廷何義門曰宰夫職云三公六卿之喪與職喪帥官有司而治之凡諸大夫之喪使其旅帥有司而治之似較注中所引爲切錢大昕曰周禮卿大夫之喪職喪以國之喪禮涖其禁令孟子所云不歷位而相與言不踰階而相揖即職喪之禁令也蔡云兼言揖者與言必有揖揖而後言也

字典歷過也又踰也越也引大戴禮竊盜歷法妄行孟子朝廷不歷位而相與言注以右師歷己之位故訓歷爲更歩似未確竊意歷位者越次也

與下踰字義同踰階者過越于自己官階歷位者過越于自己之位次也當時弔喪之客惟右師位獨尊諸臣皆在其下故方其入門也右師尚未就位諸臣中已有越己之位進于右師之前而與言者及其既就位也諸臣中又有就右師之位而相與言者自下位而進上故曰歷曰踰諸臣位卑而諂故進己之位而與右師言若右師位尊而倨諸臣何敢揖右師使就己右師又安肯降而就諸臣之位以與言耶　林希逸曰位與階不同位是本身站立位次階是朝廷序列班行位只己一人階有許多人故有同階而異位者如六部尚書故是一班與侍郎不同此階同也然吏部尚書又在戶部尚書之上戶部又在禮部之上此位異也集注所以言孟子右師之位又不同階作兩層說

自反而忠二節　陳子龍曰君子曰數語非痛絕其人正末節一朝之患不足患意王念孫曰難患也左傳宋衛實難君子非無晦之患而無介名之難國語吾欲作大事而難三公子又君許立奚齊而難里克皆患

也大戴禮仁之見殺智之見逐固不難謂殺逐非君子所患孟子于爵禄又何難謂橫逆非君子所患故下云一朝之患則君子不患矣　按終身之憂與自反不同自反二字從橫逆生來惟遇者橫逆故用自反終身之憂如孔以德不修爲己憂堯以不得舜爲己憂皆是不待橫逆始有也君子一生希聖希賢故以不免鄉人爲恥而必以舜爲法一日不如舜則一日之憂未釋也舜之爲法天下可傳後世事事如此不專指處變言若以父頑母嚚及象傲爲橫逆則立言之間多少不順矣故此節憂字須推開不必仍粘橫逆君子未如舜則終身之憂方深何暇以一朝之患爲患己如舜則終身之憂已釋何必以一朝之患爲患乎

禹稷當平世章　闇云書言濬畎澮距川暨稷播庶艱食是稷實與禹平水土禹平得一處稷即爲正其經界勸之播種次第以徧禹八年于外自然稷八年于外同一過門不入無自斡旋也　按禹稷顏回同道節注云其心一而已矣總注尹氏曰其心一也一心字俱當易作道字林

次崖云救民修己道本就行事說禹任司空之職思天下之溺者由已不能盡職以溺之稷任教稼之職思天下有飢者由已不能盡職以飢之是以過門不入如此其急也由已二字全在責任所以顏子不得而同若以心言聖賢更無二樣周云禹稷之道即顏子之道顏子之道即禹稷之道故曰同道集注云其心一而已矣蔡虛齋汪武曹遂因而有心即爲道之說非是

匡章通國皆稱不孝章　此章不在孝不孝立論而在絕不絕立論公都所疑在與游禮貌上孟子答他亦在與游禮貌上孫疏云是則章子之行以此而已我何可絕而不與之游耶楊氏曰章子之行孟子非取之也特哀其志而不與之絕耳朱子曰匡章因責善于父爲父所逐雖係父不是然傾出妻屏子終身不養豈得爲孝故孟子言父子責善賊恩之大者此是責以不孝也但其不孝之罪未至可絕之地耳然當時人則遂以爲不孝而絕故舉世俗五不孝以曉之若如此五者則誠在所

絶耳後人因孟子不絶遂欲盡寫章子之不孝而以爲孝則又偏矣陳大士曰出妻屏子生于心之不敢乎生于心之不忍乎生于心之不敢父在而妻可出子可屏父若已矣而妻故可入而子故可反使其如是也君子識其有欲遂之心而弁責其無哀母之念而章子不然父已死母已死即其身已死而此心無窮出妻屏子人但知謝其父以已身之不得近而不知正謝其母以己力之無可如何也噫其志爲可悲矣全椒山曰章子所云責善蓋必勸其父弗爲已甚而父不聽遂不得近此自是人倫大變章子之出妻屏子非過也然孟子以爲賊恩何也蓋章子自勝齊以前所以處此事者本不可以言過然勝齊以還則王必葬其母矣而出屏終身如故如是似揚其父生前之過自君子言之以爲非中庸矣故孟子亦未嘗竟許之而究之矜其遇諒其心蓋仔雖未合中要不失爲孝子如宋楊文靖張宣公言則既章子有大過者又錢雜城曰國策云章子之母得罪于父父埋之廐君命改葬而未敢也齊

士因是以爲將。按此非章子事也。若然，則章子乃大惡也。魏顆之父嘗命顆以御嬖妾，顆乃嫁之，君子以其從治命爲孝。埋妻于廐，亂命也。父死而改葬，是蓋從也，況重以君命乎？章子之說，乃戰國傾危之士所爲，亦吳起殺妻求將之類也。魯孟子友而如是耶？此說亦可參。閻云：顧麟士、蔡虛齋俱以章子是字，非也。據國策宣王與群臣皆呼章子，蓋于名下係以子，如田盼稱盼子、魏冉稱冉子之類。

曾子居武城　趙注：武城，魯邑。大夫敬曾子。據此，則曾子居武城，乃邑大夫延請而主師席者。　趙云：史記曾參南武城人，澹臺滅明武城人。索隱以當時魯更有北武城，故別曰南，是兩地也。正義則以曾子與滅明同一武城，若史公先端衍一南字于上。顧炎武、閻百詩俱主其說，是以曾子、澹臺同一子游所宰之武城也。夫今之費縣正在費邑東北，安得言南？安得更有魯之北、衛東武城者以實之而別之？蓋曾子居武城，自卽今費縣之武城，爲子羽邑，而非卽南武城爲曾子本邑者。若其本邑，則宰家墳墓在焉卽云爲師亦黨庠里塾之常所謂鄉先生是已一旦寇盜之來方將劫守望扶持之義而徒以捨去鳴高豈伊人情嘉祥有南武山上有砢城名南武城今于曲阜爲西南曾子祠墓在焉武城地險多事故屢見南武城沒不見經而曾子自爲南武城人非武城人其不得以兩武城同一子游所宰之邑則較然矣按襄十九年城武城備齊也程啟生以爲在濟甯州嘉祥縣界此南武城之見于經者杜注以爲在今費縣非也閻氏謂費縣是南武城別于魯之北稱東武城者亦誤吳國華曰越人慓輕性非持久豈能踰江絕淮數千里而深入哉傳曰公如越欲以越伐魯而去季氏意者其此時乎此其情曾子知之故不聞畫一退寇之策而去也孔云寇退則曰修我牆屋我將反皆曾子囑武城人語言無毀傷我薪假若寇退則急修我牆屋我猶反耳此曰字語詞如曰爲改歲之曰按閻百詩以寇退曾子反宜衍寇退二字不知上係曾子言下係記者語非重複也　唐寇賢曰武城之人當曾子去

時不問攀轅于道上曾子反後不聞偶語于邑中意者微聞負芻已事而知先生之遇變大抵如斯乎此其待先生君與沈猶行不謀而合矣何居乎左右者從先生而不知先生也且出曾子之去反推之寇至則宜多陳兵衛導之出寇退則宜翦馬安車迎門埽席而當日俱不出此顧以薪木牆屋勵去後之思亟將來之命武城之待先生豈遂爲忠且敬哉錢竹汀曰趙注時有作亂者以負芻來攻沈猶氏是以負芻爲人名疏云有寇自負其芻草來攻是以芻爲芻共二說不同按春秋有曹伯負芻史記楚王負芻則爲人名審矣朱注時有負芻者作亂玩其詞意亦作人名解

子思臣也微也【存異】洪頤煊曰微字當訓職也說文微職也左傳杜注微職也皆同聲假借字說文事職也職記微也與此微字義同臣有職守國君有難當守其職不得去也愚按徐鍇說文注國有六職皆主記事之微也故微可訓職矣

字典職司也司伺也職伺察也周官鄭注司臣司事于外者也微與職同義卽與司同義段氏說文注大司徒之職大司馬之職皆言其所司凡言職者謂其善聽也凡言司者謂其善伺也據此則孟子言子思臣也微也者謂其司察一官之事而有職守者也史記季布傳臣各爲其主用季布爲項籍用職也此可爲證

儲子章　朱良玉曰果有以異于人連上句讀屬齊王瞯之之意不是儲子問詞李又冉曰戰國時謀臣策士皆卑瑣無奇孟子獨言必稱堯舜齊王疑其有驚世駭俗之爲乃使人瞯孟子言我所知行人皆能知能行何以異哉豈但我無異卽我所陳王前者堯舜之道也堯舜古之大聖人只與人同此形同此性亦無異人之知能也況于我乎末句雖輕帶亦有引掖齊王見堯舜可爲意按如此解堯舜句旣不近突又不涉夸兼有引誘齊王意此時解勝

齊人章　上節饜足二字下節利達二字皆須著眼富貴而不饜足必尚

不滿然富貴而至饜足則所以至于饜足有不堪言者矣富貴而不利達心尚嫌遲然富貴而至利達則所以至于利達有不忍言者矣此章時講俱將齊人恥笑齊婦指高愚謂齊婦眼孔與齊人一樣齊人以食于富貴而驕齊婦以不得食于富貴而泣意中俱只羨慕富貴也由齊婦觀之齊人與顯者是兩樣人由君子觀之顯者與齊人係一流人上節之顯者即下節之求富貴利達者也方百川曰今以人世无窮之中有齊于齊之中有富貴人而羣奉爲顯者顯者方竊齊之榮以爲榮齊人又竊顯者之榮以爲榮而其妻更以不得竊顯者之榮而訕且泣抑何所見之不廣耶憶齊人意中一富貴人也齊婦意中一富貴人也齊人以墦閒比顯者之堂以祭具比供具之盛以展轉行乞比之據几列筵引滿相屬得毋齊人之見甚鄙而其婦反監乎恭而廉恥道喪得齊婦一泣以留之所係豈不大哉但其視齊人大異于顯者其自視大異于顯者之妻妾則過矣

卒之東郭墦間句之祭者乞其餘句不足句又顧而之他句其妻歸句
告其妾句曰句良人者所仰望而終身也今若此句　問云其妻歸告其
妾已將所見情形盡告了以下良人者云云是既告之後又相與言趙
南星文清楚

萬章篇全旨　翟云戰國時處士横議蔑人倫棄禮義以親可怨弟可放娶可不告也竊威福之柄萌篡弑之心以爲君臣無定分禪繼無定局也枉己辱身營營富貴利達之途以爲苟賤可甘近倖可援也爰是造爲事端託諸舜禹伊孔謂聖人且有然者欲假以濟其私而掩其醜孟子懼而辨焉所謂正人心息邪説距詖行放淫辭正于此篇詳盡見之此篇雖若泛論往事而實爲孟子一書之領要觀孟子論百里奚已無所據惟以是理反復推之則列國之信史若輩惡其害己並早滅于秦火前矣觀馬遷爲史凡孟子所既辨斥仍多取爲實録則當時之邪説惑人幾于杯水車薪之不可熄矣使非此篇久傳雖舜禹伊孔且無以見白于今日其他是非之顛倒者可勝言哉按不告而娶章方文舟以爲蔑禮者託之成邱蒙章王氏揆謂孟子以無父無君闢楊墨而異端之徒亦以無父無君誣堯舜非誣堯舜誣孟子也其言與翟氏相發明

舜往于田章　[illegible]王引之曰于與呼通孟子號泣于旻天列女傳作號

泣曰呼旻天呼父母按論語孝乎惟孝一本作孝乎呂氏春秋云然則先生聖于乎本字于假借也列子周穆王篇王乃嘆曰於乎釋文音嗚呼彼處于音呼則此于字其爲呼之假借可知不然則舜往于田時不在父母之側何得云于父母乎趙注不讀于爲呼失之愚按詩實覃實訏鄭箋訏謂張口嗚呼疏引儀禮云訏音呼玉篇訏張口嗚也則于字當從列女傳作呼爲是但此節萬章問語疑脫于父母三字尚書云帝初于歷山往于田日號泣于旻天于父母詩小弁毛傳云舜之怨慕日號泣于旻天于父母下節長息問公明高有于父母三字萬章問孟子應同若首節無于父母三字則號泣二字專對旻天言孟子怨慕之語不知何指而萬章父母愛之四語亦爲突出矣今讀俱以號泣于旻天五字爲句竊意據禹謨毛傳列女傳所引當以號泣句于旻天句于父母句太史公曰天者人之始也父母者人之本也人窮則反本故勞苦倦極未嘗不呼天也疾痛慘怛未嘗不呼父母也朱子語錄亦云于旻

天呼天而泣也于父母呼父母而泣也俱以天與父母並言而以呼字訓于字則于之當讀爲呼而是天之下更有于父母三字明矣

勞而不怨　王云詩勞心忉忉勞心慱慱勞皆訓憂論語勞而不怨謂憂而不怨也孟子勞而不怨勞與喜反對祭義懼而不怨懼與憂相近愚按憂而不怨正與下天下之士飢數不足以解憂相合

夫公明高段　明辨錄云新說謂孝子之心不若是恝然無愁自謂我只竭力耕田供爲子職如此而已矣乃父母之不我愛我且柰之何哉蓋以竭力耕田供爲子職而已盡其在我無所虧欠又以父母之不我愛任之而已而不必求其愛如此方是恝然無愁之情乃舜孝子之心決不若是故其號泣爲怨慕必求父母我愛而後已也陳子驥曰竭力四句正是恝處孝子之心決不若是分明倒裝文法蘇秉國曰孟子中若是二字有承上者又有起下者乎豈若是小丈夫然哉仁人固如是乎皆與若是恝文法同左傳云名之不可不愼也如是其所謂不可不

懟義乃在下，孟子先言若是恝而恝義乃在下也。又周莉林云：若是二字，即指上號泣而呼，說孝子之心，惟心慕父母，故不得乎親，即號泣而呼，使不若是號泣而呼，則其情恝然，當以爲不若是句，恝字另句，此以不若是三字連讀，與其設心以爲不若是文法一例。

帝使其子節　趙注：百官致牛羊，倉人廩人致粟，備以事舜于畎畝之中。謝梅莊曰：帝將胥天下而歸之，胥，並也。注訓爲相視，訛。陸清獻曰：蒙引因尚書蒸乂之言，疑舜未有窮人無歸之事。按陳國瞰云：瞽瞍蒸乂，此特四岳視之則然，舜之心不尔也。舜視頑嚚有一分未格，便不可以爲子，故如窮人無所歸。觀國瞰此論，可無疑矣。

知好色則慕少艾　音義云：好，音呼報反，餘並如字。按賈誼容經云：太子知好妃色，則當讀去聲爲正。至少艾二字，孫氏讀少爲上聲，訓艾爲止，讀如夜未艾之艾，謂人知好色則慕親之心少止也。此說雖似有理，但依趙注訓爲美好，亦非無據。國語晉狐突謂申生曰：國君好艾，大夫殆，韋昭注以艾爲嬖臣乃指男色之美好者楚詞竦長劍兮擁幼艾文選補注宛姬艾封人之子故美女謂之艾國策魏牟謂趙王曰乃與幼艾此可爲證翟氏晴江訓艾爲蒼白色謂女色之鮮白如鄭風之有女如荼也焦循孟子疏則以艾與俊艾之艾同俊女即俊彥美士也凡人士之有美才者謂之俊艾故男女之有美色者謂之少艾于義亦通至陳晉之以少艾二字爲少女之訛則非矣

五十而慕一句　趙注書曰舜生二十徵庸三十在位在位時尚慕故言五十也攷云趙注二字今本作三者譌倘趙注同古文尚書作三十則不爲五十而慕之證矣張云攝位受終之時得仰以天下養之志悲喜交集正在此時故特言之周云首節說怨慕次節說怨二三四節說憂末節說慕慕者憂之根也憂者怨之根也惟慕故憂惟憂故怨到底只成得一箇慕字趙注云不得于親則怨不得而求得則慕但于田之時慕的從怨處見故兼說箇怨字徵庸以後慕不從怨處見故單說箇慕

字。　詩云娶妻如之何必告父母　趙注娶須五禮父母先荅以議是相告也南山詩毛傳云必告父母廟鄭箋云娶妻之禮議于生者卜于死者此之謂告疏傳以經文必告父母嫌于惟告生者故云必告父母廟箋又嫌惟告于廟故云議于生者卜于死者曲禮齋戒以告鬼神左傳告于莊共之廟娶妻必告廟也

舜之不告而娶一段　【集注】孫氏中曰尚書嬪于虞虞國名其君瞽瞍也舜爲出子居于嬀汭而堯以二女女所謂不告而娶也既嫁而就虞以見于舅姑然後婦道成焉王氏崧曰舜讓國于象從父命别居耕于歷山時往省其父母堯因四岳之薦擢降二女于嬀汭爲汭者舜所居之都邑不在瞽瞍之城市故曰畎畝之中愚按據此二說舜爲出子則不與瞍同在一室故當二女釐降時不及告而娶也若父子同居豈有子娶妻而父母不先知之理又尸子云舜一徙成邑再徙成都三徙成國四方之士歸之堯聞其賢徵之草茅之中與之語禮樂而不逆與之語

政乎簡而易行與之語道廣大而不窮于是妻之以娥媵之以皇九子事之而托天下焉夫曰徵之草茅之中則是自野而徵于朝也舜已至朝堯與語大悅而始妻之非一聞四岳言即送二女于其家也堯之妻舜即在與語大悅之後故舜此時承君之命未及歸家稟之于瞍朱子曰以事理度之意其未及告而受堯之命也其後固不容不告而即娶以歸也

帝之妻舜而不告二句　趙注帝知舜大孝父母止之舜不敢違故亦不告也李中培曰竹山程氏云瞍之令不行于君而可行于子舜之孝必從其父而不從其君故告則不得妻在舜不在瞍也按集注引程子説曰堯妻舜而不告者以君治之而已而不用趙氏則不得妻之故不悉竹山程氏說可作趙氏疏以補集注段玉裁曰帝之妻舜而不告者謂帝不預以告舜也帝亦知告焉則不得妻者謂帝知預告舜而舜必告其父母或告而從或不從而帝親告其父母皆不免于挾天子以令其

父母乎舜以夫難有損于大孝且舜重傷父母心則斷然必出于巇不以帝易其父母是不得妻舜即不得試舜而與位也故反復思之不使舜預知舜不知而二女已至二女至而舜之父母與舜皆有所不能違矣明辨錄云帝妻舜而不告非謂堯不親告瞽瞍乃謂堯不令舜告其父母帝亦知十字作一句讀此句見得堯之心即舜之心婚禮父母主之父母違言一出子便不敢君亦難强也故不令告父母而即妻之可妻則妻不問其子之告不告親之知不知告字當就舜說方與上節意父母之意相關如依舊說謂堯告瞽瞍而彼有違命此理之所无也且安得謂以君治之

父母使舜節　王氏樵曰左傳自幕至于瞽瞍无違命舜重之以明德四岳師錫稱爲虞舜二女釐降亦曰嬪虞可知虞乃上世有國之名而舜則虞君瞽瞍之子非既有天下始以虞爲號也瞍與象而欲傳以爵土又難于舜爲冢子故常欲殺之舜順適无失子道欲殺不可得欲求常

在側所謂克諧以孝者乎如象奪嫡之心甚殆或與其母日讒毀之瞽瞍聽其言不爲之娶逐舜于外如殷高宗之放孝己晉獻公之出三子舜亦竊見瞽瞍之意讓國于象又念父母不敢自死若常在側則恐觸父之怒而啟其殺心致遺不慈之慝乃從父命別居時往省其父母其耕歷山而于田號泣爲不能事父母也此未受堯養時事也一年而所居成聚二年成邑三年成都孟子述象稱舜爲都君索隱以都君爲舜字固非路史以爲都鄙之君亦未明蓋舜所居三年成都都人奉以爲君故曰都君猶泰伯逃之荆蠻歸之者千餘家而泰伯遂君于吳也舜即不爲堯用亦必能自成一國而讓虞與象矣瞽瞍意在殺嫡立庶舜究竟安然無恙且爲都君而瞽瞍亦不加害豈非化于舜而烝烝乂不格姦之驗乎舜既爲都君其孝聞于帝庭堯因四岳之薦而釐降二女于潙汭潙汭者舜所居之都不在瞽瞍之城市故曰畎畝之中既逆舜不患爵土不爲象有矣舜之娶帝之女脫命告之瞽恐其生子有後復

與象爭或寘之深室使不得娶若以君道臨之而誅瞽瞍舜且不得爲人何以娶二女凡娶必告妻之不告所以全舜也瞍見舜爲堯所養慮不能遂其傳國于象之謀于是殺舜之念復生史記所謂尚欲殺之是已井廩賤役一夫可任誠如洪氏羅氏之說然瞍與象設計殺之由所居召亂屏其從人使之自爲舜能勿從命焚廩揜井乃既受堯養未爲堯舉時事孟子固曰養于畎畝之中後舉而加諸上位也自焚廩揜井不能殺舜瞍應知舜不當死而殺念漸消舜亦爲堯所用日見信任馴至禪位瞽象益爲舜所化且利其富貴必變忮害爲親愛追尊養兼備象亦受封瞽亦于是允若而底豫焉不格姦與亦允若時分先後情有淺深國君之子見棄于親越在草莽卒爲天子故曰匹夫而有天下非如史記所謂微爲庶人也惟瞍爲有國之君故欲殺舜以立象羅泌又謂親之于子既惡之則死道殺之可也又何井廩完浚之迂不知此時舜已見禮于堯故瞍欲使之或死于焚或死于揜泯其殺之迹而以不幸

案張氏千古隻眼說明
辨辭者出於金仁山劉張號
全耳

而死自于堯庶逃于罪以分其所有當時情事以意逆之昭然若揭矣
按辨疑云虞氏自幕故有國至瞽瞍亦無違命則粗能守其國者也益
欲廢嫡立幼而象之殺其兄亦欲廢嫡故也不然豈以匹夫之微溺愛
之故而遽殺人哉然則舜固有國之嫡而爲耕稼陶漁之事何居或者
見逐于父母故勞役之或舜避嫡不敢居而因自歸于佃漁孔子曰耕
稼陶漁非舜事也而往爲之以救敗耳是也惕庵云四岳稱舜曰虞舜
虞者邑也舜者名也非堯以女妻舜而後封之于虞明矣瞽瞍承先世
之爵邑遭盲廢上不能承先祀下不能治百官臣庶應傳重于舜瞍之
後妻欲殺舜以象代之舜初亦不敢成父之過負罪引慝以冀挽回既
而知其不可以已也于是有托而逃以此爵邑讓之于象耕歷山漁雷
澤就時負夏作器壽丘屢徙其地俾父母無復疑心而象得享此干戈
琴弤之樂瞽瞍與後妻飽于牛羊倉廩之奉矣此二條大意與王同而
王氏分晰尤清益耕稼陶漁諸事在側陋堯未聞之先焚廩浚井在已

受堯養未受堯舉之日若統作耕漁時看安得有牛羊倉廩及都君二
嫂等語哉　捐階【音義】趙注捐階一說舜即旋從階下瞽瞍不知其
已下故焚廩也釋文捐音沿又音旋按捐階與出對言出是下而既出
則捐階是旋從階下也　謨蓋句　阮芸台曰不雅釋言蓋割裂也蓋
舍人本作害呂刑鰥寡無蓋蓋即害字之借言堯時鰥寡無害也孟子
謨蓋都君兼井廩言蓋亦當訓爲害若專指揜井不兼焚廩則咸我績
咸字無著矣　鬱陶句　王念孫曰方言鬱悠思也鬱猶鬱鬱楚詞猶
鬱鬱其誰語是已悠猶悠悠詩云悠悠我思是已鬱悠猶鬱陶也凡經
傳言鬱陶皆當讀爲皋陶之陶鬱陶鬱悠古同聲舊讀陶冶之陶失之
矣閻氏據不雅以鬱陶作喜而斥訓憂切者爲誤念孫按象曰鬱陶思
君尔則鬱陶乃思之意言我鬱陶思君是以來見非喜而思見之詞也
孟子言象喜亦喜象見舜而僞喜自述其鬱陶思君之意故舜亦誠信
而喜之非謂鬱陶爲喜也凡人相見而喜則必自道其相思之切豈得

郁陶其相思之切爲喜矣趙注我鬱陶思君故來是趙意亦不以鬱陶爲喜史記五帝紀我思舜正鬱陶九辨云豈不鬱陶而思君兮則鬱陶爲思其義甚明與尔雅之訓爲喜者不同郭注以孟子證尔雅誤也于引之曰于爲也爲助也趙注惟念此臣衆女故助我治事是也

子産使校人句　趙氏坦曰左傳澤之萑蒲舟鮫守之杜注舟鮫皆官名此校字當作鮫澤官之屬故使畜魚校鮫音相近故假借作校焦云校人二字見周禮鄭注訓覲貫訓效皆于畜魚之校人無關漢書上林賦天子校獵顔注校獵者以木相貫穿總爲闌校遮止禽獸而獵取焉廣雅校椒柴也尔雅槮謂之涔孫注積柴養魚曰涔郭注槮者聚積柴木于水中魚得寒入其裏藏隱是也編木爲棧以養馬因而養馬者曰校人編木爲槮以養魚因而養魚者曰校人

彼以愛兄之道來三句　東萊博議云以人合者有時而離以天合者無時而離兄弟之屬天也人恐不足以言之焚廩揜井之虐治棟入宫

中孟　五十五

之侮百世下人猶切齒而舜友愛不絶者以弟待象不以象待象也以天觀象不以人觀象也蓋鬱陶思君乃象之天彼傲而害舜者特象之人耳舜之胸中純乎天故見象之天不見象之人也王思任註鬱陶思君云干戈琴弤之念至此頓消而目之所依無非兄嫂井下石之謀至此俱釋而心之所存無非弟數語將象之愛兄看得真則舜之喜何容僞哉

象日以殺舜爲事　漢書鄒陽傳引此文師古言曰日欲殺之孫疏亦同愚按此說非也左傳日衛不睦日宋之盟杜注皆以往日訓之漢書卜式傳日者北邊有釁淮南傳日得幸上有子顔注皆以往日訓之此處亦然惟訓爲往日方與下藏怒宿怨合

流共工于幽州　史記五帝紀流共工于幽陵馬融曰幽陵北裔也周溧陽曰括地志云故龔城在檀州燕樂縣界今順天府密雲縣東北塞外也故老傳舜流共工幽州居此城　按馬孔以爲因冀地大廣故分爲

幽說疑未的冀州者天子之都也若幽舊係冀地舜豈有流罪人于天子之畿內者顧炎武曰幽并營三州在禹貢九州之外孔馬謂以冀青二州地廣而分之殆非也竊謂洪水之災天下分絕諸侯之不朝者有矣以書考之禹別九州舜又肇為十二州其分為幽并營者皆在冀之東北必其前閉而後通前拒而後服者也禹畫九州在前舜肇十二州在後昔但有九州今有十二州自舜始也幽則今涿易以北至塞外之地并則今忻代以北至塞外之地營則今遼東大甯地山川皆不載禹貢故晰得詳也據此解幽州在禹貢九州外與左傳投諸四裔之言合故馬以幽陵北裔訓之

殺三苗于三危　韋昭國語注曰三苗九黎之後其後高辛氏衰三苗作亂如九黎之為堯興而平之鄭元甫刑注云苗民謂九黎之君也顓頊代少昊誅九黎流其子孫居于西裔者為三苗至高辛之衰又復九黎之惡堯興誅之至堯末又在朝舜臣堯又竄之朱子曰苗民弗即工

此是禹治水時調他國人夫不動也後方征之既格而服則治其前日之罪而竄之竄之而後分別之說者謂苗既格而復叛恐無此事漢書地里志引禹貢云三危既宅三苗丕叙三苗本有苗之族徙居于此分而爲三故曰三苗　殺當作粲　汪中知新録云夏書二百里蔡孟子殺三苗于三危漢書粲而不誅蓋蔡殺粲三字皆粲之譌文也顧氏曰知録注說文粲𢽟粲散之也從米殺聲徐引左傳王于是殺管叔而粲蔡叔言放之若散米漢書粲而不殊荀悅漢紀作放而不誅亦當作粲段玉裁曰虞書之竄左傳之蔡孟子之殺皆當作粲說文竄塞也讀若虞書竄三苗之竄竄字亦當作粲寫者涉正文而誤耳　按左傳周公殺管叔而蔡蔡叔杜注蔡放也音義云上蔡字音素葛反放也說文作粲音同竊意上蔡字疑當作𢽟字書𢽟七曷反放也同撒字𣪚殺一桑轄切音薩放也撒一訓揮散也𢽟撒撒三字音義亦與粲粲近而負左傳之粲係𢽟省文孟子之殺係粲撒省文其音當讀如必殺之殺今

讀爲煞者非也

殛鯀于羽山　林之奇曰說者因鯀則殛死遂以殛爲殺非也使其當殺則當肆諸市朝足矣何必于羽山所謂殛死正如史傳言貶死耳黃蘊生曰鄭元注周禮廢以馭其罪云廢猶放也舜殛鯀于羽山是也陸德明曰殛誅也以言語誅責之非有刑罪也與曲禮齒路馬有誅之誅同但鯀死于竄所故云殛死訓爲殺非　殛當作極　段玉裁曰堯典殛鯀釋文殛紀力反又鯀則殛死釋文本一作極左傳殛鯀羽山釋文本又作極詩致天之屆于牧之野箋屆極也引書鯀則極死孟子假殛爲極正如假殺爲竄耳呂覽副之以吳刀山海經殺鯀于羽山不可信曾氏釗曰詩後于極焉毛傳極至也當謂放于四極之地箋極誅也後反誅放我古書殛皆作極極正字殛假借也愚按儀禮朱極三注極猶放也蔡邕贊云流極之運有生所共悲注流極皆放也孟子又極之于所往極窮也蓋放鯀于極邊使之窮愁憂鬱以死也

四罪而天下咸服　呂覽韓非謂鯀與共工俱因堯禪舜而不服博物志堯以天下讓舜三苗之民非之如此則四凶因舜獲罪舜之流放是以私恨殺人也天下何服之有愚按四人之罪皆因洪水淮南云共工振滔洪水四海溟涬堯典帝曰疇咨若予采驩兜曰共工方鳩僝功帝謂共工貌若恭順而洪水乃致滔天是共工之罪以洪水不治驩兜之罪則徇情而黨共工也至三苗之國君作五虐之刑其民不即工不肎從治水之役朱子曰苗頑不即工此是禹治水時調役他國人夫不動也故竄之四人因洪水而獲罪禹以平水土而興賞罰至公天下安得不服哉梁玉繩曰四罪與四凶非一科杜恕考課疏云殛鯀放四凶則鯀于四凶之外可見是兩事杜預左注以鯀爲檮杌非也據此說則渾敦窮奇饕餮亦非共工驩兜三苗矣

象至不仁封之有庳　郭畏齋曰象之封固緣以親亦兼以德但其德在舜不在象耳象之德不足以封然旣爲聖人之弟則不可以不封愚按

此說固是但舜之封象亦非但以其爲吾弟而私以富貴也象自入富以後源源而來常常而見此時傲性消歸烏有以之治民自無撓累之事故舜曰惟茲臣庶女其于予治王文成謂象已見化于舜故其民至今廟祀之是也象非終于不仁而無德者此層不明但以富貴爲親愛尚不免于私也　閻云有庳之在永州零陵已成定所而集注云未知是否此最朱子妙處蓋一以經文爲案也經文欲常常而見之故源源而來不及待一年之貢期五載之朝期以伸吾親愛之情豈有兄居蒲阪弟居零陵陸阻九行水絕洞庭較諸驩兜放處尤遠千里之理且果零陵之是國也比歲一至則往反幾經萬里其勞已甚數歲而數至勢必日奔走于道途風霜之中而不得息親愛者固如是乎蓋有庳之封必近在帝都而不可考矣愚按路史注九域圖經樂史寰宇記並以象城爲舜弟所封樊廷枚釋地補云明王文成公作靈博山象祠記以象爲已化于舜故其民至今廟祀之姜西溟謂其識勝于柳子厚是已但

中孟　五十八

靈博山在今貴州非象所封也駢字類編象城下引路史國名記云象城漢縣屬鉅鹿今趙之臨城鎮西北古象城舜弟象居仁壽以廣阿爲象城樂史引左傳舜弟所封按漢鉅鹿卽禹貢大陸屬冀州實近帝都尤與經文常常而見源源而來合

敢問或曰放節　孔安國太甲篇注放者不知朝政之名故或以象不得有爲而疑其放　趙氏佑曰象不得有爲非舜禁之使不得也乃或之見爲如是耳蓋天子使吏治其國卽大國三卿皆命于天子使其大夫爲三監監于方伯之國國三人事古封建之本如是後世始擅命自爲然漢制諸侯王猶爲置傳相蓋循古意舜因以之休逸象優其賦入以奉養象或者不察遂妄意舜之禁象使不得有爲故謂之放就合如此象亦豈有暴民之事哉是皆孟子推或之意又正荅有庳之人奚罪一語意也故下復有雖然一轉此時象久被舜[illegible]乂之教亦自不至于暴民然舜之爲是正不慮象之暴民第欲其常常來見惟欲治國有人賦

人無鈌故象得輕身時來歡聚與他人必及朝貢之期者不同又時以政事相接使象觀已所行以益進于善此之謂也與上故謂之相比照論舜之待象當如此不當如彼也　明辨錄云雖然以下又恐章疑是智術相馭之法故發其常常親愛之心若不使吏代治則象便有事權牽絆我便不得常見彼便不得源源來是則親乃所以爲疏何取于貴愛乃所以爲薄何取于富豈仁人无已之情今惟代治則象得常來而舜得常見矣周人驥曰章末數語承上豈得暴彼民哉轉下言舜使吏治其國雖是使之不得暴其民而舜之心猶不止此益封于有庳之後舜猶欲常常而見之使象有爲于其國則不得常見矣惟使之閒暇无事故可以源源而來古書云不及貢以政接于有庳卽謂其常常而見也然則舜之親愛其弟更非他人之受封者所得比乃謂之放豈不謬哉

【補註】管氏同曰說文謜徐語也從言原聲孟子曰謜謜而來按謜謜而來猶言召象之來也下二句方是象常來之實今本改謜爲源而釋爲

如水流相續不絕其詞重複非是　林云及貢以政卽五年述職也五年是常期述職是政事舜欲常見象故不及此限不及諸侯朝貢之期是無時而不見也不以政事接見有庳之君是無事而不見也武氏億曰政讀報政之期以與也不及貢以政謂不由納貢期不俟報政皆可直達京師下遂言接于有庳義爲近之如趙氏言以政事接于有庳之君象既不得有爲于其國而舜因其來朝以政事接見之是困以所不知非愛弟之道矣李中培曰象不得有爲于其國則又何有政事可接見者貢與政宜分作二項凡諸侯朝貢于天子而述職皆有政事今不及朝貢之期亦見不以政事亦見所謂源源而來也　時解以不及貢以政接于有庳二句爲古書詞閻氏以爲必舜典中語愚按孟子是言象所以不得有爲于國者非舜慮象暴彼民之謂乃舜欲象常常而見之謂也詞意與上故謂之放反對文法與齊景章其斯之謂與伯夷章無凍餒之老者此之謂也相似若作書詞則上當有書云二字如書曰

葛伯仇餉此之謂也一例矣趙佑說得解

咸邱蒙章　注蒙孟子弟子按外書孟子之喪咸邱蒙治器此可爲證王氏掞曰孟子以無父無君闢楊墨而異端亦以無父無君誣堯舜非誣堯舜誣孟子也顧璘士曰孔子曰天下殆哉非譏舜之詞蓋言非聖人不能履此危事也

堯典曰段二十有八載六語今在舜典而孟子乃云堯典者何曰伏生二十八篇一帝合與五臣共謨則古只有堯典無舜典有皋謨無益稷也古本慎徽五典節即承我其試哉說蓋要以二女即歷試諸艱也四凶之放舜巡狩歸言之于堯始授諸四嶽故史記以慎徽以下諸事皆列入堯本紀竄道罷朱竹蛇俱以四海遏密八音以上係舜相堯時事屬之堯典月正元日以下方是舜典若今書舜典曰若稽古帝舜一節乃係晉梅賾僞撰前人多有辨之者矣書云帝乃徂落孟子乃云放勳者何孫氏書疏云書作帝乃殂落或作僞傳者既不以放勳爲堯名

則並改此文爲帝孟子引堯典作放勳董子繁露太平御覽皆作放勳說文殂往死也引虞書曰勳乃殂落漢書王莽傳顏注放勳乃殂是唐以前鄭本尚存放也孔廣森曰大戴禮五帝德篇宰我曰請問帝堯曰高辛之子也曰放勳請問帝舜曰蟜牛之孫瞽瞍之子也曰重華請問禹曰高陽之孫鯀之子也曰文命堯舜禹爲名放勳重華文命爲號故孟子稱放勳曰又云放勳乃徂落王肅作家語更此文曰陶唐以放勳爲書美堯之詞謬也

百姓如喪考妣三年句三年問孔疏引書百姓如喪考妣三載是以三載連上讀楊升庵曰百姓者百官也臣爲君斬衰禮也禮不下庶人且有服農力役之事豈能皆服斬衰則但遏密八音而已閻百詩釋地云百姓如喪考妣指百官蓋有爵士者爲天子服斬衰三年禮也孟子已明下注腳曰舜帥天下諸侯以爲堯三年喪喪並乎齊持服曰喪如喪考妣三年即檀弓方喪三年也豈如蔡傳之云哉又潛邱劄記云百官內

如舜及四岳外如十二牧及十二州之諸侯孟子所謂舜帥天下諸侯以爲堯三年喪是蓋百姓二字孟子原知有舜在內方作此辨證不然果畿內之民孟子生千載下何從知舜同諸侯爲堯持服也方朴山云堯典有云放勳徂落舜帥百官族姓如喪考妣三年四海之遠雖不制服亦遏密八音焉　按舜典孔傳百官感德思慕正義同㫒以百姓作百官誤

溥天之下四句　鄭箋地之大勢水多于土人居水涯故曰率土之濱焦云呂覽舜爲天子賢士歸之萬民譽之丈夫女子振振殷殷無不戴說舜自爲詩曰溥天之下莫非王土率土之濱莫非王臣所以見盡有之也蓋當時相傳四語爲舜作故蒙引以此爲問孟子直據北山之詩解之則詩非舜作明矣

此莫非王事二句　毛傳賢勞也賢勞猶云勞勞也孔疏毛以大夫怨己勞于事故以賢爲勞箋以賢爲自道言王事以我有賢才之故乎何

故獨使我也王肅難云以已有賢才之故而自苦自怨非大臣之節斯不然矣此大夫怨王偏役于已非王實知其賢也王若實知其賢則當任以尊官不應勞以苦役也王念孫曰廣雅賢于勞也孟子曰我獨賢勞賢亦勞也賢勞猶云劬勞鹽鐵論莫非王事而我獨勞刺不均也鄭箋趙注並以賢爲賢不失其義矣此數條皆以賢訓勞又有訓爲多者呂祖謙曰孔叢子云我從事獨賢勞事獨多也玉篇賢能也多也說文曰賢多財也段玉裁曰多財是本義引申之多皆曰賢投壺曰某賢于某若干純賢多也我從事獨賢我從事獨多我獨賢勞我獨多勞也宋翔鳳曰老子不尙賢使民不爭謂不尙多也獨賢猶云獨多事有多少乃是不均如以賢才而獨使從事非不均之謂矣

故說詩者一段 【存異】左傳隱元年杜注不以詞害意正義曰孟子文又十一年正義孟輈所云不以詞害意則漢唐本俱是意故劉彥和彫龍歐陽修經旨蘇長公雜策馬端臨通考俱引作意中庸朱注亦云讀者

不以詞害意可知白文志字當係意字之訛說文通論心之所之曰志見之于外曰意故于文心音爲意心音者察音以知其心也是意與志别志但存于中而意則見于詞白文以意逆志正承以詞害意意字來說詩者不可以詞害意故必以古人之意已見于詞者逆古人之志未盡見于詞者南軒云以文害詞謂泥于文而失其立詞之本也以詞害意謂執其詞而迷其本意之所在也故必貴乎以意逆志以意逆志謂以意之見于詞者而逆夫志之存于中者如此則大指可得矣此條詳釋的當明辨鑿鑿云文一字也詞一句也則意者詩人一篇大指所在猶今人所云章指節指也不以文害詞不因一字而失一句本義也不以詞害意不因一句而失一篇大指也白文由文及詞由詞及意由意及志自有次第今誤作志則遺卻意一層且以意字屬自己不屬詩人則後人執自己之意見而穿鑿附會者多矣又安能逆之而得古人之志乎　文心雕龍夸飾篇云鴞音之醜豈有泮林而變好荼味之苦豈以

屈原而或餙詭意深褒譏故義存矯飾孟子所謂不以文害詞不以詞害意也馬氏通考云孔子曰詩三百一言以蔽之曰思無邪孟子曰説詩者不以文害詞不以詞害意以意逆志是爲得之夫經非所以誨邪也而戒其無邪詞所以達意也而戒其害意何也詩緣乎情者也而情之所發其詞不能無過故其于男女夫婦之閒多憂思感傷之意而君臣上下之際不能無怨懟激發之詞十五國風而其爲婦人作者男女相悦之詞幾及其半雖二南爲正風然關雎桃夭諸篇所歎者不過情欲燕私之事漢儒嘗以關雎爲刺詩矣此皆昧于無邪之訓而以詞害意之過也況邶鄘之末流乎故其怨曠之悲遇合之喜習其讀而不知其旨易以動蕩人之邪心淫志然詩人之意則非以是而觀之也蓋知詩人之意者莫如孔孟慮學者讀詩而不得其意者亦莫如孔孟是以有無邪之訓焉則以詞之不能不鄰于邪也使篇篇如文王大明則奚邪之可言乎是以有害意之戒焉則以詞之不能不戾其意也使章

以下商脫共上五板

子闡發天子不能與人道理出來然後知聖人心事非惟不以天下爲重而戀之且不以天下爲輕而擲之且天下公器幽有百神管之明有百姓管之非惟天子欲與人而不能且欲與人而不敢一切奸雄可以消卻許多癡夢其有功于世教大矣

天與之　趙注堯曰咨爾舜天之歷數在爾躬是也愚按正月上日受終于文祖馬注文祖天也天爲文萬物之祖故曰文祖受終于天以其爲天與也

以行與事句　南軒曰以其所行與當時之事觀之則可見天之所與矣使主祭而百神享使主事而百姓安是乃其行與事之可見者也示與視通　周人騏曰中閒雖以天人平說要著眼以行與事示之一句使之主祭而百神享此薦之于天而天受固是天以行與事示與之之意使之主事而百姓安此暴之于民而民受亦是天以行與事示與之之意天與[illegible]是天與人與亦是天使人與故曰天子不能以天下與人

中孟　六十三

昔者堯薦舜于天　孫疏納于大麓堯薦舜于天也烈風雷雨弗迷是天受之也羅泌路史發揮云大麓之納薦之于天也昔王介甫問呂晦叔舜納于大麓何義曰薦之于天故介甫云古者行爵出祿必告大廟况以天下與人可不告于天乎然以薦必因太山之麓以告謂太山爲易姓告代之所則非也方其納麓而未受禪豈封禪之所耶蓋使之主祭而百神享之風雨弗迷是天受之也愼徽五典六句即傳所云無曠數無違事無凶人者孟子曰使之主事而事治百姓安是民受之也堯之試舜者三年矣于人民則五典從于朝廷則百揆叙于賓客則四門穆[illegible]後納于大麓以觀天意之從否納之必有其礼其必禋柴望告而後納之可知也酈道元水經注引古書云堯將禪舜納于大麓之野烈風雷雨弗迷乃致以昭華之玉虞夏傳曰堯推尊舜屬諸侯致天下于大麓之野應劭以爲麓者林之大也故康成云山足曰麓麓者錄也古者大事命諸侯則爲壇于國外堯聚諸侯命舜陟位居攝致天下

之事使大録之注云堯欲使天下皆見之故置諸侯合羣臣與百姓納之大麓之野然後以天下授之明已禪之公也又通鑑云堯七十有二載納舜于泰山之麓使之主祭告天以禪舜之事也封則于泰山之頂禪則于泰山之麓故云大麓若如蔡傳所云虞官何爲在三者之後如孔叢子以大麓爲官職季文子數舜功何獨遺此而不言哉史記索隱薦天謂告天使之攝位也郭畏齋曰天子薦人于天謂使之攝天子事舉天下付之以待天心之定如承制拜官者或稱權或稱假既已居其位任其事須朝命降始得即眞上古禪讓相仍故依此爲薦法後世无是也伊尹佐殷周公佐周位不過冢宰人君諒陰三年不言百官總已以聽亦是冢宰職業如此人主自爲之引薦人于天爲例則未當

舜相堯二十有八載　王鳴盛尚書後案云自釐降二女以下至納于大麓皆舜徵庸事自受終文祖至四罪咸服皆舜攝位事徵庸二十載攝位八載蓋堯委政于舜故總之云二十有八載史記堯立七十年得舜

二十年而老令舜攝行天子之事薦之于天堯避位凡二十八年而崩徐廣曰堯在位凡九十八年按上文堯欲巽位自言朕在位七十載合二十八載凡九十八年史記與經合鄭說同此的然可信者也孔傳乃謂堯年十六即位七十載求禪而得舜試舜三載自正月受終至堯崩二十八載堯壽一百一十七歲十六即位書傳皆無此言孔穎達已疑之其以歷試三載攝位二十八載合爲三十改徵庸二十爲三十以就其說非也

舜避堯之子二句　高中元曰舜禹之避朱子謂其未嘗有取天下之心惟恐天下之不我釋固已但亦緣當日天下既治朱均至此亦必稍變其舊習非必不可以承天下者故舜禹欲避之耳宋于庭曰趙注南河之南遠地南夷也故言然後歸中國非也史記五帝紀注引劉熙曰南河九河之最在南者漢書溝洫志九河徒駭最北鬲津最南按漢鬲縣在平原郡爲沇州界漢書地理志河南郡平陰應劭曰堯都也在冀州境

九河八流入渤海在冀州南鬲津又在九河之南故曰南河之南河在堯都之南故云南河禹貢荆州云逾于洛至于南河是也又括地志故堯城在濮州鄄城東北十五里又有偃朱故城在燕西北十五里偃朱城所居即舜讓避丹朱于南河之處也按漢志鄄城屬濟陰郡在鬲津南故曰南河之南趙注云遠地南夷有似荒僻无所主名烏知所避越境而已劉熙注曰天子之位不可曠年无君于是遂反格于文祖而當帝位帝王所都曰中故曰中國按此中國但指帝都不必如趙氏所言也

【存異】訟獄者史記舜紀及劉熙本俱作獄訟趙作訟獄注云獄不得其情故訟之焦云主獄者不能決乃上就舜而訟之如後世叩閽是也

故曰天也史記舜紀晉段灼傳文選陸機詩劉琨勸進表皆引作舜曰天也

夫然後之中國之字劉熙本作歸注云于是遂反以反釋歸也帝王所都爲中故曰中國按大雅惠此中國以綏四方毛傳中國京師也四方諸夏也是歸中國即歸京師也

而居堯之宮而字史記

作若若如也而亦如也

至于禹而德衰章　與子是千古常法故自黃帝以至高辛無一非與子者未始若賢堯舜亦與子矣豈故爲此異常之舉動乎且與賢不是易事未與之先必先薦之于天而天受暴之于民而民受試看堯舜當日何等鄭重既與之後舜避堯之子禹避舜之子依然守與子常法直到三年喪畢天下民從然後見得爲天所與而踐天子位焉若未至天下民從則不敢居其宮逼其子可見舜禹雖賢尙不敢與君之子敵堯舜雖有與賢之舉舜禹則仍懷與子之心不愈見與子爲古今之常法乎所以自禹傳子後無論如啓之賢固必與子即繼世不賢但不至如桀紂亦必與子也

舜薦禹于天　毛云楊氏謂孟子此語必有所受今不可考按大禹謨舜薦禹詞曰朕在位三十有三載耄期倦于勤女惟不怠總朕師舜之在位凡五十載而薦禹適三十載非十七年乎

禹薦益于天　存異　羅氏路史云益及禹同事唐虞佐帝之日不爲淺矣功施于人者不爲不久矣舜受終禹受命一于文祖一于神宗而禹之末無是舉也堯曰女陟帝位舜曰女宅帝位而益之初無是語也夫子不可傳乃蔽于親愛之私而必傳子可傳賢于巽禪之名而不傳均非天下之公行也楊升庵曰益避禹子此說無稽孔子曰夏后殷周繼若禹薦益不可謂繼矣

益避禹之子　翟云箕山之陰夏本紀作箕山之陽正義曰陽字作陰箕山之陽卽陽城也箕字誤本是嵩字其陽城縣在嵩山南二十三里則爲嵩山之陽也宋云張守節改箕作嵩者水經潁水注云潁水經其縣故城南昔舜禪禹禹避商均益避啟並于此又曰縣南對箕山是在箕山之陰史云箕山之陽箕字是誤孟子云箕山之陰自不誤也

舜與益相去久遠　存異　通鑑前編云遠當作近四書辨疑自益親事舜又相禹至禹崩時纔十三四年耳其實未嘗相去久遠也相當作去聲

去當作之違當作近言舜與益相之久近其子之賢不肖皆天也去違
益傳寫之誤

匹夫而有天下四節　顧麟士曰當時以傳賢爲盛事傳子爲德衰子噲
子之之事所由來也孟子匹夫以下是爲三段下説法仲尼且不有天
下況子之之輩乎李岱雲曰德雖若舜禹而无天子之荐則仲尼不有
天下以明匹夫崛起如舜禹之難而天意之屬在匹夫爲千古所僅見
不可常行者也惡必如桀紂而後爲天之所廢則後世稍不至如桀紂
自當有天下而益伊尹周公皆必讓啟甲成王以明繼世有天下之易
而天意之屬在繼世爲萬古之常理不可輕變者也時解不明條緒[illegible]
看匹夫一節而以下爲錯舉之詞則謬矣

太丁未立三句　金氏通鑑前編云未立下當有而卒二字尚書伊訓序
成湯既沒太甲元年正義曰據此則太甲繼殷湯後而殷本紀云太丁
未立而卒太丁之弟云云妄也又云太甲崩子沃丁立沃丁崩弟太庚

立按兄終弟及自太庚始謂爲殷禮非也伊尹曰七世之廟可以觀德父子相繼爲一世若兄弟則昭穆紊矣後世循襲遂啟亂源是以聖人不立異以爲高愚按據金說殷世兄終弟及自太庚始可見前此未有以弟繼兄者若太丁卒立太丁之弟外丙外丙卒立弟仲壬則其事自伊尹始矣自湯至太甲已有四世其爲外丙仲壬立廟乎不立廟乎紊昭穆而啟亂源而謂伊尹爲之耶金氏謂太丁未立下當有而卒二字曹寅谷曰外丙二年而死仲壬四年而死故不得不立太甲是也翟晴江曰太甲嗣位不行適孫居喪禮故伊尹俾徂桐宮居憂若先有壬丙六年則甲已免喪久矣陳氏霆曰邵子經世書不載外丙仲壬之名世彼蓋以甲子歷推之知其非有在位之年次也朱井南曰湯丁未崩太甲戊申立則外丙仲壬之未嗣位明矣

伊尹放之于桐三年　商書孔傳不知朝政故曰放正義云遠離國都日居憂與放流之事同故稱放古者天子居喪三年聽政冢宰法當不

知朝政而曰不知朝政曰放者故正法三年之內君雖不親政臣尚諮稟此則不復諮稟故爲放也蔡虛齋曰伊尹放之于桐者蓋藉天子諒陰百官聽于冢宰之義也非顯然放之也若顯然放之他日難于復矣雖復君臣之間亦難爲顏伊尹初心豈計不及此乎岱雲曰放之于桐使之顧祖之墓又必三年正倣梁闇三年之制若外丙已立二年仲壬已立四年則立六年矣安得復倣梁闇之制而放于桐乎若明是放之他日即不難于復畢竟伊尹不得顯居放君之名而無善處之法且放之而可令其悔過聽已則不放之而何不可令其悔過聽已乎正爲借梁闇之制以行懲創之妙用所以爲伊尹耳馮氏景曰閻謂桐非湯葬地案後漢郡國志梁國有薄縣注云有湯冢新序我王廢兮趣歸薄兮薄亦大兮薄即亳也皇覽云湯冢在濟陰亳縣北伊尹冢在濟陰已氏平利鄉亳近已氏漢書音義臣瓚云湯居亳在濟陰亳縣是也今亳有湯冢已氏有伊尹冢杜預云梁國亳縣北有亳城城中有湯冢其西又

有伊尹冢。晉太康地記云：尸鄉南有亳坂，東有城，太甲所放處也。其說不一，要湯葬亳無可疑。桐地近亳，而伊尹營宮其側，俾邇先王，亦無可疑者。

伊尹以割烹要湯　翟氏灝曰：呂不韋書有本味一篇，言有莘氏得兒于空桑中，令烰人養之，是爲伊尹。湯請有侁爲婚，有侁以尹爲媵送。說湯以至味，論水火調齊事，周舉天下品味之美，而云非天子不能具。其文若果之美者，箕山之東有盧橘，應劭史記注引之；飯之美者，有元山之禾，南海之秬，許氏說文引之。所稱書目俱不曰呂覽，曰伊尹。考漢藝文志有伊尹二十七篇，列于小說家。蓋呂覽聚採羣書爲之，所謂本味篇乃取自伊尹說中，故漢人得見原書者，猶標其原目如此。夫小說之怪誕，何足挂齒，而其時枉己辱身之徒，援以自衒，輾轉傳聞于孟子之門，又烏可不辨論哉。馬遷自負良史，而于殷紀雜陳二說，謂伊尹欲干湯而無由，乃爲有莘媵臣，負鼎俎，以滋味說湯；又作孟子傳，而云干鼎之意近世學者不料前古有小說但奉遷史爲信書雖經孟子辨明其惑猶未盡去愚故采索其根柢而曰是說也葢本伊尹說也乃怪誕猥鄙之小說也楊升庵曰秦漢以前書籍之文言多譬況當求于言外如伊尹負鼎以干湯謂伊尹有鼎鼐之才也猶書云迓衡云尔横議者遂謂伊尹爲庖人若然則衡秤也尹曰迓衡其亦舞秤權之市魁耶愚按湯思賢夢見有人負鼎抱俎對己而笑寤而占曰鼎爲和味俎者割截天下豈有人爲我宰者哉此說見帝王世紀與鼎鼐之才其言相合夫曰夢見則非實有此事也後人因此遂造爲至味之說謬矣

有莘　元和郡國志汴國陳留縣故莘地在縣東北三十五里古莘國地字又作㜪列女傳湯妃有㜪是也湯居亳其地相近故得三使往聘若左傳有神降莘乃虢地今陝西陝右鎮莘原是也不得引以爲據

千駟　此千駟乃馬之在閑者故云繫國語狄入衛出廬于漕桓公與之繫馬三百杜注繫馬良馬在閑非放牧者也

三聘　俗云曰三箇豈若非從自己幡然乃是從湯身上幡然益深見湯有可堯可舜之姿故出而應其聘非但感其誠意而已

先覺　覺雖訓明兼有正直二意詩有覺其楹朱注覺直也左傳兩引有覺德行杜注覺直也較然正直則四國順坊記引作有梏德行尔雅梏直也緇衣昔吾有先正其言明且淸陳祥道釋云謂之先正以其先正己而後正人也伊尹正己以正天下故說命以先正保衡稱之先正即先覺也顔延之釋奠詩永瞻先覺顧惟後昆以正之此即先覺覺後覺也程子云卓彼先覺瞻先覺之意顧惟後昆文選注言大義漸乖永知止有定又云覺者約其情使合于中正而已皆作正訓

故就湯而說之以伐夏救民　魏叔子伊尹論曰孟子以伐夏爲伊尹竊疑其語爲過及讀商書而信其然今夫臣之放伐其天子者自古以來所未嘗有惟后羿距太康遂相爲不臣羿因民之不忍而距大康湯以救民伐桀其跡與羿不異夫以湯而行羿之事爲自古聖賢之所不爲

湯雖躬聖人之德無當天下之心有疑而不敢輕發者矣使非有任如伊尹者灼然于天下之故犯天下之大不韙不以芥蔕其心變易千古君臣之義而無慚于堯舜以別嫌疑定猶豫主持于內而輔翼于外亦安能斷然出此也昔者湯嘗自言之矣聿求元聖與之戮力尹又自言矣惟尹躬及湯咸有一德當是時湯之學而后臣與伐夏之出于尹也益亦明矣王恆齋曰放桀原非湯本心是伊尹任天下之重教得他如此觀其心有慙德則伊尹所言天誅造攻自牧宮朕載自亳者尤信愚按洪水之災堯舜救之成湯伐夏救民于水火之中是即堯舜之道而使匹夫匹婦無不被堯舜之澤也伊尹以伐夏說湯即是以堯舜之道要湯而豈以割烹之說要湯哉

吾聞其以堯舜二節　謝梅莊曰必欲誣尹要湯亦止說得以堯舜之道要說不得以割烹何者尹嘗自言奉天伐罪非我莫能爲語意似要然畢竟是要以堯舜之道不是要以割烹也周云此將二節連看可從注

說引以證伐夏救民則末節贅矣　任鈞台曰牧宮湯祖廟湯爲牧伯故祖廟稱牧宮周文武爲牧伯故祖廟亦稱牧室古者大征必告廟而出反亦必告廟此造攻自牧宮是出而告武王既事而退設奠于牧室是反而告

或曰孔子于衛章　趙注癰疽瘍醫者也　按趙以醫訓是從癰疽二字望文生義果爾則說文作雍睢韓非作雍鉏又何取義考史記衛靈公與夫人同車宦者雍渠驂乘使孔子爲次乘孔子醜之雍渠即癰疽也又報任少卿書靈公與雍渠同載孔子適陳應劭曰雍渠奄也靈公近之蔡雍釋誨云齊人歸樂孔子斯徂雍渠驂乘逝而遺經此正所云孔子不悅于魯衛也宦者雍渠與侍人瘠環一類故並舉之若孔子方以雍渠之故去衛豈在衛而主于其家哉

于衛主顏讐由　王餘英曰史記孔子適衛主子路妻兄顏濁鄒家索隱疑與孟子不合按孔叢子讐由善事親常以非罪被執子路裒金贖

之或以爲私其所阨孔子曰其不然以此觀之讐由與濁鄒本一人也是子路彌子讐由三人之妻皆兄弟也故彌子見其主于妻兄之家遂謂主我衛卿可得語非無因至人表以顏濁鄒即顏涿聚則非涿聚乃齊大夫顏庚黎邸之後爲晉師所禽于衛國無干也全祖望說同

得之不得曰有命　孫疏以之字訓與非也趙注孔子知彌子幸于靈公而不以正道故不納之而歸于命也夫曰幸于靈公則孔子主于其家衛卿非不可得者故曰得之而孔子偏不急于得只以有命回付他其以命自安正以義自處也故下兼義命言之當以得之句不得句曰有命句

是時孔子當阨三句　際飛黃氏謂當阨當字是在宋時主之若已至陳則不當阨其說是矣但云貞子先仕陳後仕宋則以爲陳侯周臣一語爲追敘于事蹟爲倒又未足見司城之賢徒成閒詁彼蓋將司城貞子四字作一句讀故以貞子爲宋謚耳殊不知宋卿皆死謚竊意司城二

守當署廠是時孔子當阨主于宋卿司城家司城者誰即死謚貞子而後爲陳侯忠信之臣者也當孔子在阨時司城尚仕宋而未仕陳故于得主其家貞子係陳謚即傳爲陳聘吳道死欲以屍入者以死于國事故謚爲貞孟子不但舉其官必並後日之謚言者蓋以歿謚爲貞則其生平之賢可知而孔子當宋阨時主于其家益可重矣　陳祥道禮書云周制大夫死皆謚杞宋大夫無謚二王之後守先禮也　臧氏訒齋曰列國皆有謚獨宋無之赫赫如華元向戌皆無謚貞子何得以貞名貞子殆去宋而仕于陳即卒于陳者非謚于宋乃謚于陳也　甘駁麟曰左傳公孫貞子即司城貞子也貞子哀十五年乃卒是與孔子同時人貞子去宋仕陳司城則舉其官公孫則舉其系也　張暘庵曰司城宋官何以爲陳臣蓋先曾仕宋爲司城夫子知其賢後此人于宋不合往陳爲陳侯周臣周云歷參謂孔子至陳貞子方仕陳因而主之此二語亦沿朱注之誤此節即孔子當阨時之所主明孔子平時之所主也阨者阨

于宋非阨于陳也則孔子主司城自是微服過宋時主之趙注以周為陳侯之名非也孔子在陳所館者滑公名越不名周管異之曰郝京山云忠信為周言貞子為陳侯忠信之臣此說黃太沖極取之

晉人以垂棘之璧二句

欽定春秋彙纂云今平陽府石樓縣東四里有屈產泉寰宇記晉石樓有屈產泉相傳有白馬飲此泉生得名駒則屈產乃泉名也　宋云晉有二屈一南屈翟章救鄭次于南屈是也一北屈夷吾居屈是也何休云屈產出名馬之地疏云屈產為地名服虔訓為生產非是凌雲呂覽權謀篇獻公乃使荀息以屈產之乘為庭實而加以垂棘之璧假道于虞以伐虢是晉人聘虞贄束帛所加之璧為垂棘之璧庭實所設之馬為屈產之乘言其良也三傳及孟子皆有此文注俱不知引享禮以釋之疏矣　羅慎齋曰周官校人云須良馬而養乘之乘馬一師四圉鴛馬三良馬之數故以乘為良馬之通稱見于詩者甚多書云布乘黃朱諸侯

享王嘗用十馬此于享王之十馬欲著其所布之皆良故曰乘蔡傳指爲四馬則泥矣懋按注云乘四匹也此解亦不必拘

宮之奇二句　范氏曰奇不忍虞亡諫不聽然後以族行君臣之義盡矣事虞公年七十矣而無所遇知不可諫而先去之去就之理明奇爲忠臣奚爲知士二人皆是也張岱雲曰奇與奚所處地位不同有尊卑之别疏戚之異故奇雖知其不可諫而亦不容不諫奚則可諫而諫不可諫而亦不必諫耳南軒曰奚于虞在不必諫之地又知其不可諫諫必不聽故引而去所以爲知若在當諫之地而不諫是不忠之臣也可謂知乎惕庵云當晉獻謀虞之日只料宮之奇不料百里奚以暮齒而扼下寮朝不坐燕不與本無百里奚開口處

知虞公之不可諫而去節　曹之升曰知虞公之不可諫而去句夫謂去位也趙鹿泉曰去字絶句之秦二字絶句又云孟子言將亡言先去明奚去虞時虞尚未亡及晉滅虞時奚早不在虞矣奚去虞不知所之或

當如史記之走宛或由楚之秦或由他國之秦要之之秦在後年七十始被舉不得言媵秦又亡去宛史自傳聞失實一誤皆誤耳閻百詩曰細讀孟子及左傳奚之去虞當在僖二年宮之奇諫之日不當在僖五年宮之奇諫不聽以其族行之日故曰先去安得有如史記爲晉虜以媵于秦之妄蓋媵秦穆姬者乃虞大夫井伯非百里奚朱子已辨其非一人矣班固人表列百里奚第三井伯第四王餘英曰奚事自當以史記商鞅傳趙良之言爲主五羖大夫荆之鄙人也自鬻于秦客被褐食牛期年穆公知之舉之牛口之下加之百姓之上奚蓋去虞走宛楚地故云荆之鄙人食牛期年而後舉之則非急于要君矣正范氏所謂聖賢未遇之時鄙賤之事不恥爲之人君不致敬盡禮則不得而亟見也乃秦本紀復有媵秦亡走五羖贖楚之文未免自相矛盾矣又云本節反復申明奚知末又歸到賢字何也蓋天下事有明知其汙而爲之者以其不賢也奚知而且賢則知之旣明而守之益固矣豈自鬻要君

之事而肎爲之耶

接淅而行　衍異　西溪叢話曰接字無理說文引孟子滰淅而行滰漉乾漬米不待炊也李吉甫銘曰孟子去齊而滰淅唐本作滰字楊子方言曰乾黏曰滰按說文廱淥米籔也段云淥者浚也淅米訖則移于此與而浚乾之以待炊所謂滰淅也滰乾漬米也從水竟聲孟子曰夫子去齊滰淅而行者蓋自其方漉米謂之漬米不及淘抒而起之謂之滰下孟接淅而行去他國之道也此處亦應如此方見孔子之時處與下可以速而速可以久而久合

孟子曰伯夷聖之清者也　王介山曰中間又加孟子曰三字此節史記中間又加太史公曰之法所本王罕皆曰孟子此章是論聖聖字原包智字在內後二節乃抽出智對舉言之集注又特申明本領全在智上蓋不如此根究一番則孔子所以異于三子而爲聖之時處義終未顯故語似專端論智而意旨歸宿則仍還聖字分量其論智正深于論聖

中孟　七十三

也吳因之曰惟智妙于時則融通不滯萬理兼照而無遺惟聖妙于時則神化無方故衆善兼成而無外集大成節乃時中之聖智也孔子節贊時之妙末節推時之所由來看總注歸結聖之時惟時故能兼也

孔子之謂集大成三句　葛氏寅云三子不是偏于一音亦能入音全但樂有九成他只得一成而孔子則所謂簫韶九成者按記云声成方謂之音比音而樂之及干戚羽旄謂之樂未有獨爲一音一音自爲始終而可云樂者論語始作至以成注云樂之一成也一成爲小成則九成爲大成矣又按天子之樂爲大成其餘俱是小成周官天子宫縣諸侯軒縣是樂器必天子乃全須用金奏諸侯只宜歌雅不得用頌是樂章必天子乃備也郊特牲云玉磬宫縣諸侯之僭礼也疏云諸侯無著磬今擊玉磬也書云戛擊鳴球是玉磬惟天子乃有也漢倪寬曰惟天子建中和之極兼緫條貫金聲而玉振之隨隱漫録云金聲玉振乃景鍾也頂上有玉叩則金先鳴玉終之高九尺天子親擊以祀上帝此天

子之樂所以為大成也

金聲也者四句　安溪云金石二音所以宰六律而為之綱紀也鐘磬懸于庭其與歌相應者則曰頌鐘頌磬其與笙相應者則曰笙鐘笙磬奏樂之時鐘必先鳴故曰金聲磬必後應故曰玉振金聲而衆音之清濁倚之故曰始條理玉振而衆音之清濁高下定焉故曰終條理然非謂一成之終始鐘磬一擊而已也起調畢調所用之律及中閒轉折所雜用之七律每律變處則必敲金戛玉以調和之特其序則鐘先而磬後耳一成始終未作而先擊鎛鐘既闋而後擊特磬此說于經傳未有考書曰戛擊鳴球搏拊琴瑟以詠則是以磬始者有之詩曰鼓鐘送尸神保聿歸則是以鐘終者有之商頌言既和且平依我磬聲後言鏞鼓有斁萬舞有奕古樂不傳不可復考故今但以編鐘編磬為說且如孔子知聖亦非學終身以為言就其每一事而言之無非知先而聖後者若仕若止若速若久每一事之中惟其知之明是以處之當然後合全

[illegible]中孟　七十四

體而論之惟其明之素是以德之純也

始條理者九句【張氏】南軒解云金聲而玉振者樂之始作以金奏而以玉聲終之言孔子之道始終純一而不盡者也因論孔子而遂言學聖人始終之義使學者有所馴而進焉始條理卽易所云知至至之終條理卽易所云知終終之此未及于聖智也學者從事于此因以爲聖知之道也故曰知之事聖之事致知力行二者雖互相發然知常在先故■始終之異也陸九淵曰爲學者有講明有踐履大學致知格物中庸學問思辨孟子始條理者知之事此講明也大學誠正中庸篤行孟子終條理者聖之事此踐履也自孟子言之益事未有無始而有終者講明未至而徒恃其力行是猶射者不有于教法之巧而徒恃有力吾能至于百步之外而不計其未嘗中也故曰其至尔力也其中非尔力也

按此以始條理者下屬學者講與注似異然如張說而事字有體認如陸說兩尔字指徒力行而不致知者于理亦通不然孟子于三聖豈

宜以尓加取

知譬則巧節　沈氏幾曰一事而巧力並運者莫射若矣用能藏力力能藏巧故即始可以該終即終可以還始錢青臣曰上節知聖是分說此節知聖是合說蓋孔子知聖兼全譬之射者巧力之俱足下三句正明上二句義有謂知譬二句分說至下三句方合者非艾千子曰知譬二句若分說與上節同當云知譬則始聖譬則終矣惟巧藏力力藏巧聖知合一並運方是集大成孫奇逢曰知聖非有先後孟子恐人以始終爲先後故又以巧力譬之焦云伎藝之類專用巧者弄丸運斤之屬專用力者翹關扛鼎之屬惟射于百步則巧力二者不可廢一故取以譬聖知蓋聖知合一同還並行非可截然爲兩事也明辨錄云朱子語類謂始條理終條理只是一箇條理之始終非兩箇條理也知者行之始行者知之終聖中有知知中有聖觀下文巧中有力力中有巧便可見故知行原在一處金聲玉振不過從始終上借說耳聖知卻是合一非

此金玉截然兩項也此論有見上節始條理終條理喻聖之有先後而又能兼全也此節知則巧聖則力譬聖知之有難易而均不可廢也朱子注知譬節曰此復以射之巧力發明聖知二字之義何等明白世儒沿習不察定把此節單重知字誤矣又云近世儒者不顧悖注貶斥注中力有餘巧不足之說亦失體認蓋巧是力之運用力是巧之充拓射到的在力中的之紅心全憑于巧夫子力中有巧其心思目力一箇正鵠完全在胸中不惟射得到而且中紅心三子心思目力只見得一邊卻不見一邊所以射得到而不中紅心以此見孔子知聖兼全是巧力俱足故至而中之所以爲大成三子行雖造聖而知有未全是力有餘而巧不足至而未必中所以爲一偏王荆石云三子巧不足非全無巧也只謂近聖人全智之巧耳其力有餘亦從其一偏成就見有餘耳畢竟其力豈可與孔子同此最善體注意

北宮錡　衛多北宮氏故注以爲衛人但國策齊有北宮嬰兒高誘注灉

南以北宮黝爲齊人孟子久居于齊則此章與孟子言者又安知非齊人耶

天子一位　毛西河謂天子與君不宜列在五等六等中而以孟子爲非王制爲是非也乾鑿度引孔子曰易有君人五號天子者爵號也公羊注天子者爵稱也疏云辨名記云天子無爵而言天子爲爵稱者爵者醮也所以醮盡其材天子有盛德居無極之尊位謂之爵稱亦何傷其云天子無爵稱者謂無如諸侯以下九命之爵也豈謂無尊美之爵乎祇生無爵死無謚天子有謚則其有爵明矣顧炎武曰爲民而立之君故班爵之義天子與公侯伯子男一也而非絶世之貴代耕而賦之禄君卿大夫與庶人在官一也而非無事之食故知天子一位之義則不敢肆于民上以自尊知禄以代耕之義則不敢厚取于民以自奉也王鳴盛曰白虎通云天子者爵稱也爵所以稱天子何父天母地爲天之子也帝王德有優劣俱稱天子者何以俱命于天治五千里内也伏生

大傳引無逸曰厥兆天子爵其意蓋言天子亦在五等內以見必當有德以居位之義今無逸無此文不可得而詳矣李中培曰孟子五等合天子在內者先王公天下之至意亦如天子冕服與諸侯同而施玉章采多寡異數秦王制作于漢人沿秦代尊君抑臣之見故不敢以諸侯上與天子同列

君一位　李中培曰趙注此段自爲一節專指諸侯之臣似未備蔡虛齋曰六等施于國中蓋兼王朝與侯國言觀天子之卿受地視侯節可見

卿一位　公之下有孤今遺孤不言者孤即卿也沈氏彤曰周官之爵曰公曰孤曰卿曰中大夫下大夫曰上士中士下士凡八等而合孤卿爲一等中下大夫爲一等何也典命職云三公八命卿六命不別言三孤命數則并孤于卿矣大夫四命則大夫不以中下殊矣周官經文何以無上大夫曰上大夫即孤卿也大戴記盛德篇云三少皆上大夫也

三少謂三孤諸侯之上大夫卿士庶亦然李中培曰典命公之孤四命鄭注九命上公得置孤卿一人是則公與孤皆卿兼之猶天子之三公三孤實六卿兼之也諸侯上大夫即卿亦猶天子之卿即上大夫也

上士一位三句　上士二十七人不言中士下士之數者徐氏師曾曰王制其有中士下士者數各居其上之三分當在上士二十七人之下乃錯簡在此耳中士三倍于上士之數八十一人下士三倍于中之數二百四十三人

御案方氏愨謂中下之士諸侯或有或無非也孟子明言上士一位中士一位下士一位若無中下士則爵止四等矣王制言上大夫下大夫上士中士下士凡五等若無中下士止三等矣二十五家之比長即是下士豈有無中下士與合中下士僅得上士之半者哉

不能五十里　宋云董仲舒謂附庸字者方三十里名者方二十里人與氏者方十五里尚書大傳曰古諸侯受封則有采地百里諸侯以三

十里七十里諸侯以二十里五十里諸侯以十五里其後子孫雖以罪黜其采地不黜使其賢者守之世世以祀其始受封之人昔齊人滅紀紀季以酅爲齊附庸酅者紀之采也然則附庸多亡國之後先世有功德者故追錄之使世食其采以臣屬于大國三十里者其先公侯也二十里者其先伯也十五里者其先子男也　愚按附庸大者三十里次者二十里小者十五里此可爲不能五十里之證

天子之卿節　陸云此節是內外一體見先王公天下之心非內外相制如後世防天下之術周柄中曰王制天子三公之田視公侯天子之卿視伯天子之大夫視子男天子之元士視附庸與孟子不合當以孟子爲正蓋古者三公不必備常以六卿兼之卿兼公孤亦只食卿之祿公孤之爵不爲位故無祿則受地當自卿始此孟子是而王制非也內臣之命降于外諸侯而祿必視乎外故以六命之卿視九命之公侯四命之大夫視七命之伯三命之元士視五命之子男皆卑其命而崇其祿

者元士之命不下于附庸而受地視附庸則非卑其命而崇其祿之義與卿大夫不一例矣此又孟子是而王制非也【附錄】葉夢得曰王制內諸侯祿外諸侯嗣者謂內之公卿大夫受田視外之公侯伯子男故通稱爲諸侯蓋公出封爲公卿出封爲侯伯大夫出封爲子男故以天子之公卿大夫與公侯伯子男同以諸侯稱之若士爵卑則無出封之事不得以內諸侯稱之卽不得以外諸侯比故以諸侯之卿眂之名分乃合孟子乃云元士受地視子男王制云視附庸趙氏云中下士視附庸其義未詳又孔廣森曰周禮王之三公八命出封加一等則上公九命矣其卿六命出封加一等則侯伯七命矣其大夫四命出封加一等則子男五命矣其士不命此與孟子所言不合恆齋云明齋王氏補班祿說以孟子春秋爲斷至畿內之祿孟子與諸經不合則上援春秋正之三公之爵稱公當同大國君之祿卿之爵稱伯當同大國君之祿中大夫之爵稱子當同子男之祿下大夫稱字則當視附庸之君歟大國

之孤祿亦當視附庸之君半于小國之君也秋官掌客諸侯待王臣之禮三公視上公卿視侯伯大夫視子男亦與春秋合其元士以下依命數班之元士視列國之卿中士視其大夫下士視其上士則掌客亦云士視諸侯之卿禮蓋因王制三公之田視公侯云云而又有春秋可攷故不嫌于異孟在孟子亦早自揭其詳不可得而聞矣至元士于春秋無可考孟子獨謂視子男王制謂視附庸似皆未備則尋掌客爲據可謂有識　按春秋書法王朝上大夫以爵係邑周公召公毛伯芮伯是也中大夫以氏係爵劉子單子是也下大夫以字係氏南季仍叔是也上士中士以氏係名劉夏石尚是也下士書人公會王人于洮是也諸侯之卿一命者視王朝下士稱人再命三命者視王朝元士中士書名四命者視王朝下大夫書字周官掌客天子巡狩從者三公視上公之禮卿視侯伯之禮大夫視子男之禮士視諸侯卿之禮王氏應電釋云王之三公出封爲上公卿出封爲侯伯大夫出封爲子男鄭康成典籥

注曰卿爲侯伯大夫爲子男鄭氏鍔曰天子之大夫出封爲子男故得眡子男之君上士三命而諸侯之卿亦三命故待之皆眡其秩以二書參之則周公召公所謂三公視上公毛伯芮伯所謂卿視侯伯大夫稱子而子男亦稱子故眡子男下大夫稱字附庸亦稱字故眡附庸元士書名諸侯之卿亦書名故眡諸侯之卿王之元士三命中士再命下士一命大國之卿三命大夫再命士一命故元士視其卿中士視其大夫下士視上士公卿大夫尊故受地視其出封之數皆加一等士爵卑無出封之事故受地只視其命數以爲差王氏明齋之說雖與孟子王制並異然亦可存以備參攷也

卿祿四大夫　王制大國之卿四大夫祿食二百八十八人孔廣森曰左傳惟卿備百邑杜注此一乘之地孔疏謂以一乘名邑書傳無文愚仍以四井之邑言之百邑者四百井也井十爲通通十爲成四百井者四成也成出革車一乘四成者四乘之地也蓋侯國之上卿采地如是易

云邑人三百戶鄭注大夫采地方一成其定賦三百家論語伯氏駢邑三百大國下大夫之制也今按大夫一成卿四成近于卿祿四大夫之文荀子曰有五乘之地者事三世有三乘之地者事二世然則大國之卿地五成次國之卿地四成小國之卿地三成與　按大夫一成卿有五成所謂四大夫也次國卿四成三倍大夫小國卿三成二倍大夫也

卿祿二大夫　王制次國之卿食二百一十六人次國之卿命于其君者如小國之卿孔疏命于天子者二卿祿各食二百一十六人而一卿命于其君者爲賤則祿不可等命于天子故視小國之卿　周柄中曰王制言大國之卿四大夫祿食二百八十八人次國之卿三大夫祿食二百一十六人小國之卿倍大夫祿食百四十四人孔疏卿祿更故隨國之大小爲節則安溪李氏謂命于天子者其祿皆當四大夫非也孔疏次國三卿二卿命于天子者祿各食二百一十六人不命者視小國之卿祿食一百四十四人則李謂不命于天子者與大夫同祿亦非也

卿祿二大夫　王制云小國之卿食百四十四人文云小國二卿皆命于其君似小國無三卿矣愚按白虎通引王度記云子男三卿一卿命于天子則小國亦有三卿其一卿命于天子者祿當與二卿之不命者亦當有別鄭康成王制注云小國亦三卿一卿命于天子二卿命于其君此文似脱誤耳或者欲見畿內之國二卿與李氏曰司馬法凡制軍大國三軍次國二軍小國一軍皆命卿爲之則知雖畿外之小國循一卿命于天子也二卿命于其君者畿內之國也

總論　匯參集解云十倍者不可滅一倍者不可滅惟四倍三倍者則可滅且卿祿不滅則大國次國小國之君所謂十卿祿者竟是一樣無分別矣故卿祿必有四大夫三大夫二大夫之別從此推上去才見君祿不同觀汪徐氏之說謂大國君田三萬二千畝次國君田二萬四千畝小國君田一萬六千畝可見且國遞小則事亦遞少卿之僚友家屬與交際往來之費亦當遞減所以次國三之小國二之也　愚按次國

孟中　八十

小國之卿官名雖與大國同命與位則異周官典命云大國之卿三命次國如之小國再命孔穎達王制疏云大國上卿三命下卿再命次國上卿再命下卿一命小國上下卿並皆一命此命不同也春秋傳云次國之上卿位當大國之中小國之上卿位當大國之下是位不同也命與位既遞降所以祿亦遞降與

大夫倍上士三句　孔穎達王制疏云君與卿位重祿尊故隨國之大小以爲節大夫以下位卑祿少故大小之國不殊趙氏悳曰卿以上其祿寖厚苟不爲之稅則地之所出不足以供大夫以下其祿寖薄苟爲之稅則臣之所養不能以自給也

下士與庶人在官者同祿　王制諸侯之上士食三十六人中士食十八人下士祿食九人

佐案云庶人在官者之祿有食九人至五人之差下士皆食九人無差者優士也　李中培曰下士與庶人在官者同祿專指食九人言非如庶人在

官之有等差也此是專論下士之祿末節上農夫食九人方是論庶人
在官之祿徐氏注下士與庶人在官者田百畞可食九人至五人至五
人三字未當也淺說云末節只言在官不及下士者想下士之祿無五
等只等上農夫耳王罕皆曰下士之祿當以百畞食九人爲率方合中
士旣下士之數徐氏至五人三字是預照末節而言但末節以是爲差
自單指庶人在官者未嘗兼爲下士說也注靈川曰下士必視上農夫
九人之食無等差之殊以示別于庶人在官者注食九人至五人是下
士亦有差了不必泥　下士有圭無田說者注云士之無田與庶人在
官者則但受祿于官如田之入而已匯參集解圭之又有指有田說者
說約云下士一位可想見其已仕之臣有田者也注中士之無田云云
宜指國學所養樂師所教之屬題鏡云下士一位是已仕之臣有田者
也其數百畞有定額无增減所以末節不及下士至庶人在官有祿无
田與士之有田不同且受祿有差如末節云云也則所謂同祿者只大

概語耳至若所謂士之圭田非指下士也如宿衛宮中之公族與國學所養之賢及樂師所教之瞽皆是與下士在班爵之內者不同　按王制大夫士有田則祭無田則薦惟已出之士無田則不祭則當未失位時其必有田可知王氏匯參謂上士中士下士皆無田其說不經不如說約題鏡之確但說約所云國學所養乃未命之士即下庶人在官者不得與六等中之下士同稱竊意下士中有田無田自分二種周禮地官族師每族上士一人閭胥每閭中士一人比長五家下士一人何喬新曰比長即上農閭胥族師則農夫中有才德者異其秩而增授田使合子弟備隨民耕之以代其祿非如六官中之士食民租稅也

御製云古之田祿與後世異而鄉遂羣士之爵及祿又與王朝之士異蓋古有不命之士有圭田之士比長閭胥皆耦耕之民也以其材力少優故進其爵等以率其曹伍雖曰中士下士不過如秦漢以還之民爵耳必至族師以上所轄稍眾其事較繁不能躬耕隴畝然後倍授之田俾任

餘夫傭閒民以代耕又其上則再倍焉惟州長遂大夫然後取于所在公田之入以祿之耳據此二說則朝廷六等之下士食民租稅有公田者也鄉遂閭比之下士傭民代耕無公田者也然有田無田雖異而其食之供九人則一也

庶人在官　注庶人在官府史胥徒也似與末節混作一項人看也夫士而與府史胥徒一例失貴賤之義矣豈先王班祿之道竊意此句指士之未命者言故有同祿二字已命之士與未命之士雖有已受田未受田之殊而其所食皆是九人末節指府史胥徒言故云以是爲差而有食八人及五人之別焉　朱云趙邠卿于此節注庶人在官未命爲士者也其祿比上農夫士不得耕以祿代耕也于末節注庶人在官者食祿等差猶農夫有上中下之次亦有此五等若今之斗食佐史除吏也考儀禮大射儀尊士旅食于西鑮之南鄭注旅衆也士衆食未得正祿謂庶人在官者又燕禮尊士旅食于門西鄭注旅衆也謂未得正祿

所謂庶人在官者也說與趙合此節庶人在官者當依趙氏專指未得正祿者言焦云儀禮尊士旅食于門西鄭氏以庶人在官釋之是謂未得爵命之士注以爲府史胥徒非也王制大樂正論造士之秀者以告于王而升諸司馬曰進士司馬辨論官材論進士之賢者而定其論論定然後官之任官然後爵之位定然後祿之蓋上士中士下士此正爵也下士食九人以上此正祿也學校之士升于司馬隸于司士論定後官而未得正爵正祿者則羣食于官謂之旅食檀弓所謂仕而未有祿者司士職所謂以久奠食即此但未得正爵故謂之庶人在官者趙注孟子亦云庶人在官未命爲士者非謂府史胥徒也若府史胥徒官長所除不命于國君當爲燕所不及安得與諸臣相獻酬乎

耕者之所獲節　邱月林曰耕者之所獲直到食九人至五人方才透出非以下句一夫百畝便爲所獲也大意謂耕者之所收穫也一夫皆百畝宜若收穫皆同然其百畝之糞農有上中下不同而所收穫者亦不

能無異矣
百畝之糞　錢竹汀曰糞當依王制作分李中培曰分讀去聲卽等差
之義與下五等義相貫音同糞訛轉爲糞但作糞田義亦通
庶人在官者二句　朱注云王制孔疏云鄭謂庶人在官爲府史之屬者則
周禮大宰府六人史十有二人云之屬者工人賈人及胥徒也謂此于
府史胥徒外添出工賈二項考周禮有士田工田賈田官田皆是庶人
在官之田中庸云餼廩稱食則百工亦仰食于官儀禮賈人東面坐取
櫝則賈人亦受職于朝末節庶人在官當依孔氏兼府史工賈胥徒而
言其義乃備李云差等或云以祿簡爲差考周禮府史胥徒之數多寡
不齊事繁則宜廣設其人安有繁簡一律而合受祿有偏枯或云以勤
惰爲差然人有始勤終惰者有始惰終勤者旣不能畫一概從而更之
不勝其煩且執政者得上下其手矣安可定爲令周禮序官大宰府史
胥徒下賈公彥云按王制下士食九人則府食八人史食七人胥食六

人徒食五人並亞于士故曰庶人在官此説爲是　按石渠奏議以階
臣是庶人在官亦備一解
不挾長五句　宋氏善曰伐木燕朋友也而篇中有諸父諸舅兄弟之詞
何曰人之取友以進德也尊爲父兄卑爲子姪貴爲天子賤爲庶人親
爲同姓疏爲異姓分雖不同可友則一是故以卑就尊不爲僭以尊就
卑不爲貶以賤交貴不爲諂以貴交賤不爲屈內取之同姓不爲昵外
取之異姓不爲泛德所存即友所存而何尊卑貴賤親疏之問哉愚按
朱子云諸父朋友之同姓而尊者諸舅朋友之異姓而尊者即長也
以諸父諸舅而在朋友之內則降尊就卑不挾長矣君之于臣于燕則
曰嘉賓曰友生不挾貴矣至兄弟二字則有三説汪靈川曰兄弟以門
閥之盛富貴之勢言非以其衆多也按詩經兄弟鄭箋俱以族親訓之
故可以宗族之盛門第之高言如晉王謝魏崔盧之類北史崔㥄傳㥄
以籍第自矜每謂盧元明曰天下盛門惟我與爾凡人之生長于豪宗

巨族者多以門第驕人，故孟子以此次于挾貴焉。又江愼修曰：古人以婚姻爲兄弟，如張子之于二程，程允夫之于朱子，皆有中表之親。旣爲友，則有師道，不可謂我與彼爲姻親，有疑不肎下問也。挾兄弟而友，與挾故而友相似。俗解謂說挾兄弟多人而友，兄弟多人，有何可挾乎？趙鹿泉曰：兄弟者，等夷之稱，必其人與己等而後友之，則不肎與勝己友，不能不恥下問矣。王餘英求是錄此二說，以爲可以補注。

有友五人四句　晉語趙簡子曰：魯孟獻子有門臣五人。注：門臣，捍難之臣。存疑陳壽祺曰：新序刺奢篇獻子曰：吾甚貧，惟有二士，曰顏回、茲無靈者，使我邦家安平，百姓和協。按孟子言獻子有友五人，樂正裘、牧仲，其三人則忘之矣。此顏回、茲无靈疑在五人之數。新序雜采諸子，言皆可信。然獻子卒于魯襄十九年，顏子時不相及，將毋有兩人歟？愚按魯有兩曾參、兩閔子騫，則此顏回安知非另有一人與復聖同姓名耶？　南軒曰：獻子與此五人友者，不敢有其百乘之富也，故曰無獻子

中孟　八十四

之家者也言降意忘勢若无其家焉横渠曰獻子忘其勢者也五人者忘人勢者也雖然惟獻子自忘其勢故五人從之不然獻子方以勢自處則賢者方將望望然去之其亦可得而友耶愚按無獻子之家無字南軒就獻子不敢有其百乘之家說則有獻子之家有字亦當就獻子自有其百乘之富說横渠云獻子若以勢自處則賢者方將望望然去之其亦可得而友耶此即孟子此五人者三句意无家之不挾貴故五人諒其誠心而與獻子友有家即是挾貴故五人超然遠去不與獻子友

費惠公　惠士奇以費即春秋之滑則滑爲秦滅且去魯遠未可爲據金仁山王伯厚曹之升周溧陽主季氏之邑言則魯穆公時公儀子爲政三家諒已亡矣何季氏之有毛西河指都邑之君又與上小國之君不合宋于庭曰藝文類聚引尹子云費子陽謂子思曰吾念周室將滅涕泣不可禁也子思曰今以一人之身憂世之不治而涕泣不禁是猶河

水濁而以滋清之也其爲無益莫大焉惟能不憂世之亂而憂身之不
治者可與言道矣此費子當即惠公　存異　按小國之君子男及附庸
是也大國之君謚惠者齊晉有之次國之君謚惠者魯衞有之小國之
君謚惠者薛惠公鄎惠公是已鄎即小邾子也薛之惠公哀十年卒是
在子思之前鄎之惠公則在春秋之後左傳莊三年郳犂來來朝疏云
郳者附庸之國犂來名附從齊桓以尊周室命爲小邾子穆公之孫惠
公以下春秋後六世而楚滅之費子陽稱子係子爵小邾子亦係子爵
邾與小邾皆附庸升爲子者鄎之惠公意即費之惠公歟或以鄎與費
字不相同爲疑曰費一作鄪一作鄪是右旁俱從阝也鄪音平秘切音
備鄎一音[illegible]費誓一作柴誓是費有柴音也公羊傳六鷁退飛鷁一
作鶂左傳叔倪倪一作詣易困于劓刖一作倪仉是倪與劓同音即與
柴同音也鄎爲附庸自春秋已然呂氏春秋云以滕費則勞以鄒魯則
逸費與滕同稱則與左傳滕薛鄎並稱一例楚世家云鄒費郯邳以費

中孟　十五

與鄒並連鄒邾也鄭小邾也郯郯子也邳薛國也此與左傳所云滕薛小邾者合小邾與滕薛鄒郯皆泗上之小國故並舉之意者郳在春秋時爲小邾在戰國時則改名鄭亦如邾之爲國在春秋爲邾在戰國則爲鄒歟不然何以春秋有郳無鄭戰國有鄭無郳耶此雖臆説不可爲典要然總之費是國名非邑名注中邑字須易作國字方與白文小國之君合也

顏般　顏氏世系云無繇生囬囬生般則般殆顏子之子故與子思同時歟人表費惠顏敢與王慎長息同列四等敢與般形近而譌慎與順則字通也

亥唐　惠云亥唐韓非子作唐亥或孟子傳寫倒其名字也焦云亥唐亦作期唐亥之爲期猶萁之爲荄也易萁子之明夷一作荄茲

弗與共天位二句　左傳在踐乃職杜注不言位而言職者管仲位卑而執齊政故欲以職尊之管仲不敢以職自高卒受下卿本位之禮而還

據此則職與位有別有位尊而職卑者有位卑而職尊者孟子所以作兩項說

亦饗舜迭爲賓主　明辨錄云唐荊山解亦饗舜謂以祿養舜如緇衣之授餐也此與上共天祿相照應迭爲賓主謂畧君臣之分而當爲賓主之歡也舊說舜爲主而堯爲賓非是　按天子無客禮莫敢爲主焉故君適其臣升自阼階若舜爲主而堯爲賓是臣下敢以客禮待天子矣可乎自當以畧分言情之說爲是　存疑按朱子詩傳以鹿鳴爲燕饗臣下之詩則荊川以亦饗舜與上共天祿是已但天位天職二句尚無照應朱武曹云不託諸侯竟是之于舜也節疑是敢問友章文脫簡在此當在非王公之尊賢下上文位職祿晉平不與亥唐共之此言養舜畎畝加諸上位是天位卽天職也上言晉文公之于亥唐也此言堯之于舜也上言非王公之尊賢也此言故曰王公之尊賢也文勢無一不緊相貫注舜尙見帝以天子而友匹夫結萬章問友之旨末節用下敬

上又以貴貴尊賢對舉結王公尊賢之旨文法精密若不託一章至非養君子之道也義蘊已盡再加堯之于舜也節則贅矣

交際章　徐思曠曰吾最怪交際亦行道此論與爲借干謁以行私者多矣要知此章是論交際非論行道也後文事道二字原爲獵較辨耳于交際何涉若說吾道難行不妨受其間餽使時君見其平易近人以啟向用之機則與納交于待人何異須知交以道二字與事道二字原不一樣王漢階曰而況受其賜以上論君子處辭受之道已畢下特因孔子獵較而有事道及爲之兆語又是一段議論若不善看似君子意在行道一交際間便思所以爲之兆預爲前後牽合不知如此用心與枉尺何異

卻之節　存疑王恕石渠意見云卻之萬章問也卻之爲不恭孟子荅也何哉又萬章問也曰尊者賜之又孟子荅也

請無節　直解云請無以辭卻之是說無以直然之詞卻之不是無詞下

他辭無受便是無以詞卻之胡著之曰李岱雲謂上節其所取之四句分明是心中量度之詞章豈有誤認之理但孟子謂義而後受不義則卻謂直卻之而已不以他詞諉托也故請更以他詞無受則旣不顯彼之不義而我亦全其操如此未必不可不重心卻重以他詞上請字一直貫下與下無受相應中閒其取諸民不義只是櫽括上文切勿粘滯致隔語氣　存異四書辨疑曰爲章一問中二曰字必有一衍者注指以心度之下曰字爲心度之詞然其所敘之言誠難以心度爲說也予謂經文有傳寫之差其取諸民之不義也與曰字相連原是一段總意合在諸字之上曰其取諸民之不義也請無以辭卻之以心卻之而以他辭無受不可乎如此讀方順

今有禦人段　王念孫曰不畏强禦禦亦强也牧誓曰弗迓克奔鄭注作弗禦注云禦謂强暴也克殺也不得暴殺紂師之奔者昭元年傳强暴已甚又吾車强禦春秋繁露其强足以覆過其禦足以犯詐二字同義訓

爲禦止善人非也　按詩曾是強禦朱注暴虐之人也此禦人亦當作暴虐訓強奪人物于國門之外卽今所謂強盜也若訓爲止則下節斯可受禦及猶禦也俱不詞

康誥曰殺　汪氏聲曰越于也于猶取也凡民所由得罪以寇攘姦宄殺于人取其貨也蔡武曹曰凡盜賊殺人未聞有顛越人當從趙注訓越爲于越注越于皆詞也殺于人取于貨閔然不知畏死者譈殺也凡民無不得殺之者也不待君之教命遭人得討之三代相傳以此法不須辭問也烈明法王念孫曰莊子使士敦劍注敦斷也是敦有制截斬斷之義趙讀譈爲敦故訓殺焦氏循曰趙言凡民無不得殺卽是不待君之教命言遭遇此殺人取貨之人人卽得而誅討之不待教命而誅故不須辭問國語魯大夫辭而復之注辭請也不須請問極言其當討也黃度尚書說云凡民殺人顛越人以取貨者人所共惡皆得討之朝士職凡盜賊軍鄉邑及衆人殺之無罪孟子曰不待教而誅是也罔不譈

未人得而治也下惟朕憝非王莫治也吳氏程曰古人斷獄必有教戒之詞蓋不待教而欲殺之速所謂不以聽也下教之不改對此句説趙鹿泉曰此乃無所辭罪之意猶言法無可寬也謝濟世曰殷受夏周受殷言不特康誥有明文三代皆有嚴禁于今爲烈言至今功令煌煌在人耳目也

魯人獵較四句　趙注獵較者田獵相較奪禽獸得之以祭何異孫曰較音角角獵之義按訓較爲奪與上取非其有相合若張氏以爲較所獲之多少此正禮之所有不得爲弊俗觀周禮獲禽取左耳可見矣周理衰民獵較之俗大抵出自三家豐卷將祭請田子產不許是因祭而獵惟禮俗得行之而大夫不與焉嘗曰三家僭禮則擬于君祀豐于昵則以多品異物爲觀美于是有用獵較奪之事孔子不正而先簿正祭器蓋陰以禮裁之若謂魯人之習俗則孔子爲政能使市不飾價獨不能革此陋俗乎且庶民有何祭器庶民之祭豈得用四方之食而煩孔子

之薄正乎譚衆生曰孔子亦獵較非孔子身在田獵角逐中謂孔子爲政不革其俗也孔廣森曰魯人獵較孔子爲政亦聽之而不禁非身從而爲之也　按獵較但云從俗則與受賜無于益較禽獸是取物不以禮也亦爭競以取聖人且姑聽之況交道接禮是揖讓以取者君子顧不受

子先簿正祭器　劉氏敞曰四時皆爲必田狩春蒐振旅辨鼓鐸以獻社夏教茇舍辨號名以獻礿秋教治兵辨旗物以獻祊冬教大閱總軍實以獻烝是皆爲祭而田也秋槎雜記曰左傳惟君用鮮衆給而已杜注鮮野獸衆臣祭以芻豢爲足春秋時大夫僭禮魯亦應然夫子知獵較不能驟禁但正其祭器加特牲少牢俎豆之數令其但取芻豢而無四方之物則不禁而禁聖人之妙用也　簿笏也左傳杜注珽玉笏也若今吏之持簿徐廣云持簿手版也孔疏笏所以簿疏物古者貴賤皆執笏孔子簿正器是以祭物先疏于簿也

為之兆也四句　趙注兆始也終竟也孔子未嘗得終事一國三年淹留而不去者也江慎修曰孟子言孔子未嘗終三年淹而歷聘紀年譜孔子留齊七年非也史記昭二十五年奔齊魯亂孔子適齊左傳二十七年季札觀上國及齊子死嬴博間夫子往觀葬蓋自魯往觀嬴博間近齊境然則在齊不過一年耳李中培曰孟子言未嘗三年淹而史記世家載孔子當出公輒時居衛凡五年反魯按年表衛輒八年値魯哀十年書孔子自陳來衛衛世家出公八年孔子自陳入衛則出公時孔子在衛僅一年矣依十二諸侯年表及衛世家當必哀六年孔子自楚反衛又由衛至陳哀十年又由陳至衛年譜脫畧未及載也

孔子有見行可之仕　李氏安溪曰見猶示也示人以行吾道而可也因此遂類及孔子之交際于靈公則交際而可于孝公則公養而可朱子解見行可云見其道之可行際可云接遇以禮如此是見可行非是見行可也可際不是際可也不知見行可是自見行道之可非累世莫能

舜道大莫能容也際可是自見交際之可非絶世逃人不近人情也陸云季桓衛靈衛孝卽今之諸侯一流也而孔子所謂行可際可公養卽在于此然則聖人豈爲已甚者哉三段須得此意不是空空證據李云孟子時之際可公養與孔子又不同故孔子謂之際可之仕公養之仕若孟子時之交際雖亦交以道接以禮不過一時餽問如聞戒餽贐之類並不可謂之仕矣但有此下賢之心斯不可卻之耳

季桓子　鄧云孔子本仕于定公而云桓子者蓋魯定用子之日正季桓執政之時則雖定公能任之實由桓子能薦之宜補定公爲得體

衛孝公　金云出公拒父爲不孝其臣諱之以禮律嫡孫當承重繼祖不以父命違王父命故特以孝謚之以掩其非耳翟云檀弓正義謂衛輒拒父而公羊以爲孝子後儒之論且然則當時臣下之論以掩非想有之矣至其一人兩謚更無足怪蒯聵謚莊公人表謂之簡公則亦嘗有兩謚臧云稱出公者因輒出奔八年後復入立九年而卒謚孝公猶

魯文公夫人不允于魯文公薨而見出曰出姜將行哭而過市市人皆哭魯人謂之哀姜衛人宜亦有以嫡孫當立爲孝者因謂之孝公矣此孟子之文可補史記之闕者也　按衛懿公論衡作哀公魯哀公人表作出公縢定公文公世本作考公元公此一君兩謚之證

仕非爲貧章　王介山曰此章爲當時竊位苟祿之輩託言爲貧而仕者發若比爲貧者示以所處之宜于世道有何關係且舉孔子爲例但言其爲委吏乘田可矣何又舉其稱職之言而繼之乎竊謂首句宜重讀言仕在行道非是爲貧縱有時爲貧亦出于不得已也則其本旨非在爲貧可見而字是轉關不是轉合　抱關擊柝　翌注云頗卑宜乎是卑貧中又擇所宜處蓋此時道與時違凡有行道之責者皆做不得惟如抱關以司出入擊柝以司晨昏但二事克盡便不爲苟祿了　按顔師古漢書貨殖傳敍注抱關守門者也擊柝守夜擊木以警衆也分作二項方精　委吏　孫星衍曰周禮遺人掌郊野縣鄙之委積司徒

之屬司會則逆羣吏之治而聽其會計冢宰之屬孔子是爲遺人之官
會計是司會之職當者讀如秦當之當謂料量委計上之司會適當國
家會計之數也
乘田　毛云趙注乘田苑囿之吏主六畜之芻牧者按苑囿乃囿人所
掌只游觀鳥獸之事並無牛羊亦並無芻牧者周官牛人有職人主芻
豢者職通作樴杙也所以繫牛凡牧人掌牧六牲牛人掌養國之公牛
必授職人芻豢之史記謂之司職吏其文名乘田者以公牛芻豢皆甸
田中事也周栖中曰甸與乘通毛說良是朱子序說既謂乘田即職人
而此何乃承趙氏之誤則失于刋正故耳愚按甸一音實證反與乘同
晉陣祥道曰古者或以甸爲乘周官稍人掌邱乘之政令是也或以乘
爲甸左傳渾良夫乘中佃兩牡是也蓋甸者乘之地乘者甸之賦也周
官牛人凡祭祀共其享牛求牛以授職人而芻之肆師大祭祀展犧牲
繫于牢頒于職人充人云祀五帝繫于牢芻之三月凡散祭祀之牲不

在牢者繫于國門使養之司門云祭祀之牛牲繫焉則所謂職人者指牛人充人及監門人此皆以養犧牲爲職者也

諸侯失國二句　公羊傳穀伯鄧侯來朝失地之君也其稱來朝何穀鄧與魯同貴爲諸侯今失國亡土來朝託寄也左傳齊侯滅萊遷于郳孔疏郳即小邾也二年傳曰滕薛小邾之不至皆齊故也小邾附屬于齊故滅萊而遷其君于小邾使之寄居以終身也　鄧云於卒也卒字自下臺無餽也倒看出若子思不麾餽尚未已也鳳雛韶曰稽首再拜而不受再拜稽首而受孟子之文偶有倒順閻氏據康成吉凶拜之注吳草廬稽顙即稽首之說遂謂先稽首者爲凶拜後稽首者爲吉拜子思以凶拜示不受噫子思不受則不受矣乃以喪禮自處豈有此情事耶

使己僕僕爾　字彙草部業步木切煩瀆也六書正譌通作僕則業正字僕假借也

堯之于舜節

日講云孟子在當時傳食諸侯國君能養者不乏然其志在行道不可以口腹虛拘故惓惓以能舉爲言　張惕菴曰託者依附于他惟所豢養孟子不託諸侯瑣瑣餽問有時拒絕以道自尊也故引王公尊賢之說以曉之周人騏曰託是寄養與舉是主士之不託諸侯以士固賢者也賢則當盡養之之道而又當舉者也託也云乎哉後半是正意孟子妙在偏不如此說一則曰不敢再則曰不敢一似士之至卑至賤者然後一層一層轉出正意

敢問不見諸侯章　王氏源曰召之則不往見是一章之主首節不見諸侯單就士之常禮立論平平耳及章以召之則不往見爲問然後孟子聲情俱厲則所謂不見諸侯者乃是召之不往見也與陳代公孫丑兩章微別按疏云萬章見齊王召孟子孟子不往故有是問則此當與朝王章合看　在國二句有指本國未仕之士言者儀禮士相見篇凡自稱于君士大夫則曰下臣宅者在邦曰市井之臣在野曰草莽之臣數

纘公曰大夫謂見爲臣者也宅者未仕而家居者也

御案云孟子曰市井草莽之臣皆就未爲臣者言也故劉氏敞補士相見義亦謂未仕見于君者在邦曰市井之臣在野曰草莽之臣鄭注主致仕者言非也又有指他國寄居之士言者王引之曰儀禮宅者今文宅或作託蓋羇旅之人寄居于此國者也左傳衛子鮮出奔晉託于木門終身不仕是其證託者若仕則自稱于君與士大夫同不仕則或曰市井之臣或曰草莽之臣而已　樊廷枚曰管子注立市必四方若造井之制故曰市井風俗通言人至市有所鬻賣當于井上洗濯令香潔然後到市此特餘義耳懸按匠人建國分九區前朝後市狀如井田之形故曰市井若以汲水之處言國有井野豈獨無井耶草莽儀禮作草茅之臣或作刺草之臣亦通

庶人不傳贄爲臣　焦云執贄引見必由將命傳之故謂之傳贄劉履恂曰庶人不傳贄非無贄也但不傳耳士相見云庶人見于君不爲容

進退走是無儐相傳贄也下云大夫士則奠贄再拜稽首若他邦之人則使儐者還其贄是有儐相傳贄也盛庸三儀禮說云始見于君用贄兼大夫士庶人言儀禮士相見篇奠執之儀獨言士大夫者以君于庶人則不荅拜也庶人執鶩見大宗伯文敖繼公謂庶人不用贄誤矣

古千乘之國節　國字一本作君以下千乘之君求與之友觀之似君字是樊云書酒誥矧太史友內史友矧惟尒事蔡傳云曰友曰事者國君有所友有所事也然盛德有不可友者故孟子曰事之云乎豈曰友之云乎子思引古人言當即據書文愚按費惠公曰吾于子思則師之矣吾于顏般則友之矣惠公以子思爲師而穆公但以爲友故子思云然

以皮冠四句

欽定周官司服案云冠弁韋弁禮服之冠也皮冠益加于禮冠之上田獵則以禦塵亦以禦雨雪楚子次于潁尾去皮冠而與子革語必非科頭也

可見去皮冠而仍有禮冠矣如皮冠卽韋弁則衛獻公不釋皮冠正自應爾孫甯二子何怒乎以其爲田獵所有事之冠故招虞人用而禮冠中不數也　周柄中曰薛氏三禮圖以冠弁卽皮冠又以皮冠爲韋弁皆非也孔廣森曰趙注以冠弁當皮冠非也左傳孫甯二子責衛侯不釋皮冠楚靈王猶去皮冠見子革可釋可去則必別有一物加于冠上若今雨帽矣明辨錄云以皮冠何是應何以之問下三句不是并數之謂自虞人之外庶人不過以旃士不過以旂惟大夫然後招以旌如此乎有等也是豈可以招虞人宜虞人之不至也如此看方不悖章旨王文恪文作三平看未是

庶人以旃三句　張惕菴曰游車載旌游車王之游車卽木路田獵乘之最尊故以招大夫旂諸侯所建以招士旃孤卿所建以招庶人亦寓尊卑之義漢階云通帛爲旃質素無文象庶人之未有文采也交龍能變化象士之能變化也析羽皆五采象大夫之變化而文明也汪武曹曰

旃者諸侯所建旌者王游車所載旃者孤卿所載而孟子乃稱招庶人以旃士以旂大夫以旌何也礼書云游車載旌大夫從燕游之樂者也故招以旌諸侯載旂士諸侯所礼也故招以旂孤卿載旃庶人職所治也故招以旃左傳又謂旃以招大夫弓以招士與孟子不同礼書曰王制謂上大夫卿則卿孤上大夫也弓腊士之物也詩云翹翹車乘招我以弓則招大夫以旃招士以弓以其當用者招之未必先王之礼如是未知是否

[illegible]闕云左傳皆先君之田也旃以招大夫弓以招士皮冠以招虞人此說不可信凡田獵君戴皮冠故即以其冠招虞人虞人至君乃先示以田獵之期告以田于某所庶幾虞人芟除其草萊爲可陣之地招之須及早若庶人士大夫皆從公于狩之人豈待招而後至哉孟子緣荅虞人以皮冠遂連類而及士大夫庶人平日之招以明各有等威耳後人不體會孟子反拘左氏而謂此四招者皆田制拘矣宋翔鳳曰按文選西征賦辨亡論宣德王后論劉越石荅盧諶詩注引孟

子偶作夫招士以旂大夫以旌葢用劉熙本据此則劉熙以皮冠句下有夫招二字閻氏謂泛言平日之招信矣

孟子謂萬章曰　陳祥道檀弓解云君子之尚友以一鄉爲未足則友一國以一國爲未足則友天下以天下爲未足則尚論古之人此文子故舉所以論死者之可作南軒曰自友一鄉之善士至于尚論古人每進而愈上也所見愈大所取愈高矣汪靈川曰首節雖是取人以身但看下節未足句還重在取友之善方與下節意一貫斯字雖現成而又有工夫不安于鄉而必進而爲國士以盡友一國之善士不安于國而必進而爲一國之善士以盡友天下之善士是也注只說得現成一邊

按皇侃論語疏云取友之道固當見賢思齊同志于勝已非但才同意等自相親友也與汪說合明辨錄云新說謂注中善葢一鄉句不是若必己之善葢一鄉則一鄉之人皆不如我又安能類應乎我且云善葢一鄉斯友一鄉之善士猶可也若云善葢于古而斯友古之人也其可

乎此章斷主取善無窮不自滿足上立論焦氏循曰取善無窮在一鄉則友一鄉在一國則友一國在天下則友天下又云以友天下之善士爲未足因而尚友古人此互明友一鄉未足則進而友一國友一國未足則進而友天下友天下未足則進而友古人也惟一鄉斯友一鄉惟一國斯友一國惟天下斯友天下何也同在一鄉乃知此一鄉之善士也同在一國乃知此一國之善士也同在今世之天下乃知今世天下之善士也若生今世而上友古人則不同世何以知其人之善故必誦其詩讀其書而論其世乃可以今世而知古人之善也上下兩節互明如此

若有大過則諫三句　余隱之曰君有大過貴戚之卿反復諫而不聽乃易其位此乃宗廟社稷計有所不得已也若進退廢立出于羣小閹宦而當國大臣不與焉用彼卿哉數語斷定漢唐之失至云三仁于大義有虧則不然注云三仁不能行之于紂霍光乃能行之于安邑此又發

任權力之不同不可以執一論也此說平允恭三仁雖親戚然其職則卑霍光雖異姓然爲大將軍故其權力有不同也　天子有易位者帝摯荒淫諸侯迎堯立之厲王暴虐萬民弗忍流王于彘周召立宣是也諸侯有易位者惠公在秦晉立子圉成公在晉鄭立髡頑襄公被執宋立子魚是也故曰諸侯危社稷則變置　謝臥雲曰此章重貴戚而輿參本章參看恭異姓之卿不敢輕議易位之事然後知貴戚之卿之爲重也苟國無貴戚之卿但憑異姓之卿此不聽而去彼亦不聽而去國已空虛何求易位而保宗社不可得已此貴戚之卿所謂世臣關係甚重若作兩平不獨變色正對兩處沒安頓道理亦未合又云貴戚易位而國猶存異姓各去而國不可爲國矣王何不變色于此而變色于彼耶

補遺

孟子見齊宣章　據呂講義云此爲齊君言也若與齊臣言當云臣視君

如腹心則君視臣如手足矣又爲戰國之臣言也先王之世列國卿大夫皆廢置于王朝雖欲去此之彼其何可得自周衰爵祿自諸侯出而君臣之義替于是有去齊之魯去楚之晉者諸侯莫得而禁至于戰國之士朝秦暮楚去來無定多非本國之人未有君臣定分故孟子之言如此

抽矢叩輪　謝臥雲曰注以庾斯爲廢公義按安溪謂孺子已是班師兵法窮則勿追春秋之義聞疾乃還故庾斯藉此得以全其師弟淵源之情也若係國家安危之故當有權衡于其間觀其曰侵曰追便見書法據此条則庾斯可不必貶

出妻屏子終身不養焉　湯睡庵曰爲父所逐不敢歸家便是出妻屏子非休妻逐子也　王若虛曰此只是當養之養若所謂女子小人爲難養者而注疏晦庵皆云不使養己即是奉養之養作去聲讀非也

殷受夏五句　或問云一說謂義若可受則三代受人之天下而不辭今

禦人者乃暴烈不義若此如何可受其餽乎烈如詩序所謂厲王之烈者暴虐之意翟晴江以爲與彭更章同意是也或以爲彭更章錯簡則有改經之嫌矣

下孟異同商　新化黃鶴學

告子　翟晴江云告子受教于墨氏愚按告子兼治儒墨之教故其言性也與墨子近又與荀卿同墨子云仁義之爲內外也愛利不相爲內外所愛所利亦不相爲內外其爲仁內也義外也舉愛與所利也此卽仁內義外之說也荀子性惡篇云檃括之生爲枸木也繩墨之起爲不直也枸木必待檃括蒸矯而後直者其性不直也又云工人斲木而成器器生于工人之僞非生于木之性也聖人積思慮習僞故以生禮義而起法度然則禮義法度者是生于聖人之僞非生于人之性也此卽以人性爲仁義猶以杞柳爲桮棬之說也

性猶杞柳也節　謝云物可言似性不可言似告子開口說一猶字便錯岱雲曰性無形也杞柳物也如何比喻得杞柳是有形之質告子卽認氣爲性亦嘗以形之生氣當性如後生之謂性之云不當以有形之質

便當了性如何說性猶杞柳戕賊杞柳而後可爲桮棬是將杞柳之形質俱傷了故孟子不曰戕賊性而爲仁義而曰戕賊人而爲仁義則必將人之形都傷了而後可曰性猶杞柳也駁呂講義云告子之論每因辨屈而小變其說其始以仁義猶桮棬是幷仁與義皆以爲非性而外之未必先有仁内義外論頭在胸中也義猶桮棬語定宇以爲義上脱一仁字犬崖以爲只一義字該了仁字二說皆通故下文徑接以人性爲仁義詞意幷無軒輊呂謂爲字指義字居多亦穿鑿之見也

孟子曰子能順杞柳節　趙岐章指云養性長義順夫自然殘木爲器變而後成孟子以告子轉性以爲仁義若轉木以爲器必戕賊之故云率人以禍仁義者必子之言夫陳大士曰桮棬非杞柳所有仁義爲性所有不可同年而語明矣桮棬非杞柳所有故順之不能爲必戕賊而後成仁義爲性所有故順之卽爲仁義不加戕賊而仁義成加戕賊而仁義愈不成夫人之畏仁義甚矣人之愛其性亦甚矣今驟聞子之言其

爲君子者雖重仁義而終慮害性之事以自防其爲小人者本輕仁義且僞托害性之名以自恣而仁義自此禍矣焦云月令無變天之道注變戾也趙注變而後成變戾也轉亦矯戾之意非變通轉運之謂也夫人性所以有仁義者正以其能變通異乎物之性也以己心通人心則仁也知其不宜變而從宜義也仁義由于能變通故性善物不能變通故性不善豈可以草木之性比人性哉杞柳之性必戕賊以爲桮棬人之性但順之卽爲仁義故不曰戕賊性以爲仁義而曰戕賊人以爲仁義也比人性于草木草木之性不善將人性亦不善矣此所以禍仁義也杞柳爲桮棬在形體不在性性不可變也人爲仁義在性不在形體性能變也以人力轉戾杞柳爲桮棬杞柳不知也以教化順人性爲仁義仍其人自知之自悟之非他人所能轉戾也明辨錄云禍仁義爲嫁禍于仁義仁義美德致令天下視爲伐性之斧斤豈不是嫁禍與他以仁義爲禍之說未瑩亦不可卽認作不肯爲

性猶湍水章　湍字有訓疾急者有訓瀠洄者二義相兼其義始備蜀中有盤渦水勢因迅急而始旋流也　蔡虛齋曰決東則東決西則西以此論性皆自外來矣何也湍水之東西非自爲東西也豈不謬哉　按性猶淵泉也水之源是清底其靜時亦是清底中庸淵淵其淵注云淵淵靜深皃以立本而言也本卽性也樂記云人生而靜天之性也延平先生曰求性于未始有動之先而性之盡可見矣朱子曰喜怒哀樂情也其未發則性也是知言性者必于靜而未動之時方見本體是善猶觀水者必于靜而未動之時方見本體是清告子不以淵泉爲喻而以湍水爲比開口便錯夫湍水乃水之極動者灘高水急激其流無定體乃因地勢所激使然豈水之性本如是哉

今夫水節　水不但決諸東則東決諸西則西而且東可激使西西可激使東賈讓治河策云河從河内北至黎陽爲石隄激使東抵東郡平剛又爲石隄使西北抵黎陽觀下又爲石隄使東北抵東郡津北又爲石

隄使西北抵魏郡昭陽又爲石隄激使東北百餘里間河再西三東是也而古曰激者聚石于隄防衝要之處所以激去其水也孟子之意在以水之逆行比人之逆行故不言東西而以自下而上者言之水本就下反之而後在上可見水性之有定體矣人本好善反之而後好暴可見人性之有定體矣薛敬軒曰反性爲惡而本善常在李岱雲曰爲不善是氣質纔説氣質便已反乎天理之本然故曰非本無定體而可以無所不爲也　注云告子因前説而小變之近于楊子善惡混之説愚按以善惡混言性者楊子之宗旨也猶兼善而言之也以性無善言性者告子之宗旨也不兼善而言也彼既以食色爲性仁義爲非豈肯以性爲無不善哉性猶湍水正破孟子性善之説孟子以人性是實的故有定體只可爲善告子以人性是空底故無定體不限定爲善譬如湍水只看人所決若何惟悄無定故可以無所不爲其惡者不得歸咎于性善者亦不得歸功于性也語類云告子只是認氣爲理見得性有不

善須撈他方善此即以人性爲仁義猶以杞柳爲桮棬之說又云告子無善無不善之說最無狀他就此無善無惡之名無所分别雖爲惡亦無妨與今世之不擇善惡而顛倒是非以爲本性者何以異哉此即人性無分于善不善猶水無分于東西之說孫奇峯曰食色一章正發明杞柳湍水之喻爾人疑曰湍水之喻與杞柳之喻其意一也

生之謂性章　趙注告子以凡物生同類者皆同性孟子以爲羽性輕雪性消玉性堅其性不同問告子以三白之性同邪告子曰然孟子言犬之性豈與牛同所欲牛之性豈與人同所欲乎李安溪曰生非性其所得以生者是性第曰生之謂性或指所得以生者言未可知也迫問以猶白之謂白而應曰然則即生即性而生與性不分矣然雖曰即生即性而或别之于其生未可知也迫問以白羽猶白雪白雪猶白玉而應曰然則凡物皆性而生與生又不分矣故孟子以牛犬折之愚按羽性輕雪性消玉性堅其性不同則不得謂即生即性矣馬總意林引孟子

云羽成形于物雪成象于天玉成質于地其生不同則不得云凡物皆
性矣

然則犬之性節　勉齋云告子既不知理與氣之分而直以氣爲性又不
知氣或不齊性固有異而遂指凡有生者以爲同是以孟子以牛犬詰
之而進退無據也代雲曰性固是理不是氣然告子并不知氣孟子只
就氣上辨折他而并未與彼言理學者都未思索只說氣同理異早入
告子圈套何能折倒告子不知緣注以氣言之則知覺運動人與物若
不異也若字下得活言人有知覺物亦有知覺人有運動物亦有運動
若不異矣然人之知覺靈物之知覺蠢人之運動精物之運動粗則未
嘗不異也惟其氣之異所以理之異故仁義禮智之稟即在視聽持循
聰明恭重之中而形色即天性也故朱子云人物本同氣稟有異故不
同又曰人以其得正氣故具得許多道理物則氣昏而理亦昏也如白
只是形氣其所以爲白雪白玉白羽中有理在現成之白羽白玉白雪

形氣已自不同不待辨其所以爲白羽白雪白玉之理也而告子既以爲然則不明白之形氣矣故孟子犬之性猶牛之性牛之性猶人之性正就形氣之異見其性必有異也注云若果如此緊承白之形氣無分而言見白之形氣無分則人物知覺運動之氣亦無分而其性皆无異矣不知知覺雖皆有而不可謂知覺之皆同運動雖皆有而不可謂運動之無别也惟其氣異是以理異而不可謂生即性矣

食色性也節　薛文清曰告子以食色爲性若紾兄之臂而得食是爲性乎踰墻摟處子則得妻是爲性乎故食色氣也食色之理性也　孫奇峯曰告子仁内義外之説非謂人但當用力于仁而不必求合于義亦非因孟子之辨而稍有變也正發明杞柳桮棬之喻也何也食色性也原未嘗有所謂仁義猶杞柳原未嘗有所桮棬也仁内也非外也義外也非内也各滯方所不能相通是故仁義成而性虧猶桮棬成而杞柳虧也始終只是一意　按食色性也甘食悦色之心皆生于内故謂之

性猶仁義二者一在內一在外本不相合而强合之故猶杞柳之爲桮棬也

曰異于白馬之白節　趙注孟子曰長異于白白馬白人同謂之白可也不識敬老馬無以異于敬老耶疏云孟子又辨之曰彼長而我長之異于彼白而我白之也于白馬之色歟無以異于白人之色物也不知長老馬無以異于長老乎以其是則有異也四書辨疑曰李氏謂有闕文者誠是白字之上當復有一白字異于白者言其長異于白也異于白三字乃一段總意張子謂異于二字爲衍文者非

吾弟則愛之節　南軒曰告子義外之説固爲不知義矣不知義則其所謂仁內者又烏知仁所以爲仁哉彼徒以愛爲仁而不知愛之施有差等固義之所存也徒以長爲義不知所以長之者固仁之體也不知仁義而以論性無怪乎莫適所指歸也孫奇峯曰夫子嘗曰義以方外矣夫義所以裁制其在外者而非在外也如云以我爲悅故在內以長

爲悦獨非內乎長楚人之長故在外不愛秦人之弟獨非外乎告子本欲外義不覺併入于仁內況不愛秦人之弟正是義之等差處告子乃併指爲仁所謂不得于言勿求于心也

存疑　告子云彼長而我長之非有長于我也則以長爲悦悦字難解顧炎武謂孟子書字多近今如知作智説作悦之類據此則悦疑當作説故張氏顥以兩説字作言説訓仁據我之愛爲言者也故云內義據彼之長爲言者也故云外

嗜秦人之炙節　陳大士曰告子以長之者之心可轉不如愛之者之心難轉欲恃此以外吾義則吾欲併其仁而外之何則愛弟爲仁此固根心而不可解者也甘食爲仁此亦根心而不可解者也然不轉之念偶逃于愛弟之倪不能不大露于嗜炙之際仁可轉無妨于在內義可轉獨妨于在內則義豈得爲無詞哉按告子以長無分于親疏故謂之外孟子言嗜秦炙無異嗜吾炙則愛亦無分于親疏矣子以長無親疏之之分義爲外將愛無親疏之分而仁亦在外耶

季子問公都子章

存疑 翟曰：疏云季子卽下卷所謂季任。按趙注未有孟字，而疏直以季任當之，知當時所傳經本實亦未有孟字。蓋此以任人食色之問同在一時，觀兩章文勢畫一可見也。嘗疑季子爲孟子弟，有疑問何不親詣孟子，孟子亦何不詔之面命，而必輾轉于公都子？又疑宋政和五年詔以樂正子配享孟子廟，孟仲子封新泰伯，與公孫丑、萬章等十七人皆從祀，雖季孫、子叔疑之類存疑似間者未嘗闕失，何獨無孟季子？今閱此疏，乃知孟子書中本不云孟季子，前疑爲之水釋。

鄉人長于伯兄節　錢大昕曰：先酌鄉人，此鄉飲正齒位之禮，其時鄉人、伯兄咸在賓位，當以齒序，所謂鄉黨莫如齒也。若伯兄宴客而弟爲行酒，則不論年紀長幼，總當先客，豈有先酌伯兄之理，何必計其長一歲否耶？又云公都子以行吾敬曉季子，其說是矣。但以伯兄之親而仍爲鄉人之長所奪，是敬不敵長矣。敬卽在內，長實在外，卽曰斯須之敬，而此敬終從彼長而起，安得云在內？此公都子所以不能荅也。及孟子有敬叔父敬弟之難叔父之敬以弟不以年而弟則幼于我者弟非長而亦有當敬之時則義在敬不在長而彼長而我長之說不攻自破矣顧後季子再難不能更執長字方知孟子立言之妙

弟爲尸段　李中培曰按曲禮爲人子者祭祀不爲尸然則爲尸者必無父之子也祭統又云父北面而事之所以明子事父之道也夫父拜于下而子端坐于上于心難安恐非先王制禮之意然則合曲禮之說推之祭統所謂父乃世父叔父耳孟子所爲以叔父與弟對舉也

季子問之節　蔡虛齋曰季子之說是謂吾之敬由叔父與弟而生也孟子之說是謂吾之敬施之于叔父與弟也徐元扈曰長楚之說就同者言外故孟子亦以耆之同者言內鄉人伯兄之說就異者言外故公都子亦以飲之異者言內愚按季子之意是說人之敬叔父出自眞心至于弟則本不必敬特迫于爲尸而敬之非出自眞心也可見敬亦是在外的首節果在外非由內見得長鄉人之長無關于敬駁孟子長之者

義乎何此節果在外非由内見得敬弟之敬無關于心駁公都子行吾敬故謂之内句公都子則以敬叔父庸敬也敬弟斯須之敬也然以平日敬叔父之敬忽變爲敬弟誰變之心變之也譬如四時飲湯其常也飲水其變也然以平日之飲湯忽變而飲水誰變之心變之也知飲之隨時而變出于心則知敬之隨時而變亦出于心矣安得以長爲在外并以敬爲亦在外耶

以紂爲兄之子段 【辯異】趙注紂爲君又與微子比干有兄弟之親亦不能使其二子爲不仁是亦各有性矣疏云紂與微子比干有兄弟之親者正義曰按史記世家云微子啓者帝乙之長子而紂之庶兄也又云王子比干者亦紂之親戚也是知有兄弟之親矣　金仁山集注考證云兄當爲乙陳心叔曰孟子云以紂爲兄之子且以爲君而有微子啓王子比干是微子比干皆諸父矣然微子之爲庶兄因有明徵則比干不得爲諸父故金吉甫謂兄當作乙謂均爲帝乙之子也若然則比干非紂

七

諸父乃庶兄矣愚按比干若是諸父則微子乃干姪也不應置微子于比干之上惟微兄而比弟故孟子及史記俱先微而後比此處堯爲君句以君民證瞽瞍句以父子證以紂爲乙之子以兄弟證次序亦順紂與微比三人俱是帝乙之子一父所生而紂若彼其惡微比若是之賢可見有性善有性不善矣且微子與比干惟同是殷王帝乙之子故箕子兩呼微子爲王子孟子亦兩稱比干爲王子則二人眞爲王子無疑但微子係乙長子故書曰殷王元子比干是乙庶子則但稱王子也孔穎達曰史記世家箕子紂親戚也止言親戚不知爲父爲兄也鄭元王肅皆以箕子爲紂之諸父服虔杜預則以箕子爲紂之庶兄既無正文各以意言之愚謂書以父師爲箕子則箕子之爲紂叔父可無疑至比干史記云亦紂親戚雖不能實定其爲父爲兄但孟子此處依趙孫金陳作兄弟講文從字順若作諸父則不免窒礙矣朱注疑此或有誤字良是

然則彼皆非與　南軒曰告子性無善無不善之説孟子湍水章已辨之若謂可以爲善可以爲不善乎不知可以爲善者固性而其爲不善豈性哉幽厲興而民好暴習之所染有以變移其善心故至是耳若以爲有性善有性不善乎不知其善者乃爲不失其性而其不善者因氣稟而汨于有生之後也性之純者固不待復偏者亦可使反郎子偏駁之甚如叔向之母知叔虎必滅羊舌氏之類然使其長而能力自矯揉則亦可以反也愚按告子無善無不善之説朱子謂告子論性最無狀其非不待言矣至或之二説雖比告子畧愈然有未當者可以爲善是才之功可以爲不善非才之罪其引文武興則民好善幽厲興則民好暴此明係人主治化事非關性事正與堯舜帥天下以仁而民從桀紂帥天下以暴而民從相似況厲之後爲宣而蒸民好德紀于大雅幽之後爲平而邱中思賢載于王風好暴者不轉而好善耶至若象傲瞽頑似有性不善矣然舜盡事親之道而瞽瞍底豫天下爲父子者定舜不藏

怨宿怨象以愛兄之道來而天下之爲兄弟者定非性實有善何以不仁可化而仁耶若夫紂之暴虐乃飛廉惡來長君逢君所致設當時只有微箕諸人相與輔相豈至不善如此之甚故程子謂桀紂爲自暴是不肎移非不能移則或得以或之所引爲確證乎公都子明以三說爲非而近人因孟子未明言反以或語爲是不知若夫爲不善節闢可以爲不善之非非天降才尔殊闢有性不善之非而以爲未嘗有才二句闢性無善之非須合下二章看方見三說之皆有未是矣

乃若其情四節　講說以若夫爲不善非才之罪也二句求則得之四句說才其餘俱是說性說情愚按此章以才字爲主首節可以爲善爲字指才言惻隱之心仁也八句言人能順惻隱四者之情而擴充是爲仁義禮智指能盡其才者說人之秉彝秉字亦指才言四節俱是說性之才孫疏云孟子言人之乃順其情則皆可以爲善矣是所謂性善也若夫人爲不善者非天之降才尔殊也乃自汩喪之耳且情性才三者於

之有三名合而言之則一物耳人之性本善而欲爲善者非性也以其情然也情之能爲善者非情然也以其才也是則性之動爲情而情者未嘗不好善而惡惡者也其有不欲爲善者乎才者性之用也上有以達夫天下有以達夫地中有以貫乎人其有不能爲善者乎此孟子所以說乃若其情則可以爲善矣若夫爲不善非才之罪也惻隱之心至智也蓋以惻隱羞惡辭讓是非之心人皆有是心也人能順此而爲之是謂仁義禮智也仁義禮智卽善也非自外鑠我有生之初固有之矣但人不思而求之耳故曰求則得而存舍而弗求則亡矣人之有善有惡相倍蓰而无筭遠不能自盡其性才耳言才無有不能爲善者矣詩云天之生蒸民有物則有所法則民之秉執其常善故好是懿德而已所謂善卽懿德也所謂懿德卽仁義禮知也孔子讀此詩以知道貫之所謂物卽自人之四支五臟六腑九竅達之于君臣父子夫婦昆弟朋友無非物也所謂則卽仁之于父子義之于君臣禮之于夫婦昆弟信

之于朋友也是無非有物則有則也由此觀之孟子所以言至此者豈非人性皆善者耶故有物必有則是謂性之善也能秉其彝是謂才也好是懿德情也有物有則民之秉彝好是懿德是能順其情以爲善而才從之者也

乃若其情二節　若非虚字性之可以爲善全從若字看出唐宋文醇李翺復性篇

御評云情率性則善失性則不善是所謂善者乃順其性而發之若乃放縱邪僻如程子所謂情其性李翺所謂情之所昏終身不見其性則非所以爲若矣　趙注若順也性與情相表裏性善勝情情則從之能順此情使之善者眞所謂善也若爲不善者非所受天才之罪物動之故也孫疏以惻隱之心仁也八句民之秉懿二句爲能順其情以爲善而才從之南軒云若訓順書曰弗克若天自性之有動者謂之情順其情則何莫非善謂循其性之本然而發見者也有以亂之而非順是則爲不

善故曰非才之罪也程子曰若順也謂順其本然之情則無不善矣方云告子或說皆非惟可以爲善可以爲不善之說近之而彼亦不知何以可爲善何以可爲不善也夫性不可見乃若其情而亦不可見乎苟因其感物之際而推其本然順其自然則與之言堯舜文武微干未有不欣然善者與之言象與瞽瞍言紂與幽厲未有不艴然怒者蓋但可以爲善矣　按則可以爲善矣此句分明承或曰性可以爲善來爲字當是實字不是虛字說統云可以爲善就是他才幹去爲善若不爲善只是他不肎去爲善不是他不可以爲善以兩節爲字作一樣訓甚是非才之罪是不肎爲善不是不可爲善此即程子桀紂自暴不肎移非不能移之意精言云情是性之動而有爲者人而能擴充其惻隱羞惡即是爲仁爲義而盡其仁義之才人而能擴充其辭讓是非即是爲禮爲知而盡其禮知之才動而有爲指爲善言蒙引訓爲作謂非也體注云乃若二節語脈緊承乃一反一正之詞非截然上以情明性以下才

明性也

若夫爲不善非才之罪也　魏書盧毓傳才所以爲善也故小才成小善大才成大善熊伯甘曰情之發得處是才在上節可以爲善看出才是好字眼故爲不善者謂之不才孫奇峯曰孟子因情驗性情是性之自然發動才即情所作謂之力量也才跟情字看出汪靈川曰盡性全賴盡才此章獨說到才與他章但以情善明性善者不同歸重才上擴充以善其情之用顧云人固有爲不善者而非其性也性者天命之才者亦天降之是以禽獸之人謂之未嘗有才按子曰才難朱注才者德之用也左傳高陽高辛有才者八人下俱以德言之縉雲顓頊有不才子下皆以不德言之今人謂作不善爲有惡才非也此節是破或曰可以爲不善之說　正總注才有不善之說　論語惟上知章載程子以語其性則皆善也語其才則有下愚之不移此章注程子曰才稟于氣氣有清濁稟其清者爲賢稟其濁者爲惡呂東萊云昏明強弱之不齊者

才抑人所異也朱子曰程子專指其稟于氣者言之則人之才固有昏明強弱之不同矣張子所謂氣質之性是也以事理考之程子爲密李安溪曰才字當依程子主氣質說果如其說則人之爲不善是才之罪矣周人驥駁云安溪主程子說大似不妥此章孟子云不能盡才亦可曰不能盡其氣質乎後章云未嘗有才可曰未嘗有氣質乎朱子曰孟子只見得性善便把才都做善不知有氣稟之不同程子說得較密此說覺未安才是才氣稟是氣稟才本无殊而氣稟有殊大約人不爲氣稟所拘物欲所蔽便是能盡其才而復其性者苟爲氣稟所拘物欲所蔽便是不能盡其才而失其性者才是好字眼氣稟有好不好之兩端如何把氣質當才又云孟子曰若夫爲不善非才之罪也非天之降才尔殊也以爲未嘗有才焉曷爲于性之外添出才字曰非添出也才卽性中之才也非才之罪言非性之才可以爲不善也不能盡性之才者也性何以有才蓋性者心之生氣而能爲者也非死物也性之才能變

化氣質仁義禮智性也氣質之刻薄者變化而爲長厚而吾仁之才盡氣質之貪戾者變化而有廉恥而吾義之才盡氣質之很戾者變化而能謙和而吾禮之才盡氣質之昏愚者變化而爲清明而吾智之才盡盡其才即盡其性也孔子贊易曰盡性中庸曰能盡其性此之謂也然則所謂非才之罪者即曰非性之罪也所謂不能盡其才者即是不能盡其性耳富歲章天之降才即天之降性牛山章未嘗有材即未嘗有仁義之心也盡其才則能變化氣質不盡其才則不能變化氣質氣質變化才爲之即性爲之如何曰才有不善乎　李岱雲曰總注謂才字孟子專指其發于性者言程子專指其稟于氣者言愚謂程子以才專屬氣而不關于理其說非也以孟子之說推之才即性之能情發于性才隨情而動原非兩物如孩提愛親稍長敬長無不知愛敬無不能愛敬若謂氣濁者無才竟不能愛敬有是理乎故當信孟子不補出氣稟不當信程子不補出義理

惻隱之心節　鄧桂瀾曰惻隱等情也仁義禮知性也能因惻隱等發揮之至于仁義禮知不可勝用盡其才者也孫疏云惻隱羞惡辭讓是非人皆有是心也人能順此心爲之是爲仁義禮知也仁義禮知卽善也李衷一曰情之能運夫性曰思曰求是才思按此節自是非之心知也以上申解乃若其情則可以爲善三句疏謂順此而爲此四字正有人之功夫在內人能順其惻隱之心擴而充之由一念之惻隱至于念念之惻隱是乃所謂仁也順其羞惡之心擴而充之由一念之羞惡至于念念之羞惡是乃所謂義也禮知亦然語意與人皆有所不忍達之于其所忍仁也一節同順此而爲卽兼下思字所謂仁也到得仁義禮知地位所謂得也自仁義禮知非由外鑠我以下申解若夫爲不善非才之罪二句方朴山曰仁義禮知我固有之也自有之而自爲之皆有之而皆爲之其于善也何有而有不善者非他弗用其才以思之耳弗思則不求不求則不得不得則失之而去善益遠故曰思而求則得此善

弗思而求則失此善得失或相去倍蓰而無算者非無才也又非有才而偏于不善也不能擴充其思與求以盡其才者也柰何欲借才以誣情而因以誣信哉周衣亭曰故曰二字當有實落前節若夫二句即是若夫爲不善不能盡其才者也本節失之及相倍蓰而無算即前所謂不善也求則得之特伴說也弗思便是不能盡其才故曰數語正是徽明上節語意若曰所謂爲不善非才之罪者于何見之性之善人所固有思而求之才有各其弗思而求斯爲不善耳故曰求則得而舍方失其去善之遠者不能盡其才者也非才之罪也鄧云外鑠是本無而強入爲有意非消融也按尔雅鑠美也吳起曰畫以丹青鑠以羣象掩以朱漆注掩塗飾也爍光閃也則爍是外面光彩意仁義禮知我固有之則其理內藏所謂美在其中非同器物之美只在外面粧飾光彩也

詩云天生烝民節　時講以此節單說情似遺卻才按韓詩外傳天生烝民有物有則民之秉彝好是懿德言人之秉德以則天也鄭元詩箋秉

執也民所秉執有常道孫疏民之秉執其常善故好是懿德而已能求其彝是謂才也多方惟我下民秉爲罔不秉德明恤可見秉字中兼有作爲在內孟子引此詩正是以才明性也　此章破公都子所引或之次說觀乃若其情兩節則可以爲善之說是可以爲不善之說非矣觀蒸民之詩四語則民好善之說是而好暴之說非矣　存異陳大猷書經或問云詩云天生蒸民有物有則民之秉彝好是懿德孔子曰天生蒸民也故有物必有則民之秉懿也故好是懿德只就中添四箇字而意已明按陳氏所引與今本不同未知出何書但以理揆之民受天地之中以生故有物必有則孔子當日或本有天生蒸民也五字亦未可知故存以備考

富歲子弟多賴章　此章是破公都子所引或人之三說有性善有性不善似天之降才爾殊矣不知人心有所同然雖聖與我同類明乎此則有性善有性不善之說非矣　惕庵云安溪講此章以其性與人殊若

犬馬之與我不同類二句爲關鍵言犬馬不特性與人殊氣質亦與人殊享海鳥以大牢則瞑眩悲憂不食而死西施王嬙魚見之深藏鳥見之高飛如是而曰心之然否不與人同宜也氣質限之也人則不特性與聖同卽氣質亦與聖同易牙聖于味師曠聖于音我得而食之聽之聖人聖于理義我獨趨而避之不過自暴自棄耳豈眞其性與人殊哉按人與物之性本異也而異端則混而同之是以有生之謂性之說孟子則就形氣之異以見其性之異人與聖之性本同也而世人則區而別之孟子則就形氣之同以見其性之無不同凡人之與物異而與聖同者卽在氣質上見故云形色天性也蓋氣質正所以載義理者惟氣質與物異故義理與聖同不得重視義理反輕看氣質也

備覽 阮芸台曰賴卽嬾也說文嬾解也賴嬴也按月令不可以嬴注嬴解也嬴賴解三字同義然則富歲子弟多賴謂粒米狼戾人多解怠月令不可以嬴卽是不可以嬾富歲子弟多賴卽富歲子弟多嬾耳嬾與暴俱是陷

溺其心若云豐歲多善未聞飽煖之家悉出於義者矣愚按貨殖傳地勢饒殖無饑饉之患故多呰窳徐注呰窳苟且惰懶之謂也賴一作嬾是賴與嬾通

今夫麰麥節　李岱雲曰自蒙引謂今夫麰麥至熟矣言麰麥之性相似雖有不同以下言其不同亦發明同字之義故下緊接故凡同類者舉相似也一句愚謂不然麰麥是箇見成麰麥便是天已降才了播種而耰是加人力其地同言種之地樹之同言種之時浡然而生言始生也日至皆熟言成熟之時也此豈單說天降才無殊意思愚謂自播種至皆熟是說無凶歲富歲之異而充其所賦之才未有不可為善之理至地有肥饒雨露之養人事之不齊中間或相倍蓰而無算者是不能盡其才所謂陷溺也此一節只申明上意至下節同類者舉相似又是擴綱為後文張本不可牽此節與下文同看　鄧杜溪曰地同言均一種麥之地方不礙下肥磽趙云千歲之日至冬日至也日至之時夏日至

也。劄麥無過夏至。月令孟夏之月麥秋至。大槩言之。然有先四月熟者
有後四月熟者。要至夏至則無不熟矣。故言皆熟。講家因注閑文不齊
麥候。遂解日至渾言麥熟之候。上下兩至字。徒成複沓。王云養字疑當
作差。謂雨露多少之差也。故趙注以爲雨澤有不足。孫疏以爲雨露之
不均。　仇雲曰。如使口之于味二句。若指大概說。凡口之于味。則其性
其字涉空。與下何嗜皆從易牙之于味亦不通貫。惟卽承上易牙說。如
使易牙口之于味。其性與人殊。若犬馬與我不同類。一般天下何嗜皆
從易牙之于味。如此文氣方順。
牛山章　此章破公都子所引告子之說。無仁義之心。違禽獸不遠。則以
爲未嘗有才。而性本無善也。不知惟斧斤之戕賊既多。旦晝之梏亡更
甚。故至于此。若當夜氣猶存之日。則好惡與人近。初未嘗與人遠也。觀
于此則告子性無善之說非矣。皃建軒曰。此章是申明降才非殊。陷溺
而然之理。蓋由夜以及平旦。心無爲也。無爲故氣清。氣清故才美。至于

旦晝心放則性動性動則情雜情雜故才亂爲善之心日消爲惡之力日長則遂以爲眞無才也豈知由于失養之故哉　按上章爲以天降才有殊者辨此章爲以性未嘗有才者辨雖存乎人者豈無仁義之心就生初言其才固可爲善平旦之氣好惡與人相近就習後言其才猶可爲善惟到梏之反覆夜氣俱無將性中爲善之才盡情抹殺引孔子言見仁義之亡而不存由于此心之舍而不操而豈可以未嘗有才歸咎于性也哉

是其日夜之所息三句　朱子曰日夜所息是指善心滋長處言之人之善心雖已亡失然其日夜之間亦必有所滋長又得夜氣澄靜以存養之故平旦氣清明亦得其好惡之理日夜所息是良心平旦之氣自是氣良心如萌櫱之生夜氣如雨露之潤又云此亦只就氣上說故孟子末節總收歸心上去曰操則存舍則亡盖人心惟操則常存豈待夜半與平旦哉精言云平旦之氣即夜氣存疑云夜氣者日間心擾于物氣

爲之昏到夜來心靜而氣復清故謂之夜氣到平旦時未與物交這段清氣猶存故又曰平旦之氣非有二也饒雲峯曰不說仁義之心卻說平旦之氣何也蓋仁義良心之失非心甘于失也皆氣爲之也昏濁之氣蒙蔽此心故雖固有之仁義不覺放失而好惡皆禽獸矣然此昏濁之氣非本來自有不過物欲所生惟平旦之時物欲未交則昏濁之氣未乘而清明之氣自在耳輔氏廣曰童蒙讀書至氣昏時雖讀數十遍愈念不得及到明早卻又自念得此可見平旦之氣之清也　按朱子云好惡情也好善惡惡性也故說好惡卽是說性

則其旦晝二句　趙注梏亂亡失金仁山曰有字注作又何義門曰有字當讀去聲　【存疑】丁云梏丁沃切謂利害悔吝也言利害之亂其性猶桎梏之刑其身　翟云趙本兩梏字作牿易童牛之牿牿抑止也抑止其善心而善心日亡　【辨正】王引之曰梏牿皆捁之訛與攪字同從手不從木亦不從牛詩只攪我心攪亂也玉篇攪字或體作捁漢書捁毛

羽李注字書或從手即古文攪字所謂攪擾也若謂擾亂趙注其所爲萬事又梏亂之也當音古巧切而丁公注乃音古沃切失之矣焦云趙注其所爲萬事又梏亂之是以亂訓梏詩祗攪我心毛傳攪亂　詩有覺德行禮作有梏德行是梏與覺古通趙氏讀梏爲擾故訓爲亂丁氏以爲桎梏非其義也　程子云夜氣之所存者良知良能也朱子曰夜氣不足以存此心非謂存夜氣也陸平湖曰梏之反覆不可謂夜之所息而旦晝梏之旦晝所息夜又梏之也須如淺說云昨夜所息而今日梏之今夜所息而明日梏之與因之曰夜氣不足以存正與日夜所息相反存字要說得細蓋當良心既放之後猶有日夜所息是良心既絶而復續既往而復來有既亡而復存意故云存至于梏之反覆則并夜間亦無生息直是絶而不續往而不來亡不復存矣故曰不足以存就其無生息處便是不足以存非有兩層

故苟得其養節　趙注誠得其養若雨露于草木法度于仁義何有不長

也誠失其養若斧斤牛羊之消草木利欲之消仁義何有不消也焦云消仁義必以利欲長仁義必以法度趙氏能發孟子之指或謂靜以任其自然爲養非其義也

操則存節　朱子曰心體固本靜然亦不能不動其用固本善然亦能流而入于不善夫動而入于不善者固不可謂心體之本然然亦不可不謂之心也但其誘于物而然耳故先聖只說操則存舍則亡出入無時莫知其鄉只此一句說得心之體用始終眞妄邪正無所不備又見得此心不操即舍不入即出別無間處可安頓之意又曰存者道心也亡者人心也心一也非是實有二心各爲一物不相交涉但以存亡而異其名耳方其亡也固非心之本然亦不可謂別是一箇有存亡出入之心卻待反本還原別求一箇無存亡出入之心來換只是此心但不存便亡不亡便存中間無容隙處所以學者必汲汲于操存也　陳北溪曰性只是理全是善而無惡心含理與氣理固全是善氣[illegible]

全是善心之動是乘氣動故朱子感興詩曰人心妙不測出入乘氣機正謂此耳心之活處是因氣成便會活其靈處是因理與氣合便會靈所謂妙者非是言其好是言其不可測忽然出忽然入無有定時忽在此忽在彼亦無定處操之便存在此舍之便失亡了出非是裏面本體走出外只是邪念感物逐他去而本然之正體遂不見了入非自外面放底牽入來只一念提醒警覺便在此人須是有操存涵養之功然後本體常卓然在中爲此身主宰而無亡失之患所貴乎學問者爲此耳故孟子曰學問之道無他求其放心而已矣　按操字功夫甚多靜而涵養動而省察是統動靜而交致其功敬以直内義以方外是合内外而俱盡其力也程氏單主敬講義尚未備

出入無時二句　時講以入字單頂操存出字單頂舍亡非也朱子或問云苟能操而存之則此心不放而爲主于内不能操而存之則其出而逐物于外與其偶存于内者皆恍惚無常莫知其定處李代雲亦云

出入無時不是操存既至猶患如此據此二說可見此二語不兼操存在內出字固非入字亦不大好故或問以偶存于內言之則與操之常存于內者大別又曰此謂入者非自外而入也亦逐物之心暫息而此心未嘗不在內者暫即偶字之意試以上節證之旦暮所爲逐物忘反則仁義之心既放而出矣夜氣清明好惡相近則仁義之心在內而入矣其出而復入者不過因夜氣平旦之氣偶然澄清之故初不關操存事也若聖賢之操持瞬有存息有養晝有爲宵有得仁義之心時時在腔子裏既不可言出又安有所入哉　際飛曰時解此章謂孟子要人單養夜氣大誤蓋平旦止一轉眼間人倫庶物應接都在旦晝如何單說夜氣且夜間如何致力其用功終在旦晝隨事省察即物操存所謂瞬有存息有養也　蘇秉國曰總注謂孟子發明夜氣之說于學者極有功宜熟玩而深省之竊謂此章歸重在末二節得其養操則存不重夜氣之說只檢點夜氣便有流弊屈原遠遊章云一氣孔神兮于中夜

夜虛以待之分無爲之先此道家之說非聖賢之道也**辨正**周人駭曰此章三心字一樣無分别也得其養失其養養字卽養心也乃安溪創異論謂攻節心字是道心末節心字是人心道心是性人心是心謂養是養性不是養心蓋闢陽明心學而不知其顯悖于孟子也顧天成曰晚村謂孔子言心與孟子不同孟子言仁義之心是道心孔子單說心之爲物活變不測存亡出入已指人心之危言其說非也朱子所謂心是箇活物不過狀其恍惚無常易放難守也既言心自卽指仁義之心非仁義之心而外另有一種空虛活潑之心憑吾操舍也心固無出入放而在外卽是出斂而在內卽是入放而在外逐乎物欲者也斂而在內主乎義理者也故朱子謂心一放時便是斧斤之伐牛羊之牧一收斂在此便是日夜之息雨露之潤然則操舍存亡正指良心言之安得謂仁義之心無出入而别來所謂活變不測者以驗其出入耶至所謂人心道心之分猶爲舛謬朱子曰操而存則義理明而謂之道心舍

而亡則物欲肆而謂之人心自人心而收回便是道心自道心而放出便是人心數語何等切實明暢若如呂說是舍亡者人心而操存者亦人心不亦謬乎操之爲道程子謂敬以直內朱子謂非禮不動則中有主而心自存葢此節操字正是上文養字緊要用力處若以孔子之言只在心之自然上論不必粘定操舍與孟子引證不可不養之意全無關矣　按朱子曰方伯謨以爲此節乃人心惟危似未是人心私欲也豈孟子所欲操存哉是朱子早以辨之矣

無惑二章　趙注時人怪王不知而孟子不輔觀下二節則非不輔之過矣　**存異**段成式酉陽雜俎引北魏崔劭語曰生魚熊掌孟子所稱又藝文類聚述孟子生魚我所欲熊掌亦我所欲按孝子傳曾子食生魚美吐之曰毋在不知生魚味今我食之美乎遂終身不食似魚上本有生字又後漢耿弇傳注引孟子生者我所欲義者亦我所欲似生下原無亦字

噱爾而與四句　趙注噱爾猶呼爾咄啐之皃音義噱呼故切咄叱啐呼也集云左傳江芊曰呼役夫呼發聲也役夫賤者稱怒而稱以賤者而先　發聲爲呼則呼爲怒聲道中凡人以其賤己故不受若訓爲號則行道之人招之使食未見其必不肯食也正字通云凡遇事輕視不加意曰不屑孟子不屑就　不屑去乞人不屑是也　按謝靈運詩豈屑末代誚注屑顧也後漢馬廖傳不屑毀譽注屑顧也是屑有顧訓詩不我屑以猶云亦莫我顧也此言蹴爾而與則雖乞人亦不顧而去也

所識窮乏者得我與　得字時解通爲恩德之德與字趙氏訓爲施與之與恩接以萬鍾施與而使人懷其恩德以非不辨禮義者所能竊意得我者有求于我向我而稱貸也詩夸毗疏云屈己卑身求得于人曰體柔公羊登來之也何休曰登讀曰得得來之也齊人名求得爲得來也集韻凡有求而獲曰得此言已得萬鍾則窮乏之人皆向我請求而稱貸也

仁人心章　人騏曰前言人心人路後專言求放心朱子謂能求放心則不違乎仁而義在其中艮然蓋行仁而宜之之謂義人苟知仁之爲人心存而不放者上也卽放矣而知求則由行之際必不至舍其正路而走入崎途內有所主者外自無所差心存而路得其正仁存而義在其中矣岱雲曰首節先心而後路就人之本體言見人有心以爲主而後行事得其宜也次節先路而後心就放失之後言見行事不合乎宜而本心之德愈放也故下只言心而路在其中

學問之道二句　勉齋曰學問之道非止一端如講習討論玩索涵養持守踐行擴充克治皆是其所以如此者非有他也不過求我所失之仁而已是乃學問之道也通章三心字脈絡聯貫皆指仁言今讀者不以仁言心非矣定宇曰仁者人之心本心存則爲仁放則非仁故求放心卽所以求仁也西山曰人心之放何也欲汩之則放利誘之則放心旣放則其行必差故孟子始以人心人路幷言而終獨諄諄於放心之宜

求能求放心則中有主而行不失矣故曰學問之道無他求其放心而已矣又曰心存則仁存仁存則動無非禮即所謂由義路也玩此二條可知求放心單指求仁而義路當補在後近日于求放心中仁義并講者非也 **辨正** 稼書曰象山以收攝精神爲求放心而謂求放心之外別無學問便流于禪雙峯云本說文仁人心也是把心作義理之心不應下文心字別是一意若把求放心作收攝精神不令昏放則只說從知覺上去恐與仁人心也不相接其差不待言矣即朱子初說謂放心不收則何者爲學問思辨存得此心方可做去將學問求放心分作兩段亦是未定之論語類中明以此說爲未是 安溪曰集注以收放心爲學問之本此固是爲學大節目然似非孟子此章本意孟子所謂求放心者操存長養其仁義之心此外無學問也以放其良心失其本心對看便明

今有無名章 人之放心而不知求者有二一養小體而不知大體甘是

食悅色一流人故說無名之指四章使人知大體宜養則其心不致爲耳目口腹所奪矣一慕人爵而不慕天爵是朝秦暮楚一流人故說有天爵者二章使人知良貴可尊則其心不致爲膏粱文繡所昏矣

左傳杜注手指五巨指食指將指無名指小指是以四指爲無名也又說文手指大曰毋二曰食三曰將四五曰無名是以四五俱無名也二說不同按易咸其拇注拇足大指也足之大指曰拇故手之大指亦曰毋又曰巨指又曰擘指左傳闔廬傷將指足之大指曰將手之中指亦名將次指則人用以取食者故名食此三指皆用力者一有損則害于事故名以其象名之若四指小指非甚用力屈而不申無害于事故經傳中二指俱無名也

至于身而不知所以養之者　周云所以養其身自是指治其心蒙引之說甚善但孟子口中含蓄不露耳有謂蒙引爲非而所以養包動容周旋言者謬也

人之于身章　周云于己取之而已矣重取字養之不善只是不能將體取出來看但只說養只在小體上講究把箇心竟忘了孟子說所以考其善不善者不用別法只把自己本身所有盡取來一較量便知養那箇是善養那箇是不善下文體有貴賤小大正是取來校量于己取之句是綱下節體有貴賤二句是目若將他字與己字對說重讀己字此書便不可解俗云曰時解皆謂首五句爲兼養無別之非下方教人考其善不善善便是養大體貴體不善便是養小體賤體愚意此說未是前五句自是見人之身當兼所愛既兼所愛自必兼所養豈常人當兼愛兼養而聖人反有所遺而不養乎況孟子已明說無尺寸之膚不愛亦無尺寸之膚不養但養之不善則自以爲兼愛兼養實以小害大以賤害貴而成其爲一無所養之人養之果善則以大役小以賤從貴而適成其爲兼愛兼養之人觀後飲食之人無有失也則口腹豈適爲尺寸之膚哉正見兼愛兼養之意非只養大養貴而置賤小者于度外也

飲食之人無有不失大之理甚至自害其身將弁口腹而亦失之不可保也若養心志之人自然無失不但心志無失一身皆無失他如聲音以養耳采色以養目舞蹈以養血脈威儀以養四體合得來無非養心志之大不得以養小體名也此看兼養尤佳四書講云劈頭說箇兼正有不必兼者在說箇無尺寸之膚不養正有不必盡養尺寸之膚者在然惟不必兼而後無不兼惟不必養尺寸之膚而後無尺寸之膚不養葢養大體則小體不必養自得所養若養小體則大體失所養小體亦不能獨養矣

今有場師四節　岱雲曰梧檟本貴樲棘本賤分明就物上喻賤害貴之意飲食之人則人賤之亦帶賤字說葢養小失大便是以賤害貴非只說大小不說貴賤也　存異趙本體有貴賤有大小注小口腹也大心志也頭頸貴者也指拇賤者也按此以大與貴對賤與小對語意方合今本以小字加大上誤也

養其樲棘　李根五曰尒雅有終牛棘此經例以上句梧檟二物則樲棘亦當作二木李氏惇曰趙注樲棘小棗所謂酸棗也集注同然尒雅樲酸棗注樹小實酢則酸但釋樲字與棘無涉釋木又一條終牛棘注即馬棘也刺粗而長當引以釋棘字樲棘二木不得混爲一也

則爲狼疾人也　辨正云朱子曰狼善顧疾則不能故以爲失肩背之喻按狼猛而敏疾能自顧其後故書傳多稱狼顧而疾不能之說則朱子以意言之非確解也埤雅引孟子此文而說之曰狼性貪暴爭食以養口體而常以害其身者此說最善狼貪以忘身養口腹之人以小害大有貪饕之病故曰狼疾人猶國策云有竊疾也　存異趙注謂醫養人疾治其一指而不知肩背之有疾至于害之此爲狼藉不知治疾之人也南軒云治疾者養一指而失肩背亦主庸醫說四書辨疑曰疾本藉字之誤言其繆亂也按蒙恬傳此四君者皆爲大失以是藉于諸侯注言惡聲狼藉布于諸國是以狼藉作惡名解與上賤場師同

鈞是人章　趙注大體心思礼義小體縱恣情慾務疏從事于大體而以仁義養其心是從大體故謂之大人也從小體以利慾養其耳目之官是從小體故謂之小人也

或從其大體節　王觀濤曰前云鈞是人宜其所就同也後云鈞是人宜其趨向同也意有各別按此條清晰上節問成就之異孟子故以成就之異荅之此節問趨向之異孟子故以趨向之異荅之耳目之官一段是言小人之趨向者在小體惟趨向在小體此其所以爲小人也心之官則思是在大人之所趨向者在大體惟趨向在大體此其所以爲大人也白文兩從字正是趨向的意思周人騏曰從其大體孰從之小體從之也從其小體孰從之大體從之也下文物交物段是大體從小體故謂之小人先立乎大段是小體從大體故謂之大人　樂天齋塑注云自耳目至不得兩段只就耳目與心開關說不著人言不思不是人不去思思不是人用力去思乃是耳目與心大小之本體原是如此愚

按此說非也。趙注：利欲之事來交引其精神，心官不思善，故失其道而陷爲小人也。此乃天所與情性，先立乎其大者，謂生而有善性也；小者，情慾也。善勝惡，則惡不能奪之而已矣。疏云：人有耳目之官，不以心思主之，遂蔽于嗜欲之物；既蔽于物，則已亦已失矣；已既失，則已亦物而已，是則物交接于物，終爲物引之喪其所得矣。惟心之官則爲主于思，如心之所思，則有所得而弗喪；如不思，則失其所得而喪耳。耳目主視聽者，是以爲官者也；心，君主官者也，亦謂之官者，以其主思，故亦爲官矣。據趙注，思字實貼性之善講，方與白文得字及天之所與我句有關會。不思，明是人不去思，如何單就耳目本體說？孫疏亦同。南軒云：從其大體，心之官也；從其小體，耳目之官也。官者，主守之謂。蓋耳目爲之主，則不思而役于物矣。耳自物也，以物而交物，則其爲所取引固宜。若心爲之主，則能思矣，思則得之，而物莫能奪也。所謂思則得之者，亦豈外取之乎？乃天之所以與我，是天理之存于人心者也，人皆有之，不思則不得思則得矣先立乎其大者則其小者不能奪言心爲之主則耳目不能移有以宰之故也故君子之動以理小人之動以物動以理者心得其安而物隨之動以物者心放而欲流其何有極也然所謂思者非泛而無統也泛而無統則思之亂也不得謂之官矣事事物物皆有其所以然其所以然者天之理也思其所以然者天之理也思其所以然而循天理之所無事則雖日與事物接而心體無乎不在也斯則爲大人矣　按小人以耳目爲主大人以心思爲主白文則引之下疑脫此爲小人四字觀趙注不思善則失道而陷爲小人疏云彼小人者以其不思而爲利欲所蔽可見

心之官則思三句　宋史趙景緯曰損德害身之大莫過于嗜慾而窒嗜慾之要莫切于思念起而思隨之則念必息欲萌而思制之則欲必消

呂云得之謂得事物之理非謂得心之官也人皆說成思則得其心失其義矣　**存疑**艾云心之官則思有人心在內思則得之則皆道心旣

利謂兩思字不同 **辨正** 撥呂講義云耳目之官二段是辨別小體之不可從而大體之當從也耳目以視聽爲職而不能思所以易蔽于物此小體之所以不可從也心則能思而以思爲職所以得事物之理而物不能蔽若心能思而不思則亦奪于耳目之欲而物得以蔽之矣此大體之當從而先立之爲要也孟子語意本自顯然呂氏乃引朱子說而謂兩思字有不同之義不知朱子之意是謂心以思爲職須是去思方得之若不思則是非昏亂而邪思雜亂得以競進豈不害事此明以不思爲邪思所中非謂上一箇思字中并有邪思在內也今謂兩思字有不同是仍惑于干子人心道心之論與思則得其心之說同一悖謬矣愚按趙注大體心思禮義朱子云何以窒欲曰思而已矣學莫貴于思惟思乃能窒欲或曰思而不正不足以窒欲適足以害事思無邪如何曰思而不正是亦欲而已矣思其理之是非可否則無不正矣據此條則思而不正者爲欲即孟子所云不思則不得也思其理之是非可

否。即無不正。即孟子所云思則得之也。李中培曰。洪範云思作睿。思自無邪。其思之邪者。欲也非思也。孟子曰思則得之不思則不得也。即思無邪之義。程子曰。爲惡之人未嘗知有思。思言作睿。不言作狂。觀此則上一個思字。豈得兼有邪思在內哉

此天之所與我者三句　注以耳目心三者。皆天所與。則此當作比。王念孫曰。徐鍇說文注。比皆也。齊策再戰比勝。秦策死者比是也。愚按當以此字爲正。天之所與。專指心性。不兼耳目。趙岐注此乃天所與。性情。又章旨云。天與人性。先立其大。心官思之。邪不乖越者。泉云。天之所以與我者。豈偶然哉。南軒云。天之所以與我。是天理之存于人心者也。西山云。惟此道心。萬善之主。天之所與。此其大者。焦云。按孟子之意。自以大者指心。小者指耳目。小者不能奪。是思則得也。趙注以大者指性。小者指情慾。情慾即耳目之蔽于物。緣性善。故心能思。立其大則心之思。有以治耳目之聽視。不立其大。則耳目聽視。有以奪心之思。趙氏以

性情言之蓋小固屬耳目大亦不離耳目以心治耳目則爲全其善性卽爲養其大體以耳目奪心則蔽于情慾卽爲養其小體趙氏恐人舍耳目之視聽而空守其心思故不以心與耳目分大小而以善性情慾分大小此趙氏深知孟子之旨有以發明之也善勝惡卽解立字非謂天以善性與人卽是立不待操存自能使小者不奪也　周云先立乎其大者何以立之亦曰思而已矣語類云君子固當于思處用功能不妄思是能立其大者李安溪乃謂思前更有一段立之功夫非也思而得其理則心有主張便是先立乎大者蓋立字正與引字相反引則大體從小體而去爲物所換故爲奪立則卓然屹立引他不動故不能奪引解云立是養得心體定靜奉之爲主兼事物未接時存養事物方接時省察說不曰思而曰立者只是對上一引字下一奪字而言其實立卽是思先立乎大能思之謂也蓋靜而養思之體動而善思之用使此心卓然有主纔是先立時講因先字單以靜養貼立字未是

仁義忠信樂善不倦二段　李岱雲曰既說仁義忠信又必說樂此仁義忠信之善而不離者以才有倦時善已不爲我有而天爵失矣對下棄天爵說故先下此一句　天子之臣有公有孤大國諸侯有孤無公然孤亦可通稱公也儀禮燕禮小臣設公席于阼階上大射禮諸公阼階西注諸公大國有孤卿一人與君論道亦不典職如公矣士喪禮公卿大夫繼主人東上乃斂注大國之孤四命也賈疏天子有三孤副貳三公大國無公惟有孤亦號爲公是以燕禮亦謂之爲公也按左傳大傅陽子少師賈佗陽處父爲大傅即大國之孤也

既醉二句　鄭箋成王祭宗廟旅酬下偏羣臣至無筭爵故云醉焉乃見十倫之義志意充滿是之謂飽德趙注膏粱粱如膏者合而爲一朱注膏肥肉粱美穀分而爲二愚按月令文繡有恒鄭注文畫也祭服畫衣而繡裳下繡文是二物則膏粱亦當爲二蔡澤傳持粱齧肥索隱曰持粱謂作粱米飯而持其器以食也齧肥謂食肥肉也可爲注證又左傳

粱則無矣麤則有之跡云食以稻粱爲貴故以粱表精則粱字亦是概指六穀而言不限定黄粱一物也

仁之勝不仁章　此章有就爲治說者正義曰湯武至仁然後勝桀紂之至不仁今之爲仁但以移民轉粟之爲仁而望民多于鄰國以羊易牛之仁而欲朝秦楚撫四夷是以一杯水而望救車薪之火也此所以終必亡其仁矣有就爲學說者引解云此爲有志于仁而不力者發用力于仁貴于久而勿舍苟一暴十寒則暫存之天理豈能勝無窮之人欲遂以爲仁不可勝不仁而不加勉此念一起自家反將許多邪意自此引起故曰與于不仁之甚非謂自己爲仁不力有以助他人不仁之甚也

苟爲不熟二句　荑字趙鹿泉訓爲自牧歸荑之荑非也前府云荑一作苐莊子云道在苐稗是也齊民要術引孟子作稊長短經同王恆齋曰荑本字即稊稊言禾之弟稗是禾之卑賤者稊穗如粟有紫毛即烏禾

也尒雅名英陶宏景謂荒年可代糧稗亦有兩種水稗生水中旱稗苗葉似糝子段玉裁曰稗有米而小故小說謂之稗說小官謂之稗官小販謂之稗販程瑤田曰凡物稗小者皆目之以弟稊稗于五穀若尊之于卑兄之畜弟也余嘗疑稊即藜淮南云離先稻熟而農夫耨之不以小利傷大穫也說者以離爲水稗余謂非稗也乃稊也稗熟不先于稻今北方于大穫之外種稗復種藜又藜無地不生貧民爭埽取之以爲禦冬、之糧他物不足以當孟子五穀不熟反不如之者是藜或即稊歟

羿之教人射必至于彀　南軒曰彀者弩張向的處也射者期于中鵠然羿之教人使志于彀鵠在彼而彀在此心存乎此雖不中不遠矣學者學之爲聖賢也聖賢曷爲而可至哉求之吾身而已求之吾身其則不遠心之所同然者人所共有也學者亦存此而已存乎此則聖賢之門牆可漸而入也段玉裁曰說文彀、張弩也、孟子羿之教人射趙注彀張也張弩向的者用心專時也羿不爲拙射、變其彀率趙注彀弩張向表

彀之正體望之極思用巧之時不可變也拔趙注本謂用巧如注訓爲弓滿則專是用力而非必中矣紀蔭田曰時解以兩學者就學射學匠而言此自是遵注但細玩章意與其將戒勉正意補于言外爲君卽將兩學者作爲聖賢之人解必志于彀爲材力不及者言卽求退故進之意必以規矩爲材力過高者言卽由兼故退之意

任人章　盧齋曰任人見孟子之論嘗持禮法而以爲迂故辨之岱雲曰任人何獨以食色較禮輕重卽欲滅禮何不舉他端來較他正是告子一流見人生而甘食不食則死矣生而悅色不色則夫婦廢而人道絕矣聖人卻制多少禮來拘縛强人不以禮食則不食不備親迎六禮則不得妻假如以禮食則飢而死親迎則廢倫看是如何恐禮亦有時行不去矣可見人性中有食色而無禮無禮則何有仁義而性之所以無善無不善也盧齋知其陰壞孟子之說而不知其原于告子之論特爲揭之　補異　于荅是也何有趙注於歎詞丁張音烏是以於字爲句

以禮食節　禮食疏引坊記指賓主言按末節紾兄之臂似當指長幼之禮說飲食之禮尊長在先卑幼在後故云長者舉未嚼小者不敢飲然至飢時小者無妨先長而食矣又記云聘射之禮至大禮也質明而始行事日幾中而後禮成酒清人渴而不敢飲肉乾人飢而不敢食可見行禮之不免飢矣　周禮凶荒多昏儀禮士昏禮若不親迎則婦入三月然後壻往見婦父母萬斯大曰昏禮六禮備而成昏此父爲婿主爲子取婦者也其常也士昏禮記曰宗子父殁母命之親皆沒已躬命之則繼之曰不親迎則三月壻見女父母此宗子父母沒自主昏娶妻者也士之宗子不親迎且如此又何論大夫更何論于天子諸侯也哉其所以不親迎何也蓋親迎必有所受命士昏禮父親醮子而命之迎曰往迎爾相承我宗事是也宗子上承宗廟之重諸父旁尊不得加之命無所受故已命人往而不躬親所以重宗廟順先典也先儒知有父主昏之常禮不知有宗子自主婚之變禮豈有當歟敖繼公曰不親迎謂

使人迎之此指無父者也雜記大功之末可以嫁子父小功之末可以取婦卒哭可以取妻或餘喪有不必備禮者亦得不親迎焉愚按因喪多昏尚是權宜于正禮之外若無父命則不親迎始免喪則不親迎有餘喪而舉行昏禮則親迎反有礙于禮不親迎正合禮也任人以此難屋廬其亦未講明于周禮儀禮也

不揣其本三節　立侯曰任人但論輕重而孟子首言本末者推輕重之根也金羽之喻方是正論輕重之形象處益禮以明順則本在長幼之節至雍容揖遜其末也禮以別嫌則本在夫婦之別至同牢合卺其末也若食以養生色以傳嗣故死生所關之食爲食之重嗣續所關之色爲色之重以其即爲食色之本故也至紾兄之臂則關乎長幼之節踰牆之摟則關乎夫婦之別皆禮之本也本與本較輕重了然苟不揣其本以立論何自而立輕重之準哉人騏曰長幼之節禮之本也生死所關之食食之本也夫婦之別禮之本也嗣續所關之色色之本也本與

本較則雖飢死而不可紾兄之臂雖關嗣續不可踰牆而摟是禮重而食色爲輕也以禮食禮之末也無關生死之食食之末也親迎禮之末也無關嗣續之色色之末也末與末較既無關于生死則必以禮食既無關于嗣續則必待親迎矣仍是禮重而食色輕也不論禮之本而但論其末則食色之本自駕乎禮之末之上矣立侯之說得之　段云說文竱等也等者齊簡也故凡齊皆曰等齊語竱本肇末韋注竱等也肇正也謂先等其本以正其末按孟子不揣其本而齊其末揣蓋竱之假借字耑聲專聲同部趙注云揣度似失之

岑樓　宋云趙注岑樓山之銳嶺者豈可謂寸木高于山耶愚按王念孫曰方言岑高也廣雅岑高也釋名岑嶄也嶄嶄然也岑嶄聲相近故岑鼎一作讒鼎岑與嶄皆言其高也趙氏坦曰古侵韻與東通明堂位崇鼎呂氏春秋作岑鼎左傳讒鼎正義以爲即明堂之崇鼎據此二說則岑與崇高義同岑樓者崇高之樓也上有方寸之木句則木與樓意

義相合趙訓爲山固貫不倫宋以岑與樓分爲二項亦似未合

鉤金　注鉤金帶金也左傳管仲射桓公中鉤莊子以鉤注者憚是也

奚翅食重　校勘記云趙注翅詞也若言何其重也按翅詞者翅是語詞或訓爲但非也注言何其重正謂食色之重後人添不字遂不可解矣

紾兄之臂節　樊廷枚曰紾兄之臂臂猶言絆兄之手非徒拗折而已小尔雅繆而紾之謂之縼縼者施于馬牛及罪人也愚按考工記老牛之角紾而昔注紾讀爲抮縛之抮紾商展反音軫蓋反戾其手而以繩束縛之使其不得動也　朴山曰兩重相衡而尤重者出食固不可不得而兄臂尤不可紾也妻固不可不得而處子尤不可摟也雖甚無禮者處此吾知其取舍瞭然矣任人爲能爲異哉要之禮者理也理體事而無不在禮食親迎禮也可以不禮食而即不禮食可以不親迎而即不親迎亦禮也本一端而自爲低昂非兩說而畸爲輕重而孟子不與任

人辨及此以其言淺故亦淺言之也李岱雲曰孟子因任人舉食色之重與禮之輕者較不得其平故舉兩邊皆重相較而禮之尤重者已見便節休了亦未暇舉任人之言而細辨之也其實任人所云食色之重仍是借禮之重以爲重非食色果有重于禮之時也如云不以禮食則飢而死飢死是食重餽請是禮輕然餽請特禮之儀文而生死乃人生大節豈有死故就死之理則飢死之重于餽請仍借守身之大禮以爲重而非食之果重也不得妻是色重親迎是禮輕然親迎亦特禮之儀文得妻乃人生大倫豈有終身廢倫之理則得妻之重于親迎亦借全倫之大禮以爲重而非色之果重也

曹交章　此章語弊皆從曹交曹君之弟六字生出故云曹交之問淺陋粗率必其進見之時禮貌衣冠言動之間多不循禮故孟子告之以此總注云事長之禮既不至求道之心又不篤故孟子教之孝弟而不容其受業蓋以交係國君之弟不免挾貴有加滕更一般故將交看得極

壞殊不知春秋時曹亡久矣王伯厚曰曹交蓋以國爲氏者曹之升臣滕更及門季任幣交孟子皆至于其國交果曹君介弟則孟子往來于齊魯之間何不聞一與曹君邂逅者閻云集注援引多誤曹交以國爲氏非君弟也毛云曹姓交名與鄒君同姓故得見鄒君而假館焉容或然也愚按曹交云食粟而已如何則可意中止有力不能勝意弁無挾貴意故孟子荅他只在力之能勝上觀白文五而已矣可見交以已不勝爲患是從堯舜達大事業上說故覺得重而難勝孟子以人皆可爲言是從日用孝弟言行上說故覺得輕而易舉交聞孟子徐行兩節之言已安心受業不至以不勝爲患矣特恐求道之始未能盡知盡行尚有待于師友之啟迪輔翼故又以願留爲請孟子告以道非難知難行只看能求與否能求則到處皆道孝弟之事即可在家爲之何必及門始爲學哉正是開導曹交之隨地用功處豈是擯之門牆而不容其受業耶　備旨云孟子因曹交在形體上說故即所行先後衣冠言動之

間就其易見者教之況所行先後衣冠言動實亦至理所寓也不必説因其病而發

有人于此力不能勝一段　姚文田曰或疑不勝匹雛如何可至烏獲遂譏孟子爲妄説不知不勝匹雛與舉百鈞均必無之事皆代其人摹寫之詞并非正論有人于此于衆方角力之時而彼獨逡巡退縮曰吾之力雖匹雛亦不能勝也力雖薄何至不勝匹雛然由其頽靡之習則必終爲無力之人矣今或不然于衆皆畏懼之時而彼獨毅然不顧曰吾之舉不至于百鈞不止也力雖果亦豈遂能遂舉百鈞然竭其邁往之木久之固亦得爲有力之人矣天下之稱有力者莫如烏獲其所任皆舉之而莫能勝也然亦思彼亦人也安見烏獲之遂絶于天下耶設使若人者馴而致之一旦遂至于烏獲則亦一烏獲而已矣人于堯舜何獨不然吾故曰奚有于是亦爲之而已矣然人且曰弗勝何也凡事必歴乎其途而後知其難易今之人直未嘗一身歴而遽以不勝自諉也

此何異于不勝匹雛之說也烏知堯舜可爲更非若烏獲不可幾至哉

愚按姚說甚精但趙邠卿已先言之人言我不能勝一匹雛則謂之無力之人人言我能舉百鈞則謂之有力之人夫一匹雛不舉豈患不能勝哉但弗爲之耳注中兩言字正爲白文曰字訓釋舉百鈞上既有曰字則力不能勝上亦應有曰字此與梁惠王篇有復于王者曰吾力足以舉百鈞而不足以舉一羽爲長者折枝語人曰我不能皆係推諉之語非實有是事也 **存異** 匹丁本作疋孫云說文尐小也尐與疋似後人傳寫誤耳

交得見于鄒君二節　時解因曹交此語遂謂其有挾貴之意非也江愼修曰春秋之後曹已爲宋滅交非曹君弟或曹國之後以國爲姓或是鄒君族人鄒本邾國邾本姓曹故曰交得見于鄒君蓋欲于同宗之爲君者假館也邱月林曰可以假館乃假設之詞倘或可以假館則留若不可以假館則不留矣李文冉曰可以假館亦是欣慕之言在曹交自

館請留在孟子自宜遜謝趙鹿泉曰曹交知問堯舜憂食粟請受業不可謂非有志而孟子告之甚直以詳即其言鄒君假館亦情事所有未足遂爲深怪而孟子復語以子歸而求之有餘師蓋學在身體力行不在口說古人從師非必朝夕一堂始爲受業也非棄之也故趙岐注無訓詞自僞疏以曹交挾貴爲孟子辭之集注因而不改然謂不屑教誨則已明明教誨之矣而何與滕更之不答同哉

高子　高子或以爲即傳詩之人按傳詩者係高行子非高子也子夏授詩于高行子去孟子時甚遠孟子尚不得爲子思門人安能與高行子問答乎上孟高子以告下篇孟子謂高子則此高子係孟子門徒其所叟者非長老之稱外書注以爲高子之名者近之

越人彎弓而射之二段　疏云越南蠻人被人彎弓而射已見之但談笑而道其兄如被人彎弓而射已見之必垂泣而道是以兩射字爲射越人與其兄也其說固非時講越人關弓而射則已談笑而勸止之死他

因其跡故言之不甚切也其兄關弓而射則已垂涕泣而勸止之死他
因其戚故言之痛切恐其殺人而陷罪也此以兩射字指射人言義亦
不切按小弁詩毛傳引孟子有越人于此關弓而射之我則談笑道之
死他疏之也其兄關弓而射我我則垂涕泣而道之死他戚之也角弓
詩疏兄弟關弓而射我我則垂涕泣而道劉逵三都注引孟子兄弟關
弓而射我之字古本作我則兩射字當指射已言矣
彼何人斯箋云何人斯之怨深也而淺言之所謂越人關弓而射之則
已談笑而道之也處朋友之道也小弁之怨深也而深言之所謂其兄
關弓而射之則已垂涕泣而道之處父子之道也此係以朋友之語已
比越人之射已父母之殺已比其兄之射已詞意甚明蓋越人射已與
外人忿爭相攻此是常事故談笑而道其心不以為憂也其兄射已同
室操戈乃人倫之大變故與人言及則說涕交橫其心深以其痛也小
弁之詩父欲殺子故孟子以兄之射弟為譬趙注疏越人故談笑親其

兄故號泣怪怨之意也兄射弟而弟宜怨豈父殺子而子不宜怨乎故

曰小弁之怨親親也

凱風親之過小者也

折中云衛有七子之母因家貧失養不安其室其子知之故感頌其母以自責也母氏勞苦責其不能養口體也莫慰母心責其不能養志也夫母不安室是亦有過乃七子不見母過而惟自責其過于是母心慰而已安母之志亦成矣　周柄中曰孟子以凱風爲過小豈小其失節哉實即不可磯之義求之益曰一念之差過而未遂斯爲小矣人子于此積誠婉諭尚可挽回若遂呼天怨懟反至激怒而成故曰不可磯亦不孝也序言七子能盡孝道以慰母而成其志成志者成其不嫁之志孔疏亦言母遂不嫁所以爲過小也又魏默深曰詩序但云凱風美孝子也毛傳亦無幾微不安于室之意自衛宏續序附會衛詩而爲淫風流行之說鄭箋因之遂使衛母受無端之惡蒙千古之冤考趙岐孟子注云

凱風言莫慰母心母心不悅也趙以母心不悅釋過小于孟子不可磯之義最切若不安其室固未嘗虐其子何磯之有昔人言餓死事小失節事大使有七子而思失身于人婦人之過孰大于斯而說者乃謂衞母辱止一身幽王禍關天下若然則庶人終身無大過乎

小弁親之過大者也　此句須將過大二字看清方見小弁所以宜怨朱傳謂宜臼被廢作小弁愚謂方廢而即如此之怨詞似過激無怪高子以爲小人且過大二字不甚分明而孟子彎弓射己之喻亦覺不切矣豈知幽王于宜臼非徒廢之直欲殺之小弁毛傳云幽王娶申女生太子宜臼又說褒姒生子伯服立以爲后而放宜臼將殺之孔氏疏云凱風親之過小者以言莫慰母心母心不悅故親之過小也小弁則必欲殺太子是親之過大也此章孫疏云親之過大者以王信褒姒讒言放太子宜臼之親非特放之又將以殺之是以小弁爲太子之傳作焉而著親之過爲大者也王漢階云親之過大過小是因其絕天性之變傷

陰陽之和有甚有不甚俗説乃以爲一關于宗社故大一止于身家故小如此則虞舜不當怨矣魏默深云七子之母只以無罪怒其子故云怨則不可磯小弁之父欲以無罪殺其子故云不怨則愈疏數説詮過大過小極明白考國語史伯曰王欲殺太子以成伯服必求之申申人不與必伐之杜預曰王幸褒姒生伯服欲立之而殺太子羅泌路史説同則幽之欲殺太子有明徵矣故小弁詩云相彼投兔尚或先之君子秉心惟其忍之是因其殺已而有是言非因其一廢遂有是言也夫父疏其子至索而殺是絶天性之愛傷陰陽之和莫此爲甚故曰大過此而不怨是視其親與越人一般豈不愈疏若母以無罪怒子雖畧有去志而終不去是天性之愛尚未絶陰陽之和未大傷故曰過小此而遽怨故曰不可磯高子乃以凱風例小弁孟子所以斥爲固也是不可磯也　閻云磯大石激水也注云水激石則倒矣阮云幾或即事父母幾諫之幾顯露其親之過是不可幾也宋云説文無磯字當從

本作機說文主發謂之機趙注機激也激卽激發之義按二說雖有改字之嫌而義亦可參

舜其至孝矣五十而慕　周云注謂舜猶怨慕愚謂不必添出怨字講家或以舜怨親小弁怨親互相糾纏皆不可從大意謂不怨之所以愈疏而爲不孝者蓋不怨則不慕親小弁之怨由于慕親也其慕親也乃其孝也孔子不云乎舜其至孝矣五十而慕觀孔子以舜之慕爲至孝則小弁之以慕而生怨可謂不孝乎小弁之怨親親也親親卽慕也仁卽孝也愈疏卽不慕也末節非矣出

宋牼將之楚章　趙注宋牼宋人閻云漢藝文志尹文子一篇注云說齊宣王劉向曰與宋銒同遊稷下荀子云宋子有見于少無見于多注宋子名銒銒與牼同宋人與孟子同時余因悟齊宣喜文學游說之士皆往是以齊稷下學士復盛孟子固嘗與宋牼有雅故于齊別去久之忽邂逅于石邱呼以先生請其所之殆非未同而言者比也　樊云一統

志石邱在衞輝府胙城縣東疏以爲宋地是也

我將見楚王五句　許文坡曰戰國大勢横成則秦帝從成則楚王齊楚從親秦所惡也齊不絕楚不孤乃因商于之地楚輕絕秦而激之扳是代秦合齊也又以秦之肆其欺紿披袂而起是代齊受兵也夫合秦齊之交而受兩國之兵咸其自取此爲楚王計兵不如罷也雖然楚既見欺于秦自知已負齊與負天下則必伐秦以謝天下并謝齊我以罷兵說之毋乃滋其不悅而或益之怒也不若說之于秦夫楚不得地而空棄齊以資秦是秦已得志于齊也天下方事于從賴有齊楚之合乃楚獨先攜齊而秦遂雄視于天下則秦又得志于天下也秦王其何有于忿毋亦惟是休楚以息天下也此見楚王而不悅者見秦王而必罷也

季任章　考異　錢大昕曰國君之弟以國氏字當在國下春秋桓十七年蔡季蔡侯弟也莊二年紀季紀侯弟也依春秋當作任季傳寫誤耳焦

云趙注任薛之同姓小國也按任宿須句風姓也實司大皞之祀漢藝文志東平國任城故任國風姓大昊後是也薛任姓左傳不敢與諸任齒疏引譜薛任姓黄帝之苗裔奚仲封爲薛侯今魯國薛縣是一爲風姓大皞後一爲任姓黄帝後則非同姓之國矣趙氏蓋誤以任爲任姓與　王介山曰連得閒矣猶云得箇閒頭非伺其隙也　周用錫曰享多儀如袁盎傳皆多袁盎之多多重也享以儀爲重也南軒云享以儀爲重而不惟物之徇古之人不役志于享故也按旅獒云不役耳目謂不役于耳目之所好古人重禮輕物志不爲幣帛所役故于儀及物者始享之不及物則不享也爲其不成享此非但釋書詞正見己之不見儲子者非爲其爲相乃爲其不成享也此爲字正與上爲字對

儲子得之平陸　趙注儲子爲齊相得循行國中可以親至平陸見孟子閻云范雎列傳秦相穰侯東行縣邑車騎至湖關是當時國相皆得周行其境内故曰儲子得之平陸朱子云儲子初不自來但以幣交未

爲非禮但孟子已受後便當來見而又不來則其誠之不至可知夏九範曰二句不平言季子不得之鄒若儲子則得之平陸者也得之平陸而但以幣交其志不成享可知

先名實章　趙注謂髡譏孟子去齊之速愚按孟子自謂久于齊齊人亦云所以自爲則吾不知則髡意非譏其速乃疑其遲言孟子在三卿之中非一日矣既知王不可爲湯武則速去不爲過乃名實未加上下直至今日始去何其遲也惟以不急去爲譏故孟子始引尹之就桀惠之不羞汚君終引孔子之不亟去者答之張惕庵曰齊王實敬孟子卻不能用孟子亦以齊王足用爲善不欲遽去後必有事大不合理孟子以去就爭不聽始決于去將行未行髡見而譏之鄧桂瀾曰孟子在齊必有一段不得不去而又不忍遽去之情更有不忍顯言者故終引孔子之事以明之而髡乃稽留不復置辨也二說得之

五就湯五就桀二句　一者何也趙注作髡問詞亦通　王餘英氏通鑑

夏后癸三十有七年商湯進伊尹于夏四十年伊尹復歸于亳無所爲五就之說按郝仲輿云凡經傳言三五非必定一二爲三二三爲五也三者再三之詞五者交互之名伊尹五就湯桀言往來交錯所謂治亦進亂亦進非定二三爲五愚按說文五者互也陰陽交互于兩大間此處作互訓爲長

公儀子爲政　吳蒸石曰史稱公儀爲相奉法循理百官自正子柳言君子道行則樂其志子思請結恩百姓修禮鄰國魯非昔日之魯反曰削也滋甚蓋誣之也張惕庵曰穆公時三家漸滅戰國時魯地尚五百里其非削可知則公儀子子柳子思之力也王餘英曰穆公立二年失郕十五年失最齊人來救則諸賢所以交鄰國者必有道矣又四年敗齊于平陸又四年爲齊所破又十年而穆公卒卒之四年而伐齊入陽關則齊魯之勢其相爲勝負者未爲甚削也且自穆公之立以來凡百六十年而始亡則諸賢所與立國者又必有道矣不然以魯之弱不可一

曰存況百六十年乎此皆非無益于國也

華周杞梁之妻三句　方朴山曰善哭其夫國人皆變共知夫婦之重即一婦人而有益于人國如此陸平湖曰變國謂國人化之皆篤于夫婦之倫此張彥陵說也似勝集注

孔子爲魯司寇不用　仲尼行乎季孫三月不違孟子乃云不用何也韓子外儲篇云仲尼爲政于魯景公患之遺以女樂仲尼諫不聽夫法言云孔子因女樂至魯魯不聽政諫不聽作雉噫孟子所云不用卽韓楊之不聽也

從而祭燔肉不至　王餘英曰趙注從魯君而祭于宗廟當賜大夫以胙是燔肉指宗廟言與史記魯郊不致肉于大夫異按春秋定公惟十五年夏五月辛亥郊此時孔子已去魯矣當以趙注爲是　按燔炙肉也膰祭肉也孟子燔肉不至本作膰左傳我有執膰脤官以脤膰之祀親同姓之國是也

不稅冕而行　程鞠友曰冕不可作常冠戴之以行稅仍當讀輸芮切
收也謂去其冠不暇收拾即便行也按稅斂也聘禮記斂旜注斂藏也夫
子不暇斂藏弟子必代收拾矣
則欲以微罪行　文集以微罪爲孔子自謂閻百詩以微罪指不稅冕
皆非也周人騏曰大全汪氏以微罪指君相甚是自蒙引指爲孔子之
罪後人翕然和之非也夫孔子尚不欲爲苟去而顧冒一罪名以行乎
胡文定曰聲色亂政君之過大者也以是而去天下將以是罪吾君矣
是我章君之過也是故隱忍于受女樂之日而徐發于致膰之時焉使
天下見吾去之迹而不及察其心庶吾君受其過之小而得以辭其大
蘇潁濱曰孔子之去魯爲女樂也而曰膰肉不至蓋諱其大惡而以微
罪行也檜君好潔衣服非大惡也而大夫以是去其即孔子膰肉之意
與二條說得明白　存異　不欲爲苟去之苟字疑當作茍小雅亟速也
釋文亟又作茍同居力反經典亦作棘說文茍自急敕也玉篇茍急也

三十七

廣韻苟紀力切篇海茍訖逆切音極急也是茍與亟同不欲爲苟去者不欲爲亟去也趙注以微罪行乃聖人之妙旨不欲誠爲急去也楊氏曰孔子欲去之意久矣不欲苟去故遲遲其行矣燔肉不至則可以微罪行不稅冕而行非速也孟子學孔子者也故引孔子之事以明去齊不速之意居休章趙注云吾始見齊王知其不能納善退出志欲去矣不欲即去故且宿留疏云知王不能納善故退而有去志以其不欲遽變爲苟去故于祿有不受也二條可取以解此句時講以苟作苟且之苟讀故義不明白

五伯者三王之罪人也　蔣氏炯曰五伯有二有三代之五伯有春秋之五伯左傳齊國佐曰五伯之霸也勤而撫之以役王命杜氏注爲三代之五伯確是孟子五伯者三王之罪人也今之諸侯五伯之罪人趙氏注爲春秋之五伯確是丁氏釋孟子從左傳注與趙說異集注並存兩義无所折衷豈以嚴安云周之衰三百餘歲而五伯更起則五伯宜從

趙注以經文五伯三王之罪人似統論三代之伯又左傳椒舉六王二公穀梁交質子不及二伯周伯惟二但數桓文則五伯宜從丁釋故不折衷與竊以霸古字作伯所謂侯伯也侯伯命于天子得專征伐而孟子乃以伐諸侯爲罪于此可見五伯惟據東周而言若夏昆吾商大彭豕韋皆受天命爲伯不得爲罪者竹書紀年夏帝仲康六年錫昆吾命爲伯商祖乙元年命彭伯韋伯是也春秋之伯惟桓文有王命左傳莊二十七年王使召伯廖錫齊侯命僖二十八年策命晉侯爲侯伯是也然齊未受命之時已先滅譚滅遂伐宋伐鄭晉未受命之先已先入曹伐衛執楚城濮至宋襄王者之後例不爲伯秦穆楚莊僻在戎蠻并無王命莫不連兵侵伐以爭雄長此衰周之五伯摟諸侯以伐諸侯者所以爲罪也閻云集注并列兩說非也當只存趙注孟子止就東周後言故以桓爲盛也

東牡載書　焦云閻氏釋地謂載書是實字非如今人以載爲加趙謂東

縛其牲但加載書不復歃血得之矣毛西河說同皆未確按趙氏釋經之例每以疊字爲訓此疊載加二字即以加釋載猶疊束縛二字即以縛釋束也但加載書謂但加載此書非謂但加載書也若載不是加則是盟書則稱束牲盟書爲不辭矣毛閻未明趙氏疊字爲訓之例謂趙不以載爲加失之愚按詛祝掌盟詛之載詞賈疏書詞于策上謂之載詞加書于牲上謂之載書故詛祝掌載詞司盟掌盟載各有所司毛閻以載爲實字是誤以載書作載詞看矣

初命曰誅不孝　嚴校隆曰葵邱之會實可無盟既會兩月而復盟者慮叔帶之謀之未息也故宰孔歸而諸侯復盟且爲之陳王禁以風示于衆初命曰誅不孝指叔帶也無易樹子無以妾爲妻指惠王也帶叔由是終桓之世不敢妄有所覬也

官事無攝　疏云士無世官不得兼攝其職也以其一官不專則一事不舉也況是堂曰桓公云士官事不攝淮南主術訓亦云士無兼官蓋

上職畧而下職詳詳則須且難惟分任則不勞而有功且下之食微不患衆給而財傷也士官事不攝公卿大夫則皆有攝官任云古者諸侯歲貢士于天子故取士必得

無專殺大夫　孫氏復曰古者諸侯之卿大夫士命于天子諸侯不得專命也其有罪則請于天子諸侯不得專殺也及春秋時國無大小卿大夫士皆專命之不以告于王朝有罪死罪皆專殺之不以歸于司寇無王甚矣劉氏敞曰大夫死罪而君殺之非也雖有罪不以歸于京師亦非也

無曲防　王餘英曰曲防注作壅泉激水二層壅泉者如國策所載東周欲稻西周不下水是也激水者孫子所謂激水之疾至于漂石如白圭之以鄰國爲壑是也宋于庭曰管子楚人攻宋要宋曰夾塞兩川使水不得東尹注夾兩川築隄而壅塞之蓋壅塞水流使鄰國無灌田之利非隄防治水之比　周人盟曰不曰今之大夫古人之罪人而曰今

之諸侯之罪人如齊王足用爲善而伐燕或謂取之慙于孟子而陳賈爲之辨慙豈非今之諸侯之罪人乎

慎子章　李中培曰史記列傳慎子名到趙人學黃老之術又云爲齊稷下先生桓寬鹽鐵論曰愼子事齊宣王湣王無道文學之士皆散慎子至魯然則愼子蓋趙人始仕于齊而後仕于魯者也愚按愼到之言曰詩往志也書往誥也春秋往事也至于易則吾心陰陽消息之理具焉則愼子殆儒家流與

一戰勝齊二句　二語雖係設言然魯亦有勝齊者長勺之戰以曹劌之善謀也郎之戰以冉有之用矛也史記穆公時敗齊于平陸後又伐齊入陽關今使愼子殆欲援往事以僥倖乎曹國瑞曰魯與齊相密邇界于齊魯之交有南陽者汶陽之田是也李氏惇曰南陽蓋齊地與魯接者左傳晉于是始啟南陽杜注在晉山南河北蓋在太行山之南河之陽也襄公傳趙勝帥東陽之師蓋在太行山之東河之陽也此云南

陽郡在泰山之南汶水之陽也公羊傳桓公使高子將南陽之甲而城
魯注南陽齊下邑疑即此也秋槎雜記云齊策魯連遺燕將書曰且楚
攻南陽魏攻平陸齊無南面之心以爲亡南陽之害小不如得濟北之
利大注齊之南陽索隱云即齊淮北泗上之地也孟子遂有南陽指此
存疑 方山云魯爲齊弱久矣安能伐齊此必因湣王敗而走莒時張璽
注同 辨正 按薛說非也燕人畔立昭王孟子因此致爲臣而歸矣史記
載昭王立二十八年方始伐齊孟子此時未必猶存也李申培亦辨之
此則滑釐所不識也　焦云趙注以慎子自稱滑釐則滑釐是慎子之
名故不以爲到也按釐與來通詩貽我來牟劉向傳作貽我釐牟是也
爾雅來至也至來也到與來同義然則慎子名滑釐其字爲到與墨子
之徒禽滑釐同名毛以慎子即禽滑釐翟以慎子師事禽滑釐故稱其
師滑釐不識皆非是
今魯方百里者五　李贊齋曰方百里者五五箇方百里也前輩文有半

天子之說未據開方法耳幾方千里爲方百里者百此云方百里者五二十分天子之一也周柄中曰魯地之大注謂并吞小國得之其滅國者若項若鄟若須句是取邑者如取向取穀取鄆取訾婁是有分自伯主者晉分僖公以曹地分襄公以和地越與哀公泗東地是有入自叛臣者邾庶其以漆閭丘黑肱之濫莒牟夷之牟婁防茲小邾射之句繹是也

今之事君者曰　趙本曰上有皆字

白圭章　李氏鍇曰白圭魏人史記鮑昭國語注趙岐孟子注皆以爲周人誤也國策韓成陽君欲以韓魏聽秦魏昭王不利白圭謂王曰王不如陰使人說成陽君據此則白圭當魏昭王時昭王係襄王子而史記與鄒陽并作文侯亦誤若事文侯則與吳起先後安得引孫吳以自比耶管氏同曰戰國時有三白圭爲魏取中山此魏之白圭也貨殖傳所載又一白圭也孟子書所載又一白圭也拔中山者蓋樂羊吳起之流

貨殖之白圭則富商大賈不必嘗仕宦其爲人未可知也太史公謂與李悝弁世然言治生而不言仕魏則其誤猶未甚也要不若圭自言之足據若孟子之白圭蓋好爲大言而不通曉事體殆特不能上及文侯其與逐利趨時若鷙鳥猛獸之發者亦豈一人哉

夫貉五穀不生惟黍生之　趙注貉在北方說文貉在東方二說不同竊意兼言乃備師古漢書注貉在東北方三韓之屬皆貉類也程瑶田曰黍之不粘者其熟最疾播在粘者之後穫在粘者之先孟子曰夫貉五穀不生惟黍生之以貉地生物之氣時日最短故必中土熟之最疾者播乃有秋然則孟子所謂黍蓋黍不粘者所謂穄也後漢書烏桓傳其土地宜穄三國志烏丸傳注引王沈魏書烏丸地宜青穄唐書北狄傳奚稼宜穄奚即烏丸也烏丸地東達鮮卑其西爲匈奴又西爲烏孫匈奴烏孫當中土之正北地極寒不生五穀武帝時匈奴遺書欲取穄米五千斛可見其不事農桑即黍穄未必能生矣烏丸諸國在匈奴東地

氣稍煖故能生穄吾疑其地殆即孟子所謂貉且貉亦非不盡生五穀者也貉之地甚廣也周官職方所掌有九貉鄭志荅趙商問云在東方漢書高帝紀有北貉蘇秦說秦王曰大王之地北有胡貉代馬之用可見貉地亘秦之北皆是矣後漢書句驪亦名貊耳是貉之一國亦必非不生百穀之貉也又載諸國在鮮卑東者皆言其地宜五穀然則五穀不生之貉居貊耳鮮卑之西北所謂烏桓多穄奚稼多穄之地无疑矣據此說狄在正北者黍穄不生在正東者五穀皆生惟貉居東北之間者以近北故五穀不生以近東故黍穄特生也　朱氏芭曰中國經制聖人予後世以不容輕之勢正予後世以不得重之權輕正重之漸也所以把重意找在後毋爲富桀者藉口

丹之治水章　周云四海二句分明對說講家以四海句爲承上是也以鄰國句爲起下非也孟子闢圭只鄰國爲壑已斷定了下水逆行云云乃是另起進一步說語意若曰子以鄰國爲壑非水道矣何言愈耶且

非惟不愈而已凡水之逆行者謂之洚水洚水者卽堯時洪水也臣大禹仁人之所惡也禹方治之而使之無今子乃治之而使之有反以爲愈于禹吾子之言豈不過哉前以鄰國爲壑見其過後以仁人所惡見其過兩吾過矣非重複也

洚水者洪水也　段云書曰洚水儆予孟子云洚水者洪水也洚洪古同音故孟子以爲訓與巡狩者巡所守也征之爲言正也仁也者人也畜君者好君也一例據此則洚當音洪不當讀降

君子不亮惡乎執　孫疏言亮而不言信者亮之爲義其體則信其用則明朱子云孟子所謂亮恐當作明字按說文亮明也從人從高省段注人居高則可遠眺故曰明不亮惡執卽中庸不明乎善不誠乎身之意

[illegible]何異孫曰或問此惡字是平是去曰亮與諒同孔子云匹夫之諒又曰君子貞而不諒諒者信而不通之謂君子所以不諒者非惡乎信惡夫執也故孟子又曰所惡執一者爲其賊道也焦云論語好信不好

學其蔽也賊執而不知變通遂至于賊道君子貞而不諒正恐其執一而至于賊也按或問云程子張子皆以諒爲必信而以諒執爲病何焦二說與程張正相合也

樂正子强節　李又冉曰孟子三否字謂喜正子者皆非爲此注正子所短亦不宜限定須活看張惕庵曰否者非正子短于此言所長卻不在此也

則人將曰二句　趙注訑訑之人發聲音見顔色人皆知其不受善言也疏四海之內人將曰彼人之訑訑自足其知不嗜善言我既已知之精言云時解謂予既知之作不好善者之自言謂于天下之善無不知如此解不與自足其智相覆乎難將此句作人不樂就之而云然下距人于千里之外方有根上則人將曰亦有精采也愚按書云今女懖懖焉云拒善自用鄭云難告之意與此訑訑正同

何如則仕章　全解云陳子問仕孟子以去就答都非正說仕字然就者

未嘗不欲仕、去者又不輕于仕、合觀之、君子之仕可知矣、王恆齋曰周
之亦可受、似非可言仕、然君有悔過之詞、則見得有王如改諸、則必反
予意、所以屬仕一端、爲公養之類、
傅說舉于版築之閒　王恆齋曰孟子此語正與畎畝魚鹽一例、此與暨
常事、後人因書夢賚良弼之說、只管傅會、反成怪誕、高宗既意中與思
得良相、故夢寐閒如親見其人、與孔子夢周公一樣、但周公是已往之
人、傅說是見今之人、古者設占夢爲專官、凡事必召使占吉凶、故周禮
有聘王夢、贈王夢之職掌、高宗夢見此人、必于在朝諸臣、說此形狀、諸
臣中必有因所說形狀而想知其人者、因而舉之、即舉朝并無一人與
說相識、各訪所親友相知、或泛訪民閒、亦必有知者、大凡有小才小智
及學識畧高之人、則一鄉一邑必有知者、況說抱聖賢經濟乎、乃好事
者因審象肖形之語、便謂實圖其形以狀之、夫夢中之形、即與善繪人
如何盡得、畫出之像、又如何將去合得這箇人、此不通之尤者、于是有

識之人知不可據謂高宗舊勞于外及小人田間時與說相知一旦加之羣臣之上恐人心不服故托諸夢不知此說乃程子曾闢者劉元城問伊川言高宗于傅說文王于太公蓋素知之恐羣臣不信故託夢卜以神之程子曰若是則僞也以是知今人所奇皆前人所駁也何孟春曰墨子傅說衣褐帶索傭築于傅巖孔安國書傳說代胥靡以供食孔之所謂代胥靡之所謂傭說者以說被胥靡之刑非也　愚按版築二器名左傳平版幹稱畚築杜注畚盛土之器築築工之杵司馬法二築是也按司馬法周輦加二版二築賈公彥曰築築土杵也史記項王身負版築以爲士卒先李奇曰版牆版也築杵也

孫叔敖舉于海　存異　孫星衍曰蔿敖字孫叔古人名與字配孫當讀遜孫與敖相輔也左傳蔿敖爲宰擇楚國之令典下云伍參欲戰令尹孫叔敖弗欲加字于名上猶孔父嘉叔梁紇之例下云孫叔爲無謀矣又曰孫叔曰進之可證孫叔爲蔿敖字孔穎達引世本艾獵蔿敖之兄

爲誘注呂本孫叔敖楚大夫蔿賈之子是也蔿賈蓋有二子一爲蔿艾獵一爲蔿敖字孫叔敖既稱叔宜倘有兄矣服杜以蔿敖爲艾獵爲一人與世本異敖字孫叔既兩見傳文何得又名艾獵以此知世本之說最古可從矣樊廷枚曰叔敖卽蔿敖左氏尤爲確證隨武子云蔿敖爲宰注宰令尹敖孫叔敖也又云沈尹將中軍注沈或爲寢今汝陰固始縣疑沈尹卽令尹孫叔敖蓋以所封地名之曰寢尹又曰沈尹不然何以下文一則曰令尹孫叔敖不欲再曰令尹南轅三曰令尹改乘并不及中軍一語乎又云左傳寡人處南海注云稱所近以實海濱林云實南海之濱毛西河云孫叔居寢邱一名期思呂覽期思之鄙人其稱擧于海者以期思當淮西之地水經云淮水經期思之北而東注于海禹貢稱淮海地志稱淮康海康以淮通海故也此與魯頌來淮夷而曰至海邦江漢詩伐淮夷而曰至南海同據此則以期思屬海濱可無疑按王餘英據孫叔敖碑以饒爲名叔敖爲字似不如二說之確

百里奚舉于市　晉書劉毅傳秦繆拔百里于商旅竊意百里以販牛爲業穆公舉于牛口之下周礼夕市夕時而市販夫販婦爲主奚爲販夫故舉于市閻氏訓市爲買謂從買得來未確周柄中四書辨正得之

所以動心忍性二句　周云注所謂性亦指氣稟食色而言語類曰動其仁義礼知之心忍其聲色臭味之性按口之于味目之于色耳之于聲鼻之于性君子不謂性孟子言也豈至此章又以聲色臭味爲性乎竊意動心者動其惻隱羞惡恭敬是非之心忍性者堅强其仁義礼知之性也廣韻曰忍强也則忍是堅强之意困苦之人仰不足事俯不足畜惻然動其孝慈之心因勉强而爲孝爲慈是堅忍其仁之性也困苦之際呼尒而與蹴尒而與勃然動其媿恥之心因勉强而不屑不受是堅忍其義之性也富貴者其情多驕饑窮之際見人輒欿然動其下人之心因勉强而卑以自牧是堅忍其礼之性也順適者其見多疏拂亂之際必奮然動其求明之心因勉强而切問考究是堅忍其知之性也動

心忍性是一串事，如此說似乎明白。焦云：說文：忍，能也。廣雅：能，任也。趙注：堅忍其性，使不違仁者，人以性之仁自任，不爲外物所奪，喪其仁以失其性，是爲忍性。段云：荀子儒效篇：忍情性然後能脩，非忍私然後能公。注：忍謂違矯其性也。竊謂荀子忍性致于違其性也，孟子忍性敢于任其性也。或者以孟子之忍即荀之忍，謂性爲嗜，忍血氣而持之禁之，非孟子意，亦失趙注堅忍之義矣。愚按：荀以性爲惡，故必矯而後能脩；孟以性爲善，故必任而後能仁。　周云：蒙引以動忍屬德，增益屬才。愚按：才者德之用，德外之才非才也。動心忍性，則向之不能盡仁義禮知之道者，今皆能之，所謂苟能充之足以保四海。增益不能，豈在動忍之外乎？二句作一串看，不必以才德對言。

然後知生于憂患節　俞長城曰：人道此二句，總結上文，其實推進一層，窮達興亡推到生死，方是盡頭。徐方廣曰：人善憂則多節，善患則多慎。危者，有其安者也；亡者，保其存者也。人安過則驕踰，樂過則生慝害所不至則苦于一至也疾所不乘則苦于一乘也愚按枚乘七發云出輿入輦命曰蹷痿之機洞房清宮命曰寒熱之媒皓齒娥眉命曰伐性之斧甘脆肥濃命曰腐腸之藥此安樂所以死也俞云不是憂患方生安樂方死乃死之理本是安樂生之理本是憂患故禽獸之憂患多于草木人之憂患多于禽獸聖賢之憂患多于庶民覺之憂患多于夢醒之憂患多于醉此憂患所以生也

教亦多術章　邱月林曰予不屑之教誨之字作于字用若便作不屑之教誨說已犯末句意了按大學之其所親愛注之猶于也南軒曰屑輕也聖人教人固不倦然有時不輕于教誨者非拒之也是亦所以教誨也鄧柱瀾云本文重教不重受教注補其人能感似落一層蓋我欲其感悟即是有以教之這樣用心豈非曲成之一術非必待彼感悟後始爲教誨之也

盡其心章　明辨錄云此章只將心字作主心雖方寸而分量最大舉天

地萬物之理、皆備于中、此卽是性、非二物也、其原出于天、不可不盡、盡者無所虧漏、盡其分量也、如盡精微之盡、如發已自盡之盡、人能盡得此心、則此理之在心者、昭融洞徹、安有遮蔽、自然知性矣、故盡心卽是知性、非盡心由于知性也、若性有不通徹、安得謂之盡心、人旣知性、則洞見本源、而天不外是矣、非知性之外、又有知天之功、玩則字可見、上節以成功言、統論也、下手用功處安在、亦曰存其心而已、心是活物、常病于外馳、故要存、不覩不聞時、心固在于內、應事接物時、心亦在于內、存者、常惺而不昧也、存心則性無不養、靜有此心、而吾之性不以靜而離、動存此心、而吾之性不以動而昧、人之生理、斲喪天理屈折者、只因眾欲交攻、牿亡此心、故曰存心、卽所以養性、非存心外又有養性之功、觀孟子云、學問之道無他、求其放心而已、可見也、此便是兢兢業業、保守其所賦之理、惟恐有違于天、如子事父、臣事君一般敬謹、非事天而何、蓋天非蒼蒼、卽是性、生具于心、吾存而養之、卽盡其所謂昭事者也然存心非曰一念之存、一時之存已也、存須存到底、凡人有學問者、于富貴貧賤窮通亦能擺脫、惟壽夭是命根上帶來底、說到此、雖有不將存心之功變動者、今君子以死生壽夭皆有定命、但一心存心以養性、徹頭徹尾、做到極處、壽不知、殀不知、至歿身而後已、一息尚存、不少放下、不二者視之如一也、修身以俟之者、只是存心以養性、終其身安焉之謂也、如此則心之理不損壞、常植于神明之舍、即此命不顛倒、常立于神明之舍、非立命而何、至是始謂之事天、始謂之知天、始謂盡心之極功、

盡其心節　此節講說有未安者、一以通節俱指學者說、不知盡心知性知天、非聖人不能也、一以盡心專屬知至講、不知盡者、知與行兼盡也、一以知其性作推原語、不知是直下也、心統性情者也、盡其心以知性、方能知天、存其心以養性、方能事天、知性不在盡心之先、養性不在存心之外、此白文所以先言心、後言性也、趙注性有仁義禮知之端、心以

制之惟心爲正人能盡極其心思以思行善則可謂知其性矣知其性則知天之所貴善者也疏說同伊川云心具天德心有不盡處便是天德有未盡處何緣知性知天盡己心則能盡人盡物與天地參贊化育又云心便是天盡之便知性知性便知天橫渠云大其心則能體天下之物物有未體則心爲有外世人之心止于聞見之狹聖人盡性不以見聞梏其本心其視天下無一物非我孟子言盡心則知性知天以此龜山曰此心明白洞達廣大靜一惟能體會至于了然方可言盡盡其心自然知性朱子曰盡心者私知不萌萬理洞貫斂之無不具擴之無不充也學至于此則知性之爲德無所不該而天之所以爲天不外是矣又曰天者理之自然人所由以生也性者理之全體人所得以生也心則所主于人而具是理者天大無外而性稟其全故人之本心其體廓然亦無限量惟梏于形氣之私滯于見聞之小是以有所蔽而不盡人能卽事卽物窮盡其理至一旦會通無遺則全其本心廓然之體而

吾之所以爲性與吾之所以爲天皆不外此而一以貫矣　注云知性則物格之謂盡心則知至之謂似以此節作學者格致始功看語類云性可逐事言心則舉其全體如此則性不及心矣又云盡字大知字零星盡者無餘之義知者有漸之詞如此則知不若盡矣竊謂心性無偏全之分盡知無淺深之别西河曰盡心屬知則心無容知從來聖賢論道無知心之語且盡字亦無解作知者大易盡性中庸能盡其性俱非知也盡心之量而無所闕則便知心所自來與性所自出一氣俱到此知字如中庸知天地之化育論語五十而知天命乃行後有契之謂非知識之謂也介山曰朱子以知性爲格物盡心爲知至是知性之後必至久而後心始盡矣今曰知性則知天是性與天一事纔知性便知天如此則是知性知天必如此始能盡其心矣夫性者人心所具之理也天者理之所從出也性既具于人之心必人事盡而後天心見未有天德已達而後聰明睿知始充其量者也故孔子四十不惑五十知天命

皆在三十而立之後則此知字即朱子所云默識心通者[illegible]窮究事物之理之謂也益同此一知功候有淺深如人知忠知孝此知字淺及至盡忠盡孝無一毫遺恨方于吾性一點靄然之仁愛自覺得淪浹周通而因于天地間一種之生氣自覺得脗合无間此知字深也豈可曰知性然後盡心乎

存其心養其性節　王伯安曰知天如知州則一州皆已事知縣則一縣皆已事是與天爲一者聖人之事也事天則如子事父臣事君猶與天爲二者賢人之事也又云但存之而不敢失養之而不敢害尚屬賢人之事此與上節不以知行分而以聖賢分甚爲明白晚村乃將其說極爲辨駁非也程子曰盡心知性不假存養其惟聖人乎朱子云盡心則知性知天以其知之已至也若存心養性則是致其盡性之功也又曰存心養性方是始做工夫處玩此數條程朱何嘗不以上節爲聖人事此節爲學者事乎王介山云盡心知性是就成功者言存心養性是第

二等學問汪靈川云首節就現成說次節乃下手工夫周人麟曰通章重次節首節以聖人引起猶中庸以誠者陪誠之者也

殀壽不二節　蘇云殀壽兼舉一端言之其餘富貴貧賤利害得失皆在內修身以俟謂俟命也注謂俟死似泥趙云古注修正其身以俟天命不言俟死此注爲勝周云此節不是評論人品亦不是贊頌聖賢蓋爲學者打穿後壁耳凡人誰不當存心誰不當養性而人所以不能存養以事天者皆爲貧賤富貴窮通壽殀之見所奪也雞鳴而起孜孜爲利蠅營狗苟以終其身遑問心性爲何物存養爲何事哉殊不知此中有命焉命之富貴者必不貧賤命之貧賤者必不至富貴命之通而壽者必不至于窮而殀命之窮而殀者必不至通而壽見及此雖壽妖死生之大有關係者亦不以奪其見惟存心養性以修身而聽天壽之自來益知吾有命而植立之不使之顛仆也學者知此無人不樂于存心養性以事天矣

莫非命章　焦云趙注莫無也無與毋通止也非命二字相連卽下非正命也韓詩外傳人有三死而非命也者自取之也非命二字與此同莫非命禁戒之詞謂不可非命而死也順受其正乃爲知命不知命或死于巖牆之下或桎梏而死是卽死于非命死于非命卽不順受其正通章只是一意。按注以莫非二字連讀謂人物之生吉凶禍福皆是天命如此則首句係籠統語何關緊要又與後文君子不謂命也之言不合如焦説非命二字卽含下桎梏句受正二字卽含下盡道句末二節係自爲注釋之詞惟盡其道而死謂之正命所以敎人當順受桎梏而死謂之非命所以戒人當莫爲一戒一勸如此講方是貫成于人之旨

[illegible]匯參所載語類諸説以吉凶禍福之不差者爲天命之得其正其差者爲天命之失其正是以正命非正命俱屬天講與孟子立言之旨不合此章之旨是以正命二字屬天非命二字屬人孔子曰人有三死而非命者自取之也居處不理飲食不節勞過者病共殺之居下

而好于上嗜慾無厭求索不止者刑共殺之少以敵衆弱以侮强分不量力者兵共殺之孟子桎梏但舉刑之一端而兵與病可例推矣大凡昧理而生則生爲虛生故孔子云罔之生也幸而免非命而死則死爲枉死故孟子云桎梏死者非正命張子云莫非命也順受其正順性命之理則得性命之正滅理窮欲人爲之招也又云命于人無不正繫乎順與不順而已行險以徼倖不順命者也又云生直理順則吉凶皆非正也又云順性命之理則吉凶莫非正也逆理則凶爲自取吉其徼倖也王觀濤曰正不正不專在氣數而在人事氣數本無二樣人事既盡則命爲正命人事不盡則命非正命此便是以義安命之學陳新安曰天之命人吉凶禍福雖萬變而不齊人之事天必盡其道有正無邪則一定而不易能盡其道而値其吉且福且壽者固正命也不幸而値凶禍夭是我于道理本無媿不過自値夫凶禍夭非自我致之而然是亦命之正必不盡夫道自取禍敗喪亡則在我有以致之始不得爲正命

也周人騏曰正命不正命非對待語程子曰莫之致而至者正命也桎梏死者君子不謂之命然則正命者謂眞正天命也非正命者謂非眞正天命也自取而已正命只有一箇豈有二乎是數説者皆以人之盡道不盡道分命之正不正極爲了當

巖牆　巖古與險通左傳制巖邑也巖即險也史記得説于傅險險即巖也公羊傳殽之嶔巖文王所避風雨險絶處也

桎梏死者非正命也　蘇云朱注言犯罪而死與立于巖牆之下同按桎梏拘攣手足不得屈伸喻不能爲其所當爲也與上文盡其道反對盡其道而死爲正命不專指無罪言則此桎梏死非正命亦不得專指犯罪言可知矣知命者以造其理言智之事也盡其道二節以履其事言仁之事也前章梏亡之梏孫疏云梏手械也利欲之制善如械之制手使不得爲故亡失其良心也此桎梏與梏亡一類　説文梏手械也所以告天桎足械也所以質地惪按梏爲首械首象天故云告天桎爲

足械足象地故云質地周官掌囚云凡囚者上罪梏拲而桎中罪桎梏下罪梏鄭氏衆曰拲者兩手共一木也安石云梏在脰桎在足拲在手左傳子蕩以弓梏華弱則梏在脰明矣說文釋梏字未確

求則得之章　疏云求福不回求之有道也君子能爲可用不能使人必用已得之有命也葉氏采曰求之有道言不可以苟求也得之有命言不可以倖得也薛文清曰自古以來汲汲于外物之求者併與外物漠然死存矣果何益哉

萬物皆備于我章　明辨錄云此章是推廣仁道之大而決其機之在我也萬物皆備于我言天地萬物本吾一體無一物非我之所當愛此吾本心之仁也但人不能以萬物而歸之吾身稍知體物者又不能保其表裏始終之出于誠心故于物有愛有不愛既能反身知萬物之切于我又能以處吾身者處萬物一出于至誠則物物各得其所而無恨何樂如之如此仁道達矣其未能者不免以私意分尒我人物便有間隔

必用强恕之法反身勉强實心做去以所愛及所不愛庶幾各當理得
推之各得分願而仁不遠也
行之而不著章　周云此承上章言非故作隱語也
人不可以無恥　焦云無恥是謂無所羞恥也無所爲恥而之于恥是改
無恥爲恥荀悦云漢高諱邦之字曰茂惠帝諱盈之字曰滿恭之字之
義訓續左傳遇觀之否謂觀六四變爲否也惠棟曰之猶適也適則變
矣此無恥之恥謂由無恥改變爲恥也郭云人不可以無恥然生而無
恥者甚多營求于利欲曰混迹于群衆而無以自立何無恥之甚也靜
念生平深悔平日之無所恥而自怨自艾之不容已即反善之機更新
之望在是矣此承上文作轉語故注謂改行從善但言恥其不善則與
上文意脈不貫
恥之于人大矣　周人騏曰人字重讀無羞惡之心非人也既是箇人豈
可無恥乎人與非人只爭有恥無恥故曰恥之于人大矣次節不曰爲

機變之巧之人而曰爲機變之巧者用一者字換卻人字可見爲機變之巧便不是人了不耻不若人非曰不如人葢言不像人也既無羞惡則惻隱恭敬是非皆無矣還有那一處像人乎故曰何若人有孫奇峯曰巧與耻正相反耻則守正而有所不爲巧則行險而無所不爲病痛全在以巧爲得計遂不知人間有羞耻事也王介山曰不曰無耻而曰無所用耻語妙彼葢自謂得計而以本然羞惡之心爲無所用也

人知之亦囂囂

【存疑】趙氏章指云内定常滿囂囂無憂焦云尒雅囂閑也此囂爲閑之假借莊子大知閑閑釋文寬博皃趙氏葢讀囂囂爲閑閑愚按尒雅囂閑也注囂邸刀切翟晴江云孟子舊本囂作嚻音義嚻五高切左傳莫敖漢書五行志引作嚻則囂字音義皆當作敖尒雅疏敖意舒也詩碩人敖敖

【折中】敖敖從容也人心無欲而不躁進故能從容而自得也　郭云人知之游說得行也人不知游說不行也行與不行俱囂囂所謂語于游者與

此二語尊德樂義是所以囂囂之故故士以下儆開游說總舉士之全體至末節望古遙集將伊傅身分和盤托出蓋孟子自道也枯煞游說則呆矣

待文王章　張云此孟子激厲門徒共肩聖道凡民待文而興宜也若豪傑之士自待宜厚雖無文王然讀遺書而得其蘊奥尋道派而得所依歸何必自同于兔罝之野人草蟲之士女哉　按待猶遇也故趙氏以遭訓之與等待之待別

附之章　張云附益也寄也如贅肬然富貴原是外物故謂之附看得附字真是會歆然

夫君子所過者化節　存異 王云尔雅神治也言君子所過之地則民化所在之地則民治不言在而言存者化與過韻神與存韻也荀子議兵篇仁人之兵所過者化所存者神又王制篇末是之謂大神大神是謂大治也趙注存在此國故其化若神神上加甚于義未安朱注心所存

主不測又于存上加心字矣周云上下與天地同流流字下得奇譬凡人物舟車之行皆須費力惟水之流自然而然天地無心而成化如水之流聖人有心無爲亦如水之流故曰上下與天地同流

仁言章　趙注仁言政教法度之言也仁聲樂聲雅頌也仁言之政雖明不如雅頌感人心之深也疏此章言明法審令民趨君令務寬崇化民樂君德所謂移風易俗莫善于樂者也周禮九兩繫萬民牧以地得民至藪以富得民凡此善政爲民財而已善教因民心而教之故能得民心此所以仁言不如仁聲之入民深善政不如善教之得民也蓋移風易俗莫善于樂此禮之文然也孟子所以同其趨與　按注以仁聲屬仁聞則世有仁聞而民不被澤者安見入民之深爲仁言所不如且善政善教有釋而仁言仁聲無釋文法亦似不稱據注疏解則善政即頂仁言善教即頂仁聲較爲了當月令止聲色鄭注聲樂也聖王之世漸民以仁摩民以義涵濡既久雅頌之聲作焉是善政無仁聲善教乃有

仁聲也

人之所不學章　羅路史曰孟子見得世人知處大散漫處處大紛擾所以指示源頭非禁人學且慮也按戰國時知巧才能之士多矣然其知能皆無關于仁義且有害于仁義不良甚矣故孟子説箇良字對下仁義説不學對上學慮講

親親仁也節　趙注仁義之心少而皆有欲爲善者無他但通此親親長長之心施之于天下也疏同明辨録云一説愛親敬長赤子之真心也仁義達之天下是不失其心也即此一念之愛而達之無所不愛斯爲仁一念之敬而達之無所不敬斯爲義矣又有云孩提愛敬乃一端之發見必以達之天下繼之而後爲全體孩提之知如昭昭之天達之天下之知如廣大之天收攝保聚所以達之也焦氏循曰孟子言孩提之童無不知愛其親及其長無不知敬其兄而不言無不能愛其親無不能敬其兄者蓋不慮而知性之善也人人所然也不學而能惟生知

安行者有之不可穢之人人也知愛其親性之仁也而不可謂能仁也知敬其兄性之義也而不可謂能義也曰親親則能愛其親矣曰敬長則能敬其兄矣故曰親親仁也敬長義也何以由知而能也何以由無不知而無不能也無他有達之也聖人通神明之德類萬物之情達天下也又曰有此親親長長之心者性善也達此親親長長之心推天下人者聖人之盡性也

舜之居深山章　愓庵云舜居帝位時詢岳咨牧合天下耳目以爲耳目理勢如此若居深山時身爲匹夫善言善行不必採以爲用人多有耳聞目見而忽之者惟舜天理渾然貴賤無異不但爲帝時如此即居深山已如此故孟子表而出之韓炎文著眼首句得解　希遠也當此之時舜與野人相去豈遠哉按説文幾從豈故趙以幾字作豈字訓或以幾希屬性謂舜異于人者正在此幾希則下及其二字難接　趙注舜聞人一善言則從之見人一善行則識之沛然不疑若江河之決無能

禁止其所欲行也按黄度尚書說孫疏莫非命章引此文俱以沛然二字在若決江河之上史記相如傳于是天子沛然改容顏注沛然感動之意此言舜爲善言行所感動急于欲行故如江河之決無能禦也

無爲其所不爲　謝梅庄曰所不爲所不欲仕宦問之窮約少壯問之核提闇室問之大廷白晝問之清夜轉念熟計問之初心問云不義之辱所不可爲者貴于不爲也不善之物不可欲者貴于不欲也然此豈過高之行難能之事哉人本各有所不爲也人本各有所不欲也但無爲其所不爲無欲其所不欲如此而已何他求哉當體指示何等直截若李注論理朱子謂是說功夫皆不合孟子口氣　愚按雲峯云不惟謹其動而且謹其動之幾則二語雖平交句尤重人固有外雖未爲而心未免動于欲者無爲其所不爲則身之所爲皆義無欲其所不欲則心之所向皆善身修心正更何求哉

人之有德慧術知章　何義門曰在心之理謂之德是得于天者處事之

方謂之術是得于人者德而動忍之使慧生則知幾其神矣術而增益之使知全則誠能動物矣疏疢疾疢人之有小疾常需在身不去者按考工記疢疾險中注牛有久病故角裏傷晉書紀瞻傳臣疾疢不痊曠廢轉久此易所謂貞疾恆不死者也

獨孤臣孽子　注訓孽子爲庶子雖本玉藻而在此處則未當妾所生子常有爲君所寵因而奪嫡者如奚齊伯服之類漢之王子驕奢淫佚史備書之何危患之有按孤與辜通又漢終軍傳孤于外官注孤遠也越語以心孤句踐注孤棄也是孤有辜遠棄三訓公羊傳庶孽之事注孽賤子也楚詞卒然罹蠚注蠚憂也又罪人之子女爲孽是孽有賤憂辜三訓孤臣者得罪于君之臣孤遠放棄而孤立無助者也孽子者得罪于父之子憂危微賤而動輒得咎者也疏云孤臣不得于君孽子不得于親但渾言不得而不分嫡庶其說是已劉氏侗曰大舜聖而孽閔子慈而孽申生嫡而孽說苑魏文侯使太子擊守中山趙倉唐爲使上

謂曰孽子孽使者夫孽與申生俱嫡子也因不得于親而皆以孽稱之
則孽豈必庶子哉

有事君人章　注云容悅佞臣不足言夫旣不足言矣孟子何以首及之當以趙氏容悅凡臣爲是蔡虛齋曰四等人品固一步高一步卽容悅亦非側媚當是具臣俱在好一邊說僻人必欲其倫下爲三等是甚麽品格怎把那側媚人與較等級熊伯甘曰事君臣者若公孫宏曲學阿世卽其矯飾儒行援引春秋皆容悅是君處其功業亦有可觀勿大看低張惕庵曰容悅佞臣若是彌子瑕封德彝之輩孟子不屑言之亦是有位望的人只是全不實心忠君愛國專在容皃上裝飾箇忠敬之容以取悅于人主如張禹孔光胡廣非不通曉經術詳達典故正經處卻不出頭是也削去臣字只稱事君孟子之微詞也安溪云達可行于天下而後行則窮只守道以善其身而已大人則不論窮達皆有以及物故比天民爲勝注以有意無意分高下似未確愚按舜耕歷山而耕者

讓畔陶河濱而器不苦窳初不待納旨揆而民始於變也孔子在州里篤行孝道居于闕黨闕黨之子弟畋漁分有親者得多孝以化之也亦不待爲司寇而魯始一變也正己而物正未逢時已如此所以勝于天民也

而王天下不與存焉　譚梁生曰王天下謂名世非謂王者翼注云天下英才見非一鄉一國之善士閻云猶施伯謂管子天下才司馬懿謂武侯天下奇才也

中天下而立　蒙引云中天下而立猶云中天地爲民物之主不必謂天下四方而我居其中央也堯都平陽在天下之北周都豐鎬在天下之西皆爲四方之極便見中天下而立也

分定故也　周人騏曰分者所受于天之分即所性之分也他人于分有虧自說不得分定分定兼天資學力在内末節正言分定之實定者仁義禮知根于心而生色也根于心則定矣惟性既定故大行不加窮

居不損也

君子所性仁義礼知　周云朱子謂此所性字說得虛如堯舜性之之性字按堯舜性之之性字語類謂此性字似稟字存疑云性本是死字此卻作活字用可見君子所性只是君子所受于天者云尔君子所性仁義礼知八字爲句言君子所稟受之仁義礼知若于君子所性讀斷便難解

其生色也睟然　周廣業曰此睟然當連上讀翟云魏都賦注引孟子其色睟然玉篇引孟子其色睟然

盎于背　周廣業曰陸云盎于背即負于背謂如盆盎之器負之于背此何足以見仁義礼知之盛乎按周官酒正注盎猶滃也釋名盎滃也說文泱滃也左傳泱泱大風注泱泱宏大聲索隱泱泱猶汪汪美盛貌趙注盎盎然盛正是泱泱然盛此是言仁義礼知之根于心者在前則見于面在後則顯于背陸善經不明聲音假借之學以爲如負失之外

傳姑布子卿相孔子曰從前觀之盎盎乎有似王者盎盎謂前不謂後則盎盎負乎背之名乎愚按卷阿卬卬韓詩作盎盎毛傳卬卬盛皃正與趙同又盎音義烏曩反一烏浪反今讀曩非也

四體不言而喻　朱子答歐陽希遜書云集注謂四體不待吾言而自能曉吾意此義近看得似未妥恐只是說四體不待安排而自然中禮也

吾聞西伯善養老者　尚書大傳宣王問春子曰寡人欲行孝弟之義爲之有道乎春子曰昔者衛聞之樂正子曰文王之治岐也五十者杖于朝六十者杖于鄉七十者杖于國見君夫杖八十者杖于朝見君輯杖君曰趨見客無俟朝以朝乘車輭輪御爲僕送至于家而孝弟之義達于諸侯九十杖于朝見君建杖君曰趨見無俟朝以朝車送之大子重饗卜筮巫史則呪噎呪饐以食乘車輭輪胥與就膳徹送至其家君如欲有問則就其室以珍從此文王之治岐也

二母彘　蘇云母彘約二年五乳初乳尚少後則加多數口之家糠覈餘粒斷不能畜二母況比戶皆然縱有牧地亦難容也南史羅研曰若令家畜五母之雞二母之彘將不能使一夫爲盜況貪亂乎意孟子本作一母彘後訛作二張云此章裝頭甚大說伯夷大公結束甚少只無凍餒三字蓋戰國時貴壯賤老丁壯力能自贍尚不十分失所老者既不能耕又不能戰視爲無用任其凍餒故孟子特言之

易其田疇　**存異**易治也按治田是農夫之事易田則人主之事國語轅田賈侍中云轅易也爲易田之法左傳作爰田孔晁云爰易也趙岐死徙無出鄉注徙謂爰土易居平肥磽也說文趄田易居也段云周禮大司徒不易之地家百畮一易之地家二百畮再易之地家三百畮遂人辨其野之土上上中下地以頒田里公羊何注云司空謹別田之美惡高下分爲三品上田一歲一墾中田二歲一墾下田三歲一墾肥磽不得獨樂墝埆不得獨苦故三年一換主易居財均力平漢書食貨志云民

受田上田夫百畝中田夫二百畝下田夫三百畝歲耕種者爲不易之上地休一歲者爲一易中田休二歲者爲再易下田三歲更耕自爰其處又地里志秦孝公用商鞅制轅田周制三年一易以同美惡商鞅始割裂田地開立阡陌令民各有常制盖周亂之制得三等田者彼此相易今年耕上田百畝明年耕中田二百畝之百畝又明年耕下田三百畝之百畝又明年而仍耕上田百畝如是乃得有休一歲休二歲之法故曰三歲更耕自爰其處商鞅變易古制不令得田者彼此相易是易田之法行于三代改于商鞅也三年易居財均力平肥饒不得獨樂磽埆不得獨苦此民所以可使富也

食之以時二句　南軒云食之以時食民之力則以其時如樂歲寡取凶年取盈則非以時矣此助法之所以善也用之以禮如城郭宮室及饔飧百官有司之類是其用之不可闕者莫不有制焉所謂禮也此以二句俱就在上者說

孔子登東山章 存異 孟子四考曰魯無東山之名論語爲東蒙主孔注使主祭蒙山也疏云蒙山在東故曰東蒙則此當作蒙山宗少文引作登蒙山而小魯非無據也　按登東山二句時講以比聖道之大固是又有作孔子親登者列子云孔子游于泰山見榮啟期路史孔子曰登太山觀易姓而王可得而見者七十有二君是也有作孔子自言者御覽述文引孔子曰登東山而小魯登泰山而小天下是也孟子此章先引聖言發端觀海以下方是自己議論所以中間著一故字

觀水有術節 存異 水字文選王文憲集序引作海按上文云觀海此句亦宜作觀海又瀾非常水所有趙注瀾水中大波也尒雅釋水河水清且瀾兮注大波爲瀾韓詩大海迴風生紫瀾是惟河海始有波瀾故觀于瀾而知海之難爲水也魏叔子曰大海之瀾無風自生火之炎上虛明而無物甚水足于精則波瀾不窮火足于神故能燭物有不知其然而然者　明辨錄云舊解此節說聖道有本如此何不曰觀水有術必

觀其源乎又謂明是體光是用不知容光必照只以足日月有明之意耳容光者容受光亮之處也本二字合而成文乃單折一光字爲明之用可乎觀水有術必觀其瀾觀瀾而見海之難爲水也日月有明容光必照觀容光而知日月之難爲明也俱是大意聖道之汪洋無畔輝光無際似之　焦云趙注容光小郤也言大明照幽微按郤與隙音義同三年問白駒過隙釋文云隙本作郤容光非小隙之名乃極言其容之微以見其照之大也

不成章不達　明辨錄云成章之章非文章之章學者專心力到所就已成體段結局企而上之可造于淵微高明之域耳所積者厚而文章外見似說不的愚按黄度說命解云君子之志于道也不成章不達始來中積終罔覺皆有階梯熟而後進故謂之章如篇章之章如程章之章非可襲而至也熟而後進正與盈科後進相似若作文章解則與上喻意無關矣

孳孳爲利者蹠之徒也　郭云善與惡相對立名利非惡也而惡之所從生爲善而孳孳其爲舜之徒易知也爲利而孳孳其爲蹠之徒難知也利與善之間相去不多纔出于善便以利言也其辨甚微機甚危學者正須從此處著力按世人爲大惡者少貪微利者多彼其心固以爲吾不過貪微利未至爲大惡也不知利心一起則背于義而不顧害于人而不恤實爲衆惡之所叢生且爲大惡之所自出有去蹠不遠者孟子不言惡而言利葢言利而惡在其中且利與善相去甚近故言間若惡則與善相反不可言間矣

楊子取爲我章　閻百詩曰淮南子云或問于楊朱曰拔子骭毛以利天下爲之乎曰不爲假濟爲之乎曰世固非一毛之所能濟注當引此

墨子兼愛節　湛園曰此當以摩頂放踵利天下爲句爲之二字爲一句　焦云趙注摩突其頂以突明摩謂摩迫其踵髮爲之禿也丁訓突爲穿非也莊子蓬頭突鬢荀子非相篇孫叔敖突禿長左葢突禿一聲

之轉突即禿也李云頂摩穿則人已死何能利天下摩當訓滅突當訓禿字書突禿也言摩滅頂髮使光禿以至于足也莊子天下篇墨子稱禹腓無胈脛無毛禹大聖而形勞若此正與拔一毛不為反對

子莫執中　金仁山曰莊子謂儒墨楊秉四秉疑即子莫愚按紀聞注以秉為公孫龍則非子莫矣荀子載公孟子高見顓孫子莫而問禮豈子莫姓顓孫耶趙鹿泉曰此執中持兩端也與聖人之執中迥別集注云子莫知二者之失中度于二者之間而執其中亦似有語病子莫本不知中并不知楊墨之失中直是自己立意要别創門戶能兼擅兩家之術為高何嘗揆度來今言度直是權矣何謂無權蓋看得兩家都是卻何以兩家都合不來行不去因翻出不為我亦不兼愛論頭時而說為我時而說兼愛與天下相浮沉進退于其間以是為中立究止出入于楊墨而于人我交關分際總未十分明白到得為我行不通時不免仍說兼愛兼愛行不通時只好仍說為我全沒主張故曰無權如此則

嘗其爲我只見得爲我何嘗顧得兼愛嘗其兼愛又只見得兼愛何嘗顧其爲我兩相觸背故曰猶執一于是爲我不成其爲我兼愛不成其兼愛故曰賊道其不楊不墨實則亦楊亦墨惟其彌近理是以大亂眞執中爲近之非予之之詞朱以九曰此章是闢子莫不干楊墨事子莫執楊墨之中故借楊墨以發端葛海門曰楊墨執一以爲一子莫合兩以爲一均之廢百以爲一見逃楊墨者毋以子莫爲轉境也

所惡執一者節　周云所謂舉一廢百者蓋爲我則民物不顧也父子兄弟不顧也君臣朋友不顧也所廢多矣兼愛則民物之等差不顧也父子兄弟之等差不顧也君臣朋友之等差不顧也所廢多矣至子莫執中則似乎潔已而不成其爲潔已也似乎爲人而不成其爲人也欲調停于爲我兼愛之間而得者半失者亦半究其所得者亦非是也欲兩避其爲我兼愛之名而避乎此卽就乎彼究其所謝者豈能謝也所廢豈不多乎　陳大士曰子莫酌于二者之間半取爲我半取兼愛彼

以爲近之噫嘻抑又甚矣權之則兩家皆吾用也執之則兩家皆吾病也執楊墨之一時會適值容有偶中之時執執中之一彼此牽制更無少合之候執爲我之一而爲我之外廢矣執兼愛之一而兼愛之外廢矣執爲我兼愛相半之一處不成處出不成出而廢又甚矣二氏有廢有舉者也子莫有廢無舉者也則子莫不翻爲二子笑乎

飢者甘食章　明辨錄云人心亦皆有害只承上文飢渴來不必添出貧賤字言豈惟口腹有飢渴之害人心亦有飢渴之害人爲飢渴所迫每至喪其良心是飢渴不止于害口腹而亦有害于心也君能不以飢渴之害口腹者而有害于心則中有所主而物不能奪所謂從其大體爲大人者也何不及人之有張惕菴曰甘淡泊易忍飢渴難世有壯年盛氣束身立名及至末路途窮或枉尺而直尋倒行逆施以是息肩者有之以是償所欲者有之所謂飢渴害之也始終一節確乎不拔則不及人不爲憂矣老益兼窮益壯此章注鄙也

柳下惠章　李膺范滂諸人學夷而至于隘不知夷之清清而容者也故孔子以不念舊惡言之胡廣馮道諸人學惠而至于流不知惠之和和而介者也故孟子以不三公易介言之

有爲者辟若掘井章　明辨錄曰私欲中開掘箇本源出來如泥沙中開掘箇清泉出來蕭文仲曰盡性之學有由淺入深法蓋必剗除習氣一層又入一層層層剝換精進不已然後人盡天見煩熱盡消如逢清冷之泉孟子云逢源朱子謂源頭活水皆此意

堯舜性之也　撥呂講義云性無不善塗人與堯舜無異也但有生以後此理墮在形氣中遂有清濁偏正之分非復所性之本體矣惟堯舜氣質清明純粹故所稟受于天者渾然繼善之本體無一毫偏駁所以生知安行異于湯武之身之也

久假而不歸節　存異　趙注五伯而能久假仁義譬如假物久而不歸安知其非真有也孫疏云五伯强而行仁則力假之而已然久假而行之

而不歸止安知其非眞有也法言云假儒衣書服而讀之三月不歸孰曰非儒也亦同其旨焉云趙氏章指謂仁在性體其次假借用而不已實何以異在其勉之也按高誘呂氏春秋注歸終也終已也趙蓋以已釋歸不歸即是不已實即湯武身之謂與身之無異也南軒曰假之則非其有矣而孟子云久假不歸惡知非眞有何哉蓋五霸假而暫歸者也桓公于召陵之盟伏王室以責楚可謂義矣而執陳濤塗之擧旋踵而起葵邱之會束牲不殺可謂信矣震而矜之叛者九國此皆歸之速者也若使其久假而不歸亦豈不美乎假之者未有不歸者也使假而能久久而不歸必有非苟然者矣是必因其假有所感發于中而後能然也至于不歸則孰曰非已有有之者不係于假而係于不歸也孟子此言所以與人爲善而開其自新之路也愚按左傳齊人執陳濤塗胡文定曰孟子云久假不歸惡知其非有惜乎桓公假之不久而遽歸也又楚人滅蕭傳云以力假仁者霸霸必有大國楚莊蓋以力假人不能

久假而遽歸者也歸汾陽之田諸侯貳于晉傳趙鵬飛云伯者之求諸侯假義而已不能久假而遽歸之宜諸侯之貳也皆與趙注合

予弗狎于不順　蔣悌生曰予弗狎于弗順詳文意及事理乃伊尹自言我不能狎習于不順義理之人是以有桐宮之舉此正可見伊尹有任底意思若依蔡傳則弗下欠一使字矣所謂不順義理之人正指太甲言也尹再三訓而不改故承上文弗克變而言予不狎于弗順文義明甚孟子集注正如此解　太甲之放時解以為太甲居深宮與宦官宮妾相親狎為所蒙蔽尹故營于桐宮弗使相近竊意不然書云敷求哲人俾輔于我後嗣則湯與尹之慎選近習者諒必甚嚴何至有不順義理之人與太甲相狎即或有之與其放君而犯不韙何若執宦官宮妾盡誅戮之爲甚易乎按公西赤問孔子曰太甲居寵行不義稱君何也孔子曰君子于人稱功而除過太甲即位不明居喪之亂而于冢宰之政伊尹放之于桐憂思三年退悔前愆起而復位謂之明主又趙孝成

王問孔子順曰昔伊尹爲臣而放其君其君不怨何行而得此也子順曰伊尹執人臣之節而猶其君以亂亦行此道而已矣王曰方以放君爲名而先生稱亂何也曰以亂括君使入于善也王曰其說可得聞乎曰其在商書太甲嗣位而于冢宰之政伊尹曰惟王舊行習與性成予不狎于不順王始卽桐邇于先王其訓罔以後人迷王往居憂允思厥祖之明德是言太甲居喪不明人子之道而欲知政于是便之居桐近湯之墓居憂哀之地放之使不知政三年服竟然後反之卽所以執節奉亂事太甲者也率其君以義强其君以孝道未有行此見怨也王曰善哉未之聞也黃度尚書說云古者君喪雖冢宰攝政猶當有所關白放居桐盍使專主喪不復預政事也王徂桐宮居憂孔氏曰居憂位益專促與喪也又云太甲之放爲居喪失亂而自伊訓以下未嘗及之惟敎之亢愛修紀推而顧察天命承事鬼神終先王大業莫不由此居喪失亂豈待指事哉夫執喪不以亂不義莫大焉此漢所以廢昌邑王也

有伊尹之志節　南軒曰伊尹之心始終純一以宗社爲主拳拳于太甲者也秦漢以來惟霍光廢賀立宣之事庶幾心在宗社者然而其始也建立之不審而至誠敦篤又不加焉其于伊尹之志蓋有愧也是以嚴延年劾之以爲擅立無人臣禮而識者有取焉霍光且尒而況于徐羨之輩本爲其一身利害計乎所謂元惡大憝必誅而無赦者也　按廢立之事始自春秋祭仲孫林父甯殖諸人伊尹初無是也伊尹放太甲而未嘗別立君則固無擅立之事矣且放與廢不同廢者自上位而退居下一廢不可復起者也放則自内徂外不過使之不知朝政而已故不賢則放之旣改則反之其位固自君也霍光武人不識伊尹初無廢立之事誤聽田延年之言故史以不學無術斷之蓋學伊尹而差者歟伊霍并稱非也

君子居是國五句　數語君從得位行道處鋪張則君子功業人所共覩何來素飡之譏丑之問原是從君子閒居人國不見有功所以爲疑故

孟子荅他師從居字說下夫君子居是國旣無職業從何處見功不知君子雖無官守然與其君所談論無非先王之道正所謂其言足以與者知孟子在梁告以樽節愛養在齊語以察識擴充在滕示以行助與學在宋示以除暴善鄰人君若用其言大可新已之國次可爲王者師安富尊榮豈虛語哉君子以身作則其所行者皆足爲國人矜式子弟信從有不孝弟忠信乎昔陽城在晉薰其德而善良者千餘人則君子可知矣是君子不但不素飱且不素飱之大者葢他人不素飱只是知効一官能効一職而已君子居是國統一國之君民俾之安富尊榮舉一國之子弟皆能孝弟忠信是其功在一國與他人之功在一職者更有進焉此所以爲大也

王子墊章　王子與士似有貴賤之分不知王子亦士也西山衍義云王子墊者當時國君之子凡天子諸侯之子其未命者皆謂之士觀其所問與其所告則其人必有志者也殺一無罪則非仁非有而取則非義

者戰國時殺人盈野殺人盈城其戮及無罪者衆矣此不仁之甚也侵人疆土奪人財貨非其有而取者衆矣此不義之甚也然當時之君皆干爲此未必知其爲不仁不義也故孟子斥而言之使以不仁爲戒而所居常在于仁以不義爲戒而所由常在于義如此則大人之事備矣

按沈果堂曰衞風庶士有朅庶士君之庶子也君之庶子何以稱庶士古者大夫以上至王公其適子庶子未爵命者皆曰士雖天子之元子亦士也況諸侯乎據此則王子亦在士內但此時王子爲士將來則有君國子民之責故孟子以不妄殺不妄取告之

尚志　李文冉曰尚志猶云士之事在尚志而已高尚其志謂不爲物欲所污功利所奪即下居仁由義是也末句大人之事正見士之志爲莫大之志士之事即爲莫大之事不得云士無事而但有志也岱雲曰并非仁非義之事有所不爲已言其所不爲之事矣而所居所由無不在于仁義又言其所居由之事矣何得指後日言而今只空空一志乎益

治平與修齊原非兩事但未做出大人功業僅僅見之一身則不謂之行大人之事謂之備大人之事謂爲無事夫豈然哉

仲子不義章　趙注仲子陳仲子處於陵者人以爲廉謂以不義與之齊國必不受之孟子以爲仲子之義若上章所道簞食豆羹無禮則不受萬鍾則不辨禮義而受之也人當以禮義爲正仲子辟兄離母不知仁義親戚上下之敘何可以其小廉信以爲大哉南軒曰仲子處於陵齊人高之以爲若斯人者不義而與之齊國亦將必不受也孟子以爲是舍簞食豆羹之義也蓋于人倫之際知其不可信也人之所以爲人莫大于人倫今仲子廢親戚君臣上下而欲以潔其身飾小廉而妨大節其不知義甚矣又烏能不受不義之齊國乎謝梅庄曰此章不以大廉許仲子也仲子辟兄離母上不臣于王下不治其家非人情不可近嚴于一介者或迷于萬鍾矯于平日者或露于一旦以小信大奚可哉厥後楚聘仲子爲相仲子果喜其妻諫之而遁孟子之言驗矣注中云云

無論與人皆信之之字及人莫大焉焉字不合考孟子平日論仲子曰惡能廉惡未必以能讓許之讓國豈是小廉以讓國爲小廉將以何者爲大節況齊人止稱仲子爲廉士亦未有稱其賢而能敦大節者胡爲多此一辨哉周人驥曰此章應主謝說玩以其小者信其大者八字則小者必已然事大者必未然事不受齊國乃未然事也如謝說乃合語氣愚按此節須將簞食豆羹之義看得明白仲子身居於陵非身所親織之屨妻所親辟之纑則不受不食人皆以爲義矣以其小之不義而不受遂信其大之不義亦不受殊不知人所重者大倫也仲子以辟兄離母而爲此則昧于大倫此乃小廉也小廉二字是指織屨辟纑自食其力而言非指不受齊國言也織屨辟纑是小者不受齊國是大者時解乃以不受齊國爲小廉夫不受齊國是能讓萬乘非但讓千乘也何爲小哉趙注以處於陵人以爲廉是信其小以不義與之齊國而弗受是信其大詮解明白較注爲得旨矣

人莫大焉無親戚　親戚父兄也無親戚即指辟兄離母言左傳親戚爲戮謂其父兄大戴禮親戚殁雖欲孝誰爲孝史記舜本紀堯二女不敢以貴驕事舜親戚正義親戚謂父瞽瞍後母弟象也是皆謂父母爲親戚也王云呂氏月令天子焉使乘舟高注焉於也公羊則無人門焉者注同此焉字亦當訓於

桃應章　此章講說呆就舜身上講生出許多支離語并有譏孟子荅非所荅者狂犯可笑惕庵云此章是設詞以觀聖人之用心說議親議貴又說舜能防閑瞽瞍不至殺人皆癡人說夢當時必有以貴戚殺矮枉法者故發此問其說得之子貢問夷齊意不在夷齊而在衛輒也萬章問堯以天下與舜禹不傳賢而傳子意不在堯舜禹而在燕噲子之也此章亦是如此桃應是借舜做箇問頭意并不在舜與皋陶也蓋見當時貴戚犯法人臣多有枉法以宥者應深不以爲然故設爲此問看皋陶亦曾以親廢法否孟子曰執之而已可見爲士者不當以國戚而廢

法曰舜竊負而逃遵海濱而處可見爲天子者亦當避位以伸法況諸侯以下乎一問一答言在古而意在今須當活看王漢階全章題有五藕中一偏爲發法者戒重在臯陶執之與張說同 〔存異〕孟子外書云齊人伐趙桃應將問于孟子孟子曰毋啓殺將心也勿爭功將才也與士卒同甘苦將道也則桃應是仕于齊者未爲將時不知所居何職豈身爲刑官因古有議親議貴之條不便處置故設爲此問歟但身爲將職亦與刑官無異左傳魏絳戮揚干之僕晉侯曰吾子之討軍禮也則爲將者亦不當以貴戚枉法故孟子曰執之而已矣

孟子自范之齊　注以范爲齊邑按曹寅谷云孟子自范之齊蓋自梁而之齊也則以范爲魏邑說亦可參　張鄒以孟子曰三字爲羨文按南軒云首一節初見王子而有歎也末節既見王子後又退而與人議論者然也非係一時之言故另加孟子曰以別之非衍也　心廣體胖面盎背此居廣居者之移氣移體也又李燔云仕宦至卿相不可失寒

素體君子無人不自得若止以挫折驕奢不至居移氣養移體據此則王子爲居養所移品詣尙低不若居廣居者不爲居養所移也其言雖非此章本意而學者亦所當知　陳宏謀曰周秖有候人之設凡賓且爲之導況魯君乎此必別有呼召而守者聞之不必謂魯君自呼門而使之開也王漢階曰當是魯君在垤澤之門有事而呼故守者異之耳趙注呼字是命令意不拘定傳呼

形色天性章　孫疏形之與色皆天性也惟聖人能因形以求其性體性以踐其形故體性以踐目之形而得于目之明踐耳之形而得于耳之聰以至踐肝之形以爲仁踐肺之形以爲義踐心之形以通于神明凡于百骸九竅五臟之形各有所踐也故能以七尺之軀方寸之微六通四避其運無乎不在此所以爲聖人與　周云不曰惟聖人然後可以盡性不曰惟聖人然後可以踐形可知形色即是天性踐形即是盡性無兩層也朱子曰是形是色莫不有當然之則焉莫不有所以然之故

焉故天性不爲精形色不爲粗也孔子曰一陰一陽之謂道則陰陽卽道也葢氣不離理理不離氣陰陽之外無所謂道也孟子曰形色天性則形色卽天性也亦氣不離理理不離氣形色之外無所謂性也宋元以來學者多分理氣爲二質諸孔孟然乎否乎顧成天曰此章從形色指出天性欲人于視聽言動開切實用力與別章泛言天命之旨不同葢有是形必有是性盡是性乃能踐是形有物有則卽器卽道形與性原脫離不得晚村呂氏乃謂天性重形色輕是區形與性爲二失孟子之旨矣形爲衆人所同踐形則聖人所獨程子謂衆人有之而不知賢人踐之而不盡能充其形惟聖人也曰惟曰然後可擡高聖人正以明形之不易踐也呂氏乃謂聖人重踐形輕夫重聖人者重聖人之踐形也若踐形輕則聖人烏足重乎呂氏又謂人每補出雖聖人不過踐形以爲得引進衆人意殊失口氣此說亦非正惟聖人不過踐形所以踐形非聖人不可況天性不出形色外盡性之功亦只在形色中非禮勿

視聽言動則已克而禮復矣造到聖人地位只是動容周旋中禮而已孟子之意正謂一踐形而聖人之能事已畢蓋以聖人作踐形樣子非贊聖人也　王云程子謂人稟五行秀氣頭員象天足方象地則形色天性也惟聖人爲能盡人之道故可以踐形人道者君臣父子夫婦兄弟之類皆是也又曰形色性所有也聖人人倫之至故可以踐形諸說皆指五事此兼五倫說更備　疏云不言踐色者形一定不移色則有喜怒哀樂之變愚按鄉黨一篇記聖人顏色之變莫不中禮是惟聖然後可踐色孟子蓋舉形以包色也疏說未確

齊宣王欲短喪　杜靜台曰宣王短喪未必短爲期故丑教以爲朞猶未于不爲方朴山曰宣王短喪蓋不及期而即已也公孫丑之言所以規之周聘侯曰宣非欲短直欲已莫之禁而弗爲殆與墨之期喪三月者同也觀下兩愈于已可見若宣欲短喪爲期丑以爲期之說猶愈于已[illegible]詞是直教之紾非謂徐徐也據此三說則宣短喪疑即漢文遺詔已

下棺後服喪三十六日魏武之令所云葬畢卽除者也春秋之世以期爲短喪戰國以後則又以不及期爲短喪矣

王子有其母死節　此節注有二説一是古禮已廢故其傅爲之請一是壓于嫡母不得終喪閻參取後説愚謂當以前説爲是王方麓云儀禮喪服章公子爲其母練冠麻衣縓緣旣葬除之此便是終喪也當時此禮以廢故爲之王子有其母死而傅爲之請數月之喪者請得終此制也故曰是欲終之而不可得也若旣葬而未忍卽除則其情雖厚亦爲過制矣　一辨正趙注王庶夫人死迫于適不得行其喪親之數注云壓于嫡母不得終喪非也

定曾子問喪母如母案云儀禮喪服記云公子爲其母練冠麻衣旣葬除之傳曰何以不在五服之中也君之所不服子亦不敢服也大功章云公之庶昆弟爲其母大功傳曰先君餘尊之所厭不得過大功也緦麻章云庶子爲父後者爲其母緦傳曰與尊者爲一體不敢服其私親也

有疾于宮中者則爲之三月不舉因是以服緦也夫親喪下逮庶子之母君在既壓于君君卒又以餘尊厭而僅爲之大功爲君之後又以喪者不祭而爲之緦所抑多矣皇氏爲小君厭屈之說非是孔有庶子厭于父無厭于嫡母自趙岐誤注孟子集注亦沿其失　隨園隨筆云趙注王子有厭于嫡母之說昔晉何澹之因生母喪而嫡母存疑于所服問范宣宣曰婦人無專制之事不得引父爲比而屈降其子也庶子喪于所生之母惟父得厭母不得厭也錢大昕曰公羊傳母以子貴故春秋于成風敬嬴定姒齊歸之薨曰夫人曰小君明爲君母也惟嫡母在則不得伸其母也然天子諸侯爲其生母謂厭于嫡母可也公子爲其母謂厭于嫡母不可也

雖加一日愈于已　此已字即首節猶愈于已之已言因其傳之請雖加得一日猶愈于世之已者下莫之禁而弗爲正是已注已猶勝不加釋之似未確

有如時雨五句　趙注教之漸漬而浹洽也疏云潤之以德漸之以仁善有萌芽則誘之使敷秀性有其材則養之使長茂有若時雨之澤也焦云有達材者材卽才也以有善才就開其性理也翟云財字通材惟囂錯傳貧財不及五帝是其餘多與裁通成德者就其德性以成達裁德須引而進于中行之路以裁成之指狂狷也朱子曰有荅問者未及師承只是來相荅問而已焦云有私淑艾者淑與叔通毛傳叔取也韓詩艾取也蓋私拾取君子之道以治其身是知君子所以教也

道則高矣章　安溪文記云丑不是欲孟子貶其高美欲孟子使已幾及其高美耳又非以其立教之高謂如天不可幾及正謂其立教之循循有序而苦于高美者遽至之無期如天不可幾及耳蓋有好高躐等之弊故孟子告之如此　按丑欲驟希高美而厭繩墨彀率之平故說箇使字孟子則以循序漸進正所以幾及其高美其法不可改變故說箇從字李說甚的今人云貶道貶教皆非

大匠節　國語不過墨丈尋常之間注五尺曰墨倍墨曰丈則墨即今木匠所用五尺也丁公著云率循也謂彀張其弓又當循其射道令必中于表焦云淮南子治日月之行律律與率同行度乃云行率則孟子所云率即書所云省括于度也　按彀率分作二項方與上繩墨一例

君子引而不發節　孫疏君子循循善誘引人于道而不開發又且躍如使進而無退也是其不高不卑但于中道而立教使賢知愚不肖皆從而學之也按引者率引也詩以引以翼鄭箋在前曰引疏謂在前相導之發者盡發而無餘也大雅實發實秀傳發盡發也疏非獨一莖發故云盡發也躍博雅云上也進也易或躍在淵文言以上進釋之六書故云小曰踴大曰躍踴不離故處躍則離其故處凡自下而上進自後而前進皆必離其故處也此言君子教人循循有序但引人于善而不遽以高美之道盡情發洩者非有隱也蓋人之于道必由卑始可及高由近始可及遠故君子之教在前者步步引則在後者步步進引無窮則

進亦無窮向之視爲不可及者自可以漸而及所以知愚賢不肖皆得從而學之也孫以循循善誘訓引進而無退訓躍不卑不高訓中比時解勝　辨正盧齋云引而不發小注曰但啟其端而不竟其說按大注云授以學之之法則非但啟其端而已如博文約禮三綱領入條目之教豈有但啟其端而不竟其說之理夫子曰有鄙夫問于我空空如也我叩其兩端而竭焉尤見其不然也明辨錄云新說謂才引弓之時此矢便躍然于前不必自君子發之而發之之妙已踴躍而可見矣注謂不告以得之之妙非也如告以克己己須自克而克己之妙便在目前教以敬恕敬恕須是躬行而敬恕之妙便在目前天下歸仁克復之妙也邦家无怨敬恕之妙也聖人教人直竭兩端何嘗不告以得之之妙此節分明承上彀率來以射爲喻也引是引滿發是發矢中道而立是射之正鵠能者從之是會射之人能中得中道而立不是非難非易之說且說箇非易益重公孫丑重難之疑蓋言君子之道乃天命人心之

理大中至正之極不可過不可不及也

天下有道以道殉身　玉篇以人送死曰殉以身從物曰佝史記貪夫殉財烈士殉名古本作佝此處疑亦當作佝趙注但訓從而不及殉死此注員活

滕更之在門也若在所禮　紀云滕更在門外極謙恭下士之誠乃存貴賢自恃之見淺者見淺深者見深公都子所見爲若在所禮者即孟子所謂有所挾者也　按公都子君以更是國君介弟理當殊禮相待則眼孔大俗據紀說禮字就更外貌看挾字就更內心看滕更在門就外面觀之于師長處似亦致敬盡禮不知中懷隱傲實無虛心受教之誠隱衷已被孟子窺破故以弗荅抑之

挾貴而問節　明辨錄云長亦不必作年之長于師只于弟子行獨長如曾晳之在孔門蔡季通之于朱子便是勳勞已嘗有功勞于師故謂已于師有舊好張彦陵曰故有二說一是故舊一是故家　按滕更有二

注指貴賢竊意是貴與故孟子往日在滕時更與孟子儕乎輩相與之人也

君子之于物節、朱子曰墨氏以儒者親親之分仁民而親親反有不厚釋氏以儒者仁民之分愛物而仁民反有未至眞西山云天下理一而分則殊凡生于天地之閒者莫非天地之子而吾之同氣者也是謂理一然親者吾之同體民者吾之同類而物則異類矣是謂分殊以其理一故仁愛之施無不偏以其分殊故仁愛之施則有差若以親親之道施于民則親疏無以異矣是乃薄其親以仁民之道施于物則貴賤無以異矣是乃薄其民故于親則親之于民則仁之于物則愛之合而言之則皆仁分而言之則有序此二帝三王之道所以異于楊墨也

放飯流歠　趙注放飯大飯也流歠長啜也齒決斷肉置其餘也于尊者賜食大飯長啜不敬之大者齒決小過耳李中培曰少儀侍食于長者毋放飯毋流歠小飯而亟之小飯與大飯對晏子云飲食君若流㐬者長

孟下　七十一

流不息即長啜也　曲礼毋放飯鄭注云放飯去手餘飯于器中人所穢孔疏放飯者手就器中取飯飯若粘著手不得拂放本器中錢竹汀曰依鄭注飯當讀去愚按三說未確

欽定三礼案云鄭孔說亦可通但如此則非不揣之大者似與孟子不合當以朱子之說爲主

大敗將復之三句　曹之升曰魏圍趙邯鄲邯鄲降齊齊使田忌孫臏伐魏敗魏桂陵惠初立即與二家不睦後遂相仇讎已惠十八年邯鄲軍役中北于齊無時不圖報復至三十年又令太子申爲上將軍以伐趙惟其爲趙故曰復惟在桂陵敗後故曰大敗將復按趙注恐士卒少不能取勝故驅其所愛近臣及子弟以殉之疏云愛近之親臣及親愛之子弟則兼龐涓太子申二人講似尤完備

春秋無義戰節　趙注春秋所書戰伐之事無應王義者也按義上添一王字甚妙征者上伐下方是王義春秋所書皆敵國相征者也豈有王

哉　閻章成曰孟子春秋無義戰彼善于此則有之矣按召陵未嘗戰
而朱子以召陵之類言之則知所謂戰者通一經之用兵而言非專指
戰也考之經例聲罪致討曰伐潛師掠境曰侵兩兵相接曰戰環其城
邑曰圍造其國都曰入徙其朝市曰遷毀其宗廟社稷曰滅詭道而勝
之曰敗悉虜而俘之曰入輕行而掩之曰襲已去而躡之曰追聚兵而
守之曰戍以弱假強而能左右之曰以此十三例者通經紀兵之大略
也而又有書救書次彼善于此者太祇于書救書次見之例曰凡書救
者未有不善者也如子突之救衛鑵書之救鄭齊桓之救邢救許是也
又曰伐而書次其次爲善遂伐楚次于陘是也若十三例中惟伐之一
例有足取如齊桓之伐徐則爲魯救患也晉襄之伐衛則服叛以義也
晉成之伐陳則招攜以禮也晉悼之牛首北林東門諸役則不戰而屈
人者也蓋雖敵國相征而權其情事又當別論故聖人猶有取焉至于
入滅圍敗之屬固聖人所深惡即第以戰論經文二十一戰中亦絶無

可取求其從善于此者誰哉

盡信書則不如無書　書字趙注指今之尚書自堯典以至秦誓是也謂經有所美言之或過若康誥曰冒聞于上帝甫刑曰皇帝清問下民梓材曰欲至于萬年惟王子子孫孫永保民人不能聞天天不能問于民萬年永保皆不可得豈可盡信哉又有指汲冢書言者曹云周書有云馘魔億有十萬七千七百七十九人俘人三億萬又二百三十若然則長平四十萬之說猶爲仁義之師而周武之殘暴又數倍于秦政矣所謂無首虜之獲無蹈難之賞者安在哉又有指兵書言者吳襄鄰曰此所謂書指兵書也兵書有言黃帝力牧風后等事以及孫武吳起司馬之徒皆著書談兵孟子言盡信兵書不如無書即武成告功尚有夸詞何況其他若泛指藝書有何關係

以至仁伐至不仁二句　尚書古文訓引孟子以至仁伐至不仁以至義伐至不義而何其血之流杵哉　翟云論□謂殷周士卒皆貫盛糧

或作乾㯓無需杵臼之事安得杵而浮之盖血流之語既能盡信而杵字尤覺可疑　愚按杵疑樐櫓二字之訛櫓與楯同國策云白起破韓魏于伊闕流血漂鹵漢書載賈子過秦論伏尸百萬流血漂鹵注鹵盾也血流可以漂鹵言殺人多也陳琳檄吳文血流漂樐三都賦血流漂鹵陸機連珠云漂鹵之威不能降西山之節則樐爲正字而杵或係假借或是錯訛俱未可知

革車三百兩二句　書孔傳曰古者馳車一乘則革車一乘馳車戰車也革車輜車載器械者司馬法一車甲士三人步卒七十二人炊家子十人守衣裝三人廄養三人樵汲五人馳車七十五人革車二十五人共百人二車故謂之兩三百兩三萬人也　辨正李甫平曰魯頌公徒三萬據司馬法井十爲通三十家甲士一人徒二人三百家革車一乘士十人徒二十人三千家革車十乘士百人徒二百人三萬家革車百乘士千人徒二千人以百乘三千人計之公車千乘適得公徒三萬人左

傳公子無虧率革車三百乘甲士三千人以戍漕計車百乘士千人適
合甲士三千人孟子革車三百兩虎賁三千人亦然翟晴江曰每車一
兩當有虎賁十人故蘇秦說趙呂氏春秋皆云三千書序言虎賁三百
人非也王引之曰虎賁有爲宿衛之人者立政夏官所言是也有爲士
卒武勇之稱者孟子虎賁三千人楚策秦虎賁之士百餘萬是也虎賁
是士卒故有三千百餘萬若周禮之虎賁但有虎賁八百人而已不得
如是之多也魏策武王卒三千人革車三百兩趙策湯武之卒不過三
千人車不過三百兩淮南秦族訓湯武革車三百兩甲兵三千人與孟
子合故知虎賁即武王之卒非宿衛也不然豈有士卒不用惟率左右
近臣以臨敵乎書序三百人當爲三千因上文三百兩而誤也蓋一車
甲士十人古有此制左傳公子無虧帥車三百乘甲士三千人以戍漕
定二年以車七乘徒七十人管子大匡篇桓公築緣陵以封杞予車百
乘甲一千築夷陵以封邢予車百乘甲千人築楚邱以封衛與之車五

百甲五千又曰大侯車二百乘甲二千人小侯車百乘甲千人楚策曰秦王遂出革車千乘卒萬人皆車一乘卒十人是其制也故革車三百兩得有虎賁三千人不得云三百人也乃孟子趙注既誤以虎賁爲小臣書序又沿虎賁三百人之誤而以虎賁爲百夫長孫奕示兒編不知據諸書以正書序之訛反以孟子三千爲誤傎矣

若崩句厥角句稽首句　存異　崩字從山詩云山冢崒崩是也至于獸角經中未有言崩者惟秦誓有之不知秦誓係僞書乃後人誤讀而然故顧炎武謂罔或毋畏四言割裂武語不成句法當以若崩爲句厥角爲句若崩者言其下拜之衆也蓋武王誓師商人立而聽命其衆若林及聞無畏甯爾二語歡欣俯伏拜倒在地故其勢若崩也厥角者言其叩頭之速也漢書諸侯王表厥角稽首應劭注厥者頓也角者額角也文選石闕銘屈膝交臂厥角稽顙曲水序屈膝厥角請受纓縻與陳伯之書解辮請職蹶角向化梁書武帝告天文蹶角頓顙又贊云千夫百族

厥角闕庭隋書煬帝詔厥角闕塞稽顙闕庭周書賀蘭詳檄云荒服畏威膜拜厥角陳書宗慤傳厥角稽顙委命闕庭是也此節趙岐注云百姓歸周若崩句厥角句額角犀撅地句稽首句聽命句南軒解云厥覆也角額角也百姓趨之若崩句厥角稽顙而惟恐後命句說與趙同宋云百姓歸周若崩言歸之易也猶言從惡如崩也白虎通云崩之言崩崩然潼伏山壞則自高僮伏于地百姓之俯伏頓首似之段云若崩者千萬人一時下拜也厥角稽首者其人或頓首或稽顙也焦云趙謂角犀即是額今云天庭古云犀角國語角犀豐盈相書伏犀貫頂是也鄭注士喪禮曰稽首頭觸地頓首頭叩地論語叩其兩端注叩發動也說文石部厥發石也角部厥有所觸發也厥角者以頭叩地而有所觸發厥角猶頓首故趙云撅地若崩者狀其厥之多而速也三說的當注云

　如角之崩未確

舜之飯糗茹草也　糗有二周禮籩人糗餌粉餈內則八珍糗餌粉飽左

傳韓愠進粱糗服修此是精者富貴人所食王襃賢臣頌藜羹啥糗者
難與論太牢之味昌黎送窮文草船載糗彼與藜羹爲類此與茹草爲
類乃貧賤人所食也又儀礼音義引孟子飯糗釋文亦引孟子飯糗則
古本疑作糗漢書楊惲傳單于得漢美食以爲糗惡彼以糗惡與美食
反對此以飯糗與茹草并言皆是粗惡意國策馮煖篇左右以君之賤
也食以草具漢書楚使至陳平以草具進注草惡也鄭湜方言注今俗
呼能粗食者曰茹礼云茹毛孟云茹草皆茹粗也
被袗衣　儀礼兄弟畢袗元注袗同也論語當暑袗絺綌注袗單也均
與天子衣無關魏書文帝紀作被珍裘其字更誤按說文袗元服也趙
注袗畫衣也二說得之詩元衮及黼鄭箋元衣而畫以龍衮也孫星衍
五服五章解云尚書大傳曰山龍青也華蟲黃也宗彝白也藻火赤也
作繪黑也說文繪繪五采繡也袗元服也言元衣黑色會山龍青華蟲
黃宗彝白藻火赤而成五色也荀子曰天子備五采故大傳云天子衣

二八下孟　七五

服其文華蟲作繪宗彝璪火山龍諸侯無華蟲子男宗彝山龍大夫璪火山龍士山龍　大戴禮帝嚳黃黼黻衣堯本紀堯黃收純衣純讀爲緇言其元質則曰純言其畫采有華蟲則曰黃也據此則袗衣者是于元袞上畫華蟲五色惟天子乃得衣也

二女果　陸筠翼孟作二女婐說文女部婐婐㛂也一曰女侍婐讀如騧孟子二女果趙注從其後說朱子因之愚按當以前說爲正集韵婐㛂美皃古樂府珠佩婐㛂戲金闕呂黎聖德詩曰君月妃煥赫婐㛂注煥赫謂日君婐㛂謂月妃段云婐㛂與婀娜音義皆同俗作婀娜是婐㛂指顏色之美好說二女之名曰娥皇女英廣雅娥英美也方言娃娥美也玉篇瑛女人美稱也詩有女同車顏如舜英注英華也娥英與婐㛂正同此言舜不以二女之美爲樂若固有之卽前篇好色人之所欲三句意若女侍則侍天子后妃乃宮女之稱不當爲正詁至孫疏以果爲果實之果梁玉繩讀果爲祼謂　者后妃獻祼更覺支離

吾今而後知章　南軒曰魏晉六朝之君互相屠戮自今觀之屠戮他人者實自絶滅而已孟子此言欲使時君無動于忿寡怨息爭以保其宗廟親族是仁術也王引之曰然則非自殺之也也與耶同

古之爲關也將以禦暴　孫疏周官司關凡四方之賓客敂關則爲之告有内外之送則以節傳出内之此禦暴也范氏浚曰文王治岐關市譏而不征周公相成王凡貨之出于關者征之足矣何至如末世設爲避稅法沒其貨撻其人劫天下之商必使從關出哉司關所云決非周公法也劉氏彝曰司門譏財物之犯禁者舉而沒之司關凡貨之不出于關者舉其貨罰其人周公于民之意必不若是之察也　按如司關云云則古之爲關亦爲暴而非禦暴矣豈周公之制哉疑劉歆竄入

周于利節　疏云戰國之時無富而敎之術孟子故救以此按府解以此節爲學者說則上二句是喻下二句是正若如疏言則作有國者說亦逼爲國者富之而使民周于利則凶年不能殺矣教之而使民周于德

則邪世不惑亂矣

好名之人節　趙注以上指子臧季札言下引桀指黿美爲證則名乃是指名教之名非聲名之名也困勉錄曰繆當時謂人而好名猶能讓千乘苟非其人則貪汙苟取雖簞食猶見于色此正謂名之一字尚足以維繫其心而不敢肆也雖非正意然與正意亦不相妨

不信仁賢章　孫疏礼義由賢者出政事由賢者出不信仁賢則礼義不興礼義不興則政事不仁而國之財用于是不足也

不仁而得天下未之有也　楊升庵過秦論云秦自始皇二十六年庚辰六王初畢四海始一餘分閏位僅十二年胡亥僅二年子嬰僅四十六日孔子曰雖得之必失之秦之謂矣善乎蘇子由之言曰天生喪亂假手于秦秦亦淫虐無以受之于是不韋乘隙納妾于秦以亂其後六國未亡而嬴氏先亡矣以此推之秦初未嘗得也按子由此論以秦爲亡于六國之先則始皇非嬴秦者乃滅秦者非子之秦始皇父子滅之故

二世戮諸公子殆盡始皇之秦劉項滅之乃信孟子不仁而得天下未之有者其言卽于秦驗之也

則變置社稷　南軒曰撤而更新之周理叏曰趙注毁其社稷而更置之不知如何更置孫疏謂變者變其主也如古以勾龍爲社柱爲稷及湯有七年之旱遂以棄易柱此之謂變置陳無以謂遷稷壇壝于他處如句容有盜改置社稷而盜止下邳多盜遷社稷于南山之上盜亦衰息此說朱子語類取之萬充宗謂水旱之方就此方之社稷變其常祭以示滅殺如郊特牲所謂年不順成八蜡不通谷梁所謂大祲之歲有禱无祀之意愚按如孫說則自古水旱多矣而易祀者止一柱此僅見之事不可爲變置之謚如陳說則古者立社必在庫門內夏左殷右周復左此一朝定制未聞有遷之他處者如萬說于變置之義又不合此變置與上節變置同義則當爲更立之義不但殺其祭祀已也任鈞台曰變置必是毁其壇壝以示責罰之意明春復立耳此說得之

聖人百世之師章　孔子大和元氣不可以風言伊尹之任不善學則爲篡亦不可以風言惟伯夷似秋風之清栁下惠似春風之和其動物爲最速故俱以風言之　存異漢書引此文云貪夫廉懦夫有立志奮乎百世之上行乎百世之下莫不興起以行與奮對詞意較明夷惠身奮乎百世之上而風行乎百世之下所以聞者莫不興起行字跟上風來豈今本脫二字耶

仁者也人也節　松陽講義曰此章是勉人求仁天下的人未有舍仁而可以爲人者天下的道未有不根于仁而可以爲道者這箇仁不是可有可無的乃人之所以爲人也以其具于人之心而非是無以爲心故曰仁人心也以其具于人之身而是非幷無以爲人則曰仁也者人也喜怒哀樂人之情也而合于仁則喜怒哀樂卽爲道視聽言動人之事也而合于仁則視聽言動卽爲道君臣父子人之倫也而合于仁則君臣父子卽爲道若舍仁而言道則非所以爲道矣　存異按中庸仁者

大也鄭注人如相人偶之人又春秋緯云仁者人也以心合也宋注與偶人相偶合也白文人字合字似可依此訓之口氣猶云仁者何謂也乃相人耦之謂也自己心之合于人心者言之則物我无間是乃仁之道也中庸以成己成物爲合外内之道故必己之心與人合而始爲仁道也

戹于陳蔡章　集云說文餒飢也此戹字亦當讀餒按風俗通云孟子絕糧于鄒薛困殆甚則孟子亦有飢餒之事其言此也殆有感而然與

貉稽曰章　貉注音陌丁公著本音鶴按說文貉從豸各聲孔子曰貉之言貉惡也則當讀鶴爲正理分辨也不理者猶云已遭冤枉有口難分也

士憎茲多口　憎字趙本作增訓益愚按此增字與增修其德增益其所不能之增同稽不能盡其在己惟恐人言之有傷孟子曰無傷也士所以增修德業者正在此人之多口時也如毀謗之來愈加自反之學則

磨礲砥礪不惟無損而且有益彼文王孔子何嘗不見愠于羣小而合周至今不殄初何傷哉予亦增修其德法二聖之不隕可矣陸寶甫云孟子所引二詩原自相承上言孔子雖至聖猶未免于見愠下言文王雖見愠亦何隕于聲聞以二愠字貫穿歸重不隕厥問上所以勉積勤修不可作兩平看

孟子謂高子章　趙注高子齊人也嘗學于孟子鄉道而未明去而學于他術故孟子謂之焦云爲間不用謂別人也史記黥布傳以行他道爲間道趙氏謂高子去而學于他道正此爲間之喻也若有頃之間何至遽爲茅塞蓋廢此不行以別有行處爲他岐之惑也周立勳曰心之用大矣勞其心者心日通休其心者心日窒高子當日必有慕于清淨无爲之說而謂無以用之者傷之也故孟子以茅塞警之夫聖人所以處其心者虛虛故天下之務皆從此而生賢人所以御其心者變變故天下之理皆從此而推今高子不能潛之于虛又不能應之于變非茅塞

而何　按清淨无爲者老莊之敎勿求于心者告子之敎與吾儒言
心存心者不同高子從孟子遊而反慕清淨之敎冥其心而不用此正
古注所云去而學于他道者周氏此條足與趙注焦疏相發明
山徑之蹊二句　存異徑字疑當作𨺗方不與下蹊路重複楊子法言吾
山𨺗之蹊不勝其由矣𨺗與陘通山之嶺也說文云陘者嶺也尔雅山絕
坎陘郭注以連山中斷訓之非是陘孟子作徑云山徑之蹊趙注山徑
山之嶺法言作山𨺗之蹊皆即陘字河北有八陘戴東原水地記以八
陘皆兩山中隔以成隘道者一山在兩川之間故云山絕坎陘愚按左
傳孟莊子塞海陘而還注陘督隘道也惟是隘道故與大路相反間介
二字有作隔絕解者馬融長笛賦云是以閒介無蹊人跡罕到注間介
一也言山陘隔絕無蹊徑也宋子庭曰間介雙聲形容山徑隔絕之象
是也亦有作微小解者趙注山之嶺有微蹊間介然人遂用之不止則蹊
成爲路疏云山嶺有微蹊其間之微小介然而已南軒曰猶山徑有蹊

間介然也晁補之游北山記云稍西一峯高絕有蹊介然僅可步李中培曰纖介一介介即皆謂微小無作倏忽解者似從趙注爲長　蹊徑路三字大致相同而中有別路大路也徑小路也蹊則初有足跡而尚未成路也綿詩行道兌矣毛傳兌成蹊也孔疏傳牽牛以蹊人之田則蹊者先無行道初鑿徑路之名兌是成蹊之道昆夷野曠人稀雖有舊道當久荒穢故因士庶之過得成蹊徑也此條說蹊字的當蹊未成路故云間介必用之不止始成大路也

禹之聲尚文王之聲　高子以禹樂勝文其言原未嘗錯左傳季札觀樂見舞大夏者曰美哉勤而不德非禹其誰能修之見舞象箾南籥曰美哉猶有恨蓋禹受舜禪地平天成六府三事允治文雖化行南國然有紂在上猶未洽于天下德同而治不同則其播之管絃者亦必不同子謂韶盡美又盡善謂武盡美未盡善董仲舒以武爲文王樂名文之樂旣不及韶則禹之聲自勝于文孟子闢高子言所以不遠斥其非但曰

何以言之蓋叩其所尙者指何而言也追以追蠡對則其見謬矣故以是奚足哉析之

以追蠡　焦氏筆乘曰遍觀字書并無以追爲鐘紐之説豐氏特因考工記有鍾縣謂之旋旋上謂之幹又因蠡蟲遂傳會以鍾紐即謂之旋蟲穿齧之甚細詳其義當爲槌擊之槌蓋高子以禹樂用之者多故凡槌擊處率皆摧殘欲絶如蟲齧之形也姚文田曰追擊也説文旝字注建大木置石于上發其機以追敵謂擊敵也　存異周柄中曰追是遂字之訛遂鍾之受擊處也考工記鳧人爲遂六分其二以其一爲之深而圜之遂與追形聲相近蠡者蚌殼遂蠡言鍾之受擊處窪深如蠡也江愼修曰鳧氏爲鍾于上之攡謂之隧鄭注隧所擊之處攡弊也隧在鼓中窪而生光有似夫隧愚謂孟子所云追蠡即此所謂隧也以其窪深之謂遂以其槌擊謂之槌擊處本若攡弊年久則愈深如蟲齧孟子以城門之軌轍迹深爲喻正與隧之義合也　按路史禹設五器于庭

而銘于簴曰以道憲我者聲鼓以義告我者鳴鐘以事詔者振鐸以憂聞者發磬以獄復者揮鞀正天下于五聲後世寶用至于追蠡據此則追蠡二字似統五聲而言鼓鐘鐸磬鞀凡受搥擊之處狀皆擺獘似不必專指一鐘說也

城門之軌二句　丁公箸曰古人駕車以兩馬軌謂限之轍迹也孟子言限迹切深以日久爲車所轢多故也豈是一時兩馬而過之使然王介山曰注中所引豐說仍係車多所致此與高子所云用之者多何異汪靈川曰只以深軌非馬力所能成喻蠡鐘非人力所能做惟年久故耳意甚直切只重日久畧過車多若謂車多則軌深豈不與高子用多則鐘做一樣耶曹之升曰此章說禹樂兩馬可貼禹講古者駕馬之法夏駕二馬謂之麗殷駕三馬謂之驂周駕四馬謂之駟孟子曰不知禹聲曷觀禹迹彼城門之軌道出一途車從中央禹以來蓋閱千八百年于茲矣殷之驂由此門也周之駟亦由此門也而謂門限切深猶是夏

先王兩馬之力與此正足破高子以追蠡尙禹聲之誤

齊饑章　仇滄柱曰棠之不可復非關于王之聽否也搏虎之事非善事發棠之政非善政彼馮婦之技其能盡虎乎不如退而修善棠郎再發保無再饑乎不如退而修政夫臧孫如齊告糴君子譏之客齊而再請棠與相魯而急行糴何異孟子所以知幾而默也愚按不曰復請發棠而曰復爲發棠意出再發棠但係孟子爲卿時事當時齊饑孟子請發棠王即以其事諉之孟子故曰爲自免罷後見王于崇仕不受祿退有去志是時無官守無言責若復爲發棠則不在位而謀政未免越俎代庖矣故以馮婦之非已事而干入者譬之　存異卒爲善句士則之句野有衆逐虎此楊升庵說也野有衆逐虎句虎負嵎莫能攖句馮婦趨而迎之句此御覽人事部引孟子文也趙注之于野外見逐虎者虎依陬而怒無敢迫近馮婦恥不如前見虎走而迎攘臂下車欲復搏之翟云趙解迎爲馮婦迎望見馮婦無解御覽引文亦無望見字疑古本與

今不同焦云趨以見虎二字解望見二字斷句馮婦趨而迎之六字斷句是時婦在車中介趨而迎之也將迎矣婦又攘臂下車趨以恥不如前解所以趨迎下車之故而以馮婦二字貫于見虎走迎之上則望見爲馮婦望見明矣　按如翟說白文似無望見二字據焦解經雖有望見亦當二字爲句至馮婦趨而迎之六字爲句御覽已如此讀矣

口之于味章　明辨錄云新説注中把首節命字作貧賤富貴之命下節作爲命所限是以一章之中二命字作兩樣矣况至與不至純與未純之說又是畫蛇添足斷不然此命即天命之性繼之者善也非氣數也孟子爲當時之人把耳目口鼻四肢之欲認作稟受之性便忘了天命之稱其于仁義禮知又槩認是天命之精看得太高不知已落在稟受内遂使性命相離日遠于道故其意謂人于耳目鼻口皆謂與生俱生其性然也無理寓其間不知雖云是性卻有箇天命至善之理就在其中君子不謂只是人欲遂忘天命也此在耳目口鼻中表出箇天命精

微之理來且人于仁義禮知又皆謂繼之者善乃天命之精非吾人所皆有殊不知雖云是命[illegible]已落在氣質中來逼着在吾身上了君子不謂此是天命而又在性以外也是卽仁義禮知中表出箇天命有着落處也兩性字俱是氣質之性所謂成之者性也兩命字俱是天命之命所謂繼之者善也上節是性中有命下節是命在性中也身是軀殼人脫不得軀殼耳目口鼻皆是靈明發竅處耳之聰目之明口鼻四支俱有箇靈明在焉當乎天理卽是靈明本體也吾人仁義禮知只在四體百骸上見故氣質之中卽天理所在非性自性命自命孔子四勿只在心發竅處做工夫舍此無所謂性也故孟子云然此章教人于耳目口鼻處不要看得太粗于仁義禮知亦不要看得太精總是一箇俱在人身上孟子因人認作兩件甘心于欲而暴棄于理故合而言之耳

聖人之于天道也　錢大昕曰經典言天道皆以吉凶禍福言左傳天道遠人道邇吾非瞽史焉知天道孟子聖人之于天道正謂虞舜幷稟文

王拘幽孔子阨困之類此方與下命字合夫同一聖人堯舜壽考孔顏貧夭時命似有不同然窮理盡性之功則一天道雖有盛衰乾惕總無少懈故曰有性焉君子不謂命也左寶森曰天道指吉凶禍福之天道言不以天理言何則聖人之脗合天理乃生知安行豈可以之爲命以聖人之脗合爲命則惡人之違悖天理必將自諉爲命矣注引程子謂仁義禮知天道在人則賦于命者此指天所賦之正理而言非孟子本文命字也旣爲天所賦之正理則無論聖凡皆有卽所謂性之善也下又云然而性善可學而至故不謂之命也此命字又指氣數矣豈不自相抵捂歟惟以福善禍淫之天道爲說論其常則惠迪從逆捷于影響禹謨所謂滿損謙益時乃天道是也論其變則顏子之夭孔子之厄俱天道之不可知者也詳玩孟子此節文意以仁義禮知聖人五者幷列屬諸可知之性而以父子君臣賓主賢者天道五者幷列屬諸不可知之命且父子君臣賓主賢者兼聖人常人言之猶人事之有幸有不幸

也至于天道專屬之聖人者則以福善禍淫之故天于聖人當必不爽而有時不可知者不愈見爲命歟舜之父子文之君臣孔子之于桓司馬晏嬰兼上四者言之更爲賅備　存異　注云聖人之于天道也或曰人衍字段玉裁曰注以天道與仁義禮知爲一類如其說似經文當作天道之于聖人也與上四句文法似不倫由未知經文之賸人字竊謂當作聖之于天道也聖非聖人之謂孔子曰心之神明謂之聖洪範睿作聖小雅或聖或否周官教民六德一曰聖知仁義中和皆性所有則聖亦性所有也說文聖者通也凡心所能通曰聖天道也凡陰陽五行曰星歷數吉凶禍福以至天人性命之理皆是

命也有性焉三句　朱子云孟子到人說性處卻曰有命到人說命處卻曰有性史蓮勺曰前節性也後節命也作孟子口氣便說不去如以此二句作時人說則豁然矣李安溪曰兩不謂是辨明性命之說蓋不與命合一者非眞性不與性合一者非正命不是果有兩項性命而君子

伸抑于其間也

聖而不可知之句　蔡云化字與不可知不同化自我言不思不勉也不可知以人言莫測其所以然也神與聖是兩樣有聖而神者有聖而未必神者如湯武反之爲入聖域而未優故分爲四等如程子說只是三樣人矣引解云神不外于聖但聖不皆神如孔尹夷惠皆聖然夷惠尹可以清和任知之孔子則不可知也

逃墨必歸于楊章　趙云舊謂墨無親疏之别最爲背理楊尚得不敢毀傷之義集注意以此二句爲言反正之漸竊謂不然此亦就一邊見兩邊也逃墨之人始既歸楊既逃楊勢不得復歸墨而歸儒假令逃楊之人始而歸墨亦義不得復歸墨而歸儒可知也亦有逃楊不必歸墨而即歸儒逃墨不必歸楊而即歸儒者非以兩必字拘定一例如是逃如是歸且以斷二家之優劣也楊墨之言孟子并斷之無君無父極之禽獸非有罪名出入也

既入其笠二句　趙鹿泉云：趙注「招，罥也」，招之爲罥爲羈，僅見此注，絕少他證。孟子時楊墨深，望能言距之人而不可得，未必有追究大甚之事。此節乃孟子自明我今之所以與楊墨辯者，有如追放豚然，惟恐其不歸也。其來歸者既樂受之，使入其笠；未歸者又從而招之。言望人之棄邪歸正無已時，笠既處之有常，招又望之無已，如此則不咎其往之意具見。**存異**　笠疑當作苙。正字通云：苙本作互。朱井南易說云：豶豕之牙，鄭注：牙、互通，一作枑。博雅：牙以代罥也，蓋即笠也。胡翌之云：牙，杙也，海岱之間以杙繫豕謂之牙。杙與樴同，周禮鄭注「樴所以繫牲者」是也。按互是眾木交互之狀，謂之梐枑，所以限人物之出入者。周官虎賁氏「舍則守王閑」，注：「閑，梐枑。」疏：「養馬曰閑。」充人「牲牷繫于牢」，注：「牢，閑也。」詩云「執豕于牢」，牢即閑，閑即苙也。苙與笠形近而訛。

有布縷之征章　趙注：國有軍旅之事，則橫興此三賦也。布，軍卒以爲衣也；縷，紩鎧甲之縷也；粟米，軍糧也；力役，民負荷廝養之役也。君子爲政雖遭軍旅量其民力不并此三役更發異時按五經異義周禮說云有軍旅之歲一井九夫百畝之賦出禾二百四十斛芻稾二百四十斤釜米十六斗其說本于國語曰一井出稯禾秉芻缶米此即所謂粟米之征也焦云孟子不言泉布之征而云布縷之征布與縷連稱則布爲布帛此趙氏所以不用夫布里布而以爲軍旅之橫征也且屋粟里布國之常征不容缺緩即用一用三何至民有殍而父子離則趙氏義爲長晏子云師行而糧食則春秋時行軍轉食已有粟米之征布縷粟米既非常賦則力役亦非徒役之正額既轉粟米必有負荷之人所謂勞者弗息也孔廣森曰孟子所言粟米力役之征即國語所云田賦有軍旅之賦則徵之無則已者故趙注云然雖軍旅之歲猶用其一緩其二若三家之中一家從征役兩家不從征者給其衣食一家出布一家出粟是故每井三屋則力役者一屋征布縷者一屋供粟米者一屋而粟因以屋名焉昔魯用田賦是平歲而亦徵軍旅之芻米至實有兵旅仍不

能不計井出夫近于用其二矣戰國時無歲無軍旅幷布縷亦幾成常額故孟子有用其三之嘆

盆成括章　魏叔子曰才者水也水能載舟亦能覆舟知伯有五賢而滅其宗豈不足于才范文子曰賢者寵至而益戒不賢者爲寵驕夫寵者非必爵祿富貴之謂卽才有過人亦天寵也驕以失富貴猶得爲貪賤驕以妄用其才則受害非特一身一家而已而一身一家受禍則益烈如趙括知伯之類是也蕭文仲曰損得十分才方進得一分德進得一分德方用得十分才

孟子之滕章　存疑　朱子曰夫子設科以下舊說以爲孟子之言又以爲此章皆或者與館人問答之詞恐亦或有此理愚按以通章爲或人與館人問答其辭似勝或問之三字爲句與季任章屋廬子悅或問之同一文法問者或人問館人也當館人失屨求而未得時或人見而問之館人心疑已屨爲外人所匿故答曰若是乎從者之廋也或人不滿館

人之言故詰館人曰子以孟子之滕爲竊子之屨來與館人自知失言曰殆非也夫子設科以下則或人代爲孟子辨白之詞故稱夫子平日教人往者不追來者不拒誠以是學道心至斯受之而已矣當從者來學之初必擇其眞心學道者始受業至今日忽背道而有竊屨之事哉館人係市井小人故疑從者之竊或人則熟聞聖賢大道故竊屨之詰始爲從者辨之設科數語終爲孟子明之若如時解或人當面說從者之廋及孟子詰之仍以不保其往爲詭始終疑團未化記者何事將此無忌憚小人載于七篇中哉

人皆有所不忍章　此章似承上章而發竊屨之心卽穿踰之心也當時從孟子來滕者皆係正士其不穿窬何待言然穿窬之事其不爲尙易凡人皆能之若穿窬之類其不爲甚難士人或蹈焉須由有所不爲達之于其所爲凡可以受人尒女之實及以言餂不言餂一槩不爲始無負夫士之名而克充乎義之類非但不爲竊屨已也上章或人爲從者

彰見其無穿窬之心此章孟子爲從者進欲其絶穿窬之類二章連記非無意也　此與仁人心章首節俱仁義並舉而彼章末單言仁者西山云心旣放則所行必差能求放心則中有主而行不失是言仁可包義此章末獨言義者南軒云人之不仁以非義害之也不爲不義而後心可得而存是言義可以包仁也

人能充無受尒女節　朱子曰須是就惡其名處充到那無受尒女之實處王恆齋曰尒女相當在己必懟尒女不當在己必忿今毋論當與不當惟省其慾者而盡絶之省其忿者而盡勵之則充無餘矣

士未可以言而言節　升庵曰鬼谷子有捭闔篇捭開也言也陽也孟子所謂以言餂也闔閉也默也陰也孟子所謂以不言餂也按注以便佞貼言如蘇秦說六國是也國君未嘗求士士輒先去見君逞其議論使人主悅其言而任用之是以便佞取位也以隱默貼不言如范雎見秦王是也國家有未定之策非彼莫定而彼故秘而不言使人主不得不

專任之是又以隱默取位也穿窬者陰取人之財物餂人者陰取人之權勢事不同而心同也【[illegible]正】丁公箸曰字書及諸書并無此餂字郭璞方言云餂音忝謂挑取物也其字從金今此字從食是傳寫誤也姚寬叢語云玉篇食部餂逆兼切古甜字與孟子言餂之義不合當從郭作金旁廣韻上聲餂音忝而平聲又有餂字音纖訓利也說文以餂爲臿屬乃音餂其義與音忝者不同各從其義也焦氏循曰餂乃挑之轉音以言餂卽以言挑也俗以鎖鑰不能開而物挑之正此餂也臿爲今之鍫方言作[illegible]說文作銚正以其挑取上而得名銚有二種一種堅厚因以上挑可多得土一種纖利用以深入此深入者形正近于舌益餂之遺也賈誼曰鉛刀爲銛銛利也惟其利故可挑入其義亦相貫矣

言近而指遠節　趙注言近指遠近言正心遠可以事天也守約施博約守仁義大可施德于天下也正心守仁皆在胸臆吐口而出之四休不與焉故曰不下帶身正物正天下平矣又章指云言道之善以心爲原

當求諸己　焦云趙氏以修其身而天下平明指身言此不下帶暗指心言故以言近爲正心凡人束帶于腰限間心在帶之上胸臆當心亦居帶之上仁守于心世于口故四體不與事天之本不外身心平天下之功不外仁義孟子之指趙氏得之

堯舜性者章　王介山曰此與前言不同前舉堯舜湯武形五伯此則不然堯舜湯武不過舉性反兩箇樣子輕輕撇過下則論性者之難能而反之之事在所不容已弁非平論性反之德之事

[illegible]南軒云動容周旋皆中禮盛德之至蓋生知之事也哭死而哀以下蓋學知之事所謂反之者也夫動容周旋皆中禮是純乎天理無毫髮之不盡德之至盛也若使其勉而中其能皆中乎哭死而哀非爲生者經德不回非以干祿言語必信非以正行亦曰循天理之當然而已若有所爲而然則失其理矣夫哭死而爲生者經德而以干祿此爲私意固也言語必信而以正行亦與此二者同科何也蓋其爲有爲而爲則同也言語本當

信若以正行之故而爲之則是有事焉而正之者也有害于天理矣故注疏云欲以正行爲名而然爲名即是私意君子行法以俟命而已哭死而哀而非爲生經德不回而非以干祿言語必信而非以正行所謂行法也按意必固我之私非所以反形大成之聖故橫渠以子絶四章屬夫子戒學者說爲生干祿正行非所以反形性之之聖故南軒以哭死以下六句屬反之之君子說劉敞意林云君子不然經德不回非以干祿也程子語門人云今容皃必莊言語必信非求知于人但天理當然亦曰循之而已亦以經德四句屬學者言當以動容二句分爲一節哭死至行法合爲一節

哭死三句　熊伯甘曰哭死自然盡哀非爲生者之道當然也趙注出言必信非必欲以正行爲名也焦云非謂弋取方正之名也按求名與干祿是一類

君子行法節　命字注指禍福吉凶俟字指不計功謀利似于章旨不合

語類云聖人是人與法爲一已與天爲一學者是人未與法爲一已未與天爲一故須行法以俟命呂氏云法從此立命從此出聖人也行法以俟命君子也聖人性之君子所以復其性也朱氏芭曰性之所在皆法之所在也但聖人即性是法忘乎法者所以立命君子從法反性行此法者所以俟命行法者既行性之法也艾千子曰忘而安焉之謂命步而趨焉之謂法數條淸白盡窮理盡性以至于命者性之之聖人也何待于俟故千子謂忘而安焉之謂命君子未能遽到盡性至命地位則必用反之之功從容以俟其自化故千子云步而趨焉之謂法命屬聖人言不指吉凶禍福說也

說大人章　南軒曰藐之者非輕之也見外誘之不足動也如是而後在己之義可得而申使在我者不知古制之守則爲其巍巍者所動矣焦云廣韵藐遠也莊子藐姑射之山釋文引簡文注即以藐爲遠此字亦當訓遠嘗聞游說諸侯者以順爲正是狎近之也所以狎近之者視其

富貴而畏之也不知說大人宜遠之遠之者即下皆古之制我守先王之法而說以仁義不曲徇其所好是遠之也以爲心當輕藐恐失孟子之旨愚按此與語末句賤章爲游說二字發出絕大議論德義自樂則襟懷灑落豈必人知而始可囂囂哉古制自尊則志意高遠何必畏彼而視其巍巍哉張子以不爲外誘所動爲藐焦氏以不阿時君所好爲藐甚爲得解至注引楊氏以爲孟子以已之長方人之短猶有此等氣象若孔子則無此矣其說不然白文我吾二字皆代說大人者說法豈孟子自謂哉　藐訓遠者詩藐藐昊天朱注高遠皃建詞辯高馳之邈邈注邈邈遠皃高抗志行邈邈而莫能及也陸機云亦眇眇而凌雲注眇眇高遠皃眇邈藐音義同　周云趙注榱題屋霤也按考工記四阿重屋注四阿若今四注屋四注則東西南北皆有霤尔雅檐謂之樀邢疏屋四垂也榱題是椽在檐下者題椽題也檐下之椽頭長數尺則四垂之軒廣深邃可知故云非制　[illegible]趙注般大也大作樂而飲酒似以

樂作音樂之樂又文選注引孟子作般游飲酒即書所云般游無度也

養心節　趙注養治也朱注寡節也李毅侯曰寡字注以節字貼之甚好時文每將不可無與不可縱二意平說殊失輕重本旨還是有節還佳滄柱曰孟子言寡欲從初學言之也周子言無欲從成德言之也虛齋不察遂疑二說判然不同以孟子指欲之不可無者故只曰寡周子指欲之不可有者故必言無豈知聲色貨利人生不可有之欲皆緣耳目口鼻人心不能無之欲而起乎其為欲原無二也吾能寡之又寡以至無則聲色貨利不足動心而耳目口鼻百體從令者亦并不可以欲言矣故孟子言寡欲正欲漸次克除歸于無欲而後已猶寡過者欲其漸次遷改至于無過而後已如云欲不可無但可寡則亦可云過不可無但可寡乎例看自明

曾晳嗜羊棗章　陳禹謨曰嘗過鄒登嶧山或以羊棗啖予其狀絕類柹大僅如芡實蓋名為棗而去棗遠矣何義門曰羊棗非棗也乃柹之小

卷下　孟　八十九

者初生色黃熟則黑如羊矢其樹再接即成柹矣王餘英曰羊棗形與味皆近柹北方多有此樹自爾雅以遵羊棗列于棗類郭注引孟子曾皙嗜羊棗爲證趙注又以棗名釋羊棗南人未見其形僞疏遂以羊棗爲大棗甘者其類則樲棗之屬其誤益甚　按子虛賦樝梨梬栗注梬梬棗也李善注梬棗似柹而小名曰梗上林賦梬棗羊梅內則芝梗賈氏云芝木湛梗軟棗

孔子在陳章　周云萬章以鄉原爲是狂獧爲非欲問鄉原故先從狂狷引起思狂狷是賓惡鄉原是主張云此在陳是哀五年孔子由蔡適陳忽遭困阨此時賢才極盛四科在側絃歌足慰無可繫思惟琴張曾皙牧皮不在側因而結念歸來欲加陶鑄耳不然孟子所指曾點之外琴張牧皮無所表見何足當此重任乎

不忘其初　朱芭曰初者先天之本體也若鄉愿純是後來僞飾的像見　按禮運反本復古不忘其初疏本是末之初古是今之初故曰本

初曰古初狂者不忘本初故不下同乎流俗不忘古初故必上法夫古
人也
如琴張曾晳節　琴張趙注以爲子張非也左傳琴張聞宗魯死注琴張
字子開正義曰賈逵鄭衆皆以爲子張鄭顥孫師服虔云子張少孔子
四十餘歲宗魯死時孔子年四十知未有顓師耳又檀弓
御案云季武子卒在昭七年孔子年方十七曾晳少于子路年方六七齡耳
未必有倚門而歌事則朱注所引亦未可信
其志嘐嘐然曰　蔡虛齋曰志大則行字言須將其志徹讀謂以言乎狂
者之志常嘐嘐然曰古之人古之人動輒慕古也　按文法與其心曰
囂囂然曰一例
夷考其行而不掩句　王引之曰夷語助也大雅靡有夷居靡有夷瘳
言爲害無有終極如病無有瘳也而解者訓夷爲常失之矣有億兆
夷人言億兆人也孟子夷考其行而不掩言考其行而不掩也而解者

訓夷爲平失之　說統云不掩者不遮蓋以自掩非行不掩言之謂李毅侯曰狂者學問已成箇大光段故曰斐然成章不是門一樣身又一樣爲行不掩言也若言行相悖至若今狂之蕩夫子思他何用王陽明曰不掩其言謂其光明正大全不自家掩護也王已山曰此節語意都是從他好一邊說按不掩與不顧有別顧照顧也行不顧言是歹處掩塗飾也行不掩言是好處

狂者又不可得　王罕皆曰上文既說琴張諸人如何說不可得蓋此處是另起一頭遥接上文必也狂狷乎句落脈見得夫子既思狂又思狷蓋其亟于傳道之心不惟嘆中行之難得意中又慮狂者又不可得也如此看則又字天然落脈不可得三字亦員若粘煞貼身上文便人死港矣說統云是又其次也其字仍指中道言與前故思其次也其字相照

則曰古之人古之人　存疑趙注鄉原者外欲慕古之人而其心則古

之人何爲踽踽涼涼生于今之世而無所用之乎南軒曰何以是嘐嘐三句譏狂之詞則曰古之人古之人行何爲踽踽涼涼此譏獧之詞也謂古人操行何必拘拘之若是乎二條俱以則曰古之人古之人屬下與聯解異然人惟趨時斯不慕古此與生斯世也爲斯世也善斯可矣意義一串爲斯世也善趙以五字斷句

萬子曰　【異同】趙邠卿曰萬子卽萬章鹿泉云孟子七篇萬章傳述之功爲多其于究論古帝王聖賢言行惟萬章獨勤以詳孟子之功莫大于稱仲尼稱堯舜闢楊墨而此章又終之辨鄉原所以爲萬世之防實萬章有與發明之此章則其問答將畢之事故特着子稱焉以結七篇之局臧氏琳曰鄉原爲賊萬章不問則孟子不言後人終不知其爲賊亂德者接踵于世而堯舜之道不可得入矣是非有萬章不可故特稱子以美之

同乎流俗五句　方云同流合汙是學聖人之包荒而媚夫小人忠信

廉潔是學聖人之完行而媚夫君子所以衆皆悦之

惡莠恐其亂苗也　詩不稂不莠毛傳稂童粱也莠似苗也鄭箋無稂莠者擇種之善民力之厚時氣之和所致孔疏莠苗既類禾實亦似粟若擇種去其細粒鋤禾除其非類則無稂莠亦由時氣之和使然焦云莠有二御覽引韋昭問荅云甫田莠今何艸荅曰今之狗尾也夏小正四月莠幽國策西門豹曰幽莠之幼也似禾爾雅釋艸云莠萋也幽萋莠一聲之轉說文艸部以萋次蓈蓈即爾雅釋艸之孟狼尾漢書音義蓈狼尾艸也蓈爲狼尾萋爲狗尾所以相次也則狗尾之名莠乃萋之假借字也此不稂不莠傳既以稂爲童粱說文禾部蓈禾粟之穗生而不成者謂之童蓈重文稂字即蓈字爲不成秀之名蓋禾病則秀不實實者下垂不實者直立而獨露于外童之爲言猶獨也稂是生而不成者子是說文即莠字次之莠禾粟下揚生莠也揚若簸揚之謂粟之不堅好者簸揚之必在下今人俗呼爲下揚農桑輯要云穀種浮秕去則無莠

徐鍇亦云莠出于粟秕今狗尾艸偏野皆不種自生不關粟秕所種則下揚所生之莠乃別爲一物與莠之爲狗尾者異也盖即禾之莠而不實者故即以莠名之根莠一類根成于病莠生自種爲有別也下揚中有米而不全俗謂之半掩故能生也程氏瑤田以下揚爲飛揚段氏玉裁以下揚爲下垂難乎達矣

惡佞三句　趙注佞人諂諂似有義者利口辯辭似若有信明辨錄云佞者胸中有才智不義之事他很裝成道理出來利口者無他才智只口舌利辨以無爲有似有信者　按孟子引孟惡鄭聲恐其亂雅也此處或是雅字或脫雅字俱未可知

君子反經節　孫疏經者即仁義信德也如佞利口鄉原者是不經也君子去其不經以反復乎經則其經斯適于正而不他故義以立而不爲佞亂信以立而不爲利口亂德以立而不爲鄉原亂此庶民所以興行又不爲兩歧之惑矣王觀濤曰此章以中道爲主中道即所謂經也狂

狷未能中而可進于中故孔子思之鄉原似中非中而實賊乎中故孔子絕之欲絕鄉原只在反經則思狂狷亦欲進之于中以傳經常之道于不泯耳趙云經對權說天下惟權之一說爲邪慝之徒易假以行其意之所便鄉原之生斯世爲斯世善斯可矣即爲權之說者也其敝由于不知經明有經而以爲不足守别求所爲權者處之徒畔經而已故斥之爲賊而告以反經狂者進取取此經狷者有所不爲不爲不經是以可與聖人惟有教人以經未嘗教人以權故中庸終結之曰惟天下至誠爲能經綸天下之大經孟子亦終之曰君子反經而已矣　李又冉曰章旨本是思狂狷惡鄉原乃結局處獨歸庶民最當着眼益徒棄幾箇狂狷嘐嘐踽踽只供鄉原譏笑濟得甚事持世君子所以思狂思狷正要與吾黨共鼓舞庶民庶民既興野夫游女皆有志氣骨力則闒媚風氣如雲霧之消散矣

由堯舜至于湯章　此章有側重見知者謂不有見知安有聞知然則湯

豈得聞于禹皐耶文豈得聞于萊朱耶孔子豈得聞于望散耶孟子時已無見知何董賈王韓以及周程朱張後世又有聞而知之者乎竊謂立言本旨重在知字見固是知聞亦是知在當時則爲見在後世則爲聞見聞二字不必深泥不過分出兩種人以爲遠近之别耳有見聞并重者方氏明辨錄云一説孟子論道統一脈相承某是見知某是聞知從來兩項人接續不斷末嘆今已無見知其脈斷了則後世想亦無聞知也不可謂聞知者必得見知以啟之又有側重聞知者吳因之李岱雲之説是也吳因之曰此章之旨本爲憂道失其傳而發見前聖之道皆有所傳而後聖之道遂失其傳豈不大可憂耶是一篇立言歸束處又在聞知上大抵見知者各節語次之所重而聞知者則通章脈絡語究竟之所重也若單重見知輕看聞知則是叙道統所由傳而非憂道失其傳之本旨矣李岱雲曰此章説一箇由堯舜至于湯由湯至于文王由文王至于孔子則已着意在聞知上盖聖人之興德澤至五百年

後必將漸息非再得聖人整頓一番則聖道絶而人心死矣然聖人之道既能及五百餘歲之後豈有不足及同堂之理故未有聞知先有見知孔子同堂之上見知甚多眞能知之盡而可以傳道者不過顔曾到戰國時才百餘年異端蠭起此時正少箇擔當聖道之人不得然而二諸說氣何等危悚集注已無有見而知者矣豈復有聞而知者乎惟恐沒見知正惟恐沒聞知也愚按二說俱側重聞知甚是聞知之人比見知較難而關係尤重無聞知則聖道絶矣故孟子深有望焉夫道統之絶續存乎其人何必限定五百而始聞知曰五百者舉大概也但百餘年內去聖近而聞知易五百年後去聖遠而聞知難由孔子而來六句孟子正以去聖未遠有心斯道者正好于此時擔當做箇聞知之人乃環顧斯世去聖近者尚不能聞五百後去聖遠者又安能必有聞也講作孟子自任尚未得旨惟總注憂後世又云俟後聖者近之

存異 趙注見而知之謂輔佐也親見聖人之道而佐行之聞而知之相去卓遠

遂聞前聖所行退而遵之以致其道焦云堯舜湯文以此措之天下一時輔佐之人皆見而知孔子但聞知而不能措之天下使當時賢者得見蓋自孔子時已無有見而知者况已生百年後則亦無有見而知之者矣

由湯至于文王二節　趙注萊朱亦湯賢臣一曰仲虺是也唐宰相薛氏世系表奚仲為夏車正禹封為薛侯奚仲遷于邳孫仲虺復居薛為湯左相臣扈祖已皆其胄裔也王伯厚曰孔傳散姓宜生名按人表女皇堯妃散宜氏女當以散宜為氏閻云大戴禮帝繫篇堯娶于散宜氏之子謂之女皇與人表合　按皇矣詩傳文王囚羑里散宜閎夭求美女奇物以獻紂帝王世紀散宜懷金與紂疑俱不確左傳北宮文子云紂囚文王七年諸侯皆從之囚紂于是乎懼而歸之可謂愛之當以此說為正若文以黃金等物獻紂以釋其囚何以為得道之聖人若散宜承文之命廣求異物以免其主何以為見知之賢相且紂已有妲己又以美

女獻之已有虎豹又以名馬獻之已有鹿臺又以黃金獻之散宜生不且與紂同過耶

近聖人之居二句　史記孔子世家生昌平鄉陬邑索隱曰陬是邑名昌平鄉號孔子居魯之陬邑昌平鄉之闕里也張知節曰括地志云故鄒城在兖州泗水縣南六十里昌平山名鄉取山爲號故闕里在泗水縣南五十里輿地志云鄒城西界闕里有尼邱山按今尼邱山在兖州鄒城闕里即此也後徙曲阜仍號闕里　史記孟荀列傳孟軻騶人也索隱曰鄒魯地名譚仲對曰史記紀孟子鄒人不示鄒國人猶子路卞人曾子武城人武城及鄒皆魯之下邑孟子書云葬于魯不云葬于鄒明魯爲父母之邦也郰在兖北青城鄒在兖南徐境道理甚遠安得云近說文陬孔子鄉孔子所居名故鄒城去孟子所居五十里以邑則孔孟皆鄒人以國則孔孟皆魯人孟子對鄒穆公其詞倨不稱臣鄒人與楚人戰明乎鄒非本國也樂正子語平公曰君奚爲不見孟軻君前臣名

也曰後喪踰前喪棺槨衣衾之美專議孟子家事明其爲父母之邦也

則孟子係魯國人非鄒國人明矣

然而無有二句　張云孟子言及今若不負荷修明將來必至暗昧失墜

自任者十之一責望門徒共立志仔肩者亦十之三非無故作此歎後

空語也愚按二句謙任俱有蓋直言當世竟無其人未免輕量天下士

若謂自己得聞聖道則又涉于自夸故陸善經本作然而無乎尔則亦

有乎尔注無乎尔有乎尔疑之也不限定以爲有亦不限定以爲無語

甚員活比今本勝之焉哉也以者勿見人觀可

四書異同商補訂上孟

新化漢臯黄　鶴撰　男鏡亭　瑚　孫　愚谷節香　述園銘祖　仝校

孟子

崔氏述曰孟子至梁不在惠王三十五年當在後元十二年襄陵既敗之後蓋惠王三十七年始僭稱王惟既稱王故孟子稱之曰王惟既敗故有喪地之語又云後人疑孟子當尊周室不當勸齊梁行王政不知周顯王時固已失國至東周西周君判然兩國已降同諸侯是時民困已極孟子急於救民故告以王政保民之事此時而責以尊周是不識時勢而妄議也

孟子題詞

孟子鄒人也名軻字則未聞也鄒本春秋邾子之國至孟子時改爲鄒矣國近魯後爲魯所并又言邾爲楚所并非魯也今鄒縣是也說文鄒孔子

鄉也或曰孟子魯公族孟孫之後故孟子仕於齊喪母而歸葬於魯也三桓子孫旣以衰微分適他國

千乘之國

日講云爲上者而謀取乎下爲下者爲利而謀取乎上是上下交征利也危亡之禍不自此而起乎將見萬乘之國或有弑其君者應非他人必是千乘之家以彼所利在萬故不得不弑也千乘之國或有弑其君者應非他人必是百乘之家以彼所利在千故不得不弑也夫君有萬乘而臣取千焉君有千乘而臣取百焉以義揆之不爲不多亦可相安於無事矣苟爲後義而以利爲先不弑其君而盡奪不止若以仁義則無是王誠欲爲國亦惟曰仁義以使人愛親敬君而已何必曰利以啟人弑奪之心哉

存疑李云萬乘之國卽指七雄千乘之家如魏冉封陶黄歇封吳是也萬乘言國則非天子千乘言家則非諸侯趙注萬乘兵車萬乘謂天子也千乘兵車千乘謂諸侯也夷羿之弑夏后是以千乘取

其萬乘者也申侯與犬戎弑幽王是爲千乘弑萬乘者千乘當言國而言家者諸侯以國爲家亦以避萬乘言國故言家君臣上下之詞周制君十卿祿君食萬鍾臣食千鍾亦多故不爲不多矣朱注萬乘之國者天子畿内地方千里千乘之家者天子之公卿采地方百里出車千乘也

【補訂】愚按二説皆非也千乘弑萬乘百乘弑千乘皆係孟子據理逆料之言非三代上實有是事乃引夷羿申后爲證呆矣且卿祿萬鍾而云君萬臣千數亦不合千取百焉尚係周制若萬乘取千乘此戰國始然非周制也

萬取千焉 三句趙注以周制言固非時解以十分取一正義之所在亦錯千取百焉承上千乘之國百乘之家而言尚屬周制所有至萬乘之國諸侯而僭天子千乘之家人臣而僭諸侯春秋戰國方有皆先王之法所必誅者以此爲義未之所聞有王者起千乘之家必損而百方可言義

顧鴻鴈

日講王立於沼上乃顧鴻鴈麋鹿問於孟子曰

雖有臺池　國策梁王魏嬰觴諸侯於范臺酒酣請魯君舉觴魯君興避席擇言曰楚王登強臺而望崩山左江而右湖以臨彷徨其樂忘死遂盟強臺而弗登曰後世必有以高臺陂池亡其國者今君前夾林而後蘭臺強臺之樂也據此則惠王於臺池鳥獸恐不免獨樂之病故孟子以是箴與

河內凶　潘云河自華陰至大陸曲繞冀州在河北者通謂之河內然惠王所舉河內就魏所有言故安邑也自龍門南至華陰在西者爲河西在東者爲河東然惠王所言河東指大梁乃惠王所徙之都在大河東南故亦稱河東國策秦告魏曰決滎口則魏無大梁又曰陸攻則擊河內水攻則滅大梁故知大梁在大河東南　今江西省在江南西俗稱江西少一南字猶河東亦少一南字　按左傳晉惠公賂秦伯以河外

列城五東盡虢路南盡華山注河外河南也東盡虢略從河南而東盡虢略也虢叔死焉此東虢也虎牢在焉　王義門曰河自龍門而南至華陰而東晉在西河之東南河之北以河北爲內河南爲外據此則河內卽安邑河東卽河外與

以五十步笑百步　王好戰殘民與鄰國同而獨望民之多此何異于五十步笑百步者乎

數口之家　趙注農夫上中下所食多少各有差故總言數口之家也後文又云八口之家趙注八口之家次上農夫疏舉其次以見上下

謹庠序之教　周官五曰聯師儒疏云鄉立庠州黨及遂皆立序

而不知檢　趙注不知以法度檢斂也疏而王不知檢斂釋名廉斂也自檢斂也古文作撿從手撿身若不及正義檢讀攝斂

東敗於齊　惠王十八年伐趙趙求救於齊齊威王用段干綸之策魏敝而敗諸桂陵三十年魏又伐韓齊宣王召大臣而謀曰張丐謂晚救之

韓且折而入魏田臣思謂韓魏之兵未敝而我救之是我代韓受魏之兵顧反聽命於韓也因以結韓之親而晚承魏之敝韓以有齊五戰五不勝東愬於齊齊因起兵擊魏大破之馬陵禽龐涓虜太子申據國策史記魏世家同所載甚明諸書以長子死爲齊救趙殊非

無以則王乎　趙注既不論三皇五帝殊無所問則尚當問王道耳四書辨疑以王當從本字無以無以言也桓文之事既無以言則言王道可乎李中培曰王字上對桓文之事下詳保民而王宜讀去聲爲當

折枝　存異　莊子云隳枝體枝與肢通唐張柬之請罷兵戍姚州疏云折支諂笑取媚蠻夷拜跪起伏無復慙恥國策郭隗曰詘指而事之北面而受學則百己者至注詘指猶言折節也詘古屈字斂手屈指折腰屈膝皆折枝也

春省耕　擦呂講義云周官鄉師歲時巡國及野而賙萬民之艱阨以王命施惠蓋王者有事不能春秋時省則鄉師代王巡行以王命施惠也

仕者世祿　吳氏澄曰古之大夫元士有家有家者何謂都邑有食采之田以奉宗廟子孫雖不世爵而猶世祿承家之宗子世世守其宗廟而支子不得與焉宗子出在他國而不復然後命其兄弟若族人主之此古者大夫士之家所以與國咸休而無時或替也

古公亶父　崔氏述曰夏商周未有稱爲某公者公亶父相連成文猶所謂公劉公非公叔類是也古公亶父猶言昔公亶父又云太王流離播遷之不暇何暇謀商閟宮詩語夸誕僖公乞師於楚以伐齊而此語反謂荆舒是懲則爲商一語豈可信以爲實

未聞弒君也　崔武承曰周介戎狄之間乃商政所不及至寖昌寖大又商所不能臣紂與文武原無君臣之分但爲名號正朔所存故論文武者但論其實爲紂臣與否不問其伐商不伐商果君臣也則曹操雖不篡漢而罪與丕無殊非君臣也則武王雖伐商而至德與文王無異又云周自立國於岐與商無涉文王未嘗立於紂之朝所謂服事殷者不

過玉帛皮馬卑禮以奉之耳非委贄而立於其朝也

國人皆曰賢然後察之　攷呂云未可勿聽不但左右諸大夫之言即國人之論亦然然後二字通承上文謂徧訪左右諸大夫國人矣然後從而察之也察之而國人之言是則從國人左右諸大夫之言是則從左右諸大夫左右諸大夫國人之言皆非則違衆而從所察之實益三者之論雖合而猶察非必三者皆合而後察也

則必使工師求大木章　趙注工師主工匠之吏匠人工匠之人也人少學先王之道壯大而仕欲施行其道而王止之曰且舍置女所學而從我之教命此何如也　雖有萬鎰必須玉人能治之耳至於治國家而曰從我是爲教玉人治玉也教人治玉不得其道則玉不得美好教人治國不得其道則何由能治乎疏治國家固當以先王之道治之而曰月舍去女所學而合從我教命則何以有異於教玉人治飾玉哉語類問玉人彫琢玉集注不能自治而付之能者愛之甚也治國家則不能

用賢而徇私欲是愛國家不如玉也此莫是餘意否曰正意是如何曰正意是說玉人自會琢玉何須教他賢者自有所學何用教他舍其所學後譬只是申解前譬　按孟子云今天下地醜德齊莫能相尚無他好臣其所教而不好臣其所受教是此章發論本旨如趙注方與白文教字合若訓教爲使則不倫矣何以異言不異也文法與何以異于是是何異于刺人而殺同

萬鎰　通義吳氏曰鎰本作溢以米一升加滿而名二十兩金之鎰重亦如之粟米之法一溢爲米一升二十四分升之一故國語吳都賦注逕誤以二十四兩爲溢阮氏校勘記云經注中鎰字皆俗字也當依喪服作溢溢之言滿也滿於十六兩爲一斤之外也鄭注云二十兩爲鎰趙同若國語二十四兩爲鎰此別一說僞疏不了　按溢滿也朝一溢米王氏肅謂滿手曰溢敖繼公曰兩手曰掬一手曰溢是也滿于一斤之外爲溢說文溢益同數登于十則滿更加倍之曰益

三旬而舉之　禹征苗三旬苗民逆命文王伐崇軍三旬而不降宣王故以三旬而以爲與

取之而燕民悦則取之　趙注武王伐紂而殷民喜悦簞彼元黄而來迎之是以取之也文王以三仁尙在樂師未奔取之懼殷民不悦故未取之也

日講云孟子對曰王欲知天意當觀民情設使取之而燕民喜悦歸附于齊則是人心已離天命已絶斯可取之右之人有行之者武王是也當時紂惡貫盈人心皆已歸周故伐商以有天下設使取之而燕民不悦思戀故主亦是人心未離天命未絶則當勿取古之人有行之者文王是也當時紂惡未稔人心猶未忘商故服事以終其身也今燕之可取不可取王亦惟決之于民心向背何如耳

事齊乎　哀元年楚子圍蔡蔡人男女以辨使疆于江汝之間而還蔡于是乎請遷于吳疏云杜以爲楚使蔡徙其國都于江北汝水之南自擇

疆宇欲令遷都近楚爲楚屬國蔡人心雖不肯權宜許之楚還之後蔡更自議已與楚惡不如事吳故請遷于吳以吳爲援爲明年蔡遷州來傳三年蔡遷于州來注畏楚而請遷故以自遷爲文

事之以皮幣段　此段書諸子與孟子所言事同而詞則小異書傳略說云狄人欲得菽粟財貨鄭康成易注事之以牛羊與此事之以皮幣合莊子呂氏春秋云狄人欲得土地太王曰與人之兄居而殺其弟與人之父居而殺其子吾不忍也書傳略說云太王屬耆老而問焉曰狄人又何欲曰欲土地寶又曰與之耆老曰君不爲社稷乎曰社稷所以爲民也不可以所爲民亡民也耆老曰君縱不爲社稷不爲宗廟乎曰宗廟吾私也不可以私害民與此不以其所以養人者害人合書傳云遁梁山邑岐山周人束脩奔而從之者二千乘一止而成三千戶之邑天作高山鄭箋云太王自豳遷岐居之一年成邑二年成都三年五倍其初史記周本紀云豳人舉國扶老攜幼盡復歸古公于岐下及他旁國

聞古公仁亦多歸之與此從之者如歸市合

吾聞之也　綿詩注疏云吾聞之也土地所以養人君子不以其所以養人者害人

告子先我不動心　李中培曰浩生不害趙注浩生姓不害名齊人告子篇首云告姓名不害兼治儒墨之學嘗學于孟子而不能純徹性命之理則告于浩生兩人異姓同名朱子于浩生章引趙氏而不動心章云告子名不害用趙氏告子篇首移注閻徵君謂趙氏誤以浩生名注告子朱子沿其誤非也趙氏一云浩生姓一云告姓既明作兩人矣又翟氏考異引文選陳琳爲曹洪與魏文帝書注引墨子云二三子復于墨子曰告子勝仁疑勝即孟子所謂告子之名然墨子與孔子同時則墨子所云告子非與孟子同時之告子矣潘云墨子宋景公時人告子與孟子同時見于墨子者未必即見于孟子之人陳孔璋書云有子勝斐然之志尤與寂守其心者不似

孟施舍之守氣　李中培曰上節守約與本節守氣守約皆當于守字下微逗句困學紀聞云周子靜爲學官少司成襲蓋卿以人之守氣不如守約命題子靜曰氣不與約字對言守理爲約也按趙注云舍雖守勇氣不如曾子守義之爲約也孫疏云義以行勇則不動心提出義字早爲後文配義集義張本

敢問夫子之不動心至勿求于心（節首曰字宜在告子上）　語類問告子之不動心是否曰告子之不動心是粗法或强制不動不可知或臨大事而不能不動亦未可知非若孟子酬錯萬變而不能不動也其不得于心者固當求之心不得于心勿求于氣者不失其本猶之可也夫心之不正未必皆氣使之故勿求于氣未爲盡失伊川曰人必有仁義之心然後有仁義之氣粹然達于外所以不得于心勿求于氣可也又曰告子不得于言勿求于心蓋不知義在内也朱子曰告子徒見言之發于外而不知其出于中亦義外之意也故孟子斷然以爲不可于此可見告子之

不動心所以異于孟子而亦豈能終不動哉

志壹則動氣　葉永溪文志壹就常講重善邊氣壹就變講重惡邊

氣壹則動志　問氣壹則動志此氣字是厲氣否曰不必把作厲氣但動志則已是不好底氣了志動氣者十九氣動志者十一須是以之爲主

無暴其氣孟子乃贊說此一句所以公孫丑復辨

今夫蹶者　蹶者猝然動也爾雅蹶動也蹶蹶敏也郭注搖動貌詩良士蹶蹶注蹶蹶動而敏于事也是動之速意

我知言二句　知言便是知得這義知言者知理也孟子既能知言又能養氣自然心不動蓋知言本也養氣助也三者恰如行軍知言則其先鋒知虛識實者心恰如主帥氣則卒徒也孟子則前有引導後有推助自然無恐懼紛擾而有以自勝告子則前後無引助只能孤立硬做去所以與孟子不動心異也至集義工夫乃在知言之後不能知言則亦不能集義　問浩然之氣集義是用工夫處否曰須是先知言知言則

義精而理明所以能養浩然之氣知言正是格物致知苟不知言則不辨天下許多淫邪詖遁將以爲仁不知大非仁將以爲義不知其非義則將何以集義而生浩然之氣乎潘云告子恐以言累心見心又非可求助于氣只寂守其心不知言即義之存故外言不知氣載義以行故外氣外言外氣無非外義心爲無宰之心終難孤立耳孟子見言即義之存由精義而知言以爲心之前導可以不疑見氣載義以行由集義而養氣以爲心之後勁可以不懼不疑不懼胥宰于義心何由動乎

難言也　何義門曰難言也難字正是與不難相對集注心所獨得不是空言浩氣由于集義集義由于知義心者氣之宰義又心之宰功夫來脈至遠所以難言

配義與道　配從而合之也氣須是隨那道義如云地配天地須在天後隨而合之婦配夫亦然畢竟道義是本道義是形而上者氣是形而下者

是集義所生者　是此心合于義而後生出此氣趙注由中而出集義謂如十事有一事不合于義則便須媿須集聚衆義然後是氣乃生非是于外求得是義而摶出此氣也又云是氣是集積許多義理而生非是將義出外面襲取掩撲此氣來此兩句是掉轉說如云我固有之矣非由外鑠我也蓋義本于心非自外至積集此義而生此氣則此氣實生于中也行有不慊于心則餒者言心有不慊即是不合于義而此氣不生也是豈可得而掩取哉告子乃不知此而以義爲外則其不動心直強制之而頑然不動耳非有此氣而自然不動也告子之病蓋不知心之慊處即是義之所安其不慊處即是不合于義故直以義爲外而不求我故曰告子未嘗知義以其外之也　輯五瑞輯合也集與輯同是集合之集朱注訓爲積集而與一事反對尚隔一層

必有畐焉　趙注訓福古福字作畐與事相似六書正僞從高省從田高有厚之義田所以厚生也會意

賢於堯舜遠矣　趙注孔子但爲聖不王天下而能制作素王之道故美之如使當堯舜之世觀于制度賢之遠矣疏宰我之意益謂堯舜有位之聖人其行道易孔子無位之聖人其行道難故以難易爲言也又謂堯舜治天下但見效于一時即一時之功也孔子著述五經載道于萬世以其有萬世之功故以功爲言也

由百世之後三句　趙注從孔子後百世上推等其德于前百世之聖王無能違離孔子道者疏從孔子之後推而等之百世之聖王無有能違逆其孔子之道者

泰山二句　垤蟻封也其形若邱故曰邱垤下行潦非二知此邱垤非二也逆河已出海矣然貫河水爲之故曰河海上泰山爲一知此河海爲一也

行潦　潘云行潦流潦也孔穎達謂行道上流水流聚竊疑詩言餴饎餴饎非道上不潔水詩言采藻道上又非藻可采處意行潦只水之流行

不甚大者

般樂怠敖　謂大作樂怠惰敖遊不脩政刑詩以遨以遊又齊子游敖敖

皆平聲檜風羔衣遨翔注檜君好潔其衣服逍遥游宴而不能自強于

政治正此節意

夫仁天之尊爵也　趙注爲仁則可以長天下故曰天所以假人尊爵也

雖袒裼裸裎　趙注善己而已惡人何能汚于我耶故不憚與惡人同朝

并立

公孫丑下章

父召無諾　趙注無諾而不至也曲禮父召無諾先生召無諾唯而起呂氏大臨曰唯者許而未行也唯而起聞召卽往也王藻父命呼唯而不諾手執業則投之食在口則吐之走而不趨孔仲達曰父命呼父召子也命謂遣人呼應之以唯而不稱諾唯恭于諾也急趨父命故投業吐食也趨急趨也但急走往而不暇疾趨也據此數說則無諾與下不俟駕一例共但以應之遲速分則與上下文意不貫矣

宜與夫禮若不相似然　與丁音余　卽餘

天下有達尊三　朱子曰達尊者也三者不偝則各伸其等而無所屈一或相偝則通視其重之所在而致隆焉故朝廷之上以伊尹周公之忠聖耆老而祗奉嗣王左右孺子不敢以其齒德加焉至爲輔世長民之任則太甲成王固拜手稽首于伊尹周公之前矣其迭爲屈伸以致崇極之義不異于孟子之言也故曰通視其重之所在而致隆焉

辭曰餽贐　坊記禮之先辭而後幣帛也欲民之先事而後祿也先財而後禮則民利負也無辭而行情則民爭故君子于有餽者弗能見則不視其餽　案云辭者行禮之辭如辭曰餽贐辭曰聞戒有所處則禮也若無辭而以幣帛來是貨之也

是貨之也　趙注義無所處而餽之是以貨財取我欲使我懷惠也焉有君子而可以貨財見取之乎　按是貨之也此語詞意不甚明亮下句取字亦無根據趙注當作是以貨取之也文法是以言餂之也一例

王之爲都者　語類云左傳邑有先君之廟曰都古之王者常爲都處便自有廟如太王廟在岐文王廟在豐武王祭太王則于岐祭文王則于豐王朝步自周至于豐自由鎬至豐以告文王廟也又曰王之爲都恐只是周禮都鄙之都周禮四縣爲都

有官守者七句　勸學錄云士師以言責爲官守者也有言責則所言者不過司刑之一事惟無言責可以無乎不言有言責則不用當致辭

去惟無言責可以不去而猶可以言此正孟子行道之深心妙用非但爲進退餘裕計也

反于齊　李云孟子奉母在齊見劉向列女傳母卒遂葬于魯而齊王以卿禮含襚自必遣人會葬既葬之後當還齊反拜君賜且魂魄藏于魯而生者憶歆在齊故既葬而即反齊者固孟子寓家于齊也孟子原籍在鄒而寄籍在齊則葬于魯者以魯爲神塋之所在與父合葬也其不必終葬于魯者以廬墓非先王之制葬畢則當還齊之新居也

使虞敦匠事　潘云趙注敦匠厚作棺也事嚴謂喪事急也此與下棺七寸語似隱有絡脈然如注董治作棺之事其寸度自投之使字中詩周頌箋敦治也若厚棺而云厚匠殊難明　李中培曰敦訓董治如詩敦商之旅之敦以治訓敦而必加董字者蓋精審躬親之謂荀子強國篇則不勝夫敦比于小事者矣楊倞註敦比精審躬親之謂是也　按字書敦訓厚者都昆切音墩爲本字訓治者都回切音堆爲假借注既以

董治訓敦似宜補音曰敦音堆又按莊子說劍篇使士敦劍注敦治也
周公之過不亦宜乎　撥呂云行有不宜之謂過過而宜則非過矣
季孫曰　禮律條例　孟廟從祀之告子不害定爲浩生不害季孫子叔
高子盆成括照舊從祀各主亦照文廟之例悉出封爵改稱先賢先儒
禮部爲遵
旨議奏事會議得衍聖公孔昭煥奏稱孟廟從祀請罷去季孫子叔高子告
子盆成括等語謹案宋景佑元年龍圖閣學士孔道輔知兗州訪孟子
墓得於鄒縣于墓旁建廟政和四年奉詔重修五年以樂正克配享公
孫丑以下從祀皆擬從其封爵此孟子弟子配享從祀之始也　季孫
子叔爲孟子門人見于趙岐注趙岐漢人去孟子時不遠其注諒非漫
作至宋朱子注季孫子叔疑不知何人亦係疑而不定之語實未指定
非門人也載考孟子去齊章高子以告朱子注云高子孟子弟子是高
子確爲孟子之徒無疑安得以稱高叟一語而遺之告子不害之從祀

雖見于宋然考
欽定古今圖書集成及孟氏三遷志皆作浩生不害其改于何代雖不可稽而見今所祀係浩生不害並非告子請即定爲浩生不害似屬允當若盆成括雖孟子有未聞大道之一語然考趙注以爲曾學于孟子亦非無據此數子者自宋而元而明以至于今從事將及千載一旦以無正確據之臆說輕議罷祀揆情于理有所未安應將所請罷祀之處毋庸議　乾隆二十一年五月十二日奉
旨依議欽此

有賤丈夫焉必求龍斷而登之　賤丈夫即牙儈也龍與壟同兼有也斷攔截衆人也史記趙王彭祖傳使使即縣爲賈人權會入多于國經租稅韋昭曰權者禁他家獨王家得爲之索隱曰權音角獨言權謂酤權也會音儈古外反謂爲賈人專權買賣之儈儈以取利也

申詳　檀弓鄭注申詳子張子太史公傳曰子張姓顓孫今日申詳周秦

之聲二者相近未聞孰是孔疏二國人言顔與申相近故曰未聞孰是隶云或曰顓孫合聲爲申　潘云檀弓曾子曰小功不爲位者是委巷之禮也子思之哭嫂也爲位申詳之哭言思也亦然注言思子游子申詳妻之昆是申詳子張子而子游壻也

其間必有名世者節　撥義云必有名世是以名世卜王者非以王者卜名世益天生名世以佐王者自皋夔以及望散莫不如是孔顔之不遇其偶然耳當數過時可之日無名世其人則已亦既有之天豈虛生是人哉孟子所以屬望王者之興也孟子以王者之興可必名世之具在我自信將來之必遇故曰舍我其誰益聖賢皇皇憂世之心到底不作絕望之詞若云我自不愧名世之實雖不遇何傷彼此一時講道論德之說非此一時悲天憫人之心也

其間必有名世者　韓求仲曰其間指將興未興言之是以名世卜王者非以王者卜名世若泥上句看下似說名世因王者始有如此則王者

不作遂無名世乎惟說名世先王者而有爲王者所必賴遂覺孟子壯懷若揭矣

然友之鄒　閻百詩曰少讀孟子疑滕定公薨使然友之鄒問孟子爲緩不及事及長親歷其地乃知故滕固在今縣西南十五里故邾城在今鄒縣東南二十六里相去僅百里故以朝見孟子而暮即反命也因撰四書釋地四卷

五月居廬　馬貴與謂五月居廬未有命戒文公僅能于五月未葬前修諒陰之制然亦當時所無也此說殊謬本文明云定爲三年之喪在葬時已能感動人如此何謂僅能于此乎及問爲國孟子曰子力行之子者諸侯在喪之稱足見其能行三年喪矣

夏后氏五十而貢　朱子曰某嘗疑孟子所謂夏后氏五十而貢殷人七十而助周人百畝而徹恐不解如此先王疆理天下之初作許多畎溝澮洫之類大段費人力了若自五十而增爲七十自七十而增爲百畝則田間許多疆理都合更改恐無此理又云先是五十後是七十又是

一百便是一番打碎一番想聖人處事必不如是勞擾　王夫之曰耕則通力合作收則計畝均分故謂之徹是殆不然里宰曰以歲時合耦于耡耦止二人不及八家而惟耕有耦播耰耘穫則不然也詩云侯彊侯以緣一夫自耕之不給故須彊以如通八家以合作並彊理亦無用矣王者行法經久行遠今日合作則惰者得以因人以成事曰均分則奸者得以欺冒而多取自合作者言之計畝出夫而人少者不足人多者有餘自均分者言之則但因畝以分而人少者有餘人多者不足食不煩耕耕不得食雖一父之子不能而况悠悠之鄉里乎　隨園隨筆曰孟子云上農夫食九人上次食八人中食七人中次食六人下食五人若通力合作計畝均分則無上中下之異矣　撥呂講　云三代授田多寡不同之故實屬可疑若云夏后洪水初平田尚未可盡耕而限于五十畝則閱數百年而至殷又何為而不百畝此陳氏之説未可盡信也先王為民制產患不足不患有餘若以民用儉約之故而任民有

遺利地有遺利先王愛民之意恐不如是此徐氏之說亦不足爲據也
徐云古者民約故田少而用足後世彌文而用廣故隨時而加焉　頒
爵祿章云百畝之糞上農夫食九人下食五人夏田得周之半是上農
夫所食者五人不足下農夫所食者二人有餘耳八口之家嗷嗷者不
少矣至溝塗川畛非旦夕可竟之也當開國分制之初勞民傷財變更
成法使農夫不得守其先疇朱子亦嘗疑之矣

夏后氏三句　傳氏寅曰夏時田未盡闢一成之中田萊各半殷則田居
其七萊居其三周則悉井其田按如此解與一夫百畝之制不悖

三代田制解　三代田制何以異曰無異也無異則孟子何言五十畝七
十與百畝曰名異而實不異非不欲異其制固不能異也其不能異奈
何曰井田始于黃帝洪水之後禹修而復之孔子所謂盡力于溝洫也
溝洫既定不可復變殷周遵而用之耳考工記匠人爲溝洫始于廣深
深尺之畝田首倍之爲遂倍其遂爲井間之溝倍其溝爲成間之洫倍

其洫爲同間之澮賈公彦繪一成之圖謂畎縱遂橫溝從洫橫澮從自然川橫然則見畎知畝見遂知夫見溝知井見洫知成見澮知同也一同之田川與澮爲方一成之田洫與溝爲方一井之田溝與遂爲方一夫之田遂與畎爲方畝伎也不爲夫田限故夫三爲屋遂與溝週也至溝與洫遇則爲過矣洫與澮週則爲終矣屋者三分夫之一通者十分成之一終者十分同之一皆不爲方水道有縱橫故也禹自言濬畎澮距川明畎澮縱而川則橫周制本乎夏制矣使周異于殷殷異于夏必盡更夏后氏之制更其畎遂固易也溝洫則難矣川澮抑又難矣我因川澮溝洫之不能更而知周用夏制也殷與周未嘗各異也然則畝數之不同何歟曰以法度之各異也蔡邕謂夏以十寸爲尺殷以九寸爲尺周以八寸爲尺夫殷之尺非遂得夏之九寸也益九寸則不足周之尺非比得夏之八寸也益八寸而有餘何則夏之百分殷以爲百一十二分周以爲百二十分通其率則五十之爲五十六與六十也而夫田

之廣長與其步法俱得矣自故同此一夫之田夏以廣十尺長五百尺爲畝殷以廣八尺長五百六十尺爲畝周以廣六尺長六百尺爲畝如其畝法而五十七十與百畝之數立矣步則夏以五尺殷以五尺六寸周以六尺一畝同長百步而夏廣一步殷廣一步五十六分步之二十四周廣一步推之一里則廣長皆三百步其積皆九萬步也夫如是則自遂以上殷周皆不必更而獨更其畝豈不甚易也哉夫三代步法與其夫田之廣長皆與率數相應故夫有異畝畝無異步是之謂名異而實同少康之有田一成卽者工之十里其明證也曰井與夫皆方畝何以不方曰畝之水注于遂遂在田首故不能方猶溝之水注于洫洫在逕首亦不能方卽詩所謂東南其畝而韓嬰所謂長一步廣一步者也南畝之長卽東畝之廣分言之則皆一步而或者疑之則畝必廣長皆十步耶曷爲晉欲令齊盡東南其畝耶孟子又皆什一柰何曰此殷周侯國之制也康成所謂公田不稅夫故其名曰助與徹夏則稅夫無

公田而名曰貢皆爲什一助與徹爲九一九一之與什一盈朒無多耳
故曰皆什一
狼戾　趙注狼戾猶言狼藉也饒多狼戾弃捐于地案周禮條狼氏疏狼
扈道上謂不潔之物在道猶今言狼藉也條滌也滌除道上不潔之
物也詩十月滌場
校者敎也　漢書儒林傳古者三代之道鄉里有教師古注敎效也言可
效道藝也
請野九一節　李岱雲曰語類云國中什一以在王城豐凶易察又曰國
中之地五五相連屬所以行不得井田之法並無都鄙多平田曠野鄉
遂多山村陵麓之說陰氏蒙引之說不可從
排淮泗而注之江　錢竹汀曰趙邠卿注孟子于此文未嘗疑宋以後儒
乃疑之予謂孟子長于詩書豈不能讀禹貢且生于鄒嶧淮泗之下流
近在數百里間何至有誤蓋天下之水莫大于海而江即次之故老子

以江海爲百谷王南條之水皆先于江後入海第知昆陵爲江入海之口不知鉤山以南餘姚以北之海皆江之委也漢水入江二千餘里而尚有北江之名淮口距江口五百里其爲江之下流何疑禹貢云沿于江海達于淮泗此淮泗注江之證注江者會江以注海與導水之文不相悖也說文江水至會稽山陰爲浙江浙江者漸江也漸江與江水不同源而得名江者源異而委同也國語吴之與越三江環之韋昭以爲吴淞江錢塘江浦陽江也錢塘江卽浙江吴淞浦陽亦注江而後注海故皆有江之名漢儒去古未遠其言江之下流不專指昆陵一處知會稽山陰亦爲江水所至則無疑于淮泗注江之文矣

排淮泗句　任翼聖曰朱子謂淮入海不入江然山海經謂淮出桐柏至原鹿而與汝水合及東南至廬江安豐邑而與漢水合至下邳淮陰與泗水合漢既入江則淮與漢合又何不可入江耶

放勳　存疑趙注放勳堯號也朱注放勳本史臣贊堯之詞孟子引以爲

堯號也　案潘云孟子引堯言爲放勳曰他日又引古堯典放勳乃徂落知堯其名而放勳其號也朱子只緣書曰重華曰文命後人不斷爲句連下協于帝敷于四海成文遂不以重華文命爲舜禹之號並不得不以放勳爲史臣贊堯之詞而孟子因以爲堯號也屈原楚詞最近古離騷曰就重華而陳詞涉江曰吾與重華游兮瑤之圃懷沙曰重華不可遌兮遌遇也則以重華爲舜號而堯之放勳禹之文命可知矣　孔廣森曰大戴禮五帝德篇宰我曰請問帝堯曰高辛之子也曰放勳請問帝舜曰蟜牛之孫瞽瞍之子也曰重華請問帝禹曰高陽之孫鯀之子也曰文命堯舜禹爲名放勳等爲號王肅作家語更此文爲陶唐以放勳爲書贊堯之詞謬也

秋陽以暴之　趙注周之秋夏之五六月盛陽也集注秋日燥烈　李中培曰夏暑盛而日烈秋風爽而日燥兩說皆當例以梁襄徐子兩章七八月俱指周正則趙注爲長然集注亦未實指夏秋與周秋也

南蠻鴃舌之人　朱注鴃舌博勞也南蠻之聲似之　趙注今此許行乃南楚蠻夷其音之惡如鴃舌鴃博勞也詩七月鳴鵙應陰而殺物者也

李揚華曰趙以楚訓南以夷釋蠻鴃舌又別釋蓋南蠻不必鴃舌鴃舌不必南蠻南蠻言其地惡鴃舌言其聲惡

夷子不來他日又求見孟子　趙注我固願見之今値我病不能見也病愈將自往見以辭卻之是日夷子聞孟子病故不來他日復往求見之

夫夷子五句　趙注親愛也夫夷子以爲人愛兄子與鄰人之子等耶彼取赤子將入井雖他人子亦驚救之故謂之愛同也但以赤子無知故救之耳夷子必以此況之未盡達人情者也故曰赤子匍匐將入井非赤子之罪也

日講孟子曰夷子因康誥之語遂欲援儒墨而一之將信以爲人之親其兄之子就如親愛鄰家之赤子而無有差等乎若周書之言彼固別有取意爾也書蓋謂小民無知犯法皆因上之人失于教養非小民之罪猶

赤子匍匐將入井皆因父母失于顧恤而非赤子之罪也故謂保民當如保赤子其或不幸而罹于法網則當探原其所以然而哀矜勿喜矣子乃謂儒者之道無異于墨之兼愛不已過乎

蠅蚋姑嘬之　左傳楚子伏已而盬其腦杜注盬唼也玉篇盬姑也

往送之門　士昏禮父醴女而俟迎者母南面于房外女出于母左父西面戒之必有正焉若衣若笄母戒諸西階上不降　敖繼公曰母不降送尊也孟子曰女子之嫁也母命之往送之門戒之此禮至後世而變焉

毀瓦畫墁　潘孝喬曰墁畫壁之飾而云畫者畫本施彩而污亂亦謂之畫猶塗義兼美惡也夫其人既欲求食何故毀瓦畫墁殊非人情此與匠人斲而小之一例非出有心緣彼強作解事以至此耳當時策士壞人家國其不爲毀瓦畫墁者少矣畫與劃同

戴不勝　論語邢疏戴盈之卽不勝閻氏說同按左傳紀人一篇中前總

稱名後又稱字者以人數甚多必曰名某字某不勝煩瑣創爲是例欲互相見也孟子書王驩一人使滕章由王使則名之樂正子章本同等則字之公行子章人之有右師而不知是王驩則書其爵若不勝盈之果二人一章名一章字此何義例存疑可也

泄柳　泄柳即子柳仲叔皮之子也繆公往見閉門不內或問之曰君子道行則樂其治不行則樂其身天下誠有欲治之君得行其道則雖徒步以朝吾爲之不然是徒邀國君之榮也

大夫有賜于士　潘云陽貨家臣也何援大夫有賜于士禮意當居鄆陽關以爲政必僭君以爲大夫若未爲大夫而徒竊其稱孔子並不往拜矣又云公叔文子之臣大夫撰節閻氏謂家臣本有大夫之稱引少儀適公卿之喪曰聽役于司徒證之竊謂司徒本上下通稱天子卿稱之諸侯卿稱之大夫家臣亦稱之如少牢饋食禮司徒升羊司士升豕本不爲僭即孟獻子喪司徒旅歸四布叔孫之司徒鬷戾更極而南蒯臣

司徒老祁亦不爲僭安見司徒即大夫乎若陳子車死于衛其妻與其家大夫謀以徇葬趙簡子每聽朝不悅諸大夫請罪明明爲僭豈論語亦登僭詞乎至陽虎于孔子孟子言大夫有賜于士當虎居鄆陽關以聽政魯君必實以爲大夫非家臣可稱大夫也孔子爲士使與家臣稱大夫者敍尊卑豈禮也哉　按左傳定七年齊人歸鄆陽關陽虎居之以爲政杜注鄆陽關皆魯邑中貳于齊齊今歸之不書虎專之又史記魯世家定六年齊伐我取鄆以爲陽虎邑以從政

當是時

日講云當是時也使陽貨不用術以致孔子之見而以禮先之則貨雖非可見之人亦有願見之意孔子于此豈得如泄柳干木之已甚而終于不見哉

觀其色赧赧然　方言赧愧也秦晉之閒愧而見上謂之赧其字從皮益指面皮言也今作𠬝非宋注赧然慚而面赤之貌　趙注赧然面赤心

不正之貌按面赤是也心不正三字恐未確趙蓋以此屬未同而言之小人說竊意此當屬非由所知之君子說小人不知有慚君子見他形狀可羞則以爲慚所謂巧言令色足恭左邱明恥之某亦恥之也

邪說暴行又作　呂留良云趙盾許止迹當罪而情可原攖云以許止爲可原猶爲似若夫趙盾之心路人知之矣以爲迹當罪而情可原豈非亂道從來暴行之作皆起于邪說彼以盾止非弑君者邪說也孔子正盾止之罪誅既往之暴行杜萬世之邪說也

滅國者五十　滅國者在誅紂時者周書世俘解武王命伐越戲方紂三邑　伐磨集于陳紂二邑　伐衛伐磨伐蜀伐宣方什屬命霍侯艾侯俘佚侯是也有在東征時者作雒解周公所征熊盈俘惟九邑竹書紀年成王三年滅蒲姑四年滅淮夷滅奄八年滅唐呂氏春秋商人服象爲虐于東夷周公以師逐之是也驅飛奄任翼聖據秦本紀天命處父不與殷亂則以爲在誅武庚時亦是一說

丕承哉武王烈　王引之曰丕顯非創造之義丕承獨爲紹承之詞斯不類矣承者美大之詞當作武王烝哉之烝魯語收攜而烝賈逵本作承漢書地理志承陽師古注承音烝後漢書郡國志作烝陽此二字相通之證韓詩烝美也魯頌烝烝皇皇毛傳烝厚也是其義

邪說暴行有作　四書辨疑云上云邪說暴行又作此云邪說暴行有作有與又前後移易讀之文義爲順　鮑曼殊曰孟子正人心首重闢邪說蓋甚著其罪于弒父弒君嘗觀潘崇云語世子商臣以其不能事不能行隨以行大事從恿之夫以弒父之大逆極惡而變其名曰行大事何異後世橫議之徒變盜賊之名爲好漢而開千古之殺機變淫奔之名爲風流而鑿萬世之淫竇故商臣弒父實潘崇之邪說有以啟之也愚按公羊以祭仲廢君爲行權潘崇以商臣弒君爲行大事邪說害人甚于洪水猛獸孟子故特言之

春秋天子之事也　揆義云春秋明天道修人紀撥亂反正辨名定分天

子之事也天子之事惟天子能行之惟聖人能言之孔子作春秋言天子之事非行天子之事也注云無位而託南面之權謂罪孔子者爲此說耳春秋爲天子之事只是是非非如天子之命德討罪而已孔子非史官而操筆削故曰罪我者惟春秋若以褒貶爲僭踰則論孟中發奸摘伏顯微表幽之論不少將皆謂之僭踰乎

陳仲子章　趙南星曰仲子於陵之居其可爲伯夷耶如其未也則亦未可舉世人所居而盜跖之也而況兄之室其可去乎妻之食其遂可謂伯夷耶如其未也則亦未可舉世人所食而盜跖之也而況母之食其可吐乎　趙注仲子非其不食于母而食妻所作纑以易食也不居于兄而居於陵人所築室也是尚能充人類乎如蚓之性然後可以充其操也蚓食土飲泉廉極矣然無心無識仲子不識知仁義苟守一介亦猶是也疏云尚何能充爲人之類乎　按蚓無母也無兄也不知仁義食土飲泉而已矣仲子無母與兄則亦物耳尚不得列于人類又安得

謂之士也哉

孟子異同商補訂

新化漢皋黃　鶴撰　男鏡亭　瑚　孫愚谷節香　遯園銘祖　仝校

孟子

公輸子　班固賓戲云班輸権巧于斧斤顏師古注魯班與公輸子皆有巧藝古樂府豔歌行誰能刻鏤此公輸與魯班明係兩人魯班非公輸子也

徒法不能以自行　趙注但有善法度而不施之法度亦不能獨自用耳孫疏雖有規矩六律之法然而人不能因而用之自徒法不能以自行也以其規矩六律之法不能自行之必待人而用之然後能成其方員正其五音也堯舜之道自不足以爲之政必待人而行之然後能平治天下而爲法于後世也

責難于君三句　責難爲之事謂行堯舜之仁是爲恭臣陳善法以禁閉

君之邪心是爲之敬言吾君不能不能行善因不諫正此爲賊其君也

禮人不答反其敬　考異劉攽引作敬人不答反其禮聖人之于天道也段玉裁曰注以天道與仁義禮知並言則與上四句文法不倫白文當云天道之于聖人也

敬人不答反其禮　敬者我致恭于人也我致恭于人而人不見答必是我之于禮有過不及未合于中處論語恭近于禮遠恥辱也朱釋云凡致恭皆敬也禮則辨其等如與上大夫接而用下大夫之恭是不及也與下大夫接而用上大夫之恭是過也過與不及則恥辱矣記云敬而不中禮謂之野何文恭釋云禮主于敬然心敬而違于禮則文不副實所謂夏尙忠其失野是也此可見敬字輕禮字重此敬人不答所以必反其禮也

誠者天之道也　趙注授人誠善之性者天也思行其誠奉天者也

伯夷避紂　問橫渠有云伯夷大公避紂皆不徒然及歸文王亦不徒然

一佐武王伐紂一諫武王伐紂皆不徒然必大謂二人之歸文王特以
聞其善養老而已竊恐不爲此而出也
節文斯二者　趙注節文從親事兄使不失其節而文其禮敬之容
卒于鳴條　趙注生始卒終明終始也李揚華曰卒于鳴條言暮年居于
此也與有始有卒之卒同自後儒不從趙注以卒爲崩千古聚訟不知
孟子書無以天子書卒者
卒于畢郢　[illegible]郢是程之別字本是程後人加邑作郢猶檜風本國名
左傳自鄶以下無譏焉則改檜爲鄶
歲十月　存疑趙注周十月夏九月可以成濟度之功周十一月夏十月
可以成與梁也[illegible]按周十月夏八月周十一月夏九月趙似誤
爲舊君有服　潘云儀禮喪服傳大夫爲舊君何以服齊衰三月也大夫去
君埽其宗廟使族人祭故服齊衰三月也言與民同也何大夫之謂乎
言其以道去君而猶未絶也困勉錄據儀禮注指已放而未去者于出

疆三年謂不合不知儀禮本文明言去君注誤以未絶爲未去原非朱子集注誤引也未絶者恩義未絶也

有故而去　趙注君有他故不得不行譬如華元奔晉隨會奔秦是也

無罪而戮民　疏于士言殺于民言戮者總而言之皆然也別而言之則戮又輕于殺矣周禮司稽掌巡市凡有罪者撻戮而罰之是知戮不過撻而戮之耳而殺乃至于亡命故也予則拏戮汝其于爾躬有戮則爲天下僇矣

言不必信二句　凡人言固貴信然先執一必信之念則拘泥而不通行固貴果然先存一必果之思則膠執而不化大人言行非不信果而未嘗有心于信果惟視義所在疏孔子與蒲人盟不適衛而終適衛是言不必信佛肸召欲往而終不往是行不必果也

博學而詳說之　曾鞏上殿劄子云方其始也求之貴博畜之貴多及其得之則于言也在知其要于德也在知其奧能至于是矣則求之博畜

之多者乃筌蹄而已所謂多聞則守之以約多見則守之以卓也觀[illegible]
之不博畜之不多則未有于言也能知其要未有于德也能知其與所
謂寡聞則無約寡見則無卓也

以善服人節 存異 孟子曰以力服人者非心服也力不贍也以德服人
者中心悅而誠服也如七十子之服孔子也善之與德一也既說中心
誠服又說未有能服矛盾已甚當以勝字爲是

人之所以異于禽獸者幾希▲李文貞曰夫子曰天地之性人爲貴夫既
曰天地之性則人物共之而曰人爲貴何也曰氣禀之爲也書曰降衷
傳曰受中記曰天地之德陰陽之交鬼神之會五行之秀氣也惟受天
地之中氣故其性全而不偏惟受天地之秀氣故其性通而不塞物則
偏而已矣其至者或非人所及而不能推也塞焉而已聖門言性皆以
人而言也歟曰然人之性雖拘而能移者也物之性拘甚而難變者也
可移故氣不足以奪性言性不言氣可也難變故性不足以勝氣雖言

性也而猶必曰人之性物之性甚且曰牛之性犬之性別之也是故孔子之言相近孟子之言性善子思之言天命皆以在人者爲言也程朱言性往往包物言物爲氣拘甚矣故必諄諄于氣質之說而後其理明此與焦氏孟子正義性猶杞柳章議論相似　按物性可言氣人性不可言氣論斷精確觀此可知相近章兼氣質言此節兼物而言之非正解矣程子云論氣不論性不明其說是也而云論性不論氣不備豈其然哉　天命之謂章注云于是人物之生固各得其可賦之理以爲健順五常之德則物亦可云天命之性乎率循也人物各循其性之自然則其日用事物之間莫不各有當行之路如此則鳶率其飛之性而飛魚率其躍之性而躍亦可云率性之謂道乎惟天下之至誠爲能盡其性注云人物之性亦我之性夫謂人之性亦我之性可也謂物之性亦我之性不可也此卽注云人物之生同得天地之理以爲性則與告子生之謂性之說無大分矣李說得之人非無氣質然非氣質所能囿故

但以義理爲主而不必兼言夫氣質物非無義理然既爲氣質所限故
必以氣質爲主而不必特言夫義理

舜明于庶物察于人倫　趙注舜明庶物之情察人事之序仁義生于内由其中而行非强力行仁義也疏人與禽獸皆合天地之氣而生耳皆能辟去其害而就其利矣但小人去其異于禽獸之心所以爲小人也君子知存其異乎禽獸之心所以爲君子也所謂異于禽獸之心者卽仁義是也禽獸俱不知仁義所以爲禽獸舜能明乎庶物之無知而存乎異于禽獸之心詳察人倫之類而由仁義之道以行之矣然舜既由其仁義而行之非所謂行仁義而得之人也是由仁義而行以得之天性也揚雄曰由于禮義入自人門由乎情欲入自禽門斯其旨歟人與禽獸同處注兼性言不如此專指氣言爲是存字講說皆云存此幾希趙注幾希無幾也若云存此無幾不成文理語近含糊不如此說存乎異于禽獸之心語較爽亮唐德亮曰且幾希之理去之者庶民存之者

君子而所謂君子者大都可帝可王可師可相而所存者惟人物之辨而已于舜特著之于舜首嚴之出乎人則入乎物人不云庶而物云庶者物多而人少也所以貴人而賤物也出乎物則入乎人物無倫而人有倫者所以尊人而重倫也物類不必詳也但區分其類使無混于人而已故止予之以明明則人而昧則物人之所以異于物也人倫不容紊也須克盡其倫无使同于物而已故更加之以察不明則不大遠于物而不察則不大遠于民聖之所以異于民也明其有形之物而跡蹄之鳥獸洚洞之龍蛇不敢與聖爭此人也明其无形之物而飽煖之人民逸居之禽獸不復與舜爭此倫也夫存之爲人物之辨自舜至于孔子皆兢兢于此而　舜特著而首嚴之者孟子之微旨也

王者之迹熄節

欽定吳堂文評云黍離降爲國風而雅亡朱子承先儒之說則然其實風雅中所載東遷之後多矣所謂王迹熄而詩亡者謂如晉享叔孫歌文王

鹿鳴趙武奏肆夏三家歌雍徹而王吏不能討齊有南山之詩陳有株林之詩而九伐不能行也亂臣賊子公行無忌其端兆實見于此故孔子懼而作春秋

君子之澤四句　張惕庵曰公卿之世澤如琴瑟書策世祿遺言之留雖甚綿遠不過五世而斬小人力田服賈之世澤如土物心藏之訓田廬樹畜之遺雖甚保愛不過五世而斬

可以取節　朱子曰可以取是其初畧見得如此可以無取是仔細審察見得如此

日講此章示人以精義之學也孟子曰取與死生之際必至是無非而後可若可以取可以死取則斷不宜取矣取無乃傷廉乎下二段同蓋全是全非人皆知之而是中之非則不可不嚴也按孟子此論其事皆在兩可之閒似可不必深責而君子不寬者以取與死生之際人之大節所關苟非讀書明理不能不惑于幾微之閒則講習討論身體力行其功

可偏廢歟

千歲之日至

日講日至要與天上星辰相關　潘云日者周行于天星辰之度者也天三百六十五度而星二十八辰十二者皆其度之分日之行於中天赤道西至婁東至角此春秋之分而非陰陽之始行赤道之北二十四度纏東井爲夏至此陰之始而非陽之始而至行赤道之南二十四度纏牽牛值星紀爲冬至此子以開天地之元日之行所肇端循度有常所謂故也而苟由是求之今歲如是知往歲如是雖以日月交感陰陽盈虛或七十五年差一度或八十三年差一度而因其常以求其變仍千歲如一時日至之在何度可坐而致也前之千歲可知後之千歲必無謬天與星辰雖高遠而日行于天星辰之度自有已然之跡可尋何非順其自然哉　趙注疏言千歲之後一後字獨漏光明求其故數往者順也千歲之日至可坐而政知來者逆也存疑必先就今日逆推到起初

源頭處然後由源頭推其未來始不差此尤與言性相關合也

朝廷不歷位而相與言　周官宰夫云大喪王及后世子小喪掌小官之戒令帥執事而治之三公六卿之喪與執喪帥官有司而治之凡諸大夫之喪使其旅帥有司而治之鄭注旅下士賈疏官有司公士之臣事于喪家者

案云官有司與特牲禮之公有司一也職喪亦曰公有司在士喪禮則三祝及讀賵之史筮宅卜日之史皆是也葢喪祭二禮需人甚多私家之臣不足以供故官有司爲治之而又有帥之者以臣下之禮爲朝廷之禮古如是也下有司亦官有司不言官者因于上耳若私臣則不煩使旅帥之矣　按何氏職喪所治者三公九卿之喪耳公行子非三公大夫則當以下士之旅帥官有司而治之旅及公有司皆朝廷所命故謂之朝廷士喪禮公文自西方東面注公史君之典禮書者又士喪禮赴曰妻長子則曰君之臣某之某死

案云長子亦赴于君者以其爲三年之喪故也竊意公行子以其喪赴于君而君使公有司治其事歟

三過其門而不入　禹未躬稼而言躬稼者何潘孝檣曰禹濬畎澮稷播百穀是躬稼事焉注焉盡力溝洫則是既有天下時此宜向前一層說入是也稷未三過而言三過者何趙鹿泉云書云濬畎澮暨稷播是稷實與禹偕禹平水土禹得一處稷即爲正其經界勸之播種次第以循禹八年于外自然稷亦八年于外同一過門不入無自斡旋也　潘云三過其門于何見之或據水經淮經當塗縣北渦水自西北來注之當塗縣即塗山所在也禹導淮必過之爾雅渦爲洵釋地以下皆禹所名禹有事于洵必過之導山經外方桐柏必過之按塗山在壽春界巢縣東北禹娶塗山氏女非居塗山自崇伯鯀見黜後禹當從帝居冀都平陽當導山由壺口雷首至大岳底柱析城至王屋一過矣旋修太原之功至汾再過矣河繞冀都旋復導河則三過矣孟子兩次言三過必據

有成言今可卽禹貢想見之
毀傷其薪木句　潘云薪木非薪材如詩所謂棘薪木之條達者疑卽館中花木　按周南翹翹錯薪言刈其楚翹翹錯薪言刈其蔞毛傳翹翹薪皃孔疏薪不稱錯雜也箋楚雜薪之中尤翹翹者凱風吹彼棘薪毛傳謂成就者邠風有敦瓜苦烝在栗薪朱傳因見瓜苦繫于栗薪之上月令收秩薪柴注大者可折謂之薪據此則凡木之長大而成就者俱謂之薪曾子戒之云無寓人于我室毀傷其成就長大之樹也字典艸部薪字注周禮地官甸師注大木曰薪又草亦曰薪孟子毀傷其薪木趙注恐其傷我薪草樹木也薪是樓薪是析破之義下薪字是樹木之稱文法與析其柞薪樵彼桑薪同
王使人瞯夫子　趙注王言賢者身貌必當有異故使人瞯夫子能有異于衆人之容乎孟子曰人生同受法于天地之形我當何以異于人哉且堯舜之貌與凡人同也其所以異乃以仁義之道在于内也疏同

王念孫曰矙一云閒也闞視也王使善相人者相孟子之形狀故下言堯舜貌與人同所以異不在此李揚華曰君子之異不異大廷如是爾室亦如是不勞使人覸視也所謂矙者以大賢必有奇質如長宏稱孔子四十九表王疑而使人相之耳按孟子所言異不在外而在內猶荀子相形不如相心之謂也

萬章

齊東野人　張云齊稷下士幾千百人時人爲之語曰談天衍雕龍奭炙輠髠倡爲新說上誣其主下欺其民齊地西接魯衛尚有見聞惟東近海詭以傳詭公羊亦齊人尚多謬說如以季仲廢君爲行權類故曰齊東野人

百姓如喪考妣三年　存異　一曰百姓者百官也古者民無姓其有姓皆有爵有土者也黄帝之子二十五人得姓者十四人是已百官如喪考妣三年而四海之民則遏密八音此以貴賤而辨也

是爲父不得而子也　由孟子論父不得而子之說推而言之如伊尹之格太甲周公之感成王是亦可謂君不得而臣也夫父不得而子而後始有底豫之慈父君不得而臣而後始有守成之賢君始若相反卒以相成也

外丙二年仲壬四年　李揚華曰孟子傳賢一章無非爲繼世辨朱不得

嗣堯均不得嗣舜以不肖也啟得嗣禹甲得嗣湯成得嗣武以賢也第一代傳賢傳子第二代或繼或不繼若如趙岐説則太甲爲繼仲壬係守成之第四主在夏當比仲康繼太康在周當比昭王繼康王與章旨全無干涉試問孟子所云繼世繼成湯之世乎繼仲壬之世乎以甲繼王例之則夏當仲康時周當昭王時益周皆已朽也尚何言不有天下耶

始條理者　然則樂之始條理者其卽孔子于羣聖之理無不融會而爲智之事乎蓋時中之智其昭晰無所不間固有然也樂之終條理者其卽孔子于羣聖之理無不全體而爲聖之事乎蓋時中之聖其凝成無所不收固有然也其知無不盡而德無不全如此此孔子所以獨異于三子也夫聖智兼備固孔子之所以集大成而智以成始又以要終則聖人由于智不觀之射乎知之事可以合時譬則射之巧可以中的也聖之事可以詣極譬則射之力可以遠到也然必知之明而後行之盡

有定見乃有定力猶自此至彼射于百步之外其引弓發矢以至于侯者是爾之力也其直貫于的不失正鵠者非爾之力也巧也益巧以運力而後爲善射至以成聖而後爲全德可見聖人之行有偏全皆由于智有偏全也

天子之卿受地視侯　周官掌客云王巡狩殷國則國君膳以牲犢令百官百牲皆具從者三公眡上公之禮卿眡侯伯之禮大夫眡子男之禮士眡諸侯之卿禮庶子亦眡其大夫之禮　王氏應電曰王之三公出封爲上公卿出封爲侯伯大夫出封爲子男上士三命而諸侯之卿亦三命故待之皆眡其禮惟庶子一眡諸侯大夫之禮則以爲客而稍加也　按此則天子之卿受地視侯伯大夫受地視子男元士受地視諸侯之卿　司儀云侯公于上等侯伯于中等子男于下等

卿祿四大夫　【[illegible]】注徐氏曰卿田三千二百畝可食二百八十八人大夫田八百畝可食七十五人　【發明】李揚華曰徐氏之說皆據下士九人

而上推之者左氏傳曰惟卿備百邑國語欒武子無一卒之田荀子曰有五乘之地者事三世有三乘之地者事二世以四井爲邑計之百邑乃四百井一成之地也又邦國車乘三而用一是四乘乃得一卒四成除甸外旁加實出四乘則一卒之田正謂百邑大國之卿以是差之三乘乃次國之卿而小國卿當一乘大夫當一乘者五乘則又天子下大夫及大國之孤云凡此皆大夫食采之制也　成以上乃得云邑乃四乘之公田實三萬五千三百畝三乘則一萬九千二百畝二乘則一萬二千八百畝一乘則六千四百畝似與徐氏所推懸殊徐云卿祿三千二百畝王氏夫之曰一井所收不過移禾秉芻缶米本國語其餘實賦之田閒以爲萬民之畜積備水旱而上不得有所私焉其芻本無粟椶禾爲粟百六十斛缶米爲粟八斛米以爲公家之稅稯禾則半以治車乘半以爲大夫之食粟審是則一乘六十四井其爲大夫之食采者僅五千一百二十斛也凡食邑皁者諸侯公卿大夫又自貢所食十之一

則一乘只食四千六百零八斛以鬴計之實七千二百鬴差而下之則上士三千六百鬴中士千八百鬴下士九百鬴原思爲之宰與之粟九百殆九百鬴下士一年之祿也曾子仕莒得粟三秉下士一月之祿也一歲三十六秉即九百鬴與百畝之收畧當九百鬴食九人則府祿益八百鬴史祿益七百鬴胥祿益六百鬴徒六益五百鬴自王說推之與徐說畧同

【存異】昭元年子干奔晉叔向使與秦公子同食注食祿同皆百人之餼注百人一卒也其祿足百人正義曰祿足百人謂與之田取稅以共食足爲百人餼也晉語稱秦后子楚公子千來仕叔向爲太傅實賦祿韓宣子問二公子之祿焉對曰大國之卿祿一旅之田上大夫一卒之田夫二公子者上大夫皆一卒可也據此則卿田可食五百人上大夫田可食一百人與注雖不同然與四倍之數亦相合也豈徐氏所言乃周室之制叔向所言乃春秋時之制歟

上農夫食九人 【存異】鄭氏康成曰田之肥磽有五等收入不同孔仲達

曰一家男女七人以上授之上地所養者衆也男女五人以下則授之下地所養者少也陳氏澔曰肥饒者爲上農墝瘠者爲下農

案云朱子謂農夫受田同此百畝而所獲之多寡視其力之勤惰庶人在官者其任有小大其才亦有優絀勤惰之不同故受祿多少視農夫之五等以爲差其義甚明蓋所以必視農夫者上祿皆出于民力上無濫與下無虛受而后激勸之道明若謂田有几等授之必視其口之多少則自三十受田六十歸田其里居有定而生齒之增耗歲有不同一歲而三兩易不太煩擾乎且庶人在官只計其家口之多寡則卿大夫士其家豈無多寡而以庸制祿以功負食之法俱無自而推矣

孔子先簿正祭器二句　潘云或謂魯人獵較奪禽獸以祭指魯士大夫自祭其先然觀孔子先簿正祭器二句明屬祭于公方有許多人相較奪孔子爲魯司寇祭必涖戒于前期魯爲諸侯視大夫則隆視天子則殺以簿書正其祭器不以四方難繼之物實之是器有常數實有常品

彼較獵者求多貴異之物不將自止乎或謂魯秉周禮何如祭器猶昧之想自信公僭竊後謂周賜魯重祭器用四代如虞梡夏蕨殷椇周房俎之類備極侈陳禮之乖錯已久安必不求四方之實也祭器不如常品故孔子必從而正之

召之則不往見之　朱子曰在他國時諸侯無越境之理只因以幣來聘故賢者受其幣而往見之所謂答禮行義是也如見梁惠王也是惠王先來聘之既至其國或爲賓師有事則王自來見或自往見王召之則不可召之則有自尊之意故不往見也答陳代如不待其招而往何哉此以在他國而言萬章天子不召師而況諸侯乎此以在其國而言

一鄉之善士章　辨疑 注云言己之善益于一鄉然後能盡友一鄉之善士推而至于一國天下皆然隨其高下以爲廣狹也　辨正 按注以三句則屬自己說似大不妥豈可云我是一鄉之善士我是一國之善士我是天下之善士乎孫疏云一鄉之中有善斯所友者亦一國之善士

士也一國之中有善士斯所友者亦一國之善士也天下之內有善士斯所友者亦天下之善士也此以上三句屬人說下三句方屬自己取善說其訓較妥

有貴戚之親二句　郝京山云貴戚之卿奉先君之託以弼成宗子而道係宗祧之安危守先世之業以左右大君而身關世係之絕續故不辭犯顏之誅以甘心于大過之主不避易位之嫌而不伸于不順之君方是時分疏者引退而天下猶幸君之有貴戚也義絕者解體而天下猶賴內之有強宗也然則人君求己之無大過而已何必畏貴戚之嚴求己之諫則聽而已何必切易位之懼齊王而色變于孟子之正對豈知所謂貴戚道固有不得不然者耶若夫異姓之卿則異是矣義雖不能隱忍以忘君而至于大過則義所不諱情雖不忍急去以忘君而至于不聽則情所難留益禮所自裁不如貴戚之無可解而責可自諉不如貴戚之無可辭故無已則有去焉耳豈得而輕議易位之事哉　許云

戰國時遊士多而世臣少齊廷中有異姓之卿無貴戚之卿故孟子以何卿詰之而王即以卿不同乎爲問益習見爲卿者俱是一般一人並無不同處也孟子警動宣王全在前貴戚一段文得斯旨

四書異同商補訂

新化漢皋黃　鶴撰　男　鏡亭　瑚　孫　愚谷節香　逝園銘祖仝校

下孟

性猶杞柳也　趙注杞柳柜柳也桮棬素也告子言轉性爲仁義若轉木以成器

日講告子曰人生而有性猶杞柳之質一物之蠢然者也人之行事而有仁義猶桮棬之器必有待而成也人性本無仁義之名以人性而強爲仁義猶杞柳本無桮棬之形乃以杞柳而強爲桮棬皆人使然也孟子曰曰此書一出人皆曰仁義非有利於性而實有害于性于是相與棄仁滅義而不爲是率天下之人以歸于不仁不義而爲仁義之禍者必由子之言夫蓋仁義即是人性故事父即知孝事君即知忠無有一毫勉強其有不忠不孝者乃是氣質錮蔽而昧其本來耳告子論性誤認有

生以後之氣質不知降衷以來之本體此說一行人既以仁義為性外之物亦將視君父為性外之人毀忠滅孝何所不至孟子所以亟闢之也

性猶湍水也　趙注人之可使為不善非順其性也亦妄為利欲之勢所誘迫也

日講人性之無分于善不善顧其所習何如猶水之無分東西視所決何如孟子言人性本善而有時可使為不善者豈性本然哉特為物欲所溺猶水為搏激所使耳奈何因人之習為不善遂謂性無定體哉　愚按上章因為字生出戕賊字此章因決字生出搏激字告子言性本惡必反之而後善故云以人性為仁義猶以杞柳為桮棬孟子言性本善必反之而後惡故云是豈水之性哉其勢則然也

生之謂性章　疏告子言人之性與物之生皆謂之性以其為同也不知犬性守牛性順人之性能剛能柔是其不同也

食色性也　趙注孟子曰長異於白白馬白人同謂之白可也不知敬長

馬無異於敬老人耶疏彼長而我長之異於彼白而我白之也於白馬色之白無以異於白人之色白是則同也不知長馬無以異於長人之長老乎以其是則有異也

日講告子曰人之於食知甘於色即知悅皆生而能然者也性也即其甘之悅之之心生於內可見凡仁愛之心是由衷而出者內也非外也可甘可悅之宜由於外可見凡事物之宜是因感使然外也非內也

白羽之白四句　羽以質而運氣其白輕雪由氣而成質其白淸猶下犬之性守牛之性順亦有佳處總不如玉質氣之純其白堅貞影下人字能稟四德之全矣

白馬之白二句　白馬之白不過蒼白曰騅黃白曰駓腹白曰騵左足白曰馵耳若白人之白則素衣素冠念棘人皮弁素服知送終自有情事在況根心生色睟然於面者尤欽爲有道之人詎同白馬孟子以爲無異姑寬一步耳

吾弟則愛之節　告子以愛根心而不可强故與秦人異觀長飾貌而可僞爲故與楚人同覩夫吾弟則愛何秦人之弟則不愛此不知仁之推矣楚人固當長何至視如吾之長此義之倒行矣奈彼不足深辨觀其以白爲彼白己自忘其以色爲性而以嗜炙語之亦徒彼以食爲性來可以耆炙之耆爲在外與

孟季子問公都子曰何以謂義内也　**存疑**翟曰疏云季子卽下卷所謂季任爲任處守者也按孫疏既以季子爲季任詮末四節皆云季子則有前兩孟字是後人傳刻之訛孫與趙同也此說爲是若季子果係孟子之弟則孟子口中不應說二箇彼字季子以鄉人爲彼可也以弟爲彼不可也又按南容孟懿子之兄也孟季子疑卽孟仲子之弟也二說似皆未妥

曰行吾敬至則誰敬　趙注季子曰敬誰也酌則誰先季子曰酌酒則誰先酌

所敬在此　趙注季子曰所敬者兄也所酌者鄉人也如此義果在外不在內也果猶竟也

公都子不能答　趙注公都子無以答季子之問

孟子曰敬叔父乎至在鄉人　趙注孟子使公都子答季子如此孫疏此章言凡人隨形不本其原賢者達情知所以然季子信之猶答告子公都受命然後乃理者也孟季子問公都子云云孟季子又問之曰鄉人長乎伯兄一歲則誰敬猶若告子以義爲外云云季子又問之曰酌則誰先季子又言所敬在此云云彼季子將曰敬叔父彼季子將曰敬弟彼季子將曰敬在位故也

弟爲尸　杜祐以祭祀立尸爲夷狄之俗非也曾子問曰祭必有尸乎孔子曰祭成喪者必有尸注人以有子孫爲成人子不殤父義由此也尸必以孫孫幼則使人抱之無孫則取于同姓可也祭殤必厭蓋弗成也祭成喪而無尸是殤之也觀此可知古人立尸之義也　潘云孟子言

弟爲尸與叔父較量此指宗廟尸言宗廟尸必取同姓取精氣之合是弟宜爲之也必以孫行取昭穆之從是所象者祖雖叔父亦尊之也必用其嫡不以賤者依吾親是爲尸之弟必從父之嫡所生是生之者亦叔父也必用無父者兩無所妨其尊是爲尸之弟固非此與祭叔父子也叔父雖尊而弟既爲尸則當撤弟矣　李中培曰曲禮爲人子者祭祀不爲尸則爲尸者必無父之子也祭統又云父北面而事之所以明子事父之道也夫父拜於下而爲子者端坐於上於心何安合曲禮說推之祭統所謂父乃世父叔父耳孟子所爲以叔父與弟對舉也士虞禮祝迎尸　鄭注尸主也孝子之祭不見親之形象心無所繫立尸而主意焉程子曰古人祭祀用尸極有深意蓋人之魂魄既散孝子求神而祭無主則不依無尸則不饗魂氣必求其類而依之人與人既爲類骨肉又爲一家之類己與尸各致潔齊至誠相通以此求神宜其饗之後世不知此直以尊卑之勢不肯行耳

乃若其情三節

日講云孟子曰論性於無感之初至善中存似無形象之可言乃若其性之發而爲情卒然勃然之閒眞機畢露是乍見孺子匍匐而與之時候則但可以爲善而不可以爲惡則性之本善可知矣此乃吾之所謂性爲善也然情既可以爲善則似莫不具爲善之才乃有昏愚暴戾而爲不善者蓋物欲之累陷溺其良心性本善而人自底於不善也於才何罪哉　仁義禮知雖見端于外非自外來而鑠及於我也我性中固有之也惟其爲固有之理所以發而爲才無不可以爲善者但人自不思而反求之已耳故曰性具于心苟思而求之則得其固有而爲聖爲賢不思而舍之則失其固有而爲愚不肖以至善惡相去倍蓰由人不思不求未能察識擴充以盡才之分量也李衷一曰仁義禮智是性惻隱八者是情情之能運夫性曰思曰求是才潘孝裔曰思主察識求兼擴充即下云盡其才也

天生蒸民至故有物必有則　則字從天字生出易曰乾元用九乃見天則詩云不識不知順帝之則是帝天自有則也惟帝天有則民受天地之中以生故有物必有則也　李文貞曰孟子引詩與三節相對天生蒸民有物有則以天所賦言命立天下之有非無善也民之秉彝以人所受言性爲萬物之貴非有善而又有不善也好是懿德以物所感言情見天地之心非好善又好暴也

有物有則　王引之曰爾雅則常也易乾元用九乃見天則天則天常也左傳帥彼天常解者訓爲法則非也今以其說推之物事也即洪範之五事貌言視聽思也則常也即性中之五常仁義禮智信也天生烝民與之氣以成形故有貌言視聽思之五事焉與之理以成性故有仁義禮智信之五常焉湯誥曰惟皇上帝降衷於下民若有恒性恒常也白居易動靜交相養賦云天地有常道萬物有常性民所秉者彝則善乃其常而不善非其常民所好者德則好善是其常而好暴非其常也好

雨露之養　王引之曰養當作差　趙注雨澤有不足

平旦之氣　潘云氣字脈路須分明放其良心氣已縱矣日夜所息中無所作爲而氣自定然後平旦清明良心發見不言仁義而言好惡正氣載理以行也到旦晝所爲又攪擾不定則此氣不足以存良心其亡其存俱指心言而氣之存心猶水之養魚也

無惑乎　存異惑怪也有怪王不智而孟子不輔之故言此也○吾克亦罕吾退而寒之者至又不專心致志則王自不智不得怪孟子也

一心以爲有鴻鵠將至　合璧事類鵠鴻之大者前漢賈誼傳黃鵠一舉而知山川之紆曲再舉而知天地之員方按此鳥不常見困勉錄云鴻鳥之大者鵠鳥之細者失諸正鵠小鳥難中舉大小以該中此說爲是

豈適爲尺寸之膚哉句　戰國策甘茂曰疑臣者不適三人臣恐王爲臣之投杼也注適啻同

飲食之人二節　趙注飲食之人人所賤之者爲其養口腹而失道德耳

如使不失道德存仁義以往不嫌於養口腹也故曰口腹豈但爲肥長尺寸之膚哉亦以懷其道德也此創李岱雲之説

從其大體爲大人二句　趙注大體心思禮義小體縱恣情慾孫疏從事于大體而以仁義養其心是從其大體故謂之大人從其小體以利慾養其耳目之官是從其小體故謂之小人也

耳目之官至末　官主也耳目主視聽故亦稱官趙注利慾之事來交引其精神心官不思善故失其道而陷爲小人也此乃天所與人情性先立乎其大者謂生而有善性也小者情慾也善勝惡勝則立乎其大則惡不能奪之而已矣

心之官則思

日講云心則至虛至靈而以思爲職心率其職而勤于思則得其理而物不能蔽曠其職而怠於思則不得其理而物來蔽之理之得失惟係于心所以心爲大體也

此天之所與我者　注此舊本多作比趙注以比方解之比方天所與我者今本既多作此而注亦作此未詳孰是但作比於義爲短故且從今本攷朗記云朱子誤矣趙注既云比方安可因近本之譌而疑之上文官有二故比官之而先立其大者文意甚明漢書賈誼傳比物此志也如云比謂比方也今本譌此物公羊傳注父老比三老孝弟官屬今本比亦譌此

仁義忠信　心之慈惠曰仁心之裁制曰義仁義存諸己無不盡曰忠仁義施諸事無不實曰信而且樂此仁義禮智之實雖歷久而不倦性分之樂孰有樂於此者乎此天爵也

趙孟　或謂趙肅侯會諸侯於洹水之上爲從約長孟子所舉即其人其所貴如飾車百乘錦繡千純以顯蘇秦後秦竟以車裂見其難保也

孟子曰仁之勝不仁也章　朱子曰以理言之則正之勝邪天理之勝人欲甚易而邪之勝正人欲之勝天理若甚難以事言之則正之勝邪天

理之勝人欲甚難而邪之勝正人欲之勝天理卻甚易蓋纔是蹉失一兩事便被邪來勝將去若以正勝邪則須是做得十分工夫方勝得他然猶自恐勝他未盡在正如人身正氣稍不足邪便得以干之矣日講以暫存之天理遏無窮之人欲不熄則謂水不勝火斯言一出而不仁之人皆以爲仁不可以勝不仁而自甘於理消欲長幾希漸沒此其所爲又有以助於不仁之甚者也非惟無益於仁亦且放逸牿亡終必并其所爲幾微之仁而亡之矣爲仁者可不以此爲戒歟

不如荑稗　荑稗有三訓有訓茅荑者詩自牧歸荑手如柔荑是也有訓枯根者易大過枯有生稊程傳稊根也劉琨勸進表云生繁華於於荑謂枯根也鄭康成易亦作荑字與稊同是也有訓米者莊子藏稊米於大倉夏小正柳稊稊蓋初芽時形似稊米也根之生稊亦然趙鹿泉訓爲茅未是

必至於彀　趙岐注彀張弩向的者用思要時也又羿不爲拙射變其彀

率注彀弩張向表率之正體望之極思用巧之時不可變也　存異趙鹿泉曰彀者弦處於矢末爲凹以啟絃謂之彀今謂之叩其用在矢而不在弩脫叩則雖張弓向的而矢不前叩鬆則矢無力叩不正則到而不中故曰必至於彀　潘云按周亞夫傳彀弓弩持滿字從弓宜從集句滿而後發解

岑樓　趙注岑樓山之銳嶺者音義山小而高岑曰樓者盈重屋爲樓亦取崇高義寸木高於岑樓猶韓非子所謂立木材於高山之上者也　潘云岑樓作高山解樓當作嶁嶁山顛也本末字鉤從下本字來不揣其木之木而但齊其末故寸木高於岑樓　朱注岑樓樓之高銳似岑者　李中培曰下一字爲本物上一字爲借喻如斗室蠏舍阿房蝸廬之類按潘云本文不曰樓岑而曰岑樓宜集句得之

取食之重者　大凡輕之中原有其重者重之中原有其輕者是必輕者與輕者較重者與重者較而輕重始得其平飢而死食之重者也以禮

食食之輕者也取食之重者與禮之輕者而比之則禮之輕於食相去懸絶豈但食重而已得妻色之重者也親迎禮之輕者也取色之重者與禮之輕者而比之則禮之輕於色相去懸絶豈但色重而已

紾兄之臂節　紾兄之臂而奪之食非禮之甚者也爲非禮則得食不爲非禮則不得食食固重而敬兄之禮亦不輕則將紾之乎吾知甯飢死而不必紾矣禮不重於食哉踰東家墻而摟其處子非禮之甚者也爲非禮則得妻不爲非禮則不得妻色固重而昏娶之禮亦不輕則將摟之乎吾知甯不得妻而必不摟矣禮不重於色哉以禮與食色之甚重者較之而見禮之尤重如此彼任人一偏之說亦不足辨矣

力不能勝一匹雛一段　【證正】閻云人皆可以爲堯舜不聞人皆可以爲爲獲言詞小失不必爲孟子諱條辨弗爲耳三字與亦爲之句緊相照應中間三爲字義别猶云是箇某樣人解字義甚明然苟無力是一人有力是一人中間今日字何以安放竊嘗見操技勇者始甚無力一旬

收斂精神漸加操習其勇猛幾不可當大異從前故無力人從不勝匹雛來有力人從舉百鈞來而今日之上自當補出爲字工夫由是充之則舉烏獲之任是爲烏獲能爲堯舜之爲是亦爲堯舜豈拘拘在形體間乎孟子語意自靈動見對針人苟誤會豈惟烏獲不可爲即人至無力何至不勝一匹雛不勝一匹雛者諺所謂拈輕怕重也早爲不爲字寫生

先名實者四句　疏名生於實者也有功利之實斯有功利之名進而治國濟民則功利在所先故先名實者爲人退而自善其身則功利在所後故後名實者自爲

不用賢則亡　此句是赤心相告孟子在齊而諸侯救燕謀伐者且止自出晝而王不復追卒以貽累後人樂毅下齊七十餘城幾亡齊國非孟子所早見及哉

華周杞梁之妻　辨正中培曰杞梁妻哭夫事見於禮檀弓其辭齊侯郊

弔與左傳同華周卽華旋杞梁卽杞殖兩書並無華周死而妻哭夫事晃之所述當必因華周杞梁同載甲而戰連類及之耳說苑兼舉華杞文闕死其妻聞之而哭城爲之弛隅爲之崩則本孟子而附益之以奇其事趙氏復本此以注孟子耳故朱子不取列女傳又言杞梁妻無子內外皆無屬親既無所歸乃枕其夫之屍于城下而哭十日城爲之崩亭林顧氏曰左氏檀弓俱言有先人之敝廬何至枕尸城下且莊公既能遣弔豈至暴骨溝中子正之言不可信也　潘云左傳莒子親鼓而伐之獲杞梁不言華周必華周得脫

是故天子討而不伐　趙注討者上討下也伐者敵國相征伐也五伯者摟舉諸侯以伐諸侯不以王命也孫疏天子於諸侯則討而不行兵征伐諸侯之於諸侯則行兵征伐而不討蓋彼有罪而布令陳詞以責之是謂討也彼有罪用兵行師以加之是謂伐也且五伯者牽率諸侯者也故曰五伯者三王之罪人也以其五伯擅自專權不待天子賜之弓

矢然後征賜之鈇鉞然後殺者也特牽率諸侯以伐諸侯而已

東牲載書　注讀書加於牲上　合德堂本讀本作匱　穀梁傳僖公九年注葵邱之會陳牲而不殺讀書加於牲上壹明天子之禁按楚公子圍請讀舊書加於牲上而已左傳二讀字宜俱作匱以藏書而加於牲上也

無曲防　疏趙云無敢違王法而以已意私設防禁者然而此意亦通義矣奈何據其下文曰遏糴是為無曲防遏其水以專利者也齊桓會諸侯於陽谷公羊以為障谷會諸侯於葵邱穀梁以為無壅泉此可見矣

莫非命也順受其正

曰講云凡人之生吉凶禍福遭遇不同莫非天之所主宰是謂氣數之命然其中有正命焉為善而獲福固謂之正即為善而或蒙禍亦不得不謂之正是蓋莫之致而致者人但當順受乎此而已是故知正命者凡行險徼倖禍機所伏之地皆所不蹈必不立於巖牆之下焉所謂正命者

謂何君子平日存心養性以修身而氣數修短聽之自然全而歸之者此正命也如桎梏而死之類非正命也人可不思順遂其正哉孟子言順受非苟無操持聽之氣數適然之遭而已也蓋盡道正順受之實不愧不怍則可以達天自求多福則可以立命孰謂天道不出於人事哉唐韓琬以劉孝標辨命論詭悖不經乃著論非之以爲人稟於天地以生而謂之命至吉凶禍福則繫諸人今一於此非先王所以教人者愚按書云惠迪吉從逆凶吉人爲善凶人爲不善孟子云禍福無不自己求之者左傳吉凶由己而由人乎哉可知貧富貴賤天所命也吉凶禍福人所爲也信有徵矣

達則兼善天下　**存異** 昌黎諍臣論云得其道不敢獨善其身而必以兼濟天下者也

所過者化　焦氏循曰易序卦不養則不可動故受之以大過有其信者必行之故受之以小過過之義爲行爲動所過者化猶云所動者化所

行者化也行動著於外存主運乎中所行動者民卽變化由於所存者
神也
曾曰小補之哉　趙注天地化物歲成其功豈曰使人知其小補益之者
哉孫疏天地之化以神而存之豈曰使萬物知　有補益哉王者之化
亦存以神又豈曰使民知其有小補益哉　按天地之化始於春而終
於冬而萬物皆得以移易者也天地之神始於震而終於　而陰陽不
可測之者也
人之有德慧節　在心之理謂之德以理燭事見於未然是爲德之慧處
事之方謂之術因事循理善其當然是謂術之知
中天下而立二句　士雖廣民雖衆然未免限于方隅君子樂不在此君
天下統于一人居中可以禦外盡四海之民皆可得而撫綏安定是吾
道流行無一夫不被其澤豈非君子之樂乎
其生色也睟然見于面　趙注睟然潤澤之皃朱子益之以清和潤澤與

枯槁反清和與暴戾反載考法言君子篇牛元騂白睟面角其升諸廟乎是以君子全德牲色純曰睟然則睟即粹大元經以睟準乾故元衡曰睟君道也訓文言純粹精也之意以純全訓粹然亦可

不言而喻句　集注云謂四體不待吾言而自能曉吾意也此義近看得似未安恐只是說四體不待安排而自然中禮也

蹠之徒也　存疑潘云世傳盜蹠爲柳下惠之弟史記載其日殺不辜肝人之肉莊子載其徒九千人行於天下侵暴諸侯驅人牛馬取人婦女所過之邑大國守城小國入保天下苦之　辨正按蹠果爲惠弟正恒文霸業盛時能制楚及戎狄豈其容蹠橫行莊子載蹠詈及孔子孔子去惠已多時皆不足信　愚按史記伯夷傳正義云蹠黃帝時大盜之名又賈誼弔屈原賦云謂跖蹻廉李奇曰蹠秦大盜也楚之大盜曰莊蹻顔師古曰莊子云盜蹠柳下惠之弟蓋寓言也此篇正義亦云蹠秦大盜則蹠係古時大盜之名而不可直指爲惠弟審矣

執中無權猶執一也　程子曰欲知中庸無如權權須是時而爲中特以手足胼胝閉戶不出二者之閒取中便不是中若當手足胼胝則於此爲中當閉戶不出則於此爲中權之爲言稱錘之義也何物爲權義也楊時曰知中則知權不知權則是不知中也知一尺之物約五寸之中而執之中也一尺而厚薄小大之體殊則所執者輕重不等矣猶執五寸以爲中是無權也蓋五寸之執長短多寡之中而非厚薄小大之中也欲知厚薄小大之中則釋五寸之約而惟輕重之知則其中得矣故以中行中因權立中庸之書不言權其曰君子而時中蓋所以爲權也

飢者甘食章　趙注爲利欲所害亦猶飢渴害之人能守正不爲邪利所害　朱子答何叔京書云人心亦皆有害趙氏謂人心爲利欲所害此說甚善愚謂飢渴害其知味之性則飲食雖不甘亦以爲甘利欲害其仁義之性則所爲雖不可而亦以爲可人之可使爲不善趙注亦指利

害　潘子善曰飢者甘食渴者甘飲是借飢渴之害以言人心之害所云人心之害恐不指爲貧賤而已凡一切欲有求之不得而遂不暇擇焉皆是也所謂人能無以飢渴之害爲心害者謂人能無以飢渴害口腹之類爲其心害則不憂其不及人矣未知如此說得否曰此章從來有兩說以意則此說善蓋不欲人以利欲害其心如飢渴之害口腹也以語則不以飢渴之害動其心者爲切於文義未知果孰是但後說差不費力耳

久假而不歸　朱子答蔡季通書云久假不歸五伯假之而至於功施當時名垂後世則是久假而不歸矣人亦知其本非眞有哉孟子之言是疾矯僞之亂眞傷時人之易惑而非與五伯之詞也　讀余阮之尊孟辨曰久假不歸烏知其非有止謂當時之人不能察其假之之情而遂以爲眞有之耳

執之而已矣　執者執瞽瞍也時講訓爲執法尚差按左傳執人於王宮

孟子云則君搏執之執捕也惟捕故須竊負而逃

自范之齊　范本晉士會地國語是以受隨范是後韓趙魏并地應屬魏在臨淄之西想孟子由梁至齊經范邑即可至齊故云自范之齊例之由平陸之齊則誤矣范去齊國都尚數百里而王子爲孟子望見者閻氏謂當時或有事交鄰王子出使如滕世子往楚孟子適相值云

魯君之宋一段　魯君之宋當是僖二十一年楚子執宋公以伐宋公會諸侯盟於薄以釋之公初至宋時城門不易肯開故君自發聲呼之宋甚望其君之歸故曰此非吾君也其聲爲居尊養優所移非他人所得似故曰何其聲之似吾君也宋原不知爲魯君之至也此一段情景分明若平時一國君至必致郊迎尚得謂君自呼乎

恭敬者幣之未將者也　食以養言恭敬以幣言幣者非如季任章幣交之幣古人燕賓必侑以幣注所引承筐是將甚分明即在食養中

豕交之也句　存異　論語至於犬馬包注引孟子曰食而弗愛豕畜之愛

而弗敬獸畜之交字作畜

齊宣王欲短喪章　聶政母死既葬除服宣欲短喪正如此故尹曰爲朞之喪猶愈於已已謂既葬即已王子有其母死既葬除服有定制矣傳又何以請孟子又何以言加由君於大夫世婦視其大斂爲之賜則視其小斂夫人於世婦視其大斂爲之賜則視其小斂推之則王子於母死既葬後請恩於君加之數月亦情之可通者故曰雖加一日愈於已既葬而加一日愈於既葬而即已也

其傅爲之請數月之喪　失注儀禮公子爲其母練冠麻衣縓緣既葬除之疑當時此禮已廢或既葬而未忍即除故請之也滙參王方麓曰儀禮喪服章公子爲其母練冠麻衣縓緣既葬除之比便是終喪也當時此禮已廢故齊之王子有其母死而傅爲之請數月之喪者謂得終此制也故曰是欲終之而不可得也若既葬而未忍即除則其情雖厚亦爲過制矣　焦氏循曰喪服傳注云諸侯之妾貴者視卿賤者視大夫

皆三月而葬然則僅喪三月視父在爲母期者少九月是不得終於禮也其傳爲請卽此旣葬而除之三月公於庶夫人無一日之喪則公子亦不敢有一日之喪制禮者緣情定義不奪其母子之恩特爲制此三月但必請之於君耳據君所不服子不敢服則當已而有此推恩三月則加於已故云雖加一日愈於已　按傳云父之所不服子亦不能服故雖制有三月之服猶必爲之請於君正禮原是如此固不係於嫡母之壓亦不盡關於古禮之廢也

故驅其所愛子弟　潘云馬陵之敗申與十萬軍同盡是其愛子西鄙之役卬爲秦鞅所詐而亾是其愛弟

革車三百兩　潘云時說講革車不從周官革路而言僅用以載輜重是詩稱檀車煌煌駟騵彭彭皆烏有之辭矣張忍齋定以爲兵車謂僅三百兩耳尚不及晉韅靷鞅靽之七百乘以伐紂七十五萬人豈遂爲尚兵哉因思車一兩百人當有牧誓所謂百夫長十兩千人當有千夫長

每百兩卿一人三百兩卿三人與牧誓司徒司馬司空合每乘甲士十人積之與太誓予有臣三千合　按司馬法云通十爲成成出革車一乘漢書張良傳偃革爲軒蘇林曰革者兵車革輅軒者朱皮軒也謂廢兵車而用乘車也則革車之爲兵車審矣

頑夫廉　趙注頑貪也朱注頑者無知覺廉者有分辨王氏念孫曰頑鈍也如氏漢書注云頑鈍無廉隅也按頑之義爲鈍廉之義爲棱棱則有隅角頑則無鋒鍔二者正相反　陳平傳云士之頑鈍無恥者即諺云鈍鐵無剛也

仁也者人也　中庸注人指人身而言此注以仁屬理人屬物則似本兩物而强合矣　外國本仁也者儿也義也者宜也禮也者履也知也者知也信也者實也合而言之道也此與祭義曾子曰仁也者仁此者也義也者宜此者也禮也者履此者也信也者信此者也强也者强此者也大略相似竊意孟子本及外國本兩人字俱是儿字之訛說文儿仁

人也儿是親愛人意與人我之人別中庸仁者人也注如相人偶之人表記仁者人也注謂施以人恩也皆是儿字又云說文人字注天地之性最貴者也儿字注仁人也仁字注親仁也謂此儿字是親愛人也公羊何注中庸鄭注數人字皆是說文儿字據此二條則經書中是以儿訓仁與義訓宜禮訓履知訓知信訓實一例若作人之身說則義禮知信豈非俱在人身者乎　鄭注施以儿恩祭義疏欲行仁於外必先行仁恩於父母是儿與仁意義合也

無上下之交也　潘云史記楚昭王聘孔子陳蔡大夫恐其見用發徒圍之故絕糧是不知蔡昭侯畏楚已遷於吳之州來論語所謂蔡指故蔡地自哀四年申公壽餘致蔡之遺民於負函葉公主方城之外兼治蔡孔子自陳如蔡就葉公而是時吳修舊怨伐陳楚昭王軍於城父以救之陳不能顧客楚未知孔子來道途閒資糧乏絕不可不謂之厄也蔡從吳吳救陳陳蔡原不相合安能發徒圍孔子如史記言楚聘孔子孟

子亦不得言無上下之交矣

城門之軌　彼城門之軌迹其深獨異於城中者豈一車兩馬之力能使其然歟蓋衆軌出入必由於此而日久所積故也然則禹之追蠡亦前乎文王千有餘年日深用久而然也　文王之鍾未久而紀全使至千餘年之後則其追亦如此耳又豈可以分優劣哉

有命焉　然有遂其欲者有不得遂其欲者實有命焉以默爲限制君子亦安命而已矣其不得也固不强求其得之也亦有品節豈謂吾性之所固有而可以逞之哉

有性焉　然皆生理之固有七心之同然不以聖而豐不以愚而嗇蓋有性存焉君子惟盡其性而已矣而無可推諉其靑且厚者固益求其至其濁且薄者尤務求其反豈謂命之已定而不復致力於其間哉

聖而不可知之謂神　横渠曰聖不可知謂神莊生謬妄又謂有神人焉伊川曰神則聖而不可知非聖人之上又有一等神人也　吳伯豐爾

聖人之於天道竊疑此句與上文義例似於倒置又仁義禮知四字謂之在我可也若以此例說聖人二字意亦未安

諸侯之寶三章　趙注諸侯禁其封疆不侵鄰國鄰國不犯寶土地也使民以時民不離散寶人民也脩其德教布其惠政寶政事也若寶珠玉求索和氏之璧與鄰國爭之强國加害殃及身矣

往者不追　注云不保其往是以往字作前日解與往者不可諫既往不咎同非也往猶去也去與來對　趙注夫我設教授之科教人以道德也其去者亦不追呼來者亦不拒逆　孫疏注往去之者則不追呼而還來者亦不拒逆　時解云其有既往之失不追責之其有潔己而不拒絶之蓋聖賢視天下無弃人不督責其既往不逆料其將來但其自新之念而已與此章章旨不合

人能充無受爾汝之實　趙注爾女之實德行可輕賤人所爾女者也既不見輕賤不爲人所爾女能充大而以有行所至皆所以爲義也　問

人能充受爾女之實集注云實誠也人不肯受爾女之實者羞惡之誠也須是自治其身無不謹然後無爾女之稱曰這些子注中解得不分曉記得舊時解得好卻因後來改來改去不分曉了看來實字對名字說不欲人以爾女之稱加諸我是惡爾女之名也然反之於身而去其無可爾女之行是能充其無受爾女之實也若我自有未是處則雖惡人以爾女相稱亦自有所媿矣又問人能充無穿窬之心是就至粗處說未可以言而言與可以言而不言是說入至細處否曰然能充無受爾女之實處工夫卻甚大了到這田地工夫大段周密了所以說無所往而不為義也使行已有一毫未盡便不能無受爾女之實矣

御纂朱子全集云此說充無受爾女之實與集注異可以兼存按集注作虛實之實語類作名實之實其說差勝孟子云嘑爾而與之行道之人弗受蹴爾而與之乞人不屑也嘑與蹴皆被人輕賤之事若因貪昧隱忍而受爾女之稱行路乞人之不若矣尚可以為義乎

說大人則藐之　漢武帝封周子南君語云觀於周室邈而無祀注邈遠絶之意按左傳以是藐諸孤杜注言其幼賤與諸子縣邈正義曰藐者縣遠之言諸子皆長而奚齊獨幼是小大相去縣藐也

非之無舉也一

曰講鄉原之爲人欲槩舉其失以非之則掩覆甚周無可舉而非也欲細指其過以刺之則韜覆甚密無可數而刺也同乎流俗合乎汚世所以媚眾人居之似忠信行之似廉潔所以媚君子是以一鄉之眾皆悅之不知其非也彼因眾人之悅自以爲之亦不知其非也則終身汩沒於斯世而不可與入堯舜之道矣故曰德之賊也孔子曰天下有眞是於人皆知其爲是即有眞非者人亦知其爲非猶不足以惑人無可惡也惟似是而非者最能亂眞最能惑世爲深可惡鄉原之似德而非德是也然推其所自豈鄉原之能亂德哉由天經不正而眞是之未明耳君子爲世道計亦惟率之以躬行彰之以教化復此堯舜以來眞正不易之

常經而已矣常經既復而歸於正庶民皆知經常之道爲吾身是勃然咸興於善庶民既知君子之教興起於善則似是而非之邪慝不可測識者亦以難容於世矣夫轉移世道只言表正人心故孔子惡鄉原而孟子繼之以興庶民之説蓋庶民不興未有不惡狂獧而喜鄉原者也

太公望　樊廷枚曰太公姓姜名牙又名望字尚武王謂爲尚父則尚是字可知書傳周公旦太公望召公奭旦奭是名則望是名又可知據此則朱子以尚爲名似未確　史記范雎傳秦昭王謂平原君曰周文王得呂尚以爲大公齊桓公得管夷吾以爲仲父今范雎亦寡人之叔父也則太公自是尊之之詞連望成文猶書言君奭耳　呂不韋傳尊不韋爲相國號稱仲父正義曰仲中也次父也蓋效齊桓公以管仲爲仲父　史記又云呂尚東海上人西伯得之曰吾先君太公望子久矣此係妄説　【存異】孔廣森曰牙古互字通卦驗云有人候牙蒼姬演步謂太公字子互也以韻叶之今相傳爲子牙者誤　褚人穫曰宋玉楚詞

云太公九十乃顯榮兮誠未遇其匹合東方朔答難云太公躬行仁義七十有一乃見用於文武太公之年據宋玉云九十據東方云七十二則八十遇文之說未可拘也　竹書紀年西伯治兵於畢乃得呂望

蒭言

昔人云刻他人書者猶埋枯骨哭聞其言不覺泫然而流涕況其子孫也哉況節也哉節嘗思自古名家著述多湮沒而不傳即傳之旋失其姓名且疑闕並存者曷可勝道雖然書之傳不傳亦關乎人命之幸不幸節因思　大高祖雍正舉人江華教授攷據淵博縣志家傳所載著書種種而書缺有閒豈文字爲鬼神所忌耶抑傳至久非其人而失其守歟節又思　先祖所撰十三經異同商而精力尤萃於五經四書四書前集原刊於濰甯而補遺一部無力付梓未免有斷椾遺珠之憾節數年來命運窮奇有志未逮客歲蒙　張學使取以天文算學而補弟子員抑鬱半生聊伸鄙志故於今春上元後負笈星沙肄業嶽麓傾盡槖金以付剞劂非故爲是急迫特以前人著作等身多因需而未就況異同商一書久爲海內所賞鑒者乎我

朝經學昌明考據尤資精博而此書或於前書所未有者而更增之可謂

博矣或於前書所已有者而詳覈之可謂精矣旣精旣博又何加焉是以近代嗜古之士莫不家置一編以資講究而利名場節何敢私吝其美而不公於世乎因命諸梓以公同好

謹述名公巨卿題辭並摘錄題聯

漢儒良友宋漢功臣　又以年壯學優保准卓異送　部引

見升用　毛鴻賓題

品學純粹　又以學問淵博人品端方保

奏　李發甲題

考訂詳覈議論精嚴　惲世臨題

湖南第一流人物　劉　崐題

萃會先儒之說而折衷以己意議論似乎新奇道理都歸平正　白蘭岩題

君子可以不祧矣　梁士廣題

寶府又出魏源　賀希齡題

理解明通議論確據假令朱子見之亦當引爲同心　陳本欽題

此兩廡中間人　勞崇光題

此書不待傳而自傳
傳之天下
包括異同貫穿經史
步趨孔孟羽翼朱程
與古爲徒漢學宋學
當今之世經師人師
抗衡古人嘉惠後學
廣搜異論先得同心
與中有同奇中有正
詳而能核博而能精
並程朱爲三也
合漢宋而一之
釋精語詳難爲淺見寡聞道

唐方樫題
左宗棠題
惲世臨
毛鴻賓
李瀚章
杜瑞聯
陳本欽
陶澍

理醇證確可與深思好學論
考諸聖經而不謬
合乎人心所同然
可以藏之秘府傳之奕葉
將來祀於名宦列於鄉賢

賀長齡
郭嵩燾

四書異同商全部字義字音字形

新化演皐黄　鶴撰　　男　鏡亭　瑚、孫愚谷　節香
述園　銘祖　仝校

上論

巧言（巧僞也）易色（易輕也）學則不固（固蔽也）溫良恭儉讓（良慈善也儉斂約也）信近（近合）三
十而立（立成也）是謂能養（養事也）溫故（溫厚也）周而不比（周親也合也）大車無輗（輗轅端鍵
也）盼兮（盼動目貌）杞不足徵也（徵成也）爲力（爲猶用也）哀而不傷（哀愛也）成事（成定也）三歸
（歸聚也）無敵也（敵格也）無莫也（莫薄也）勞而不怨（勞憂也）言之不出（出過也）而敏於行
（敏審也）口給（給捷也）朋友信之（信任也）由也果（果克能也）中道而廢（廢猶頓也）學之不講
（講肄也）申申（申束也）游於藝（藝文也）不悱（悱怒也）好謀而成（成審也）疏食（菜食也）雅音（正音
也）敏求（敏勉也）多見而識（識別也）人潔己進（潔新也）忞（强也）莫（勉也）讄（累也）恭而安（安和易也）
葸（葸愨貌）有婦人焉（婦當作歸）與命與仁（與許也）民可使由之（可猶宜也）吝（貪也）悾悾（野愨也）
而不與焉（與益也）將聖（將大也）韞匵（韞裹也匣也）懌（敬也）侃侃（和樂也）誾誾（中正也）鞠躬（敬謹）

補訂字義字音字形　四

饐臭也 餲味變 鄉人難難卻也 執綏綏六轡之總也 子路共之共向也

下論

無所不說說解也 有動乎動變也 富於周公富厚也 由也喭喭剛猛 賜不受命命爵命也

求也退退緩也 回何敢死敢冒也 如五六十如與也 克己約身也 片言片猶偏也 而行違

遠異也 蓋闕蓋覆藏也 若是其幾也幾近也 斯可謂士士者百官之統稱 泰而不驕泰高大也 切切

懇也 克伐克忮害也 危言危正也 討論之討治也 亦可以為成人亦重也 譎權以濟事曰譎 疾固

也固疾也痼久病也 諫則厲厲虐也 諒闇與梁闇同 予一以貫貫事也 病無能焉病猶辱也 借人

借猶藉也 竊位竊私也 莊莊嚴也 惠順也 而可大受也受猶任也 貞而不諒貞當也 諒狂執也 便

辟便與盤同 便佞佞與辯同 小童童奴婢也 時其亡也時伺也 焉用牛刀焉乃也 其蔽也狂狂猛

狂也蕩蕩唐突也 室窒與室同 撽以為知者 耰耖田也 憮然悵愕也 五谷不分分理也 倸

張譸張也 放言放置也 不弛其親弛廢也 區以別矣區邱域也 困窮極也 富祿位高也

學庸

在止於至善止處也 顧諟諟審也 苟日苟亟也 綿蠻鳥貌 緝熙熙廣也 菉竹菉王芻也 如切

齒柤切摩也瑟兮瑟莊也僩兮威嚴貌自脩自修也其嚴乎嚴敬也潤益也胖大也而辟焉辟音譬

也其儀不忒儀法也樂旨旨美也節彼節與節同克配配合也休休和貌憲以懸憲與懸同

命名也矯矯也揉隱隱也遵循也察至也愷愷戚也素位素向也和樂且湛湛久也洋洋

想見貌旅酬下為上下平聲仁者人也義者義宜也字庶民也字為字愛之字來百工

來如勞來之來去聲而篤焉篤固也二拳石之多達諸天地施及蠻貊施平聲久則

徵徵者遍也達也以永終譽終者通也忳忳尚絅絅草名的然的灼明也屋漏漏隘也鬷假

鬷總也假大也不顯其德

上孟

而不知檢檢斂也深耕易耨易速也可使挈挺孰能與之與如字為長者折枝

枝與肢同盍亦反其本盍與合同好樂何如樂喜也樂酒無厭厭去聲教玉人教與教訓之教同

五旬而舉之係纍曾西救然雖有鎡錤故才半古之人不色

撓蹶高跳也污廣大也行潦行流也敖遨也遊課程也剝虐還而攻之還旋也謂自慊

慊羨慕也而可以貨取乎取羅致也教匠事教訓也精審翦觀之謂壟斷壟斷也兼有又隆斷齊

佰蕭同 索綯索絞索也 肸肸然作肸振 神農也神治 排壅也 振德之振升舉也 皓皓皓與皓同 蓰蓰與
倍差同 巨屨巨粗大也 小屨小精細也 狸亩也 姑明也 赧赧然愧也 戴蓋人名 出而哇之

中孟

詍詍多言也 巨室人君之家也 不億億也 執熱熱不可解也 浴浴身也 餔啜浮沈也 行辟行法於人
資之深資積也 不泄邇泄與渫同 迹熄迹與迹同 私淑淑也 取歷位歷亂也 微微職也 于天于呼也
捐階音旋 張音敦 于爲也 粲三苗粲散也 殛放也 諒諒也 徯語 喪持服也 賢勞勞多勞也 子民子餘也
祗載載事也 澆淅澆漬乾漬米也盛也 禦強暴也 于貨于取也 敦殺也 獵較較與角同 見行可之仕見猶
示也 乘田乘與甸同

下孟

坏捲 爲乙之予 多頓頓與顇同 養當作差 桔拮 嘷爾去聲怒聲 狼藉 不揣其本
翅詞也 一疋雛 闗公而射我 是不幾也 任季爲任處守 多儀多重五
就湯五互也 稅冕稅輸苒切 著去也 討而不伐討治也 載書載加也 而儉于百里儉節制也
不亮亮明也 孫叔敖孫敖皆去聲 忍性忍堅也 莫非莫戒詞也 無恥之恥之變也 不若人

若似也 亦囂囂囂作嚻五高反 所存者神也神治 盎于背盎盛也 一毋鍅 孔子登蒙

山 觀海有術 麾滅 而不歸歸止也 豕畜之也 有達才者才作材又作裁 躍

跳也 血之流𠧪 厥厥叩也 角額角也 飯糗 二女婐音𡡉 餽於陳蔡 山徑徑作陘

閒介隔也 絕 追蠡追擊也 既入其苙苙豕牢也 銛取也 藐遠也 養心養治也 揜焉者也揜遮飾也

爲斯世也善 莠半谷米所生之禾 然而無乎爾 則亦有乎爾

補句字異字音字形 六

四書異同商正字

上論

鮮矣仁　汜愛衆　以雍徹　襪襪乎文哉　胡捷也　或對曰中樟

悆懊吾猶人也　讄曰禱爾於上下神祇　惸之爲貫　鞠躬如也　鄉

人難

下論

師也僻　子路卒爾而對曰　鼓瑟希摿爾　疾痼也　友辯佞　友諞

佞　夫子哂爾而笑　古之矜也磏　惡果敢而恎者　惡撽以爲知者

以杖荷莜　侏張　君子不弛其親

學庸

如臟如磋　赫兮烜兮　此之謂自謙　之其所愛惡而譬焉　仁者几

也　久則徹　載山嶽　今夫海　達諸天地而不悖　衣錦尚絅　的

然而日亡　尚不媿於屋陋　鬷奏無言　丕顯惟德

上孟

而不知撿　塗有餓殍　可使制梃　爲長者折肢　孟子謂齊宣王曰

爲宮室　三旬而舉之　係纍其子弟　寡助之主　放勳曰勞之　觀

其色赧赧然　出而吐之

中孟

呭呭猶沓沓也　卒于畢程　濟人于溍洧　又安于其所往　以善勝

人者　不諜邇　粲三苗於三危　極鯀於羽山　源源而來　夫然後

歸中國　澆淅而行　唐亥　期唐

下孟

季子問公都子曰　爲乙之子　有梏亡之矣　不如蕛稗　抮兄之臂

一疋雛　越人關弓而射我　任季爲任處守　互就湯互就桀者　一

毋礙　以道徇身　是以言餂之也

四書異同商訂訛

學而時習之　學者誠效其所爲訛覺　子張問十世可知乎　也一作乎訛也　不至于學　王當訓及訛志　傷人乎否　不當訓否訛不

君賜生必畜之　生必畜者畜訛熟　楊東訛羊東

四書異同商上論異讀

上論

其爲人也句孝弟而好犯上者鮮矣　賢賢句易色句　知和句而和不以禮節之句民免句而無恥句有恥句　且格　七十而從心句所欲不踰矩　先行句其言而後從之句又八字句句　吾與回言句終日不違句如愚句　舉善而教句不能則勸　孝乎惟孝句友于兄弟句　揖讓而升下而飲　由也好勇過我句無所取裁　于吾句予何誅句予戶句予改是　臧文仲句居蔡　未知句焉得仁　必有忠如邱者句焉不如邱之好學也　居敬句而行簡以臨其民句　有顏回者句　今也則未聞好學者也　巧言句合色句足恭句　毋以與爾鄰里鄉黨乎　與朋友共敝之句而無憾句　有句澹臺滅明者句　仁者句雖告之曰井有人焉句其從之也　必也句聖乎堯舜其猶病諸句　五句十句以學易　互鄉難與言童子見句　爲同姓謂之爲孟子句　文莫句吾猶人也句

三以天下讓民無得而稱焉句　君子人與君子人也句　後生可畏焉句
知來者之不如今也　沒階趨進翼如也句　不使勝食氣惟酒無量
不徹薑食不多食　雖疏食菜羹瓜句祭必齋如也　傷人乎句不句問
馬　加朝服句拖句紳句

下論異讀

求句爾何如赤句　爾何如點句　爾何如　鏗爾舍瑟而作句　言不
可以若是句其幾也句　夫子固有惑志句于公伯寮也句　果哉句末
之句難矣　不曰如之何句如之何者吾末如之何也已矣　君子信而
後勞句其民未信句子夏之門人句小子當洒掃應對進退則可矣　所
重句民句食句喪句祭

學庸異讀

以能保我子孫句黎民尚亦有利哉句以不能保我子孫句黎民亦曰殆
哉　所求乎子以事父句未能也句所求乎臣以事君句未能也句所求

弟以事兄句未能也句所求乎朋友先施之句未能也 不爲行險以徼倖

上孟異讀

叟不遠千里而來句將何以利吾國乎 盡心焉句耳矣 保民句而王莫之禦也 吾不忍其觳觫若無罪而就死地句 夫子之謂也夫句我乃行之句 其助上帝寵之句四方有罪無罪惟我在句 師行而糧食其民 湯一征以上應自十字 孟施舍之守句氣句又不如曾子之守句約也

曰告子曰以直句養而無害句 必有事焉而勿忘句勿助長也不得已而朝句之景丑氏宿焉句 而遂不果宜歟句 其尊德樂道不如是句 得之爲句有財 使虞敦匠 事嚴句子不敢請 得侍同朝句甚喜 孟孫曰異哉句子叔句疑句且許子何不爲陶冶舍句皆取其宮中而用之 后稷句教民稼穡樹藝五穀 放勳曰勞之 要其有酒肉黍稻者奪之 湯始征自葛句再十一征而無敵于天下句 有攸不惟

臣　一薛居州句獨句如宋王何　是皆已甚迫句斯可以見矣　周公

相武王誅紂句　伐奄三年討其君句　兄戴蓋句祿萬鍾

中孟巽讀

暴其民句甚則身弒國亡句聞文王作興句　卒之東郭墦閒之祭者乞

其餘句不足句又顧而之他　其妻歸句告其妾句良人者所仰望而終

身也今若此句　號泣句于旻天句　百官句羊句倉廩句備以事句

故源源而來句不及貢以政句接于有庳句　百姓如喪考妣三年句

祗載句見瞽瞍句夔夔齋栗句　伊訓曰句天誅句造攻自牧宮　退以

義句得之句不得曰有命　知虞公之不可諫而去句之秦句　曰郤之

句却之為不恭句　殺越人句于貨

下孟巽讀

雖與之俱句學弗若之矣　其生色也睟然　摩頂放踵利天下句為之

句　若崩句厥角句稽首句　山徑之蹊間介句然用之而成路　卒為

善句士則之野有衆逐虎虎負嵎莫能攖句馮婦　而迎之句　爲斯世

也善句　斯可矣

補遺

是謂能養句至于犬馬皆能句　有養不敬句何以別乎　由誨女句知之

乎　夏禮吾能言句之杞不足徵也句　殷禮吾能言句之宋不足徵也

四書異同商補訂遺文

上論

未若貧而樂道　斯害也已矣　能以讓爲國於從乎何有有　君子見賢思齊焉　古者言之不妄出　夫子之言天道與性命不可得而聞也已矣　井有仁者焉　舉一隅而示之　三月不知肉味　其爲人也學道不倦誨人不厭　君子溫而厲　達巷黨人童子曰

下論

南容一日三復白圭之玷　由之鼓瑟　子路將使子羔　非敢曰能之　忠告而以善道之　一言而可以興邦　一言而可以喪邦　曰不學詩　曰不學禮　可以怨可以言　其患不得之　歌而過孔子之門曰

學庸

爲政在于得人　天道敏生地道敏樹人道敏政　尊其位重其祿爵其能　詩曰衣錦褧衣衣錦尚絅

上孟　桑麻以時布帛不可勝用也　吾聞之也土地所以養人君子不
以其所以養人者害人　不得已而朝　孟子曰告子曰不得于言　遠
行者必有贐　是以貨販之也　能言距楊墨者
中孟　不以堯之所以治其民者治民　孔子曰先聖後聖其揆一也
號泣于旻天於父母何爲其號泣也　接淅而行出他國之道也　義所
當受殷受夏　爲貧仕者　夫招士以旃
下孟　異于白白馬之白也　天生蒸民故有物必有則　有放心而不
知求其于心不若雞犬哉不知類之甚矣嗚呼終亦亡而已矣　生魚我
所欲也　則引之此爲小而已矣　有人於于此曰力不能勝一匹雛
今之事君者皆曰我能事君　孔子曰登東山而小魯　拔其骭毛　以
至義伐至不義　奮乎百世之上行乎百世之下　孟子曰仁也者人也
義也者宜也禮也者履也知也者智也信也者實也合而言之道也

四書異同商倒文

上論

入則事父兄出則事公卿　可與適道未可與權　非祭肉雖車馬不拜

山梁雌雉時哉時哉　色斯舉矣翔而後集

下論

德行顏淵閔子騫冉伯牛仲弓政事冉有季路言語宰我子貢文學子游子夏　孔子曰季氏富于周公而求也爲之聚斂而附益之非吾徒也小子鳴鼓而攻之可也　孔子曰殷有三仁焉史記孔子稱微子去之　學而優則仕仕而優則學

學庸

親仁以爲寶

中孟

敬人不答反其禮　獄訟者　曰其取諸民之不義也　請無以詞卻之

以心卻之而以他詞無受不可乎

下孟

往季爲任處守　天道之于聖人也

四書異同商衍字

上論

以其道得之不去也　願車馬衣裘　今也則未聞好學者也　子疾子路請禱、必表而出　朝服而立于阼　車中內顧

下論

不患人之不己知患不知也　義以爲質　惡居下而訕上者　子路以告　因民所利而利之

學庸

所以行之者也

上孟

雖褐寬博吾惴焉　巍巍乎惟天爲大　舉舜而敷治焉　兄戴祿萬鍾

中孟

歲十月徒杠成

下孟
季子問公都子曰　馮婦趨而迎之　聖之于天道也　恐其亂雅也
然而無有乎爾則亦有乎爾
非衍文
沒階趨進　異於白馬　孟子曰王子硋砎于右

孟子釋疑一卷

清　汪宗沂撰

清光緒二十三年刻本

孟子釋疑序

有宋涑水司馬温公品正而學疏自信堅而信人專篤是以有疑孟十二篇之作奚以知其然也始王濮議謂宜準封贈期親尊屬稱皇伯父說則創矣然而非禮也古禮天子絶期何云伯父本生之父禮無改稱攷之逸禮子尚不敢以己爵加父矧別加父爵耶及其當國黜新法折三年無改之說曰太皇太后以母改子非子改父此又非禮也古禮但有從子之文

周易實存幹蠱之義母以子貴母啟子非禮也子啟父禮也禮固許其幹愆也以示天下曾何疑夫以溫公解經之疏如此則其果於疑孟子也固有由矣攷北宋八駁孟子者李覯鄭厚叔而外又有晁以道及馮休意見之偏成爲風氣乃孟子一書自漢時世主崇重以賜儒臣嘗立博士南宋時朱文公集注四子書以孟儷孔嗣是遂列在學官日久論定彼蚩蚩者安足損聖賢豪末哉或謂溫公文集多引孟子言似

非不知尊信者其致疑也殆陰折王安石之託孟子以拒諫飾非耳是又不然孟子言仁義黜功利而安石專興利則其於孟子也好文詞耳非果宗其道也孟子書時引禮恒尊春秋而安石敢於輕廢二經温公則詆孟子安石斷不因是而悛改且安石新法託周官非託孟子温公不致疑周官而集矢於孟子得目爲矯王氏乎且温公於孟子書固非概置而所涉又甚淺如謂齊王師孟子於本書無考於古無徵其

作通鑑依孟子及戰國策定言齊宣王伐燕是也而於燕齊世家年分不能畫一以從燕且移西周君之事於赧王其誤由於史記周本紀以趙韓分周事在顯王二年者入於赧王時温公用孟子事實沿史記年分是仍不得爲信孟也夫温公之信孟尚不盡可據則其疑孟也乃一時意見之偏豈千古學術之公哉新安汪宗沂序時在光緒乙未秋八月

孟子釋疑

歙汪宗沂仲伊

伯夷隘柳下惠不恭

按此二語應劭風俗通又引作孔子之言漢人去古近必有所本温公援孔子事實以證明上二節而轉疑爲不似孔子之所行云疑孟實疑孔矣夫人之行事有所極處亦必有所偏重隘者淸之極不恭者和之極使孟子如夷之不屑就必不至久於齊使孟子

如惠之不屑去必不遽致爲臣而歸矣惟孟子願學孔子藉斯兩言以明己之去就其亞於聖人也正以此而又何譏焉

陳仲子避兄離母

觀人者必於其微信人者必於其大論人者必得其平齊有陳仲子姓則田字則子終以居稱於陵子仲夫其列公族際新朝筮仕至易也卽杜門自守孰從而迫之而乃違晨昏郤軒冕去臨淄而屏居二百里

外山妻偕隱灌園終身高則高矣毋亦有近名者存耶否則谿刻自處已能之妻奚能安之卒之楚相一招決諸閭內仲子之廉半由其妻之賢佐成之也然以妻爲賢必謂母與兄爲不賢矣以已爲廉必譏母與兄爲不廉矣夫家庭之間論情不論理仲子但知人品不可不廉而不知天性之愛不可忘廉名一成其他皆在所不顧是非愈判骨肉愈乖以貧賤驕門內其視矜富貴之蘇秦庸有異耶夫古之隱士無不

廉者廉爲隱之常名節爲隱之大求其可法可傳者陶淵明一人而已以其知君臣也陳仲子果高人也何以無親戚君臣上下耶

孟子將朝王

孟子將朝禮也受齊上大夫之祿卽不任職亦不能不以臣禮見也宿景丑氏以待造朝亦禮也然而孟子之去齊由是決矣王不以師禮尊孟子其臣遂欲援常朝絀孟子在孟子方欲敷陳大義而旁觀徒以

小節苛求之已足摧志士苦心矣豈料後世復有吹毛求疵者出而非議之耶

孟子謂蚳鼃居其位不可以不言言而不用不可以不去已無官守無言責進退可以有餘裕

士師官也賓師非官也亦非客卿也孟子居雪宮食上大夫之祿不任職而論國事較孔子之當仕有官職不同故惟與一二賢士大夫上下其議論以冀君

三

心之一悟忠之則也及其處上卿之位則必待致仕
而後歸既去國而齊亦遂危君子之有益人國如此
孟子非不去也待可去之時也何得以無所事而貪
祿位詆之

沈同問伐燕

噫伐燕一事孟子出處之大節所關也孟子爲卿於
齊爲道計亦爲老親屈耳乃未久而遭喪歸魯三年
喪畢復反齊在三卿之中斯時也儲子爲相勸齊伐

燕其事明見於國策將兵者章子也孟子之所與游
也而國策又云孟子謂王今伐燕此文武之時不可
失也似又歸主謀於孟子矣參攷情事蓋儲子陰主
兵議以孟子名高欲假其言以喻衆勝則身受首事
之功不勝則預留分謗之地沈同陳賈皆其徒黨先
後施迎拒傾排之術退而以孟子詡先見激王怒而
後齊王永無改過召孟子之時孟子曰王庶幾改之
予日望之曾鞏蘇軾皆以王召言正合當時情事夫

沈同之以孟子言入告王不更詢及孟子而決行儲子已有先入之言矣及諸侯謀救儲子推諉王始旁詢孟子孟子之策上策也而又不用燕果叛王果慚慚而悔悟用孟子則儲子絀故其黨合力以擠之孟子去而齊亡可決何宋以後之人尚不悟哉

父子之間不責善

孟子言孝崇大舜惡如瞽瞍舜不責以善而惟涕泣責已始有底豫之一時若早以諍父爲能事則斃於

大杖久矣安能孝是以諍子不易爲也而嚴父尤不易爲嘗慨末俗之爲父迂襲嚴名褊急苛刻視子如仇以笞詈濟其暴怒其弊也外若恭順一離親側悍然自恣而不顧爲親者亦竟無所聞非全無聞也以其所恃在笞詈笞詈窮而責已盡曷嘗有默化潛移以身示教之一日乎孩提歌唱天籟自發少長則嬉戲跳躍自然之禮樂也順而導之可以成才今也不然幼童入塾使之終日伏案而不得一動動則撻壯

則强以文詞小楷廢日力至於目昏心怯足滯而後可成爲書生抑其盛氣不㡳則䨼非是則不得爲名師外濂洛而內申韓徒持正論遏生機而已是以宋後之文人日弱

性猶湍水

王安石原性云孟子以惻隱之心人皆有之因以謂人之性無不仁如其説必也怨毒忿戾之心人皆無之然後可以言人性無不善而人果無之乎此説正

與溫公所疑樹一幟由今攷之安石所指之人人而非人也人固無有不善也安石推其忮悁之性以度人故不信孟子溫公慨夫黨惡之日多因不信孟子豈知孟子立言固在在引人入善乎天下安有善人而尚不信性善乎

生之謂性

與生俱來者性也以白喻性但論白不論堅故告子不得不謂然溫公代告子作答曰色則同也性則殊

矣是不以白喻性也是駮告子非伸告子也告子尚知性與生俱來而不知仁義爲固有是以混人物而爲一溫公非不知仁義而論性乃與安石同此所以不能止元祐諸賢之分黨也

齊宣王問卿

方是時握齊之柄者田文也文以同姓世卿爲相國威權震其主王亦知之而無可如何也貴戚之卿能易位聞其言而王變色觸所忌而舉止失常徐思之

而色定正是心折其言也迨問異姓之卿而孟子援

臣禮以對其自處蓋如此王之重孟子在是廷臣之

擠孟子亦由是温公惟不思爾日曲折故但緣空言

致疑豈知草芥寇讎亦爲預料淖齒之禍而發議哉

所就三所去三

孔子有見行可之仕有際可之仕有公養之仕卽畛

斯三者朱子大注引之此定論也君使臣以禮孔子

言之事君後祿孔子言之禮貌飲食古之仕者所不

廢也何至鬻先王之道以售其身如温公所云也

堯舜性之也湯武身之也五霸假之也

孟子言性本仁義温公曰夫仁義者所以治國家而服諸侯也此説是也而又以假仁義而實不從者爲非霸夫古所云五霸者夏昆吾商大彭豕韋周齊桓晉文是也其人不純乎仁義而實有可爲善之資假借一二亦足自强人性本善此其徵也若務於外而枵於中則宋襄也何霸之足云

瞽瞍殺人

天下事變故多端何所不有聖賢立言不爲一人一時計而實能洞見事理之本原如孟子此章是也趙岐章指曰孟子之言揆聖意也朱子集注曰故設此論以觀聖賢用心之所極合漢宋兩注衡之其卓識誠非宋人所可及況後人耶蓋桃應借舜發問意不專在舜孟子設身處地而立論亦不拘定舜與臯陶而推究極於視棄天下猶敝屣然則父子之親重於

帝王此正萬古公義也此義明而天子之追崇本生
父者始有所根據以起例

跋

昔陸游之言有曰北宋諸儒發明經旨非前人所及然其排繫詞毁周禮譏顧命黜詩序並疑及孟子一何敢於議經也故近人柴紹炳謂此等事姑聽先儒自爲之勿可效蓋深致不滿之意夫效固不可而聖賢之公是公非不爲辨白何以曉天下後世哉歙縣⿰歹⿱出夂廬汪世丈爲孟子釋疑意亦猶余建安之尊孟而其平反原書處則較諸建安論説尤爲明快徵引既

博洽而論斷復持平實爲温公諍臣不止爲亞聖干城也書旣成猷以故人子忝與有聞重承郵致見示三復此書竊謂此不可不大書深刻以爲後世準遂代付手氏鋟版行之而謹跋於紙尾云

光緒丁酉夏五黟縣李顯猷

讀孟子界說一卷

清　梁啟超撰

清光緒二十四年上海大同譯書局石印《中西學門徑書》本

讀孟子界說

新會梁啟超撰

界說一孔子之學至戰國時有二大派一曰孟子二曰荀卿

史記特立孟子荀卿列傳儒林傳又云孟子荀卿之徒以學顯於當世蓋自昌黎以前皆孟子荀卿並稱至宋賢始獨尊孟子與孔子等後世遂以孔孟並舉無以孟荀並舉者矣要之孔子乃立教之人孟子乃行教之人必知孟子為孔教中一派始可以讀孟子

界說二荀子之學在傳經孟子之學在經世荀子為孔門文學之科孟子為孔門政事之科

漢興諸經皆傳自荀卿（其目畧見汪容甫述學）其功最高不可誣然所傳微言大義不及孟子孟子專提孔門欲立立人欲達達人天下有道某不與易之宗旨曰日以救天下為心實孔學之正派也

界說三孟子於六經之中其所得力在春秋

詩書禮樂孔子蚤年所定著為雅言荀氏一派傳之荀子謂凡學始於誦詩終於讀禮故荀子一書言禮者過半春秋為獲麟以後所作昌言制作為後王法孟氏一派傳之故孟子每叙道統於禹抑洪水周公兼夷狄之後述及孔子即舍五經而言春秋于舜明於庶物禹惡旨酒湯執中文王視民如傷武王不泄邇周公思兼三王之後述及孔子亦舍五經而言春秋莊子曰春秋經世先王之志蓋凡言經世者未有不學春秋者也故必知孟子所言一切仁政皆本於春秋然後孟子學孔子之實乃見

界說四孟子於春秋之中其所傳為大同之義

孔子立小康之義以治二千年以來之天下在春秋亦謂之昇平亦謂之臨一國之言荀子所述皆此類也立大同之義以治今日以後之天下在春秋亦謂之太平亦謂之臨天下之言孟子所述皆此類也大同之義有為今日西人所已行者有為今日西人所未及行而可決其他日之必行者讀孟子者當於此焉求之

界說五仁義二字為孟子一切學問總宗旨

董子曰仁者人也義者我也知有人不知有我則為墨氏之學知有我不知有人則為老氏之學故墨氏徒仁老氏徒義仁至義盡時曰中庸孔子所以異於諸教者以此孟子所以獨尊孔子者以此一切義理制度皆從此出學者勿以陳腐字面視之則可有悟矣

界說六保民為孟子經世宗旨

孟子言民為貴民事不可緩故全書所言仁政所言王政所言不忍人之政皆以為民也泰西諸國今日之政殆庶近之惜吾中國孟子之學久絕也明此義以讀孟子則皆迎刃而解否則司馬溫公之疑孟余隱之之尊孟徒事嘵嘵楚固失矣齊亦未為得也

界說七孟子言無義戰為大同之起點

此義本於春秋為孔子特立大義後之儒家惟孟子能發明之外教則墨翟宋鈃皆深明此意泰西諸國惟美洲庶近之然未能至也近則公法家大立

會以昌其説此爲孔教漸行於地球之徵自宋以來讀孟子者皆闇於此

界説八孟子言井田爲大同之綱領

井田爲孔子特立之制所以均貧富論語所謂不患寡而患不均井田者均之至也平等之極則也西國近頗倡貧富均財之説惜未得其道耳井田不可行於後世無待言迂儒斤斤思復之者妄也法先王者法其意井田之意眞治天下第一義矣故孟子一切經濟皆從此出深知其意可語于道

界説九孟子言性善爲大同之極效

孔子之言性也有三義據亂世之民性惡升平世之民性有善有惡亦可以爲善可以爲惡太平世之民性善荀子傳其據亂世之言宓子漆雕子世子傳其升平世之言孟子傳其太平世之言各尊所聞因而相爭苟通於三世之義可以了無窒閡矣太平之世禮運所謂謀閉而不興盜竊亂賊而不作春秋所謂人人有士君子之行故曰性善西人近倡進種改良之學它日此學極盛則孔子性善之教大成矣不明於此則孟子斷斷之致辨誠無謂也

又案性善性惡屬內言大同小康屬外言望文似無關涉然荀子為小康之學者則必言性惡孟子為大同之學者則必言性善亦可見古人之學各有家數不相雜廁後世學者不明乎此强拉合為一以讀羣書非疑古人則誣古人矣

界說十孟子言堯舜言文王為大同之名號

禮運以小康歸之禹湯文武成王周公其大同蓋謂堯舜也故曰天下為公春秋哀十四年傳言其諸君子樂道堯舜之道亦指大同言春秋隱元年傳王者孰謂謂文王也文王亦太平世之義（義詳讀春秋界說）凡此諸聖者皆有天下而不有故言大同之學者必宗之讀孟子不可不知此義

界說十一孟子言王霸即大同小康之辨

本文自明

界說十二距楊墨為孟子傳教宗旨

楊朱為老子弟子見於列子距楊朱即以距老子也周秦諸子雖多其宗旨

不出老墨兩派（別詳讀諸子界說）當時最盛名幾與孔子敵者亦惟老墨兩派故距
老墨即所以距諸子也故曰辭而闢之廓如也此孟子傳教之功也
界說十三不動心為孟子內學宗旨
此中下手功夫復分三端一曰先立乎其大者二曰養氣三曰求放心漢儒
氣節之學宋儒主靜之學各得孟子內學之一體不動心者經世傳教之總
根原也學者欲學孟子不可不致力於此於三端之中學其一焉可也
學者初讀孟子可將界說六至界說十三凡八條分類求之
界說十四孟子之言即孔子之言
然則孔子何以不自言之孔子及身教未大行故春秋有大義有微言皆口
授弟子俟數傳乃著竹帛所以避時難也故論語者孔子之雅言也其微言
亦閒有存焉然亦罕矣傳微言者孟子董子為最多故孟子終篇以見知自
任也學者欲學孔子先學孟子可也
界說十五孟子之學至今未嘗一行于天下

漢興羣經皆傳自荀子十四博士大半屬荀子之學東漢以後又遭竄亂六朝及唐日益破碎無論是非得失皆從荀學中之一派討生活耳故千年以來無有知尊孟子者自昌黎倡之宋賢和之孟學似光大矣然於孟子經世大義無一能言者其所持論無一不與孟子相反實則摭荀學吐棄之唾餘而已惟不動心之學間有講之者然非其至也故自宋以來有尊孟子之名無行孟學之實以孔門嫡派而二千年昏霾湮沒不顯於世斯亦聖教之大不幸也今二三子既有志於大道因孟學以求孔學實入德之門學聖之基也持此界說以讀孟子必有以異於疇昔之所見者勿以爲習慣之書而忽之也